KB070241

**Beyond Brief
Counseling and Therapy**

An Integrative Approach, 2nd edition

단기상담의 통합적 접근

Jack H. Presbury · Lennis G. Echterling · J. Edson McKee 공저

강진구 · 전정운 · 박선진 · 양승민 공역

학지사

Beyond Brief Counseling and Therapy: An Integrative Approach, 2nd edition.
by Jack H. Presbury, Lennis G. Echterling and J. Edson McKee

Authorized translation from the English language edition,
entitled BEYOND BRIEF COUNSELING AND THERAPY: AN INTEGRATIVE
APPROACH, 2nd Edition, ISBN: 0132300923 by PRESBURY, JACK H.; ECHTERLING,
LENNIS G.; MCKEE, J. EDSON, published by Pearson Education, Inc, publishing as
Merrill, Copyright © 2008 Pearson Education, Inc.

KOREAN language edition published by HAKJISA PUBLISHER,
Copyright © **2014**
The Korean translation rights published by arrangement with
Pearson Education, Inc.

역자 서문

누구나 책을 쓰거나 번역을 할 때는 자신이 관심 있는 분야를 택하게 된다. 역자들이 이 책에 관심을 갖게 된 것은 나름대로 단기상담에 관한 다양한 접근에 궁금증을 가지게 되었기 때문이다. 이 책은 단기상담의 기본적인 가정과 여러 가지 학문 영역의 관심사를 관통하는 철학적 · 교육적 · 임상적 실제를 담고 있었기에 번역 작업을 통해 단기상담에 관한 해갈을 느낄 수 있었다.

단기상담은 과도하게 긴 심리치료 기간에 대한 반작용으로 발전하기 시작하였다. 20세기 후반부터 정신건강 서비스에 대한 요구가 증가하면서 그에 따른 수요를 맞추기 위해 단기상담과 같이 빠르고 비용이 적게 드는 조력 활동이 필요하게 되었다. 최근에는 내담자의 호소문제와 상담 서비스의 방법이 다양해지면서 단기상담의 유형도 더욱 다양해지고 있다. 단기상담의 정의에는 상담의 기간, 목표, 방법, 그리고 상담자의 가치나 태도 등이 고려되어야 하지만, 단기상담의 가장 큰 특징은 한정된 시간에 상담을 수행하는 상담의 시간적 제약일 것이다.

미국의 경우, 신속한 상담 서비스에 대한 요구와 늘어나는 상담 비용의 문제로 1980년대부터 대학 상담소, 개업 상담소, 산업체 등에서 단기상담이 확산되기 시작하였고, 우리나라도 근래에 상담이 대중화되면서 비슷한 추세를 보이고 있다. 최근에는 청소년상담, 학교상담, 기업상담,

부부가족상담, 군상담 등 다양한 분야에서 단기상담이 보편화되고 있다. 이러한 현실은 짧은 기간에 상담 효과를 얻을 수 있는 방향으로 상담의 수요와 공급이 재편성되고 있어서 '가능한 한 빨리 내담자를 변화시키기 위해 의도된 심리적 개입 활동'으로 정의되는 단기상담의 필요성이 더욱 부각되는 실정이다.

그럼에도 불구하고 제대로 된 단기상담 전문서적을 찾기가 어려워 많은 상담자들과 상담훈련가들은 상담이론과 실제의 일반론을 단기상담에 적용하고 있는 실정이다. 그러므로 이 시점에서 단기상담의 통합적 접근에 관한 전문서를 뒤늦게나마 소개하게 된 것은 무척 다행한 일이 아닐 수 없다.

번역은 최대한 저자의 의도를 살리되, 가급적 독자의 이해를 돕는 방향으로 엮었다. 원서의 문체가 화려한 수사의 만연체였기에, 번역은 가급적 의미를 정확히 전달하는 쪽으로 무게 중심을 이동하면서도 원문의 의미를 해치지 않도록 균형을 잡는 데 노력하였다.

오랜 기간 기다려 주신 학지사 김진환 사장님과 부족한 글을 정성스럽게 다듬어 준 편집부 직원 여러분께 감사를 드린다. 아무쪼록 학문적 설득력과 임상적 근거를 갖춘 통합적 단기상담이 상담의 전문화와 대중화에 기여하고, 우리 사회의 정신건강에 도움을 제공하는 계기가 되길 바란다.

2014년 2월
역자 일동

저자 서문

대다수 서적의 2판은 부분적으로 내용을 수정하거나 최근의 연구결과를 추가하고 또한 불필요한 자료만 삭제하지만, 우리는 이 책의 2판을 대대적으로 수정하였다.

문헌상으로 볼 때 세계적으로 약 50여 개의 단기상담 모형이 있다(Lewis, 2005). 단기상담적 접근을 현대 심리치료 시장의 주요 동향으로 본다면(Gross & Capuzzi, 2007) 이 책의 제목이 왜 '단기상담의 통합적 접근'인지 쉽게 이해할 수 있을 것이다. '단기'라는 용어는 상담 기간의 길고 짧음만을 의미하지 않는다. 만약 내담자의 강점과 미래를 위한 목표 설정에 초점을 두고 상담한다면 그것은 곧 단기상담이다. 즉, 단기상담은 이러한 관점의 부산물이다.

1980~1990년대의 효과적인 상담은 기간이 충분히 길어야 한다고 가정했지만, 오늘날에는 단기상담의 효과성이 널리 수용되고 있다. 하지만 해결중심적 접근이 확장됨에 따라 관계, 공감, 의미, 감정 정화 등의 개념은 퇴색되고 있다. 더구나 경험적 연구에 근거한 정형화된 접근의 선호 경향은 상담자와 내담자의 관계를 경직된 알고리즘으로 변질시켰다. 그 결과 내담자 개개인의 고유성은 간과되었고, 지난 100여 년간 발전되어 온 상담관계에 관한 귀중한 통찰은 점점 함부로 취급되어 왔다. 이제 단기상담은 정형화된 모형을 넘어 통합적으로 접근되어야 하고, 촉진적

관계의 중요성이 다시 강조되어야 하며, 내담자의 인간성을 회복시키는 방향으로 나아가야 한다. 현대의 수많은 상담자들은 새로운 개입 방법을 고안하고 있으며, 수년간 발전해 온 효과적인 치료적 요인들과 새로운 단기적 접근의 통합을 시도하고 있다.

이 책에서 다루는 기법들은 대개 단기상담이나 이야기치료에 근거하지만, Carl Rogers가 고안한 치료의 핵심조건들에서 출발한다(Prochaska & Norcross, 2007). 우리가 포스트모더니즘에서 출발하기는 했지만 지난 세기의 상담자들이 이루어놓은 발견들을 버리고 싶지는 않았으며, 단기상담을 통해 과거와 미래의 가교를 제공하려고 하였다. 포스트모더니즘은 우리의 신념을 재고하여 이전과 다른 것을 찾도록 고무시켰고, 그 결과 우리는 이 책에서 단기상담을 뛰어넘어 통합적인 접근을 시도할 수 있었다.

제1장에서는 단기상담의 이론적 근거를 제시하였다. 내담자의 병리에 관심 두는 기계적 · 의학적 모형의 낡은 개념들에 의문을 제기하면서 변화 과정을 이해하고 내담자의 자원을 개발하는 방법을 탐색하였다. 여기에 소개된 새로운 조력 방법들은 잠재력과 성장이라는 인본주의의 전통적인 개념을 표방한다.

제2장에서는 상담관계의 중요성을 다루었다. 여기에는 Carl Rogers가 이론화한 성공적인 상담관계를 위한 핵심조건이 포함되었다. 내담자의 관점을 경청하고 이해하며 타당화하는 이른바 LUV 삼각형, 그리고 공감과 감사의 개념을 소개하였고, 내담자의 관심사를 효과적으로 반영하는 O'Hanlon의 기법도 설명하였다.

제3장의 주제인 공감과 돌봄은 모든 상담관계의 핵심이다. 사실 공감과 돌봄은 인간의 존재를 동물과 구분짓는 핵심요소다. 여기서는 인간이 공감적 존재가 되는 원인을 신경학적 관점에서 조명하고, 인지적 · 정서적 특성에 대한 공감 방법을 소개하였다. 이 장에서 다룬 기법들은 모든

유형의 상담에 공통적인 것으로, 변화의 도구로 상담자 자신을 사용하고 내담자의 문제해결 능력 증진을 위해 내담자와 공감적으로 소통하는 방법이 포함되어 있다.

제4장에서는 인과론이 아닌 목적론적 상담목표를 다루었다. 과거보다 미래의 관점에서 상담을 시작하고, 내담자가 목표를 설정하도록 돕는 방법이 제시되었다. 상담목표는 상담과정을 이끄는 지침이므로, 이 장에서는 적절한 목표 설정 방법을 논의하였다. 내담자가 참여에만 의의를 두는지, 적극적인지, 비자발적으로 참여하는지를 규명하는 방법도 다루었으며, 예외적인 상황을 찾아 비교하는 기술도 소개하였다.

제5장에서는 상담과정에서 변화는 항상 일어난다는 기본적 요지에 근거하여 다루었다. 변화를 유도하는 상담자는 내담자가 인식을 전환하고 표상을 수정하여 가능성을 확장하도록 도움으로써 변화 과정을 촉진한다. 인간은 자기조절과 적응이 가능한 살아있는 복합체로서, 해체되기보다 스스로를 재구성하고 성장한다. 따라서 불안해질 때 잠시 혼란을 겪지만 융합의 과정을 통해 새롭게 통합된다. 이 장에서는 내담자가 자신의 문제를 재구성하고 다르게 생각할 수 있도록 돕는다.

제6장에서는 사회구성주의와 구성주의를 통해 현실을 바라보는 대안을 제공하였다. 사회구성주의는 사회가 구성원인 개개인에게 부여한 세계관, 기대, 판에 박힌 전형이며, 구성주의는 우리의 현실이 발견되었기보다는 고안된 것이라는 신념이다. 이러한 구성주의의 가정은 우리가 객관적 입장에서는 결코 타인의 현실을 온전히 이해하지 못한다는 것이다. 따라서 상담자는 진솔한 만남을 통해서만 내담자의 경험적 세계에 대한 공감적 지식을 얻을 수 있다. 내담자의 부정적 호소문제를 재구성하는 방법 중 하나는 질문의 활용으로, 이 장에서는 효과적-비효과적인 질문 방법들을 제시한다. 기적질문은 내담자가 삶에서 겪는 문제를 해결할 수 있도록 하기 위해 구체적인 장면들을 그려 볼 것을 요청한다. 그 외에도

내담자의 행동을 강화하고 격려하는 방법들을 다루었다.

제7장에서는 인간만이 자신의 삶을 이야기할 수 있다는 가정에 초점을 맞추었다. 은유는 시인이나 예술가만의 것이 아니라, 내담자로 하여금 자신의 문제를 은유적으로 해석하고 상담자 역시 공감적으로 대화하고 재구성하게 만드는 도구다. 내담자는 이미 지나가 버린 비극적인 경험을 말하면서 자신의 삶을 반복적이고 부정적이며 변화할 수 없는 것으로 인식한다. 따라서 상담자는 그가 치유적인 새로운 이야기를 만들도록 도와야 한다.

제8장에서는 내담자가 자신의 경험을 의미 있는 것으로 바꾸는 방법을 다루었다. 문제란 내담자가 자신의 삶의 철학으로 적용해온 것에서 시작된다. 상담자는 내담자를 문제 상황의 수동적 피해자가 아니라 의미를 추구하는 능동적 탐색자로 변화시켜야 한다.

제9장에서는 내담자의 정서적 각성을 처리하는 것의 중요성에 대해 다루었다. 감정이란 종종 효과적인 문제해결을 방해하는 요소로 오해받지만, 신경과학 분야에서는 올바른 사고에 필수적인 요소로 밝혀지고 있다. 다른 연구에서는 상담이 실제 신경학적 변화를 가져오는 방식으로 뇌에 영향을 미치는 것으로 드러나고 있다. 이 장에서는 즉각적이고 부드러운 해석을 사용하여 내담자의 정서적 각성을 어떻게 다룰 수 있는지 소개하였다.

제10장에서는 위기 상황에서의 단기상담의 적용에 대해 다루었다. 상담자는 일상적으로 내담자의 위기 상황을 경험하며, 위기상담은 학교, 정신보건센터, 사설상담센터 등 어느 곳에서나 진행된다. LUV, 생존자 찾기, 온정으로 돌보기, 성공적인 해결책을 찾도록 돕기 등의 전략을 통해 내담자가 그들의 삶에서 성장하도록 돕는다.

제11장은 상담과정의 후반부 전략으로서, 여러 상담자들이 함께 참여하는 팀 작업을 다룬다. 여기서는 제안과 충고의 차이에 대해 토론한다. 충고는 상담자가 '말해 주는 것'이지만, 제안은 내담자의 양식에 세밀하

게 맞춘 방식이다. 끝으로 성공적인 제안을 위한 지침을 제공한다.

제12장에서는 단기상담의 기본적 태도를 다룬다. 단기상담은 문제에 적용하는 일련의 기법이 아니라, 현실의 본질, 인간의 회복력, 변화의 과정, 상담 회기별 중요성에 대한 태도다. 이 장에서는 첫 회기 이후에 상담 동기를 활용하는 방법과 내담자의 변화를 공고히 하고, 상담을 종결하는 방법을 다룬다. 내담자는 상담의 종결 시에 이별의 감정을 경험하므로 상담자는 이를 적절히 다루어야 한다.

제13장에서는 단기상담과 인간중심상담을 통합적으로 제시하였다. 이 장에서는 단기상담이 내담자의 자아에 깊이 있게 도달할 수 있는 접근임을 제안한다. 또한 비자발적인 내담자의 저항을 다루고, 의뢰인과 효과적인 관계를 형성하는 방법에 대해서도 논의하였다.

마지막으로 제14장에서는 상담과 심리치료의 통합, 미래의 내담자에 대한 흥미 있는 상담 동향을 다룬다. 동기강화상담, 단기게슈탈트치료, 단기실존치료, 단기정신역동치료, 단기행동치료, 단기인지행동치료 등 구체적인 단기상담적 접근을 다룬다. 여기서는 상담의 실제적인 도구인 상담이론을 강조한다. 자신의 상담이론을 발전시키기 위한 다섯 가지 요인도 다루었다.

새로운 관점을 충분히 이해하고 단기상담의 방법을 활용할 때 성공적인 상담이 가능하다. 책을 읽는 것 이외에 같은 관점을 공유하는 학자들의 워크숍 역시 도움이 될 것이다. 본문에 언급된 여러 학자들의 훈련 활동에도 적극적으로 참여해 보기를 권한다. 사실 이 책은 상담자로 성장하기 위한 시작에 불과하다. 우리는 독자들이 전문상담자로 성장하는 과정에서 성공하기를 간절히 바란다.

Jack H. Presbury

Lennis G. Echterling

J. Edson McKee

차 례

 제1장 ◆ **단기상담의 기초** ··· 19

상담관계의 핵심 ································· 49

공감과 돌봄 ································· 79

◆ **상담목표의 설정: 미래의 힘** ································ **109**

◆ **변화를 촉진하기: 상담 vs 혼돈** ···················· **143**

제1장

단기상담의
기초

🐕 이 장의 목표

- 이론에 바탕한 상담자는 상담기법을 보다 유연하고 창의적이며 효과적으로 사용할 수 있다.
- 단기상담은 여러 상담이론과 기법들을 통합해서 적용한다.
- 단기상담의 초점은 문제의 원인, 유지 과정, 해결방안의 측면에서 점차 발전해 왔으며, 최근에는 주로 문제해결의 촉진에 관심을 둔다.
- 단기상담의 기법은 지침에 따라 적용되어야 한다.
- 이 책에 소개된 방법을 활용함으로써 단기상담의 개념을 경험적으로 이해하고, 기법을 잘 적용할 수 있다.

🕊 상담사례

이 책에 소개된 사례는 단기상담의 실제 사례들이다. 상담자는 내담자의 치유와 성장, 목표 달성을 돕는다. 상담자이면서 수퍼바이저인 저자들 역시 치료 중심적인 접근 방법의 효과와 한계 앞에서 단기적인 개입의 필요성을 갖게 되었고, 새로이 등장한 치료적 접근에 고민하기도 하였다. 상담이 패러다임 전환에 직면해 있다는 사실은 우리를 긴장시킨다. 우리는 수년간 상담 분야에 너무 빈번히 등장하고 사라진 치료기법들에 회의를 느꼈다. 또한 다양한 기법이 상담자의 진솔성, 온정, 수용력을 방해하지 않을지 염려되었다. 연구 초기에 우리 저자들은 상담기술의 바탕이 되는 이론에 대해 몇 가지 질문을 제기하면서 우리의 방법에 생기를 불어넣어 줄 새 개념들을 찾기 시작했다.

대부분의 상담자는 Carl Rogers의 『진정한 사람되기(On Becoming a Person)』(1961), 『내담자 중심 상담(Client-Centered Therapy)』(1951)을 읽었을 것이다. 또한 전문상담자나 수퍼바이저로 성장한 사람들은 다음과 같은 고민과 시험 앞에 서 있을 것이다. 그것은 바로 나는 과연 상담기법을 제대로 사용하며 가르치고 있는가, 나 스스로에게 진실할 수 있는가, 초창기에 소중하게 여기던 치료적 관계나 상담의 핵심적 요소들이 오늘날에도 과연 가치가 있는가에 관한 것이다.

저자들은 함께 상담철학과 이론을 나누고 상담과 훈련을 통해 결국 '그렇다!'는 결론에 도달했고, 따라서 이 책이 기쁨과 도움과 격려가 될 것이라는 희망을 갖게 되었다.

질문 Question

1. 앞의 내용에서 느낀 점은 무엇인가?
2. 저자들이 처음에 단기상담에 대해 느꼈던 양가감정과 당신의 반응은 어떻게 다른가?
3. 단기상담자로서 당신의 비전은 무엇인가?

개 관

이 책의 목적

이 책이 저술된 목적은 다음과 같다. 첫째, 이론에 잘 부합되는 책을 만드는 것이다. 기존의 단기상담 서적들은 대체로 상담전략의 토대가 되는 개념이나 철학적 바탕보다는 치료기법만 강조하는 경향이 있었다. 물론 전략이나 기법도 중요하지만, 여기에는 반드시 이론적 기초가 필요하다. 이 책의 목표는 여러 가지 개입 전략의 이론적 근거와 실습 기회를 제공함으로써, 개념과 기법의 균형을 이루는 것이다. 적용할 수 없는 이론은 의미 없는 불꽃쇼에 불과하고, 이론 없는 기법은 어둠 속의 한줄기 번갯불에 불과하기 때문이다.

둘째, 통합적인 책을 만드는 것이다. 단기상담에 관한 전문서적들은 대개 전통적인 상담과 차이를 두려 하지만, 이 책에서는 과거와 미래를 연결시키고자 하였다. 포스트모던 시대는 우리의 신념을 흔들고 과거와 다르게 행동하도록 요구하지만, 지난 한 세기의 성과를 무시할 수는 없다. 공감, 변화, 문제해결 등의 개념을 더 깊이 이해하려면 신경과학 분야의 최근 연구결과까지 논의에 포함시켜야 할 것이다. 결국 이 책에서는 인지행동치료, 실존치료, 인간중심치료, 체계적 치료 등의 이론적 관점들을 통합적으로 다룰 것이다.

셋째, 문화적 쟁점을 조망하는 것이다. 여기서 문화적 쟁점이란 인종뿐 아니라, 성, 연령, 성적 경향성, 신체적 능력, 사회적 지위, 종교, 영성을 포함한다. 기존의 단기상담은 다문화에 대한 관심이 부족했지만, 이 책은 서로 다른 세계관과 문화의 강점과 자원을 이해하도록 돕는다.

최근 연구에 따르면 서로 다른 문화권에서도 단기상담이 효과적이다. 예를 들면, 중국에서는 파록세틴(paroxetine)이라는 약물 투여와 결합된 해결중심 단기상담이 약물치료만 받은 통제집단보다 강박신경증 치료에 효과적이었다. 단기적 접근은 효를 중요시하는 동아시아계 노인들과 미국에서 성장한 젊은 가족 구성원들 간의 화목을 증진하는 데도 효과적이었다. 가족상담자는 이 같은 문화적 차이를 다루면서 다양한 세계관을 결합하고, 가족 구성원들과 협력하여 문화적 강점과 자원을 활용하는 전략을 사용하였다.

결국 모든 내담자는 고유한 문화권에 소속된 존재이기 때문에, 첫 면담에 앞서 그가 속한 세계를 존중받아야 한다. 기존의 단기상담에서는 내담자를 파악되어야 할 존재이자 자신의 문제에 대한 '비전문가'로 보았다. 그러나 이 책은 앞의 세 가지 목표인 이론적 기반, 상담이론의 통합, 다문화적 관점의 이해에서 출발한다.

주요개념

이론적 배경

de Shazer(1991)에 의하면, 상담은 성과만 알 뿐 어떤 과정에 의해 도달되는지는 불분명하다. "사람들은 그저 효과적이라는 것을 알 뿐이므로, 당신만의 설명이 필요하다. 그 설명은 충분히 훌륭할 것이다." 이 책에서는 상담이 이론적 맥락에서 어떻게 전개되며, 기법은 어떤 효과를 가져오는지를 다룰 것이다. 상담자는 이론적 바탕이 부족해서는 안 되지만 이론에 좌우되어서도 안 되며, 무엇보다 내담자와의 관계에 관심을 가져야 한다. 그럼에도 불구하고, 상담이론에 속박되지 않는 범위 안에서 상담이론을 활용할 수 있어야 한다(O' Hanlon, 1995).

상담자들이 이론보다 실제에 치중하면서 새로운 견해나 개념, 이론을 다루기는 그리 쉽지 않다. 상담자는 마치 영화의 '보고 싶은 부분'을 찾아 앞뒤로 돌리듯 '유용한' 상담기법을 습득하기 위해 이론을 제쳐 두거나, 반대로 강력한 상담방법을 찾을 것이라는 기대 때문에 힘들고 지루한 이론만 공부하기도 한다.

이러한 경향성 안에서 우리는 다음의 두 가지를 확인하였다. 첫째, 상담자는 모두 이론가다. 둘째, 이론과 실제 사이에는 근본적인 차이가 없다. 철학자 칸트의 지적처럼 "내용 없는 사고는 공허하고, 개념 없는 직관은 암흑이다."

이 책에서는 상담에 새롭고 생생한 관점을 제공하는 여러 이론들을 다룬다. 이론은 세상이 어떻게 기능하는지와 변화가 어떻게 발생하는지에 대해 설명해 준다. 우리의 시대는 변화를 요구하는 새로운 패러다임에 직면해 있다. 이 책에서 소개하는 이론을 통해 독자는 상담의 목적과 과정을 더 잘 이해하게 될 것이다. 즉, 이론은 상담에 도움을 주고, 상담은 자신의 이론을 형성하도록 만든다.

이 책의 관점

Wittgenstein에 의하면, 철학의 목적은 마치 파리가 병에서 빠져나오는 것을 관찰하는 것과 같다. 파리는 꿀 바른 병에 유인된 후 거기서 빠져나오지 못해 죽거나 꿀에 붙어 버린다. "파리가 병에서 빠져 나오는 것은 문제의 해답이 아니라 문제의 해결이다."(Palmer, 1994, pp. 329-330)

최근 단기상담은 문제에 초점을 두고 있지만, 이 책에서는 목표의 해결(resolution)에 궁극적인 관심을 둔다. 여기서 해결이란 내담자가 더 나은 결과인 긍정적 해결(positive resolution)을 얻도록 돕는 것이다. 사람들은 대개 문제의 답을 찾는 데 치중한다. 그러나 상담자는 정답이 아닌, 삶에서 직면하는 근본적인 해결책을 찾도록 도와야 한다. Gilligan(1997)은 내담자를 '자신의 잠재력을 제대로 알지 못하거나 제한적으로만 알고 있는 사람'으로 보고, 그의 자원을 찾아 활성화시키도록 돕는 것이 조력의 핵심이라고 하였다.

상담자는 내담자를 자신의 관점으로 본다. 전통적인 상담에서 내담자는 불완전하고 무지한 병든 존재다. 하지만 이 책에서는 내담자를 선천적으로 건강하며 '문제'를 스스로 해결할 수 있는 존재이자 생물학적 결함이 없는, 병 속의 파리로 본다. 내담자를 병 속으로 몰아넣은 상황은 어쩔 수 없더라도, 그가 느끼는 절망감은 스스로가 만들어 낸 것이다. 만약 병이 없어진다면 그의 고민도 해소되어 사라질 것이다. 상담자는 파리의 날개를 닦아 주거나 나는 방법을 가르쳐 줄 필요가 없다. 오히려 내담자가 간힌 곳에서 빠져나올 방향만 찾도록 돕는다면 그는 스스로 날아올라 문제를 해결할 것이다.

이론과 실제의 통합

전 세계적으로 상담이론은 분화된 이론들까지 포함하면 약 400여 개에 이르고(Prochaska & Norcross, 2007), 이들은 인간관, 성격이론, 기법 등의 차이가 너무 커서 서로 대립하기도 한다. 상담자는 대개 하나의 이론을 선택하고 적용한다. 만약 그가 실존주의자라면 행동주의자가 될 수 없고, 정신역동가라면 인지행동주의를 병행하기 어렵다. 그러나 이러한 상황에도 불구하고, 근래에는 이론과 실제를 통합하려는 시도가 등장하고 있다.

통합적 접근이란, 여러 이론을 아우른 초이론적이면서 특정 이론이나 기법에 집착하지 않는 개방되고 유연한 자세를 의미한다. 통합적 접근은 가장 훌륭한 이론을 찾기보다 이론의 고유성을 인정하고 교류하는 것을 지향한다.

Neimeyer와 Stewart(2000)는 이러한 자세를 '포스트모던'으로 규정지었다. 포스트모던 철학은 고정된 진리를 가정하지 않으며, 내담자 스스로가 무엇이 옳고 진실된 것인지를 구성하는 존재라고 본다. "구성주의 상담자는 내담자가 자신의 문제에 부여한 의미에 주목할 뿐만 아니라, 내담자로 하여금 문제를 의미 있는 대안으로 볼 수 있도록 돕는다." (Sharf, 2004, p. 17) 통합적 접근의 구성주의 상담자는 한 가지 이론만을 고수하지 않고, 현상학적 접근에 따라 내담자의 세계관을 이해하려고 애쓴다. 또한 그는 내담자의 경험에 필요한 상담기법을 적절히 활용할 수 있다. "결국 상담자들은 한 가지 이론만 적용할 때보다 더 많은 자원들을 얻게 된다." (Sharf, 2004, p. 570)

지난 반세기 동안 여러 이론 간의 장벽을 허물기 위한 노력이 있어 왔지만 그 성과는 크지 않았다. Luborsky 등(2002)의 '도도새 판결'은 상담 성과의 메타분석을 통해 상담이론 간에 유의미한 차이가 없다는 것을 보여 준다. 이 제목은 『이상한 나라의 앨리스』에서 따온 것으로, 여러 동물이 경주를 마친 후 너나없이 상을 요구한다는 내용이 나온다.

도도새가 갑자기 "경기 끝!"이라고 외치자 모두 트로피로 몰려들어 헐떡거리며 "누가 우승했어?"라고 질문했다. 도도새는 모두가 숨죽여 기다리는 동안 한참을 고심하다가 마침내 "모두 이겼으니까 전부 다 상을 받아야 돼." 라고 말했다.

어떤 이론이 가장 훌륭한지 찾는 것은 부질없는 노력이다. "50년 가까이 진행되었던 연구 결과, 어떤 상담기법이 어떤 내담자의 어떤 문제에 최선인지는 결국 부분적으로만 규명되었다." (Prochaska & Norcross, 2007, p. 528) 어떤 상담자들은 절충주의를 표방하지만, 또 다른 상담자들은 이것을 체계적이지 않은 막연한 전략으로 여긴다(Prochaska & Norcross, 2007). 게다가 절충주의는 대체로 이론적 근거 없이 기법을 무분별하게 적용하곤 한다. 지식과 기술이 부족한 상담자는 효과적으로 보이는 것은 무엇이든 사용한다(Corey, 2005, pp. 463-464). 이런 뒤범벅된 접근은 근시안적인 독단적 교조주의보다 결코 나을 게 없다.

상담 분야에서 새롭게 주목 받는 증거중심상담(evidence-based practice: EBP)을 Prochaska와 Norcross(2007)는 '의무적인 의료보험 혜택을 얻기 위한 피할 수 없는 국제적 경쟁'으로 묘사했다(p. 544). EBP의 관점에서는 어떤 구성개념이 요체인지를 밝히는 데 관심이 있다. 예를 들어, 이 접근에서는 내담자의 만족도만 고려하여 경험적인 결과를 찾으려 하며, 그 결과 내담자의 현상학적 경험은 대개 무시된다.

EBP는 특정 병리 증상의 치료편람을 개발하는 데 집중한다. 그 내용은 설명과 지침, 실무자료를 제공하며, 치료자의 개입 순서 등이다(Sharf, 2004). 최근에는 치료편람의 개념, 통제된 실험결과의 신뢰성, 특정 질병에의 초점과 특정 치료법의 타당화 시도 등이 제고되고 있고(Prochaska & Norcross, 2007), 치료관계의 중요성을 무시하고 모든 상담자들이 똑같이 숙련되어 있다고 보는 점과 내담자의 개인적 세계관의 복잡성을 간과한 점이 비난받고 있다(Norcross, Beutler, & Levant, 2005).

상담이론의 통합을 위한 노력의 일환으로 1983년에 '치료적 통합을 위한 협의회(The Society for the Exploration of Psychotherapy Integration)' 가

설립되었다. 이 협회는 상담 분야 간의 상보적 접근을 통해 '학설이 또 다른 학설을 잠식하는' 상황에 반대하며(Norcross & Goldfried, 2005), 다양한 이론의 통합적 관점이 점차 자리 잡는 데 기여하였다.

기술과 과정에 초점을 둔 EBP 운동과는 반대로, APA 산하의 '경험기반 치료적 관계에 관한 심리치료 특별연구팀(the APA Division of Psychotherapy's Task Force on Empirically Supported Therapy Relationships)'은 상담관계에서의 상담자 역할에 관한 개관 연구를 수행하였다(Prochaska & Norcross, 2007). 그들은 상담에서 관계의 질이 치료적 유형보다 긍정적인 상담 결과를 가져온다고 강조하였다. 연구를 통해 치료적 동맹, 공감, 협동작업, 목표 합의 등의 관계 특성이 설명되었고, 상담자의 긍정적 관심, 일치성, 자기노출, 피드백 등의 요인이 효과적임을 확인하였다.

이러한 결과들은 상담기술보다 상담자의 인간성을 강조한 것이다. 상담자가 누구이며 어떠한가가 상담 계획이나 논리적인 매뉴얼보다 상담 성과를 더 잘 예측함을 보여 준다. 이 책은 APA 특별위원회의 조사결과와 동일한 단기상담적 접근으로 구성하였다. 다음 장에서 다양한 상담 접근에서 도출된 개념과 기법을 알아볼 것이다.

상담이론의 통합적 위계

인간의 뇌는 우주의 모든 입자보다 더 복잡하게 연결된 천억 개 이상의 뉴런들로 구성되어 있다(Kurzweil, 1999). 신경과학 분야의 눈부신 발전은 뇌기능이 상담에 어떻게 작용하는지 알게 해 주었다. 그러나 인간은 신경계의 단순한 시냅스, 행동, 정서 또는 사고 이상의 존재다.

[그림 1-1]은 인간 존재를 8개의 상호작용 수준으로 구성해서 상호독립적인 상담 접근들이 어떻게 연관되는지 위계적으로 보여 준다. 이 모형을 통해 서로 다른 상담이론들이 어떻게 조화되는지 알 수 있다.

기본적 가정	핵심문제	가능한 개입
		체계적 접근
인간은 병든 체계에 적응할 때 병든다.	역기능적 가족체계	가족치료, 옹호와 원조
		실존적 접근
인간은 용기 있게 살 필요가 있으며, 그렇지 못할 경우에 소외된다.	삶의 기본적 조건에 대한 맞닥뜨림의 실패	참만남 경험, 삶의 의미 찾기
		인본주의적 접근
인간은 결핍욕구뿐 아니라 존재욕구를 가진 존재다.	타인에게 수용 받지 못한 존재감의 부인	무조건적인 긍정적 관심, 자기수용의 장려
		인지적 접근
사건으로 인한 신념이 정서를 만든다.	비합리적이고 비현실적인 사고	신념에 대한 논박, 자기진술에 대한 분석
		정신역동적 접근
초기경험에 의해 인간은 약해지거나 경직된다.	트라우마나 잘못된 돌봄에 의해 야기된 고착화	분석, 정화, 해석
		사회학습적 접근
인간은 본보기를 통해 배운다.	나쁜 모델로 인한 잘못된 태도와 행동	주장훈련, 적절한 모델링
		행동적 접근
인간은 반응적 기제다.	특정 맥락에서 과도하거나 부족한 행동	행동수정, 체계적 둔감법
		신경적 접근
모든 문제는 뇌/신체 수준에서 발생한다.	뉴런이나 뉴런 네트워크의 기능 장애	약물치료, 뇌수술, 상담을 통한 뇌기능 변화

[그림 1-1] 상담 접근의 통합적 위계모형

신경적 접근

신경적 접근의 기본 가정은 인간이 뇌와 신체 수준에 한정된다는 것이다. 신경체계가 정상적으로 기능한다면 그것은 대개 의식 각성 수준을 넘어선다. 여기에는 체온 유지, 혈당 순환, 신경전달물질 생성, 기억의 부호화 등의 기능이 포함된다.

부정적 감정이나 충족되지 못한 욕구, 역기능적 행동이 나타나는 것은 인간이 적절히 기능하지 못하기 때문이다. 이러한 문제의 원인은 뉴런, 신경네트워크, 신경전달물질 등의 역기능에 있으므로, 뇌기능을 변화시키는 약물 투여나 신경외과 치료, 심리적 개입 등이 필요하다.

행동적 접근

행동적 접근에서는 인간을 반응성 기계로 본다. 따라서 관찰 가능한 것에만 주의를 기울일 뿐, '마음'은 특정 반응의 원인이 될 수 없다. 연합은 행동반응을 일으켜 무해자극은 유해자극과 즉각적으로 연합해 두려움이 되고 보상에 의해 행동이 강화된다.

이 접근에서 문제란 특정한 맥락에서 너무 지나치거나 부족한 행동이다. 따라서 상담자는 체계적 둔감화나 노출, 행동수정 등의 개입을 통해 행동을 변화시킨다.

사회학습적 접근

사회학습이론에서는 사회적 존재인 인간이 모방을 통해 문제를 해결한다고 가정한다. 인간은 상호의존적으로 타인과 연결되어 있으므로, 태도나 행동 변화를 위한 직접적인 보상이 불필요하다. 또한 인간은 모방을 통한 대리강화로 학습한다. 사회학습적 접근에서 사고란 기계적인 과정이므로 성공적이고 적응적인 학습자가 되기 위해 자각은 불필요하다.

이 관점에서 볼 때, 대부분의 문제는 좋지 않은 모델로부터 배운 태도와 행동의 결과다. 따라서 상담은 스트레스 대처훈련, 긍정적 모방학습, 주장훈련 등의 올바른 교육훈련을 의미한다.

정신역동적 접근

정신역동에서는 초기경험이 성인기의 문제와 대인관계에 영향을 미친다고 가정한다. 심리적 외상이나 부적절한 양육 경험으로 인해 아이들은 창의성을 억제하고 신체 증상을 유발하는 방어기제를 습득한다. 어린 시절의 역기능적 관계에서 벗어나더라도 타인에 대한 왜곡된 태도를 유지하기 때문에 상담자도 이 같은 전이관계에 직면하게 된다.

정신역동적 관점에서 볼 때 중요한 정신과정은 대부분 자동적이고 무의식적이며, 만성적이고 심각한 문제들은 모두 성적 욕구가 고착된 결과다. 따라서 치료적 접근에 저항과 전이의 분석, 해석, 통찰, 감정의 정화를 통한 무의식의 의식화 작업이 포함된다. 결국 내담자가 통찰을 경험하고 교정적 정서를 체험할 때 비로소 새로운 관계가 가능해진다.

인지적 접근

철학자 에픽티투스에 의하면, 문제는 특정한 정서를 만드는 인간의 신념 때문에 일어난다. 인지적 접근에서는 인간의 비합리적 사고와 비현실적 신념이 사건의 해석 방식을 왜곡한다고 본다. 현실에 대한 왜곡된 사고와 부적절한 표상은 인간의 자아개념, 대인관계, 문제 해결 능력을 저해한다. 따라서 상담자는 자기진술을 분석하고, 소크라테스식 문답법으로 신념을 논박하며, 내담자로 하여금 자신의 신념에 대해 과학적으로 접근하도록 요구한다.

인본주의적 접근

인본주의적 관점에서 볼 때, 인간은 음식, 옷, 주거지와 같은 생활필수품 이상인 '존재하고자 하는 욕구'를 지닌다. 충분한 돌봄을 경험할 때 비로소 인간은 자아실현을 향해 나아갈 수 있다. 왜냐하면 인간은 사랑과 승인이 필요한데, 자신의 내적 욕구를 부인하도록 만드는 가치의 조건하에서 양육되었기 때문이다.

자신을 타인이 원하는 대로 맞추느라 진정한 자신을 잃어버릴 때 심리적 문제가 발생한다. 따라서 상담자는 무조건적 긍정적 관심의 제공, 거부된 자기 경험의 발견, 자기수용의 증진이 가능한 환경을 제공한다.

실존적 접근

실존적 관점에서는 인간을 죽음에 직면하는 존재로 본다. 따라서 자기 스스로 인생의 의미를 찾아 행동을 선택하고 실존적 고독을 수용하며 선택에 대한 책임을 져야 한다. 결국 인간은 용기와 소외 중 어느 하나인 삶의 자세와 철학을 찾아야 한다.

내담자가 호소하는 실존적 문제는 그가 삶의 문제를 회피하기 때문에 발생한 것이다. 자기 자신의 도덕성에 압도당할 때, 인간은 죽음의 필연성을 거부하고 불멸을 얻기 위해 영혼을 파는 파우스트가 되거나 무의미하게 행복을 추구한다. 상담자는 '영혼의 어두운 밤'을 내담자와 함께 여행하면서 진솔한 만남을 하게 되고, 그의 인생에 직면함으로써 내담자와 더불어 삶의 의미를 발견한다.

체계적 접근

인간은 체계 속에 존재하는 체계다. 병든 체계 안에 적응하는 과정 중 인간은 병이 든다. 인간이 경험하는 방식은 체계 안에서 그가 하는 역할과 상당한 관련이 있다. 원가족은 가장 영향력 있고 발달된 체계이며, 가족 구성원들은 주어진 역할을 수행한다.

가족이나 체계가 역기능적일 때 문제가 발생하며, 그 체계 안의 개개인 역시 역기능적으로 상호작용한다. 결국 상담의 초점은 문제의 원인보다 무엇이 현재 문제를 유지시키는가에 있다. 체계적 상담에는 다양한 접근법이 있지만, 핵심개념은 인간을 원가족의 전제와 습관적인 역할에서 벗어나도록 하는 것이다.

각 이론들을 간단히 살펴본 바, 상담자가 한두 가지 접근만 배타적으로 고수하는 것은 무의미하며 모든 접근법은 효과적이라는 것이 확인되었다. 또한 모든 접근의 공통점은 상담의 성패가 내담자의 문제와 목표에 달려 있다는 점이다. 따라서 이론과 실제를 통합적으로 조합하는 것이 필요하다. 단기상담은 통합된 접근으로서, 무계획적으로 진행되는 것이 아니라 여러 이론과 실제적인 기법들을 차용하는 작업이다. 상담자는 변화에 필요한 최상의 방법과 '공통요인'을 찾고, 포스트모던의 관점에서 통합적으로 접근해야 한다.

단기상담의 역사

이 책에서 다루는 내용들이 어떻게 발전해 왔는지 이해하기 위해 단기상담의 역사를 알아볼 필요가 있다. 이론의 흐름을 조망함으로써 현시점에서 가장 중요한 핵심을 발견할 수 있다. 제2차 세계대전 이래로 병리이론 대 건강이론, 감정 정화 대 격려, 문제 대 해결, 미래 지향 대 과거 탐색 등의 관점에 중요한 변화가 일어났다. 이 가운데 어떤 개념은 쉽게 이해되지만, 몇몇 새로운 관점은 받아들이기가 다소 어려울 수도 있다.

인공두뇌공학

Wiener(1948)는 그리스어 조타수(kybernetes)로부터 인공두뇌(cybernetics)의 개념을 창안하였다. 인공두뇌 체계란 목표를 향한 의도적·자기구성적 실체를 의미한다. 심리학적으로 볼 때 인간은 환경에 수동적으로 반응하는 존재이지만, 여기에서는 목표 지향적이며 원하는 상태로 나아가는 목적론적 존재로 본다. 이 이론의 핵심은 평형상태를 유지할 것인지, 목표를 향해 나갈 것인지에 관한 자기교정적 정보를 받아들이는 피드백 회로에 있다(Nichols & Schwartz, 2006).

Bateson은 인공두뇌 개념에 관심을 갖고, 공학과 수학의 개념을 행동과학에 적용하였다(Becvar & Becvar, 2003). 그는 초기에는 심리치료에 별 관심이 없이 Margaret Mead와 함께 문화인류학자로 활동했었다. 그러나 1949년부터 정신과 의사인 Ruesch와 함께 연구하면서 상담에서의 의사소통에 관심을 갖게 되었고, Wiener와 공동연구를 하면서 인공두뇌학의 기반을 다졌다.

그는 1952년에 의사소통 연구를 지원받으면서 제자인 Weakland와 스탠포드 대학원생 Haley를 만났다. Haley는 후에 "Bateson과 연구에 대해 논쟁을 벌인 적이 있었는데, 그 후 나는 그에게 고용되었다."라고 회상하였다. 그 후 한때 Sullivan의 제자였던 Don Jackson도 합류했다.

얼마 뒤 Jackson은 훗날 MRI(Mental Research Institute)로 알려진 정신건강센터를 Palo Alto에 설립하였고, Virginia Satir와 Paul Watzlawick 같은 창의적인 동료들을 불러들였다. 또한 Weakland와 Haley도 스승이자 길잡이인 Bateson을 떠나 MRI에 합류했다(Prochaska & Norcross, 2007).

MRI 시대

Watzlawick, Beavin, Jackson(1967)은 인간의 의사소통을 분석한 『의사소통 어용론(*Pragmatics of Human Communication*)』을 저술하여 단기상담의 이론적 기초를 마련하였다. 또한 Watzlawick이 Bodin, Fisch, Weakland와 함께 인간관계에서의 의사소통 유형을 연구하던 시기에 MRI에 단기치료센터(Brief Therapy Center)를 개소하였다(Weakland & Fisch, 1992). Weakland와 Haley는 최면술에 대해 토론하려고 Milton Erickson을 방문하기도 했다. Fisch는 정신분석보다는 Sullivan의 관점

에 더 가까웠는데, 이후 MRI에서 훈련하면서 그 영향을 받았다. 그는 특히 Haley의 사상에 매료되어 Haley가 Erickson에게 훈련받았던 것을 알고 Erickson의 워크숍에 여러 차례 참가하기도 했다.

Palo Alto Group으로도 알려진 MRI의 가장 큰 업적은 심리치료에서 의사소통과 변화를 강조했다는 점이다. 이것은 당시 정신의학과 심리학 분야에 만연해 있던 성격의 병리적 관점과 완전히 달랐다. 그들의 관심은 내담자 문제의 역사적 원인을 규명하는 병인론이 아니라, 의사소통이 변화에 미치는 요인들을 찾는 것이었다.

Watzlawick, Weakland, Fisch(1974)는 『변화: 문제 형성과 해결의 원리(Change: Principles of problem formulation and problem resolution)』를 출간하였다. 그들은 의사소통의 원리를 제안하여 의사소통의 특정 양식이 어떻게 문제 유형을 가로막는 역할을 하는지에 관한 치료모델을 수립하였다. MRI 집단은 역기능적 의사소통 유형의 원인보다 무엇이 문제를 유지하고 어떻게 작용하는가에 관심이 있었다.

일찍이 Haley(1973)는 심리치료는 반드시 전략적이어야 한다고 주장하였다. 즉, 상담자는 다분히 의도적이어야 하며, "전략적 치료란 특별한 접근이나 이론이 아니라, 직접 내담자에게 영향을 미칠 수 있도록 상담자가 책임을 지는 치료의 형태다."(p. 17)

이 인용에서 알 수 있듯이 Haley는 인공두뇌학의 영향을 받았다. 전략적 접근에 의하면 상담은 목표에 대해 의도적이고 직접적이어야 하며, 항상 목표를 염두에 두고 목표 달성에 필요한 작업을 한다.

실용적 상담자 Milton Erickson

Milton Erickson은 천연두로 하반신이 마비된 상태에서 단 몇 달러만 지닌 채 혼자 1천 마일을 카누 여행을 한 적이 있다. 그가 여행을 시작할 때는 걷거나 카누를 움직일 수조차 없었지만, 돌아올 때는 걸을 수 있게 되었고 심지어 1마일이나 수영을 할 수 있었다. 이러한 경험을 통해 그는 과거의 상처나 불가능을 인내로 극복할 수 있다는 신념을 갖게 된 듯하다.

Jay Haley는 1953년에 Erickson을 만났고(Bloom, 1997), 장시간 대화를 나누면서 Erickson이 '상식치료(common-sense therapy)'라고 부른 기법을 체계화하였다. 그는 Erickson과의 2주간의 작업 끝에 자신의 접근법을 고안하여 Erickson의 방법을 '비범한' 치료로(Haley, 1973), 자신의 접근을 '전략적' 접근으로 명명하였다.

Erickson의 사상은 MRI 연구자들과의 교류를 통해 점차 체계화되었고, 현대 단기상담의 기초가 되었다. 그는 상담에서 문제의 원인을 탐색하거나 감정을 표현하도록 격려하지 않고 내담자의 저항을 해석하기보다 자원으로 활용하였다. "그는 내담자와 논쟁하느라 시간을 허비하지 않고 내담자가 문제해결을 위해 노력하도록 하는 작업에 초점을 맞추었다."(Fisch, 1982, p. 159)

de Shazer(1982)는 '내담자가 저항할수록 저항을 격려하라.'는 'Erickson의 제1법칙'을 소개하였다(pp. 10-11). 내담자의 저항에 직접적으로 지시하든, 겉으로만 항복하든, 계속 영향을 주면 처음에는 다소 조종하는 것으로 보일 수 있지만 결국 효과적이었다. Erickson은 병리보다 가능성을 찾고, 절정경험을 개념화함으로써 단기상담 분야에 큰 영향을 미쳤다.

de Shazer와 BTC

Weakland와 그의 동료들은 문제의 발생 원인보다 유지 이유가 더 중요함을 규명하였다. 그들은 단기치료센터(Brief Therapy Center: BTC)를 설립하고, 치료관계의 '단기' 모델을 개발하였다. Fisch와 Schlanger (1999)는 상담이 효과적이지 못한 이유를 '내담자에게 너무 성급히 해결책을 제시하거나, 내담자의 상태나 준거틀을 이해하지 못하거나, 효과적으로 이끌지 못하기 때문'으로 결론지었다(pp. 147-148).

de Shazer의 계보는 Erickson, Haley, Bateson, Watzlawick, MRI와 BTC와 직접 연결된다. 그는 Palo Alto 지역에 거주하면서 Weakland와 가깝게 지냈는데, 수없이 토론하며 단기치료적 접근의 영향을 받았다. Weakland와 Fisch(1992)에 의하면, de Shazer는 1972년부터 MRI 측과 긴밀해져서 그곳에서 워크숍을 개최하기도 하였다.

MRI와 de Shazer의 차이점은 이후 그가 해결책에 초점을 맞추었다는 것이다. Weakland나 Fisch와 달리, 그는 문제를 유지하는 원인보다 해결책에 관심이 많았다. 나중에 창조적 가족치료집단을 이끌면서 밀워키에서 단기가족치료센터(Brief Family Therapy Center: BFTC)의 설립을 지원하였다. 이 센터는 상담과 연구를 동시에 수행하면서 상담 효과를 규명하였고, 새로운 접근방법을 배우려는 젊은 심리치료자들의 성지가 되었다.

de Shazer는 문제 자체와 해결책이 서로 다르다는 점을 활용하여 문제의 예외적인 상황에 초점을 맞추었다(de Shazer, 1991). 호소문제와 분리될 수 있을 때 상담은 창의적인 방향으로 나아갈 수 있다. 이처럼 문제보다 해결책을 강조한 BFTC는 단기상담에 큰 영향을 미쳤다. 오늘날 de Shazer의 이론은 계속 진화하여 여러 가지 다른 이름으로 확산되고 있다. 이것을 Hoyt(1994)는 '수행능력중심의 미래지향적 치료'라고 지칭했다. 그의 이론은 서로 다른 표현형(phenotype)으로 발전하겠지만 고유한 유전형(genotype)으로 역사에 남을 것이다.

기법을 넘어선 단기상담

단기가족치료자인 Lipchik(2002)은 질문기법중심인 해결중심 단기상담의 혁신적인 방법을 고안하였다. 그는 자신의 저서 『해결중심상담의

기법을 넘어(Beyond Technique in Solution-Focused Therapy)』에서 상담
자와 내담자 간의 치료적 관계를 강조하였다. 그에 의하면, 해결중심 단
기상담을 최소한의 개입전략으로 간주하는 사람은 기법을 단지 교묘한
언어적 조종으로 여긴다. 그는 이론과 실제의 통합, 신중한 기술 사용,
공식적 · 기계적 접근의 지양을 강조하였고, 그러한 노력의 일환으로 자
신의 저서에서 '단기' 라는 용어도 삭제하였다. 그에게 있어 단기란 내담
자와 만남에서의 부산물일 뿐이며, 기간의 짧음은 내담자와의 최고의
상호작용의 결과이지 기법의 즉각적인 효과를 뜻하지 않는다. 즉, '단
기' 란 내담자의 시간과 비용을 절약하기 위해 가능한 한 효과적으로 상
담하려고 하는 '태도' 다. 그것은 신속한 변화를 위해 중요한 문제를 제
쳐 두거나 내담자의 호소문제에만 집중해서 '병리적 원인', 즉 '진정한
원인' 을 파헤치는 것도 아니다. 그는 Sullivan의 이론을 해결중심 단기상
담에 재적용함으로써 새로운 이론을 구성하였는데, 여기에는 협력 관계
의 중요성, 내담자의 독특성, 정서의 가치 등이 포함되어 있다.

실습

　제품을 구입할 때마다 컴퓨터가 바코드를 읽고 가격을 매기는 장면에 경이
로움을 경험한 적이 있는가? 해결책을 찾기 위한 연습으로 다음의 [그림 1-2]
에 제시된 문제를 1분 안에 풀어 보자.

성공 전략

　대부분의 사람들은 [그림 1-2]의 문제를 접할 때 처음에는 성공하지
못하고 혼란스러워 한다. 다음의 성공 전략들에 따라 다시 한 번 시도해
보자.

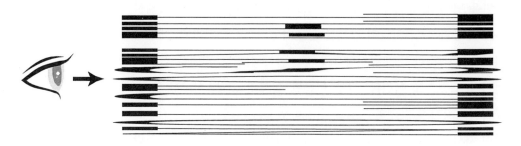

[그림 1-2] 바코드

- 자신의 강점을 신뢰하라. 자신의 경쟁력을 충분히 활용할 때 문제 해결이 가능하다. 앞의 문제에서 처음에는 컴퓨터가 바코드를 읽듯 접근하기 쉽지만 컴퓨터 대신 자신의 읽기 기술을 활용하는 작은 시도가 필요하다. 그렇게 했는데도 아직 성공하지 못했다면 다음 방법을 시도하라.

- 다른 관점으로 해결책을 모색하라. 해결 방법을 찾지 못할 때는 예전에 다른 관점을 적용해서 해결했던 기억을 떠올리면 된다. 이 문제의 경우, 최선의 해결책은 이 책을 90도로 돌려 보는 것이다.

- 다른 시도를 해보라. 방법을 약간만 바꾸었는데도 문제가 쉽게 해결된 적이 있을 것이다. 이 경우, 약 30센티미터 정도 떨어져서 똑바로 보지 말고, 책의 옆을 잡고 더 가까이 다가가서 각도를 비스듬히 기울이며 한 눈으로 보라.

- 목표의 자각이 목표 달성을 돕는다. 인생에서 성공하는 가장 좋은 방법은 목표를 분명히 인식하는 것이다. 이 문제의 경우, 우리가 찾는 정답은 '해결'이다.

질문 Question

1. 이 문제를 처음 보았을 때 당신은 어떻게 반응하였는가?
2. 당신이 당황했던 경험에 대해 이야기할 때 다른 사람이 당신의 감정만 반영해 주거나 대안만 제시해 준다면 그때 당신은 어떻게 반응하게 되는가?
3. 이 문제의 답을 어떻게 찾게 되었는가?

함 의

앞서 제시한 견해들을 활용하려면 내담자를 다음과 같은 관점으로 볼 수 있어야 한다.

• 모든 내담자를 고유한 존재로 존중하라. 예전에 비슷한 사례를 다루었거나 자신의 해결책이었다고 해서 문제의 해답을 제시해서는 안 된다. 오히려 내담자를 고유한 존재로 인식해야 한다. 내담자를 대체 불가능한 대상으로 이해하고 존중하면서 그만의 삶에 관심을 가져야 한다. 그렇게 하려면 상담자는 자신의 존재를 불식시켜야 한다. 이렇게 할 때 내담자는 스스로를 독특한 존재로 믿고, 인생에 책임감과 존중감을 갖게 된다. 변화를 유도하는 것은 상담자이지만, 그렇다고 해서 내담자의 고유한 경험 전부를 이해할 수 있는 것은 아니다.

• 희생자가 아닌 생존자에게 주목하라. 내담자에게는 직면한 문제를 해결할 수 있는 재능, 강점, 자원, 잠재력이 있다. 그가 부정적인 생애 사건에서 어떻게 살아남았는지에 관심을 기울이다 보면 그의 자원과 회복력을 발견하게 된다.

  내담자의 고통보다 회복 능력에 주목하는 긍정심리학(Seligman,

2000)은 '1960~1970년대의 인본주의 심리학의 주제'로 복귀하는 것이다(Prochaska & Norcross, 2007, p. 553). 사실 병리학적 관점에서는 보고자 하는 것만 이해하게 될 뿐이다. 상담자가 내담자의 고통에 대해서만 질문하면 내담자는 자신의 고통에만 주목하게 되며, 상담자가 내담자의 강점을 찾는 데 실패하면 내담자 역시 자신의 강점을 찾을 수 없게 된다. 내담자의 숨겨진 강점을 발견할 때 상담자는 어떻게 그렇게 할 수 있었는지를 찾아 줄 필요가 있다.

Lipchik(2002)은 상담의 목적을 내담자가 '자존감이나 사랑 같은 내적 능력을 남들처럼 잘 회복하도록' 돕는 것이라고 하였다(p. 15). 상담자는 내담자의 인생을 대신 책임지지 않으며, 내담자가 고통에서 벗어나기 위해 해야 할 일을 말해 주는 사람도 아니다. 잘못하면 상담자의 접근은 내담자의 권리를 빼앗고, 자신감을 약화시키게 된다. 적대적인 삶의 환경에서 살아남았다는 것은 이미 내담자가 유능하다는 증거다.

동화에 나오는 아기코끼리 덤보의 '진짜' 이름은 점보주니어였다. 그는 자신의 부적응적 성격과 능력 부족을 의미하는 덤보라는 이름을 받아들이고 낙담한 채 외롭게 지냈다. 그러던 중 작은 쥐가 그의 바지에 마술 깃털을 꽂아 주자 갑자기 날기 시작했고, 나중에는 깃털을 잃어버리고도 계속 날 수 있었다. 상담자는 내담자가 자신의 잠재력과 강점을 깨닫고 홀로 날 수 있을 때까지 그에게 일시적인 인공 깃털을 제공하는 사람이다.

내담자는 용기를 잃고 끝없는 실망, 좌절, 실패, 혼돈, 위기에 압도당해 있지만, 어떤 면에서 그는 충분히 살아남을 능력을 갖고 있다. 따라서 상담자는 어떤 내담자도 수동적이거나 병리적이고 해결책 없는 환경의 희생자가 아님을 명심해야 한다. 오히려 내담자가 참아 낸 역경을 이해하고 어떻게 그동안 살아남을 수 있었는지에 관심을 가져야 한다(Echterling, Presbury, & McKee, 2005).

상담자도 때로 내담자의 문제에 압도될 수 있지만, 그의 강점을 찾으려고 애쓰다 보면 문제에 함몰되지 않는다. 상담자는 내담자의 예외적인 이야기를 찾아야 하는데, 이때 밝은 면에만 집중하지 않고 부정적인 감정, 취약성과 해결 능력, 회복력 간의 균형을 확보해야 한다.

- 내담자는 저항하는 것이 아니라 주저할 뿐이다. 상담자들은 내담자의 저항을 깨뜨리는 것을 변화의 시작으로 여기곤 한다. 하지만 저항은 개인적인 결점이 아니라 상담관계의 결과로 받아들여질 필요가 있다. 내담자가 한 상담자에게는 저항하지만 다른 상담자에게는 그렇지 않을 수도 있기 때문이다. 상담자는 저항을 처리하려고 하기보다는 상담자와 내담자 간의 상호작용으로 이해해야 한다. 내담자와의 참만남은 변화의 촉매가 될 수 있다.

내담자는 자신의 삶이 너무 혼란스러워서 비효율적인 행동양상을 유지하게 된다. 다시 말해 '모르는 악마보다 잘 아는 악마'를 더 잘 받아들이는 셈이다. 내담자 자신도 비생산적인 행동을 반복하고 있다는 걸 알지만 너무나 익숙해졌기 때문에 변화를 두려워한다 (Cowan & Presbury, 2000). 그에게 저항은 변화가 고질적인 상처보다 더 고통스럽다는 것을 의미한다. 그러므로 상담자는 변화의 개념을 서둘러 '적용'해서는 안 된다.

- 내담자만이 스스로를 온전히 변화시킬 수 있다. 논리적인 충고나 논박은 지속적이고 의미 있는 변화를 가져오지 못한다. 변화를 거부하는 내담자와의 첫 번째 과업은 그의 감정을 공감적으로 이해하는 것이다. 내담자가 상담자를 진심으로 신뢰할 때 비로소 변화가 일어난다.

상담자는 내담자에게 적절한 조건을 제공해서 긍정적인 변화를 촉진시킬 수 있지만 변화 자체를 주도할 수는 없다. 변화는 내담자의 몫이다. 신비한 개입이나 극적인 방법으로 내담자를 충분히 기능하는 행복한 인간으로 바꿀 수 있다는 과도한 기대를 버려야 한다.

• 원인보다 효과를 탐색하라. 의학적 관점에서 본다면, 증상이란 진단과 치료를 위한 잠재적 원인의 지표다. 상담에서 원인만을 탐색하는 것은 비효율적일 뿐만 아니라 잘못된 전략이다. 상담자는 내담자가 현 시점에서 나아가고자 하는 방향을 질문해야 한다.

현대 과학에 길들여진 내담자들은 고통의 원인을 알아야만 삶이 더 나아질 수 있다고 믿는다. 따라서 상담자는 새로운 행동양식이 낡은 행동양식을 능가할 수 있다는 사실을 내담자에게 납득시켜야 한다. Lipchik의 제안처럼, "당신이 원인을 모르고도 문제를 해결할 수 있다면 그것도 괜찮지 않은가요?"라고 질문해 볼 수 있을 것이다.

• 문제를 규정하지 말고 해결책의 탐색을 도와라. 사실 해결책이란 특정한 문제에만 한정되지 않는다. 하지만 상담전공자들조차도 자신의 과거 문제를 해결했던 방법을 깨닫기 전까지 이 말에 수긍하지 못한다. 예를 들어, 시간이 약이라는 속담이 전적으로 옳지 않더라도, 고통과 심리적 외상의 기억은 시간이 흐름에 따라 새롭고 긍정적이며 즐거운 기억들이 늘어나면서 점점 줄어든다.

이것은 새로운 관점이 오래된 것들을 소거시키는 과정으로서, 심리학에서는 '역행억제(retroactive inhibition)'라고도 한다(Dobbs, 2006). 내담자의 호소문제에 대해 해답을 찾아주는 것만으로는 효과적인 상담이 될 수 없다. 사실 삶의 문제는 정답을 찾는 것이 아니라 해결되는 것이다. 해결책은 논리적이지 않으며, 합리적으로 도출되지도 않고, 심지어 내담자가 호소한 '문제'와 별로 상관이 없을 때도 있다. 내담자의 고통스러운 문제가 발생할 때 해결책을 찾게 되고 내담자도 변화하기 시작한다.

• 내담자는 감정이 존중될 때 비로소 문제 해결을 시도한다. 문제의 해결은 내담자로 하여금 만족감과 평화, 자신감, 용기를 갖게 하고, 미래의

문제에도 효과적으로 대처할 수 있게 만든다. 이것이 실존주의에서 말하는 존재의 용기(the courage to be)다.

초기 MRI의 단기치료와 해결중심 모델은 인지행동적 접근에 바탕을 두었다. 그러나 내담자의 정서 역시 사고나 행동만큼 중요한 치료 요인이다(Lipchik, 2002, p. 20). 단기상담자들은 언어가 사고와 행동의 합작품이므로 내담자의 이야기를 바꾸면 정서적 부산물을 충분히 변화시킬 수 있다고 보았다. 한편, 최근의 신경과학적 연구들은 정서가 올바른 사고에 미치는 영향력을 규명해 주었다. 상담에서 정서 조절은 성과의 핵심요소이며, 정서의 변화 없이는 아무 일도 일어나지 않는다.

• 변화는 삶에서 항상 일어난다. 뉴턴의 운동의 법칙은 상담이론에도 존재한다. 예를 들어, '정지된 물체는 계속 정지하려고 한다.'는 관성의 법칙은 문제에 사로잡힌 내담자가 변화하려면 변화의 동기가 필요함을 보여 준다. 또한 '모든 힘에는 작용과 반작용이 있다.'는 작용과 반작용의 법칙에 따르면, 문제가 심각한데도 변화를 꺼리는 내담자를 위해 상담자가 초인적인 힘을 발휘해야 한다. 그러나 뉴턴의 법칙은 '무생물'에 관한 것이기 때문에 항상 변화하는 살아 있는 존재에게는 적용되지 않는다. 인간은 절대 고착되지 않고 미세하게나마 변화하는 존재임을 깨달을 때 비로소 변화가 시작된다.

작은 변화가 극적인 결과를 가져올 수 있다는 이 관점은 혼돈과 복잡성에 관한 나비효과 이론과도 일맥상통한다. 정체되어 희망을 발견할 수 없는 내담자에게도 변화는 일어날 수 있다. 진실한 관계는 모든 상황을 바꿀 수 있으므로, 내담자의 아주 작은 시도까지도 격려해 주어야 한다.

'희망'은 '깃털로 이루어져' 너무 작아 보잘것없어 보이지만 새를 날게 하고 고착화된 조건들을 초월하게 만든다. 더 나은 미래를 향한 작은 변화만이 희망을 회복시키고 강한 통제감과 전환의 동력을 갖게 한다.

- 과거는 바꿀 수 없으므로 미래를 변화시켜야 한다. 내담자들은 원인을 알면 문제가 해결될 것이라고 믿으면서 상담을 과거의 상처나 사랑의 아픔, 또는 부모의 잘못을 찾아내는 기회로 이용한다. 자동차가 고장나면 연료계통이나 전기계통에서 원인을 찾아 연료필터나 점화플러그를 갈아 끼우면 된다. 이 경우 문제의 발견과 수리는 안전운전에 큰 도움이 된다. 하지만 인간에게는 이러한 자동차의 비유가 적합하지 않다. 인간의 기억은 바꿀 수 없을 뿐 아니라 어디에서부터 이해해야 하는지조차 알 수 없다. 따라서 상담자의 역할은 내담자가 과거의 영향력을 줄이고 새로운 미래를 창조하도록 돕는 것이다.

자동차는 복잡하지만 복합적인 생명체가 아니다. 복합체는 단순히 복잡한 것과 다르다. 복합체인 우리 인간은 어려움을 극복할 수 있을 뿐 아니라 그러한 경험을 통해 성장할 수 있는 존재다.

인간은 나쁜 경험에서도 장점을 발견하고 새로운 가치를 학습한다. 부정적 사건을 경험하며 절망하다가도 거기서 유용한 교훈을 얻는다. 최악의 경험에도 긍정적 예외는 항상 존재한다. "어떤 것도 완전히 나쁘지는 않다."라는 속담처럼 상담자는 내담자가 문제에 봉착하더라도 아이처럼 즐겁게 빠져나오도록 도와야 한다. "행복한 아동기를 경험하는 것은 결코 늦지 않다."

🕊 방 법

이 책은 단기상담을 성공적으로 적용할 수 있도록 이론과 실제를 함께 제시한다. 단기상담의 모든 개입방법은 목표지향적이므로 각 장마다 목표를 설정하였고, 개념 이해를 돕는 상담사례를 제시하여 이야기치료적 접근을 연결지었다.

이 책은 밑줄을 치면서 읽기보다 다음과 같은 방식으로 활용하기를 바란다.

- 자신을 투입시켜라. 독자들이 이 책의 공동저자가 된 심정으로 참여하기 바란다. 저자들의 주장에 대해 비평적으로 평가하고 개인적인 의견을 제기해 보기를 권한다. 통찰이나 창의적인 관찰 내용, 또는 개인적인 성장 경험 등을 적용할 때, 자신의 삶의 이야기에 의미 있고 신선한 이야기를 추가할 수 있다.
- 제시된 상담사례에 참여하라. 이 책에는 상담이론의 최신 동향이 소개되어 있다. 각 장의 상담사례는 등장인물들을 구체적으로 분석한 완성된 시나리오가 아니라 '요점'을 발견하도록 소개한 것이다. 따라서 단편소설이나 자서전처럼 의미 중심으로 읽어감으로써, 개념 이해와 기법 실습의 기회로 활용하는 것이 좋다.
- 모든 활동에 참여하라. 각 장마다 다음과 같은 활동을 제안하였다. 각 사례마다 [질문]을 넣었고, 개념을 보다 잘 이해하도록 [실습]을 제시하였다. 실제 단기상담의 진행을 알 수 있도록 [상담과정]과 기법들을 활용할 수 있는 [적용]도 포함하였다.

질문 Question

이 활동(성찰 질문)을 통해 제1장의 내용과 여러 활동에 대한 당신의 생각과 반응을 탐색해 볼 수 있다. 질문에 바로 답을 하면 이 장의 다른 부분으로 옮겨가게 되는데, 그 전에 자신이 성찰한 내용을 기록해보기를 권한다. 스스로 관찰하고 숙고한 것을 써보는 것은 아이디어를 명료화하도록 도울 뿐 아니라 자신의 반응에 포함된 뉘앙스와 여러 의미를 탐색할 수 있게 한다.

실습

각각의 활동은 개념을 여러 가지 유용한 방식으로 활용할 수 있도록 해 준다. 앞서 읽었던 이 장의 이야기를 여러분이 더 깊이 이해할 수도 있고, 자각을 더욱 확장시킬 수도 있으며, 변화 과정에 대한 통찰력이 향상될 수도 있다. 그렇게 함으로써 여러분은 개념을 온전히 습득하게 된다. 이 장의 도입 부분에서 문제를 주고 여러분에게 그것을 해결해 보도록 하였다. 처음에는 컴퓨터와 다양한 가격 코드를 언급함으로써 혼란을 야기하였고, 그다음에는 자신의 과거 성공 경험을 떠올려 이 문제에 적용해 보도록 하였다. 이런 경험은 내담자가 문제 해결에 도달하려고 애쓰는 것과 상당히 유사하다. 아무쪼록 여러분이 이러한 과정에서 적극적인 참여자가 되기를 기대한다.

상담과정

이러한 활동은 단기상담자가 앞에 나온 이야기 속의 내담자들과 어떻게 작업하는지 알 수 있게 해 준다. 당신은 축어록을 읽으면서 그것이 각본 혹은 암기해야 할 주문이 아니라, 특정한 내담자를 단기상담 전략으로 상담한 예화라는 것을 기억해야 한다. 축어록을 수동적으로 읽기보다는 과정을 개관하고, 역동을 숙고하며, 당신 자신의 표현을 사용하면서 자신의 개입방법을 계획해 보기를 추천한다.

적용

단기상담 기법을 활용해 보는 구조화된 활동에는 특정 유형의 내담자에 대한 개입전략을 고안하는 것, 자기 경험에의 적용, 다른 내담자에게 기법을 활용해보는 것 등이 포함된다. 앞으로 읽게 될 장들에서는 두 명의 동료와 함께 연습팀을 구성해 보기를 권한다. 한 사람은 내담자, 다른 사람은 각 장에 소개된 기법을 사용하는 단기상담자, 나머지 한 사람은 활동을 관찰하고 피드백을 제공하고 결과를 보고하는 기록자 역할을 맡는다.

영화 〈가라데 키드(Karate kid)〉에 나오는 "계속 연마하라(wax on, wax off)."라는 대사를 기억하라. 성실한 연습을 통해 주인공은 가라데를 성공적으로 연마할 수 있는 기본기를 쌓아 갔다. 단기상담을 성공적으로 배우는 것도 이와 같아서, 훈련을 통해 배우는 것보다 더 나은 방법은 없다. 단기상담 기법을 반복적으로 적용하다 보면 어느새 여러분은 유능한 단기상담자로 성장해 있을 것이다.

◄◄ 다음 장으로의 연결 —·—·—·—·—·—·—·—·—

이 활동의 목적은 당신이 다음 장에서 배울 개념과 기법에 대한 적절한 사고방식이나 적합한 마음가짐을 준비하는 것이다. 이러한 연결성을 확보함으로써 이 책 전체에 등장하는 개념들과 기법들의 결합과 상관성을 얻을 수 있을 것이다.

상담전문가에게 확실히 보장할 수 있는 것은 거의 없지만, 이 책을 더 적극적으로 읽고 활동에 능동적으로 참여할수록 더 많은 지식과 기술을 얻게 될 것이라는 사실만은 보장할 수 있다.

> ▶▶ **2장으로의 연결** ━━・━・━・━・━・━・━・━・━・━
>
> 　　상담을 할 때 기법에만 의존해서는 안 되며, 성공적인 개입들은 모두 관계에 기초하고 있다는 사실을 알아야 한다. 당신 자신의 삶에서 중대한 결정을 내리던 시점을 떠올려 보고, 도움을 주었던 사람을 기억해 본다면 변화를 촉진하는 관계가 어떤 것인지 알 수 있을 것이다.

참 고

Brief Family Therapy Center

PO Box 13736

Milwaukee, WI 53213

briefftc@aol.com

414-302-0650

www.brief-therapy.org

　　이 기관은 단기상담의 개념과 기법들을 개발한 최초의 기관으로, Steve de Shazer가 1978년에 설립하였으며, 서적, 비디오, 오디오테이프, 훈련과 자문을 위한 정보센터를 보유하고 있다.

제2장

상담관계의
핵심

🐑 이 장의 목표

| 이 장의 주요개념 |
• 상담자는 마술가가 아닌 전문가의 자세로 조력관계 형성과 변화
  를 유도해야 한다.
• 상담자는 전문적 자질을 갖추어야 한다.

| 이 장의 주요기법 |
• 치료동맹을 위한 경청, 이해, 타당화 기법 활용하기
• 내담자의 자기파괴적 자아관과 문제를 재구성시키기

상담사례

학교 상담실에 들어온 Bhavana는 앉자마자 울먹이면서 이야기를 쏟아 냈다. "도저히 참을 수 없어요! 전 늘 엉망진창이에요. 어제 남자 친구 Todd가 제 차를 가져가 친구들과 술을 마시느라 절 태우러 오지 않아서 기말과제 모임에도 못 갔어요. 이제 다 망쳤어요. Todd는 너무 이기적이고 어린애 같아요!"

Bhavana는 상담자를 잠깐 바라보더니 슬픈 표정으로 이야기를 이어나갔다. "전 패배자예요! 엄마를 닮아서 늘 이런 남자만 만나죠. 엄마도 남자 운이 없거든요." 그녀는 고개를 떨구었다가 망연자실한 표정으로 창밖을 바라보았다.

질문 Question

1. 당신이 상담자였다면 Bhavana의 말에 어떻게 반응했겠는가?
2. Bhavana가 상담자에게 기대하는 바는 무엇일까?
3. 그녀는 자신의 이야기에서 자신을 어떻게 표현하였나?

🕊 개 관

이 책에서 소개하는 상담기법들은 마술적인 효력을 발휘하기도 하지만 사실 상담기법에 마술이란 없다. 게다가 좋은 관계를 형성하지 못하면 어떤 기법도 소용이 없다. 이 장에서는 Carl Rogers 등이 상담관계의 중핵적 요소로 제안한 기법들 가운데 내담자의 호소문제를 경청하고 이해하고 타당화하는 'LUV 삼각형'을 다룬다. LUV란 내담자의 관점을 적극적 경청(listening), 공감적 이해(understanding), 타당화(validating)하는 기법이다. 그리고 O'Hanlon의 언어적 접근 기법들도 다룬다. 이것들은 내담자가 자신의 처지에 좌절하고 자기파괴적인 오해를 하게 만든 침체적이고 희망 없는 이야기들을 유연하게 해체하도록 돕는 기법들이다.

그러나 내담자는 문제 상태로 쉽게 되돌아가므로, 상담자는 그의 호소문제를 이해하면서도 보조를 맞추어야 한다. 만약 상담자가 앞서가기 시작하면 이러한 기법들은 쓸모없게 된다.

🕊 주요개념

수수께끼

시인 바이런의 '혼돈(Enigma)'이라는 시에 등장하는 'I'가 무엇을 의미하는지 찾아보자.

I'm not in earth, nor the sun, nor the moon.
You may search all the sky – I'm not there.

In the morning and evening – though not at noon,

You may plainly perceive me, for like a balloon,

I am suspended in air.

Though disease may possess me, and sickness and pain,

I am never in sorrow nor gloom;

Though in wit and wisdom I equally reign.

I am the heart of all sin and have long lived in vain;

Yet I ne'er shall be found in the tomb.

– Oltmanns & Emery, 1998, p. 40

이 수수께끼는 조금만 생각해 보면 쉽게 이해된다. 마찬가지로 상담도 조금만 관점을 달리하면 내담자 스스로가 문제의 답을 찾을 수 있다. 단기 상담에서는 문제의 답이 내담자 안에 존재한다고 가정한다. 이 수수께끼의 답은 글자 'I'다. 해결책은 항상 문제의 내용 속에 있다. 이 시에 숨겨진 'I'처럼, 답은 문제에 대한 시각을 바꿀 때 명료해지고 심지어 단순해지기까지 한다. 마술사는 청중의 주목을 딴 데로 끌면서 간단한 손기술로 마술을 부린다. 사람들은 문제 상황에서 여러 대안들을 간과하고 부정적 감정에 빠지는데, 이것은 마치 모자 속에 감춰 둔 토끼를 잊어버리는 것과 같다. 그러다가 모자에서 토끼가 나오면 그것은 마술처럼 느껴지게 된다.

단기상담기법은 마술처럼 신비스러운 것이 아니며 상담자의 특별한 잠재 능력도 아니다. 오히려 단기상담은 격려와 치유를 통해 내담자의 변화와 성장을 촉진하는 핵심적인 가치와 이해력을 내포하고 있다. 따라서 단기상담자는 조력관계를 형성하고, 변화의 핵심기법인 경청과 공감 같은 요소들을 활용해야 한다. 진실한 관심과 이해가 선행되지 않는다면 내담자를 도울 수 없다. Scott Miller의 설명처럼 상담자는 내담자의 집에 배치된 가구들을 바꿔 놓기 전에 초청부터 받아야 한다.

실습 —————————————————————————————————

당신이 삶에서 중대한 발견을 했던 때를 떠올려 보라. 그러한 발견은 당신이 스스로를 어떻게 생각하는지, 삶에 대한 태도는 어떠한지, 세계 속에 당신이 어떻게 위치하고 있는지에 대한 것들일 것이다. 이제 그러한 변화과정을 거칠 때 당신에게 가장 크게 영향을 미쳤고, 함께 있어 주었던 한 사람을 선택한 후 그 사람과의 경험을 회상해 보라.

질문 Question

1. 그 사람은 당신에게 어떤 영향을 주었는가?
2. 특정 단어의 사용이나 행동 이외에 그 사람의 태도에서 당신에게 특별히 도움이 되었던 부분은 무엇인가?

마술과 기적

Miller(1997)의 저서 『기적의 상담자(*Becoming miracle workers*)』는 다소 오해받기 쉬운 제목으로, 마술 같은 힘으로 내담자를 변화시킬 수 있다는 매우 도발적인 발상을 품고 있다. 마술사는 타인이 모르는 뭔가를 아는 사람으로 여겨진다. 치유되기를 바라는 내담자에게 마술사는 성직자나 상담자같이 문제를 통찰하고 도와줄 수 있는 사람이다. "상담자는 미래를 예측하는 능력과 통찰력을 지닌 예언자다."(Moore & Gillette, 1990, p. 99)

사실 상담자는 마술사처럼 비춰지기도 한다. 의학모델에 기반한 전통적인 관점에 따르면, 상담자는 문제 해결에 필요한 지식을 훈련받은 후 내담자의 불안을 다루고 올바른 해결책을 제공할 수 있어야 한다. 그러나 상담자는 예언가나 현인이 아니다. 지식과 기술에 통달할 수도 없고, 마술을 부릴 수 있는 전문가도 아니다. 오히려 문제 해결의 권한과 전문성은 내담자의 영역이다. 단기상담에서 상담자는 마술사나 전문가라기보다 오히려 아무것도 모른다는 자세를 취해야 한다. 내담자와 거리를 유지해서는 그의 현상 세계에 다가갈 수 없다. 포스트모던 관점에서 순수 관찰자의 자세는 더 이상 불필요하다. 인간은 불가피하게 참여관찰자의 역할을 하게 된다(Toulmin, 1982, p. 255).

상담자는 내담자의 문제가 무엇이든 더 이상 내담자와 거리를 두어서는 안 된다. 상담자는 내담자가 상담 중에 보여 주는 사고나 행동에 함께하는 기능을 하게 되며, 따라서 좋든 싫든 내담자의 문제에 동참하면서 그의 세계에 연결된다. 상담자는 가능한 한 최선을 다해 내담자를 존중하는 자세를 취해야 한다. 상담에서 존재하는 유일한 마술은 내담자와 좋은 관계로 발전하는 것이다. 좋은 관계를 형성하지 못한다면 그 상담은 헛될 뿐이다.

공통요인

앞 장에서 다루었지만 아직 상담 분야에서 특별히 더 우수한 이론모형은 발견되지 않았고, 여러 이론적 학파들 사이에 존재하는 공통요인들을 찾는 작업이 수행되고 있다. Kleinke(1994)는 이론들 간의 공통요인에 대한 연구물들을 조사한 결과, 돌봄(caring) 관계를 공통요인으로 제시하였다. 즉, 내담자는 안전하고 신뢰로운 분위기에서만 새로운 사고나 행동을 시도하며 자신의 사고와 행동을 다른 관점에서 이해할 수 있게 된다(Goldfried, 1980).

가족치료자 Fred Duhl은 상담을 낚시에 비유했다. "물고기의 방향은 낚시꾼의 낚싯대보다 중요하다."(Young, 1992, p. 32) 관계 형성 없이는 어떤 상담기법도 무용지물이다. 관계란 마치 물고기를 낚는 낚시바늘처럼 내담자와 어떻게 연결되느냐에 관한 것이다. 내담자는 독특한 방법으로 반응하므로 상담자는 고기를 밀고 당기는 숙련된 낚시꾼처럼 그의 감정과 움직임에 맞춰 주어야 한다.

적극적 경청

1997년 『가족치료 네트워커(7/8월호)』에서는 화려한 상담기법보다 경청이 중요함을 강조하였는데, 거기에는 상담자가 기법과 관계 중에서 한 가지를 선택해야 할 때 관계에 더 초점을 두게 된다는 부분이 있다. 이러한 통찰은 해결중심 단기상담의 기법들이 모든 종류의 문제와 진단에 적용될 수 있다는 것을 보여 주려고 실시한 연구에서 파생된 결과다. 처음에 Duncan 등은 Weakland, de Shazer, Erickson의 치료방법이 다른 접근보다 효과적임을 보여 주려고 했다. 그들은 정신역동적 상담자로부터 최악의 내담자를 의뢰받아 상담을 진행하여 효과를 얻었다. 그러나 성공의 비결은 특정한 상담 접근이나 기법 때문이 아니라 상담자의 태도 때문이었다. 즉, 상담의 효과는 기법보다 내담자의 "호소문제와 연관된 상담관계에 더 영향을 받는다."라는 것을 발견하게 되었다(Duncan et al., 1997, p. 24).

내담자를 변화시키려는 조급한 자세나 특정 이론에 집착하는 교만으로부터 자유로워질 때 상담자는 비로소 경청할 수 있게 된다. Duncan은 성공적인 어느 상담 회기에서는 단 15문장만 얘기했다고 회상하였다. "나는 가계도나 계약서, 암시, 기적질문, 제안, 최면, 조종, 현자처럼 말하기 따위는 사용하지 않았다."(Duncan et al., 1997, p. 26) 대신에 그는 상담전문가라는 왕위에서 물러나 내담자의 상황이나 생각, 그가 원하는 해결책을 경청하기만 했던 것이다.

철학자 파스칼은 인간은 타인으로부터가 아니라 자신의 이성(理性)에 의해 더 잘 설득된다고 하였다. 상담자가 개입하기보다 경청에 집중할 때 내담자는 상담에 더 몰입한다. "긍정적인 변화는 상담자보다 내담자가 말을 얼마나 많이 하느냐에 달려 있다."(p. 26) 상담의 과정-결과 연구들의 메타분석(Bergin & Garfield, 1994) 결과, 상담의 성공 여부는 내담자의 참여에 달려 있다는 점이 발견되었다. "우리는 결국 Carl Rogers의 저서들을 다시 읽어야 한다고 결론지었다."(Duncan et al., 1997, p. 26)

Rogers의 재발견

새로운 상담이론이나 기법 워크숍에 참석해 보면 왠지 Rogers가 쓴 책의 한 부분을 보는 듯한 기분이 들 때가 종종 있다. 마치 콜럼버스가 신대륙을 발견하고 놀라듯, 새 이론들은 그저 명칭만 달리 하고 신제품임을 강조한다. Rogers의 접근법은 이미 보편화되어서 거의 모든 새 기법들에 녹아 있는 듯하다(Presbury, McKee, & Echterling, 2007). 너무 단순하고 긍정적이며 순진하기까지 한 인간중심상담은 그래서 더 소중하게 여겨진다(Kahn, 1991, p. 35). Rogers는 그의 글에서 적극적 경청을 매우 강조하였다.

내담자가 자신의 문제를 제대로 이해받았다고 느낄 때 내담자의 눈에는 눈물이 맺히는데, 그것은 기쁨의 눈물인 셈이다. 내담자는 마치 이렇게 말하고 있다. "주님, 감사합니다. 누군가가 저를 이해해 주었습니다. 누군가가 제가 누군지 알아주었습니다." 이 순간 나는 지하 감옥에서 누군가를 향해 모스 부호를 두들기는 죄수의 경험을 느낀다. "거기 누구 없나요?" 어느 날 그가 모스 부호로 "예."라는 대답을 듣게 된다면, 이 간단한 답은 그의 외로움을 이기고 인간성을 되찾게 하는 것이다. 오늘날 수많은 사람들이 외부의 인정을 얻지 못한 채 자신의 지하 감옥에 갇혀 살고 있다(Rogers, 1969, p. 224).

Rogers의 다문화적 관점

Rogers의 이론은 때로 너무 서구적이며 백인 중산층에 치우쳤다는 비판을 받는다(Sharf, 2004). 예를 들면, 자아실현에 관한 개념은 일반화시키거나 특정 문화에 반영시키기 어렵다는 점이다(Prochaska & Norcross, 2007).

서구 문화에서는 개인의 독립과 자율이 상호의존성과 연결성보다 중요하다. 그러나 Rogers에 대한 가장 큰 비판은 내담자에게 존중과 긍정적 관심을 갖고 그의 다양한 세계관을 공감적으로 이해하고 경청해야 한다는 것을 사람들에게 제대로 이해시키지 못했다는 점이다. 그는 내담자의 현상적 세계에 궁극의 현실이 존재한다고 보고 다양한 현상세계에 몰입할 것을 강조하였다.

근래에 와서 다문화적 관점에서 Rogers의 사상이 다시 인정받고 있다. Spangenberg(2003)는 남아프리카의 전통적인 치유과정과 Rogers의 집단상담의 공통점을 찾아내고, 인간중심상담이 서로 다른 문화권 간의 의사소통에 기여한다고 하였다.

인간중심상담은 가난과 착취에 시달리는 브라질의 어린이 및 청소년의 회복력을 증진시키는 데도 효과적이었다(Freire, Koller, & Piason, 2005). 또한 이 접근은 성적 소수자 청소년들에게 당면한 낙인찍기에 대응할 수 있는 치료적 환경을 제공한다는 점에서 효과적이었다(Lemoire & Chen, 2005).

Rogers와 단기상담

Kahn(1991)은 Rogers의 방법을 완벽한 치료로 보기에 부족하다고 하였으나, 관계적 측면은 꼭 필요한 것으로 보았다. 그는 우리가 지지하는 이론이 무엇이든, 인간의 마음을 어떻게 이해하든, "상담자와 내담자의 관계에 대한 Rogers의 조언에 주의를 기울임으로써 더 많은 것들을 배울 수 있게 된다."(pp. 35-36)라고 하였다.

Walter와 Peller는 해결중심 단기상담자로, 신뢰는 그냥 존재하는 것으로 간주하기 때문에 내담자와의 신뢰관계 형성을 덜 강조한다. 하지만 그런 그들도 내담자가 수용되고 이해받고 있음을 느끼는 신뢰관계를 유지해야 한다는 Rogers의 기본 기술을 특별히 언급하였다. 그러한 기술들 중에는 "반영적 경청과 공감적 경청, 내담자 말을 유사한 감정과 어조로 재진술하기, 내담자 입장 지지하기 등"(1992, pp. 42-43)이 있다.

해결중심 단기상담자인 O' Hanlon과 Beadle(1994)도 저서에서 Carl Rogers 식의 치료적 기법을 설명하였다. 그들은 내담자와 수용적으로 대화하면서도 "약간의 요령을 덧붙였다. '당신은 지금 있어야 할 곳에 있는 것이고, 동시에 바꿀 수도 있습니다.'"(p. 15)

O' Hanlon과 Beadle(1994)이 자신들의 기법 명칭에 Rogers를 언급하기는 했지만, 내담자가 관심사를 더 깊이 있게 탐색하도록 격려하기 위한 적극적 경청이라기보다는 개입의 한 방법으로만 보았다. 그들은 내담자의 주요 관심사를 인식하는 데서 더 나아가 내담자의 말에 암시된 중요한 가능성까지 덧붙여서 언급하였다. Carl Rogers 자신도 유명한 비디오 〈글로리아(Gloria)〉(Rogers, 1965)에서 이러한 기법을 사용하였다.

Duncan, Hubble, Miller(1997)는 Rogers에게 깊이 감명을 받아 상담자와 내담자가 상호 동반자가 되어 의미 있는 결속을 구축할 것을 강조하였다. 그들은 내담자가 처한 현실을 인정하고 호의를 베푸는 것이 큰 효과를 가져온다는 것을 발견한 후, 돌봄이 진정한 관계를 보증한다는 사실을 믿게 되었다. 그들도 초기에는 그런 행동들이 내담자에게 상담에 진정으로 참여해 주기를 청하는 '사전 노력' 쯤으로 생각했으나, Rogers 의 저서를 읽은 후에는 공감, 온정, 진솔성과 수용 같은 핵심 조건들의 중요성을 알게 되었다.

> 이제야 우리는 관계가 사실상 치료라는 것을 깨닫게 되었다……
> 내담자들은 이론이나 화려한 기법에 의해서가 아니라 이러한 '핵
> 심 요인들'에 의해 자신이 개선된다고 생각한다(Duncan et al., 1997,
> p. 33).

"내담자에게는 어떤 이론이나 기술보다 관계 자체가 더 크게 영향을 미친다."(Duncan et al., 1997, p. 29) 10여 년간 수행해 온 이른바 '불가 능한 상담사례 프로젝트'에서 그들은 상담자가 최대한 민감하게 내담자 의 말을 경청해야 한다고 강조하였다.

Lipchik(2002)은 단순한 듣기(hearing)와 경청(listening)의 차이를 감각 과 인식에 비유하였다. 인간은 모든 감각 경험을 다 인식하지 못하지만 선택적 집중이 가능한 존재다. 유능한 상담자가 되기 위해서는 들은 내 용 중에서 중요한 것에 절묘하게 집중할 수 있는 선택적 경청이 필요하 다. "상담자는 내담자가 말하는 모든 것을 들을 수 있다. 어느 것도 무시 할 수 없지만, 내담자에게 잠재적으로 필요한 것에만 반응한다."(p. 44) 결론적으로 이 연구는 Rogers의 관점을 재확인시켰다.

치료적 거리와 인정

상담자의 태도는 2,500년 전 고대 그리스의 히포크라테스의 자비와 유사하다(Becvar, Canfield, & Becvar, 1997). 자비는 타인에게 해를 끼치

지 않는 선한 행동으로, 조력전문가에게는 최우선적인 도덕적 요건이다 (Becvar & Becvar, 2006). 자비에는 남에게 해를 끼치지 않는 것뿐 아니라 무저항, 자선, 동정까지 포함된다. 상담자는 자비의 자세를 갖고 내담자의 세계에서 그의 준거틀을 이해해야 한다.

또한 자비는 내담자와 함께함을 의미한다. 함께함은 치료적 관계의 핵심이자 인본주의의 요체다. 내담자와 함께할 때 상담자는 비로소 그와 초점을 맞추고 고통에 관여하며 의사소통할 수 있다.

그러나 내담자의 세계에 들어가더라도 그의 문제로부터 치료적 거리를 유지할 수 있어야 한다. 최적의 치료적 거리는 상담자와 내담자가 서로 투과하면서도 경계를 유지하는 '분리된 관심'을 유지하는 것이다. 적절한 분리는 상담관계를 보장하고 내담자에게 좋은 본보기가 된다. 만약 문제에 몰입된 내담자의 격한 감정과 혼란에만 초점을 맞춘다면 상황이 더 나빠질 수 있다.

치료적 거리가 적절히 유지될 때 문제는 더 악화되지 않는다. 단기상담은 내담자를 문제와 고통의 희생자에서 희망을 가진 생존자로 변화시킨다. 정신역동의 치료적 동맹과 작업동맹 중에서 작업동맹이 비교적 더 짧은 기간과 가벼운 친밀감을 내포한다고 볼 때, 내담자의 의존성, 전이, 상담 종결의 어려움도 최소화될 수 있을 것이다.

분리와 친밀성 간의 균형을 위해서는 상담계약이 필요하다. 그러나 계약은 대개 내면적이고 비정형적이다. 내담자는 거리를 두다가 갑자기 깊은 친밀성을 요구하기도 한다. 이러한 태도는 상담에 영향을 미치므로 더 세심히 다루어야 한다.

인정(acknowledgment)은 내담자의 부정적인 감정에 초점을 두지 않고 대화하는 것이다. 예를 들면, 내담자의 현재 문제를 "그 일 때문에 많이 실망했었군요."와 같은 과거형으로 반영해 주면서 문제의 해결책을 찾도록 돕는 것이 좋다(Dejong & Berg, 1998). 이러한 방법은 내담자의 정서가 상황적·관계적·시간제한적임을 가정하는 것으로, 여기에는 문제를 보는 관점이 내포되어 있다. 상황적(situational)이란 내담자의 성격을 변화시키는 것이 아니라, 사건을 치료나 극복이 가능한 어떤 부정적 경험으로 본다는 것을 의미한다. 상담자는 부정적인 사건이 내담자의 성격으로 인해 발생한 만성적인 경험이 아님을 강조하면서 "당신을 가끔씩 힘들게 하는 상황이 또 일어났군요."라고 말해 준다. 관계적(relational)이란 두 사람 이상의 관계에서 발생함을 의미하는 것으로, 내담자의 과도한 책임감을 경감시키는 것을 의미한다. "그 사람과 있을 때마다 당신은 위축되는군요. 하지만 다른 사람들과 있으면 자신감이 생긴단 말이죠." 시간제한적(time-limited)이란 문제가 영속적이지 않음을 의미한다. "그 문제로 꽤 힘들었고, 어렵게 견뎌 온 것 같아요. 반드시 지나야 할 단계입니다."

심층적 분석이나 탐색을 선호하는 상담자에게 인정 기법은 미흡하게 여겨지기 쉽다. 인정 기법의 효과는 이 기법이 제대로 쓰이는지 혹은 내담자에게 의존하는지에 달려 있다. 상담자는 내담자의 비언어 메시지를 통해 그가 문제 해결의 방향으로 향하고 있는지 관찰해야 한다. 만약 내담자가 충분한 이해를 받고 있지 못하다면 그는 또 다른 메시지를 상담자에게 보내는데, 이때 상담자는 더 많은 인정 기법을 제공해야 한다. 그때 비로소 내담자는 충분히 공감받는 경험을 하게 된다.

내담자를 해결의 방향으로 이끄는 과정은 겨울 스포츠의 하나인 컬링에 비유된다. 움직이는 돌 앞에서 얼음을 쓸어내는 컬링 선수는 돌이 가야 할 방향보다 현재 위치에 더 주의를 기울인다. 상담자는 내담자 앞에서 여러 가능성을 열어 주어야 한다. "상담자는 이론에 입각해 해결책을 찾아주기보다 내담자가 경험하고 있는 현재 상태에 주의해야 한다." (O' Hanlon & Beadle, 1994, p. 11)

공감받지 못한 내담자는 도움을 원치 않을 뿐 아니라 저항하게 된다.

저항은 불복종이 아니라 제대로 이해받지 못해 소통에 실패한 것을 의미한다. 상담자는 공감으로 소통해야 하며, 내담자가 받아들일 때까지 계속해야 한다.

함 의

생산적인 만남을 가져오는 관계 형성에는 어떤 내용이 포함되어야 하는가?

- 내담자를 가장 잘 이해하는 사람은 내담자 자신이다.
- 상담자와 내담자는 함께 내담자의 이야기를 건설하는 역할을 담당한다.
- 상담의 성공 여부는 관계 형성에 달려 있다. 돌봄과 신뢰, 적극적인 경청과 이해가 없다면 그 상담은 무의미하다.
- 내담자의 문제에 압도당하지 않기 위해서는 공감적 이해뿐 아니라 치료적 거리를 유지하는 것도 필요하다.
- 내담자가 자신의 문제에만 집중하지 않도록 하기 위해서는 인정 기법을 활용해야 한다.
- 내담자의 이야기를 변화시키기 전에 먼저 해야 할 일은 그에게 초청받는 것이다. 저항은 초청을 거부하는 것이므로, 이때는 다시 인정의 자세로 돌아가야 한다.

방 법

상담관계 형성하기

상담관계의 핵심은 돌봄과 인정이다. 돌봄이 신경을 써서 보살피는 것이라면, 인정은 내담자의 권한과 가치를 받아들이는 것을 의미한다. 이러한 개념들은 상담 초기에 특히 필요하지만 구체적으로 잘 드러나지 않는다. 다음의 LUV 삼각형은 내담자에게 돌봄과 인정이 제공되고 있음을 알기 위해 필요한 측면들을 잘 보여 준다([그림 2-1]). 이와 유사한 개념인 Miller(1996)의 LAV[경청(listen), 인정(acknowledge), 타당화(validate)]는 내용상 다소 위계적이다. 즉, 인정은 경청과 타당화를 내포하며, 돌봄과 인정의 바탕에 공감적 이해가 있다. 그러므로 내담자와의 소통 없이 경청과 이해는 불가능하다. 이때 타당화는 내담자의 스토리와 세계관을 받아들이는 것이지 그의 모든 행동을 수용하는 것은 아니다.

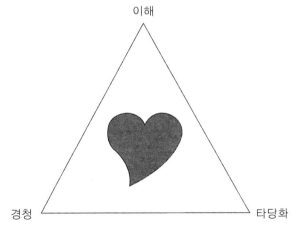

[그림 2-1] LUV 삼각형

그러나 아직까지 모호할 수 있으므로 초기 상담관계에 필요한 구체적인 역할을 다룰 필요가 있다. 관계 형성의 가장 중요한 측면은 내담자가 받아들이느냐 여부다. 다시 말해, 상담자는 LUV 삼각형의 원리를 성공적으로 제공할 수 있어야 한다. 특히 상담자는 내담자에게 특정 메시지를 송수신할 수 있어야 한다. 의사소통에는 반드시 송신자와 수신자가 존재하므로 상담자는 늘 내담자가 상담자의 의사 표현을 잘 이해하고 있는지, 그리고 자신은 내담자의 의미를 제대로 수용하고 있는지 확인해야 한다.

다음은 효과적인 경청의 요소들이다(Egan, 2007).

- 내담자를 향한 수용적 · 개방적 자세
- 내담자 쪽으로 몸을 기울이기
- 적절한 시선 접촉과 침착한 태도

내담자에게 이해를 전달하기 위해 상담자는 전략을 구체적으로 적용해야 한다.

- 내담자가 한 말을 반복하고 풀어서 말하기
- 내담자가 하는 말의 의미를 이해한 대로 전달하고 질문하기
- 내담자의 기분, 속도, 리듬 등 비언어적 메시지에 맞추기
- 내담자와 같은 수준의 표현이나 단어 사용하기

호소문제의 진술에 담긴 은유를 읽음으로써 내담자가 원하는 변화를 알 수 있다.

내담자: 제가 이전의 나쁜 상태로 돌아간 것 같아요.

상담자: 미끄러져 길바닥에 넘어져 버린 기분이지요. 뭔가 확실한 것을 붙들
　　　　고 싶은가 봐요.

　이 단계에서는 내담자가 자발적으로 내놓는 문제 너머의 사실 확인보
다 그의 표현 내용에 머무르는 것이 좋다. LUV 삼각형을 적용한 대화가
어느 정도 포화 수준에 이르면 내담자는 점점 상담자를 신뢰하게 된다.
　질문은 내담자의 경험과 행동을 평가절하하거나 거부하는 것으로 비
춰질 수 있다. 다음은 내담자를 지지하고 격려하는 행동들이다.

- 긍정적 태도로 고개 끄덕이기
- 따뜻한 미소와 격려 반응("으흠……." "아, 그랬군요." "예, 계속하세
  요.")
- 비관 또는 의심하는 태도, 논쟁이나 설득 지양하기

Rogers에 대한 오해

　지금까지도 Rogers는 "으흠……." "제가 듣기로는……." 같은 상담기
법을 창안한, 그저 친절하고 수용적인 사람으로 오해받는다. 심지어 그
의 기법들은 '그저 내버려 두면 회복되는' 것으로 비하되거나, 아니면 기
껏해야 "어떻게 그렇게 느끼게 되었나요?" 정도의 질문기법으로 인식되
며, 심지어 '비지시적 접근'은 그저 경청하고 미소 짓는 것으로 여겨지
기도 한다.
　그러나 자세히 살펴보면 그의 이론에는 내담자가 자신의 강점을 스스
로 찾게 만드는 교묘한 전략이 내포되어 있다. Rogers의 기법은 다른 어
떤 상담접근보다 내담자에게 권한을 부여하고 있다. 그는 내담자를 인정
하고 존중하는 데 관심을 두었는데, 특히 내담자의 감정보다 의미 자체

에 초점을 두었다. 상담자로부터 비록 이해의 인지적 측면일지언정, 자신의 경험과 꼭 맞는 의미를 경험할 때 내담자는 비로소 이해받게 된다. O' Hanlon과 Beadle(1994)은 내담자를 인정하는 절차를 제시했다.

- 내담자의 불평의 의미를 피드백해 주기
- 그 불평을 과거형으로 바꾸기
- 곤경이나 절망의 언어를 가능성의 언어로 바꾸기

예를 들어, 내담자에게 "문제를 해결하지 못하는 자신이 무기력하게 여겨져서 우울한가 봐요."라고 말하기보다 "아직 해결책을 못 찾아 낙심한 상태군요."가 효과적이다.

O' Hanlon에 의하면, 상담자가 내담자의 말이나 태도의 미세한 부분까지 주의할 때 문제에 대한 관점을 변화시킬 수 있다. 즉, '절망했다'(과거형)를 '경험하고 있다'(현재형)로, '우울'(진단)을 '낙심'(일반적인 표현)으로, '무능'(개인적인 문제)을 '미해결'(시간의 문제)로 재진술한다. 상담자는 과거에 발생한 문제 상황에 합리적으로 반응했고, 앞으로 그 문제가 해결될 거라는 중요 메시지를 여러 말로 전달한다. 이러한 방법은 내담자가 자신의 스토리의 수준을 놓고 왈가왈부하지 않고 보다 더 긍정적이고 희망적으로 문제를 보게 만든다. 그러나 "그건 모두 과거의 일이고, 당신의 반응은 적절했고, 앞으로 이겨낼 수 있다."라는 말로 내담자의 근심을 줄일 수는 없다. 이런 말들은 내담자의 경험을 상담자가 더 잘 알고, 더 유능하다고 말하는 격이다.

과거형으로 진술하기

상담자는 내담자의 부정적인 감정을 과거에 발생한 것으로 묘사할 수 있다. 예를 들면, "오랫동안 ~ 같은 기분을 느꼈나 봐요."처럼 말한다면, 내담자의 감정이나 지각이 상황에 따라 영향을 받는 것을 암시한다. 내담자는 현재 시점에서 감정을 표현하는 방법에 따라 과거 경험에 대한 지각이 달라질 수 있음을 알게 된다. 예를 들면, "그 일을 경험했을 때 당신의 심정은……." "그 사람이 당신을 외면했기 때문에 당신은 그때 ~ 하게 생각했을 것 같아요." "그(녀)가 그런 행동을 했을 때 당신은 그(녀)의 행동을 ~라고 해석했었군요."

가능형으로 진술하기

변화를 유도하는 또 다른 방법은 미래의 가능성에 대해 말해 주는 것이다. 여기에는 "당신은 아직까지 ~한 기술을 터득하지 못했나 봐요." "아직은 이런 일을 제대로 대처할 수 없었나 봅니다." "어렵다고 생각하지만 꼭 이겨내고 싶단 말이죠." 등이 있다. 이렇게 가능형으로 진술할 때는 내담자가 직접 언급한 말이나 비언어적으로 나타낸 감정에 근거해야지, 그렇지 않으면 너무 먼 미래에 초점을 두게 된다. 만약 내담자가 그러한 가능형 진술을 부인한다면, 상담자는 "제 말이 맞지 않다고 느낀다면 어떤 식으로 다르게 표현하고 싶은가요?"라고 제안할 수 있다.

이러한 방식의 피드백은 약하게나마 상황을 자연스럽게 재구조화한다. 내담자가 진술하는 문제 상황을 일반화시킬 수 있다. 예를 들면, '패배자'란 어려움에도 불구하고 지속적으로 노력하는 것을 의미하며, '게으름'은 일을 시작하기 전에 심사숙고하는 것을, 그리고 '이기적이고 욕심 많은' 행동은 세밀한 데 관심을 갖고 좋은 성과를 얻으려는 것을 의미한다.

또한 내담자가 사용하는 단정적인 단어들을 보다 잠정적인 단어로 바꿀 수 있다. 내담자가 처한 현실을 절대적인 것으로 단정하기보다 완곡하게 내담자의 관점임을 강조할 필요가 있다. 예를 들면, "당신 생각에

는……." "당신이 본 바로는……." "당신에게는 ~하게 느껴졌군요."와
같다. 이러한 재진술은 현실이 객관적 실체가 아니라 개인의 지각 체계
의 결과임을 알게 해 준다.

만약 내담자가 자신이 처한 현실을 과도하게 비관하거나 자신을 무의
미한 존재라고 표현한다면, 상담자는 그가 예전에도 마치 그랬던 것처럼
자기 자신과 환경을 여유 있고 긍정적으로 바라보도록 도와야 한다. 그
러나 이 방법은 내담자의 삶의 이야기를 변화시키기 위한 논쟁이 되어서
는 안 되며, 단지 이야기의 새로운 판형(version)을 만들고, 내담자가 스
스로에게 부여한 진단명을 바꾸어 주는 것이어야 한다. 상담자가 자신의
견해를 부드럽게 제시해야 비로소 그저 내담자의 부적절한 용어를 지적
하는 것이 아닌 성공적인 상담조력자의 역할을 할 수 있다.

상담과정

다음은 이 장의 앞부분에서 소개된 사례의 일부분이다. 상담자는 LUV
삼각형과 Rogers의 접근방법을 사용하여 내담자를 다루고 있다.

Bhavana: (자신이 겪은 사건들을 늘어놓은 후 잠시 쉬었다가 무언가 바
　　라는 눈빛으로 상담자를 쳐다본다.) 저는 다 망쳤어요! 연애도 전
　　부 엉망으로 끝나 버렸어요. 엄마가 그랬던 것처럼 말이죠.
상담자: (찬찬히 바라보면서 작지만 단호한 목소리로 내담자의 이야기를
　　재구성하기 위해 나아간다.) 애인 Todd와 속상한 일이 많았군요.
　　남자 문제를 잘 해결할 방도를 찾는 것 같군요.
Bhavana: (목소리가 조용해지더니 두 눈에서 눈물이 흐른다. 눈물을 닦
　　고 코를 풀어 댄다.) 그가 6시가 넘어서야 나타나서는 타이어가 펑
　　크났다고 했을 때, 저는 그가 늦게 오면서도 전화도 없었던 게 너무
　　화가 나 소리를 지르고 욕을 해댔어요. 그러자 그는 저를 한참 동안
　　바라보더니 그냥 가 버렸어요. 제가 생각해도 전 그때 미친 사람 같

앉어요. 도서관에 갔을 때는 이미 문이 닫혀 있었어요. 우리 팀원에게 전화라도 해서 해명하고 싶었지만 하지 못했어요. 아마 지금까지도 팀원들은 제가 맡은 부분을 포기하고 펑크를 낸 줄로 오해하고 있을걸요.

상담자: (내담자가 문제 상황을 나열하자 이해, 수용, 공감의 자세를 유지한다.) 어제 오후부터 세상만사가 당신에게서 등을 돌린 것 같은 심정이었겠어요. Todd도 그랬고, 팀원들도 당신을 오해한다고 생각했겠죠. 그래서 너무 낙심해서 뭐라도 방법을 찾아볼까 싶어 이리로 뛰어온 거죠.

Bhavana: (목소리가 다소 부드러워졌지만 눈물은 계속 흐른다. 다소 무기력하고 낙담한 자세로 말을 잇는다.) 예! 저는 물에 빠져 밖으로 나오지도 못하고 허우적대는 꼴이죠.

상담자: (부드럽게 앞으로 향하며) 예, 당신은 더 이상 감당할 수 없을 정도로 힘들지만 해결책을 간절히 원하고 있군요.

질문 Question

1. 앞의 대화에서 언어적 · 비언어적 반응을 찾아보자.
2. 내담자의 마지막 말에서 또 다른 LUV 삼각형을 전달할 수 있는 방법을 찾아 써 보자.

적용

세 명씩 한 팀이 되어 한 명은 힘든 경험을 이야기하는 내담자 역할을 한다. 다른 한 명은 내담자의 이야기를 과거형에서 현재형과 미래형으로 바꾸어 그의 성공 가능성에 초점을 두어 피드백한다. 토의가 끝난 후 세 번째 사람은 전체 과정을 피드백한다.

필수조건

치료적 관계에 효과적인 이 기법을 의도적으로 활용하여 내담자의 이야기를 해체하고 재구성하기 위해서는 상담자는 다음의 두 가지를 명심해야 한다. 첫째, 기술에 숙달될 때까지 많은 연습이 필요하다. 둘째, 상담자의 태도가 동정심과 연민인지 영향력을 미치려는 것인지, 솔직한 자세인지 의도적인 개입인지, 진심 어린 태도인지 목표 지향적인 태도인지를 피드백 받을 필요가 있다.

문제의 해체

내담자들은 호소문제를 삶 가운데 존재하는 명백한 사실들의 집합체로 인식하는 경향이 있다. 그들은 사건을 자신의 삶에 영향을 미친 실제 세계에서 일어나는 객관적이고 변하지 않는 것으로 여긴다. 상담자는 내담자의 이러한 '문제로 가득한' 대화를 무례하게 또는 대수롭지 않게 다루기 쉽다. 그러나 여기서 오간 대화는 진실의 일부분일 뿐이다. 구성주의적 관점에서는 내담자가 현상을 잘 이해하더라도 그것은 사실이 아닌 것이다.

내담자가 문제를 묘사한 것은 사실을 자의적으로 해석한 것에 불과하다. 그것은 내담자의 개인적인 의미와 고통의 정도를 반영한 것이다. 고대 철학자 에픽테투스는 인간에게 고통을 주는 사건이 발생하는 것이 아니라 인간이 그 사건을 고통스럽게 만든다고 보았다. 우리는 사건에 명명한 의미의 희생자다. Milton Erickson은 내담자가 가져온 해결 불가능한 문제를 해결 가능한 문제로 바꾸어 주었다. 즉, 문제는 해체되어 덜 어렵고 더 자신감 있고 협상 가능한 문제로 재구성되어야 한다. 상담자의 역할은 내담자의 문제를 더 느슨하고 조작할 만하며 대안이 있는 문제로 재협상하는 것이다.

그러나 이것은 문제를 '문제가 아닌 것'으로 바꾸어야 한다는 것을 뜻하지 않는다. 상담자는 내담자에게 부모나 동료들이 했던 방식으로 문제를 해결하거나 축소하도록 돕지 않아도 된다. "고민이 있다고? 아프리카의 굶는 사람들을 생각해 봐." "내년 이맘때면 너는 웃고 있을 거야." "상실의 슬픔 정도는 이겨내야지."와 같은 반응은 비효과적이다. 해체란 '밝은 면을 바라보게 하는' 것이 아니라, 개선 불가능해 보이는 문제를 조절이 가능한 것으로 해석하도록 돕는 것이다.

한 사람의 세계는 그가 구성한 것이다. 사물을 보는 방식이나 사실로 받아들인 것들은 표상과 의미를 통해 여과된 것이다. 내담자의 세계를 해체할 때, 상담자는 내담자에게 상담자의 관점을 강요해서는 안 된다. 그것은 오히려 내담자가 구성한 세계를 뒤흔드는 격이 될 뿐이다. 해체란 인지적 기법을 적용하는 논쟁치료(disputation therapy)와 다르다. 논쟁치료에서 상담자는 적극적으로 내담자의 비합리적 신념과 자기패배적 사고를 수정해 줄 뿐이다.

상담자는 내담자를 사고에 문제가 있는 사람으로 보지 말아야 하며, 내담자에게 상담자의 관점을 받아들이도록 강요하거나 논쟁해서도 안 된다. 내담자의 경직된 세계관과 자기패배적인 관점을 느슨하고 유연하게 만듦으로써, 내담자의 사고가 흔들려 마침내 가능성이 더 많은 세계를 재구성할 수 있도록 도와야 한다. 그때 내담자는 세상을 향해 더 강하게 맞닥뜨릴 수 있게 된다. 새롭게 만들어진 내담자의 관점과 구성은 이전과 같은 '사실' 위에 형성된 것이지만, '사실'을 보는 방법이 변화한 것이다.

내담자는 자신의 이야기를 비극적인 결말로 보거나, 전부 아니면 전무, 반박할 수 없거나 해결 불가능한 갈등으로 구성하기 쉽다. 게다가 그는 해결책을 찾는 노력조차 하지 않게 된다. 다음에 내담자들이 주로 사용하는 비효과적인 구성 방법과 그것들을 해체하는 방법을 소개한다. 그

러나 이 방법들은 균일한 처방이 아닌, 일련의 방향일 뿐임을 명심해야
한다. 여러분은 자신만의 방법으로 다시 재구성하여 반응기법으로 활용
해야 할 것이다.

- 내담자는 자신이 늘 문제를 겪는다고 호소한다. 그에게 문제는 '항
  상' 일어나거나 '전혀' 일어나지 않는 것이다.

    이러한 묘사를 해체하기 위해 상담자는 그 문제를 단순한 에피소
  드 또는 특정 상황으로 보고 반응해야 한다. 예를 들면, "당신은 최
  근에 힘든 경험을 했군요. 게다가 이 문제가 항상 일어난다고 여기
  는군요."와 같이 반응한다.
- 내담자는 문제를 절대적인 진리 혹은 현실 그 자체로 여긴다. 그는
  자신이 경험한 사건을 자기 자신만이 완벽하게 이해하고 표현할 수
  있다고 확신한다. 상담자는 다음과 같이 그의 확신을 반영해 줄 수
  있다. "당신에게는 그 문제가 ~하게 여겨졌군요." "당신이 본 바로
  는……." "당신의 관점에서는……."
- 내담자는 자신이나 타인의 문제를 명명하거나 진단하는 데 치중한
  다. 예를 들면, "저는 남편을 도와주고 있지만 실제로는 그를 망치
  고 있는 사람입니다." "제 딸은 거식증 환자입니다." "제 아들은 품
  행장애랍니다."처럼 말한다. 이때 상담자는 그의 진단명을 구체적
  인 행동으로 묘사함으로써 해체를 시도해야 한다. "여러 번 그(남편)
  에게 술을 사는 데 필요한 돈을 줬지만, 사실 당신은 그의 고용주에
  게 그(남편)가 아프다고 거짓말해 왔군요." 자신의 딸을 '식욕부진
  증환자'로 명명하는 부모에게는 "당신 딸이 잘 먹지 않고 야위어 가
  서 위험하다는 말인가요?" 아들을 '품행장애'로 진단하는 부모에게
  는 "아드님이 권위에 대해 반감을 갖고 있는 것 같군요." 이처럼 이
  야기를 해체하는 것은 진단명을 붙이는 것보다 행동을 수정하기가

더 용이하다.

- 내담자는 진단이나 꼬리표를 붙이면서 길게 이야기한다. 한 가지 문제에 초점을 맞추는 것은 문제 해결에 더 효과적이다. 예를 들면, "힘든 일을 연달아 겪었군요. 정말 많이 힘들었겠어요. 만약 그중에서 한 가지 문제만 선택할 수 있다면 무슨 문제부터 다룰까요?"

- 내담자는 자신을 희생자로 여긴다. 이러한 내담자에게 상담자는 문제를 외부 환경의 영향으로 돌림으로써 해체를 도와야 한다. "매번 (식욕을 못 참고) 냉장고 앞으로 가게 되는 것은 마치 매혹적인 노래를 듣는 것 같단 말이지요." "우울이라는 괴물이 당신에게 힘이 빠지게 뭔가를 속삭이니 그렇게 포기하게 되는군요."

  상담자는 문제의 외현화가 내담자의 행동, 기분, 생각 등을 통제하는 것이 아니라 단지 영향을 미치려 한다는 것을 강조해야 한다. 다시 말해, '그런 행동을 하도록 악마가 나를 조종한' 것이 아니라 '악마가 내 귀에 속삭일' 뿐이라고 말하는 것이다. 외현화에 대해서는 다음 장에서 더 상세히 다룰 것이다.

- 내담자는 자신이나 타인을 부정적으로 묘사함으로써 스스로를 경멸한다. 이때 상담자는 중립적이고 일반화한 태도와 관점으로 내담자가 명명화한 행동을 분리시킨다. 한 예로, 내담자에게 "당신은 스스로가 할 수 있는 것도 어머니에게 의지하기 때문에 자신을 의존성이 높은 사람으로 보는 것 같군요."라고 해 줄 수 있다.

- 내담자는 상황을 모호하게 묘사한다. 이런 내담자에게는 상황을 감정 수준이 아닌 사실 수준에서 마치 비디오를 보듯 선명하게 이야기할 수 있도록 이끌어야 한다. "이 일이 당신에게 어떻게 일어났는지 알고 싶어요. 우리가 비디오를 보는 것처럼 문제를 명료하게 볼 수 있으면 좋겠고, 당신이 제가 해야 하는 것을 가이드처럼 설명해 주면 좋겠어요. 그때 무슨 일이 일어났지요?"

- 내담자는 고민거리를 현재형으로 진술한다. 내담자가 "아내 때문에 미치겠고, 자살이라도 하고픈 심정입니다."라고 말한다면, 상담자는 그의 진술을 과거형으로 바꾸면서 그 사건은 여러 가지 메뉴판에서 선택된 결론으로 이해되도록 도와준다. 상담자는 공감해 주면서 "지금까지 당신은 아무것도 하지 못하고 방법을 찾기만 한 것처럼 여겨지나 봅니다. 이 문제를 이겨 낼 방법을 찾지 못해 그저 생각한 것이 자살이란 말씀이지요?"

- 내담자는 문제를 변하지 않고 고정된 것으로 여긴다. 상담자는 내담자가 자신의 문제를 변할 수 있는 역동적 과정으로 보도록 도와야 한다. "당신은 가족 때문에 정말 힘들었고, 어떨 때는 당신 자신의 자율적인 결정이 과연 의미가 있을까조차 모호해지나 봅니다." 또한 반영기법을 사용해도 좋다. "이 과정들이 성장에 필요하지만 한편으로는 참 힘들 것 같아요." "가끔은 당신이 어른이 될지 가족 안에 그대로 머물러 있을지 갈등하는 것 같군요. 당신이 정말 원하는 것은 아마도 두 가지 모두겠지요."

- 내담자는 특정한 사건을 일반화하여 모든 상황에서 문제가 발생한다고 본다. 상담자는 문제가 맥락적임을 깨닫게 하면서 예외 상황을 발견하게 돕는다. 예를 들면, "교회에 가거나 출근할 때조차 당신은 같은 행동을 한다는 말로 들리는군요."

상담과정

Bhavana: 제가 여기 온 이유는 제 인생이 풀 수 없을 만큼 완전히 꼬여 버렸기 때문인 것 같아요.

상담자: 음, 어제부터 겪은 엉망진창의 사건들이 당신의 인생 그 자체란 말이지요?

Bhavana: 예, 제가 만약 패배자가 아니라면 이런 일들도 없었겠죠.

상담자: (앞으로 몸을 기울이며) 한 가지 확인해볼까요? 당신을 '패배자'라고 말할 때, 마치 Todd를 남자 친구로 선택한 실수로 자신을 비난하는 것처럼 들리네요.

Bhavana: (곰곰히 생각하며) 예, 하지만 Todd는 그렇게 나쁜 사람은 아니에요. 저는 그와 약속할 때 제가 너무 의존한다고 생각지는 않았어요. 하지만 지금은 어떻게 해야 할지 모르겠어요.

상담자: 어제 이후로 계속 실망스러웠겠어요. 그런 일들이 한꺼번에 일어나면 모든 것에 용기를 잃게 만들지요.

질문 Question

1. 상담자는 내담자의 용기를 북돋아 주기 위해 어떻게 문제를 재구성하였는가?
2. 여기서는 LUV 삼각형의 기법을 어떻게 사용하였는가?
3. 당신은 내담자에게 어떻게 반응해 줄 것인가?

적용

당신은 내담자가 했던 침체된 묘사를 모두 해체하려고 시도하지는 않을 것이다. 이 장의 이야기에 포함된 것들 중 다섯 가지만 선택해서 재구성한 표현으로 대체해 보자.

침체된 묘사: 재구성한 표현:

1.
2.
3.
4.
5.

중요한 관점

상담자가 내담자의 이야기를 제대로 경청하고 이해해 줄 때 비로소 상담관계가 형성된다. 만약 내담자에게 더 많은 가능성을 주기 위해 그의 이야기를 재구성하는 시도를 한다면, 그때 상담자는 이미 비효과적인 관계에 봉착한 셈이다. LUV 삼각형은 상담관계의 균형을 잡아주므로, 내담자로 하여금 경청, 이해, 타당화를 경험하게 돕는다. 이 책에서 제안하는 여러 가지 전략들을 사용했을 때 내담자가 저항하거나 거절한다면, 상담자는 다시 LUV 삼각형 기법으로 돌아가야 한다.

여러분이 Carl Rogers 식의 접근이나 다른 어떤 재구성 기법을 사용할 때는 항상 당신이 얻게 되는 반응(반작용)을 민감하게 알아차릴 필요가 있다. 만일 내담자가 주저하고 있다면, 당신이 내담자가 경험하는 고통을 알아차리지 못하고 너무 앞서 가고 있다는 의미다. 그럴 때는 잠시 LUV 삼각형 기법으로 돌아가서 내담자가 충분히 이해받고 있다는 느낌이 들도록 하고, 다시 가능성을 언급하기 시작하면서 조금씩 내담자의 불평을 재구성해 나가도록 한다. 그렇게 되면 내담자는 상담자인 당신과 함께 문제해결을 향해 나아갈 준비가 되었음을 알려 줄 것이다.

적용

연습팀으로 돌아가서 한 사람은 이전 내담자의 표현에 극단적이고 이분법적이며 반박할 수도, 설명할 수도 없는 묘사를 덧붙여 본다. 다른 한 사람은 내담자의 함정을 해체하는 데 사용 가능한 모든 전략을 활용한다. 세 번째 사람은 활동을 관찰하고 피드백을 제공하는 보고자 역할을 맡는다.

요 약

단기상담의 기법들은 마술이나 신비한 비밀이 아니다. 또한 조력자의 특별하고 즉흥적인 능력을 의미하지도 않는다. 다시 말해, 단기상담자는 조력관계라는 도구상자를 갖고 변화를 유도하는 기술자다. 여기에는 LUV 삼각형 기법과 Rogers의 방법들이 포함된다.

▶▶ 3장으로의 연결

누군가와 협력적이었던 때를 떠올려 보라. 어쩌면 당신의 작은 움직임까지 예측하는 누군가와 춤을 추고 있을 것이다. 이중창을 하고 있거나, 농담을 주고받거나, 함께 이야기를 회상하고 있을 수도 있다. 어떤 경험이든 그 사람과 협력관계라는 느낌이 들 것이다. 각자의 의견과 마음을 생각해 보라. 이런 경험이 당신에게 어떤 영향을 주는가? 답을 떠올려 본 후에 다음 장으로 넘어가도록 한다.

참 고

The Association for the Development of the Person-Centered Approach(ADPCA)

www.adpca.org

이 협회는 연차 콘퍼런스를 후원하고 전 세계 인간중심 활동 및 조직들에 대한 정보를 보급하는 국제기구로, 뉴스레터, 저널, 연간 회원명부 등을 발행하고 있다.

제3장

공감과 돌봄

🕊 이 장의 목표

| 이 장의 주요개념 |
- 상담자는 변함없는 공감적 존재다.
- 공감은 인지적·정서적 특징을 모두 포함한다.
- 돌봄은 협력적 상담관계의 핵심이다.

| 이 장의 주요기법 |
- 내담자와 공감적으로 의사소통하기
- 상담자 자신을 치료적 도구로 활용하기
- 내담자의 문제 해결 능력을 높이기 위해 공감전환 활용하기

🐑 상담사례

토요일 아침, Carus는 지붕 청소를 시작했다. 지난 40년간 가을마다 해 온 지저분하고 따분한 청소 작업이었지만 스스로 집을 관리한다는 자부심도 있었고, 어쨌든 가을이 왔음을 느낄 수 있었기에 내심 기분이 좋았다.

그러나 사다리 위에서 지붕으로 발을 내딛는 순간 휘청거리며 순식간에 아스팔트 바닥으로 나가떨어졌다. 추락하면서 공중에 붕 떠 있을 때 잠시 곤혹스러움이 스쳐 지나갔고, 마치 사다리가 장난을 걸어오는 악동처럼 느껴졌다.

계속 아래로 떨어지면서 눈앞으로 천천히 다가오는 길바닥으로 인해 아무런 공포나 충격도 느낄 수 없었다. 그는 중력에 이끌려 허우적대다가 나름 침착하게 몸을 돌리면서 머리를 감쌌다. '쿵' 하고 아스팔트에 부딪힐 때 몸이 분리되는 듯한 느낌이 들었고, 의식을 잃기 직전에는 몸속에서 나무 막대가 부러지는 것 같은 소리를 들었다. 이어서 얼굴이 거친 길바닥에 부딪히며 왼쪽 광대뼈가 우두둑 부숴졌다. Carus는 왼쪽 얼굴뼈 세 개와 갈비뼈 세 개가 골절되었고, 왼쪽 폐가 파열되었다. 병실에 누워 숨을 쉴 때마다 갈비뼈를 관통하는 날카로운 고통을 느꼈지만, 그는 이 힘든 일이 곧 지나갈 거라고 위안했다. 그러나 가장 두려운 것은 가족이나 친구, 동료들이 앞으로 자신을 어떻게 볼지 모른다는 불안이었다. 자신이 일상생활이 불가능한 장애인이 될 것이라고 생각하니, 어떤 사악한 힘이나 위협적인 뭔가가 자신을 기다리고 있는 것 같아서 점점 두려워졌다.

1. 이 사례를 읽으면서 당신은 무엇을 느꼈는가?
2. Carus가 이 사고를 겪은 후 표현하지 않은 감정은 무엇인가?
3. 당신이 상담자라면 그에게 무슨 말을 해 줄 것인가?

개 관

상담은 '대인관계의 과정'이다. 두 '인격체'가 상담자와 내담자라는 역할을 기꺼이 내려놓고 방어를 해제하고 진정한 만남을 경험해야 하는데, 이 만남은 상호 간의 노력이 없으면 얻어지지 않는다.

내담자는 첫 회기에 도움을 청하면서도 조심스럽고 우회적으로 자신의 존엄성을 지키고 싶어 한다. 그는 참된 자기가 아닌 거짓 자기, 즉 '가면'을 드러낸다. 상담자 또한 자신을 차분하고 학식 있고 숙련된 조력전문가로 보이려고 애쓰므로, 실제적 자기가 처음에는 잘 드러나지 않는다.

이 상황을 진정한 상호작용 과정으로 바꾸려면 어떻게 해야 하는가? 친밀한 상호 이해관계를 형성하기 위해서는 두 사람 모두 각자의 표면적인 거짓 자기를 내려놓아야 한다. 다시 말해 두 사람 사이에 진솔성과 공감, 돌봄이 있어야 한다.

Rogers만큼 공감의 중요성을 강조한 사람은 없을 것이다(Presbury, McKee, & Echterling, 2007). 그는 효과적인 상담의 필요충분조건들을 제시하였고, 여기에는 상담자가 내담자의 참조체계를 공감적으로 이해하고 전달하는 능력이 포함되어 있다(Corey, 2005).

🐦 주요개념

공감적 연결

오늘날에 흔히 쓰이는 공감은 19세기 후반까지는 존재하지도 않는 용어였다(Modell, 2003). 독일의 심리학자 Theodor Lipps는 지각한 대상에 자기를 투사한다는 뜻으로 공감을 사용하였다. 공감이란 '마치 내가 그 사람인 것처럼' 그의 마음에 자신의 경험을 투사하는 능력이다.

근래에 다시 등장한 공감 연구들 중 흥미로운 한 가지는 인간의 몸을 '타인의 경험을 느낄 수 있게 하는 모형'으로 사용한다는 것이다(Modell, 2003, p. 187). 마치 '다른 사람이 되는 것 같은' 느낌을 몸소 경험함으로써 그의 상태가 어떠한지를 체험하는 것이다.

공감적 인식

사람들이 서로 유사한 경험을 하기는 하지만, 타인의 주관적 경험을 온전히 이해하기는 어렵다. 이러한 '타인의 마음에 관한 문제'로부터 타인을 이해하고 관계하는 것이 어떻게 가능한가? 하는 의문이 생긴다.

Ickes(1997)에 따르면, 공감 능력은 직관적으로 다른 사람과 연결되고자 하는 성향으로써 생물학적으로 유전된다. 이처럼 '서로 연결되려는' 대인관계적 경향성은 수억 년을 거쳐 진화되어 온 사회적 동물성의 결과다. 하지만 이 선천적 능력도 훈련 없이는 발휘할 수 없다.

공감은 타인의 현재 상태를 인식하고 평가하는 인지적 · 정서적 능력으로 구성되는데, 인지심리학에서는 이를 이중과정이라고 한다(Stanovich, 2004). Lazarus(1991)는 평가의 두 가지 양식을 자동적 · 비자발적 · 무의식적인 것과 시간소모적·의도적·의지적·의식적인 것으로 구분하였다(p. 188). 전자는 직관이나 느낌으로 나타나거나 정서적 감염으로 표현되는데 반해, 후자는 역할이나 관점의 수용으로 묘사되는 일종의 추론과정이다. 이 두 가지 공감적 평가양식을 결합할 때 비로소 타인을 정확하게 이해할 수 있다.

공감에 대한 연구

많은 상담자와 연구자들은 공감의 정서적 측면을 강조해 왔다. 예를 들어, Watt(2005)는 공감이라는 용어를 타인의 정서 상태를 직감하는 것에만 한정적으로 사용해야 하며, 공감과 동정 둘 다 '타인과 함께 아파하는 것'이라고 하였다. 그에 의하면 공감의 요소는 ① 타인의 감정을 느끼는 것, ② 타인의 감정이 무엇인지 아는 것, ③ 타인의 고통을 경감시키려고 하는 것이다(p. 188). 공감은 인간이라는 종(種)의 선천적 애착에서 나오며, '포유류의 보편적인 양육과 모성적 돌봄의 현상'이다(Watt, 2005, p. 188). 대초원의 들쥐 연구와 뇌의 '거울뉴런' 연구가 이 주장을 뒷받침한다.

대초원의 사랑 많은 들쥐와 산악지대의 무정한 들쥐

미국 서부지역에 서식하는 들쥐는 애착 유형이 매우 다른 두 종류로 나뉜다. 대초원의 들쥐는 애정이 많고, 헌신적인 배우자나 부모 역할을 수행한다. 그들은 짝이 죽으면 새 짝을 찾지 않고 무리의 다른 쌍들과 함께 새끼를 키우거나, 새끼 중 하나가 둥지에서 벗어나 길을 잃으면 크게 걱정하는 사회적 동물이다.

반면에 산악지대의 들쥐는 무관심하고 태만한 부모나 문란한 배우자 역할을 하는 '무정한' 동물이다. 이들은 인적이 드문 굴에서 살며 새끼가 태어나자마자 버린다. 산악 들쥐는 교미 외에는 사회적 접촉에 거의 관심이 없다.

최근의 연구를 통해 이 쥐들의 뇌에서 호르몬 수용체를 암호화하는 단일 유전자의 차이가 밝혀졌다. 사랑이 많은 대초원의 들쥐는 옥시토신 수용체를 갖고 있었지만, 냉정한 산악 들쥐에게는 없었다. 옥시토신은 '포옹의 화학물질' 또는 '사랑의 묘약 No.9'이라는 별명을 갖고 있는 호르몬으로, 여성의 분만을 촉진하고, 젖의 분비, 아기와의 긴밀한 유대감, 양육 행동을 증진시킨다.

옥시토신은 건강한 대인관계와 관련이 있으며, 자녀 양육이나 배우자와의 관계 욕구, 애착, 사회적 수준의 상호작용 능력 등에 영향을 미친다. 어떤 사람들은 강한 공감과 애착을 느끼는 반면, 또 다른 사람들은 상대적으로 연결감이 부족하다. 대초원의 들쥐나 산악 들쥐와 마찬가지로 인간의 공감 능력에도 엄청난 개인차가 존재한다. 조력전문직인 상담을 공부하는 것은 증권사 직원보다 뇌에 훨씬 많은 옥시토신 수용체가 있기 때문인지도 모른다.

뇌신경 망의 거울

Ramachandran(2005)은 생물학의 DNA처럼 거울뉴런이 인간의 정신능력을 통합적으로 작동시킨다고 주장하였다. 뇌의 신경기능의 발달은 진화의 '빅뱅'으로 불릴 만큼 획기적이었고, 이것이 없었다면 인간의 진화는 불가능했을 것이다. 인간의 뇌는 오만 년 전쯤 현재의 크기가 되었는데, 이러한 생물학적 달성으로 타인의 마음을 이해하고 읽는 능력도 가능해졌다. 이 기술은 뇌의 거울뉴런의 발달과 관계가 있으며, 이 신경으로 인해 원시인들이 타인을 모방하고 문화를 발전시키기 시작했다.

거울뉴런이란 무엇인가? 1996년경 Parma대학의 한 연구팀은 원숭이 뇌의 신경피질에 전극을 부착하고, 원숭이가 건포도를 집으려고 손을 뻗을 때마다 불이 들어오게 했다. 그런데 과학자가 손을 뻗어 건포도를 집는 행동을 하자 이를 지켜보기만 한 원숭이의 뇌신경 부위에서 불이 들어왔다(Dobbs, 2006). 연구자들은 이 부위를 '본 대로 배우는 신경'(monkey see, monkey do neuron)으로 명명했다. 또한 종이를 찢을 때와 비슷한 소리를 연구자가 재연해도 원숭이의 신경에 불이 들어오는 것을 발견하였다.

인간을 대상으로 한 이후의 연구를 통해 인간에게도 유사한 신경회로가 있으며, 이것이 타인의 행동을 흉내 내고 뜻하는 바를 이해하도록 한다는 것이 밝혀졌다. 예를 들면, "손으로 공을 잡다."와 같이 어떤 행동을 묘사하는 말을 들을 때 거울뉴런에 불이 켜진다. 즉, 특정 행동을 지켜볼 때뿐만 아니라 타인의 내면 상태나 행동을 묘사하는 언어를 사용할 때도 불이 켜지는 것이다. Blakeslee(2006)는 그의 저서 『마음을 읽는 세포(Cells that read minds)』에서 거울뉴런이 공감에 작동하는 방식을 소개하였다. 인간은 개념적 사고가 아니라 내면의 느낌을 직접 자극하는 거울뉴런에 의해 타인의 마음을 파악하고 이해한다.

거울뉴런은 인류 문화를 진화시키고, 예술이나 스포츠 심지어 에로물을 볼 때 쾌락을 느끼게 하며, 상담자가 내담자를 이해하고 공감하는 능력의 이유이기도 하다. 연구 결과, 높은 수준의 공감을 하는 사람은 특히 더 활동적인 거울뉴런을 가지고 있다는 사실이 확인되었다.

상대방을 이해하기

만약 공감 능력이 순전히 선천적인 것이라면 학습으로 터득할 수 없을 것이다. 그러나 타인을 이해하는 능력은 경험을 통해 증가하기 때문에 훈련을 통해 타인을 이해하는 기술을 향상시킬 수 있다.

정서지능

Goleman(1995)의 저서 『정서지능(Emotional Intelligence)』이 출간된 후 정서 활용 능력에 개인차가 있다는 견해가 보편화되었다(Blume, 2006; Kemper, 2000; Salovey, Bedell, Detweiler, & Mayer, 2000). Blume(2006) 은 사회적 관계에서 중요한 정서지능을 감정 표현, 촉진, 해석, 조절의 네 가지 범주로 나누었으며, Salovey 등(2000)은 이를 자기와 타인의 이해에 관한 기술로 요약하였다(세부 내용은 Blume, 2006, p. 230, 〈표 7-2〉 참조).

◈ '자기이해'에 관한 능력
- 자신의 신체적·심리적 상태에서 정서를 알아차리는 능력
- 느끼고 표현하는 것 사이에 일치성을 경험하는 능력
- 문제 해결과 창의적 시도에서 정서를 사용하는 능력
- 자신의 긍정적·부정적 감정에 개방적으로 머무르는 능력
- 자신의 감정 상태를 점검하고 반영하는 능력
- 감정 표현을 눌러야 할 상황에서 감정을 조절하는 능력

◈ 타인과의 상호작용에서 정서지능이 높은 사람의 능력
- 타인의 감정을 알아차리는 능력
- 타인의 말과 정서적 상태의 불일치를 알아차리는 능력
- 서로 다른 정서들 간의 상호 연관성을 이해하는 능력
- 어떤 사건이 특정 정서에 미치는 영향을 이해하는 능력
- 갈등을 일으키는 복잡한 정서를 해석하는 능력
- 타인의 정서에 대처하는 능력

Goleman(1995, 2005)은 인생의 성공에서 지적·학문적 지능보다 정서지능이 더 중요하며, 이것은 훈련에 의해 향상될 수 있다고 주장하였다. 반면에 Blume(2006)은 정서지능이 중요하지만 이것을 향상시킬 수 있다는 증거는 아직까지 부족하다고 보았다. 그럼에도 불구하고 상담자 훈련은 정서지능의 향상에 중점을 두고 있다. 상담자의 정서적 민감성을 높이는 데는 개인분석과 수퍼비전이 도움이 된다.

> **실습** ─·─·─·─·─·─·─·─·─·─·─·─·─·─·─·─·─·─·─
>
> 3명이 한 조가 되어 서로의 정서지능 목록을 검토하라. 어떤 항목이 자신에게 힘든지 보고하고, 자신의 정서지능을 향상시키기 위한 계획을 수립해 보자. 타인과의 상호작용을 증진시킬 수 있는 방법에 대한 피드백을 요청하라.

돌봄

1980년에 Rogers는 "타인의 세계를 가치롭게 여기지 않고, 어떤 의미에서 돌보지 않으면서 그가 지각하는 세계를 정확히 알아차리기란 불가능하다."(Schmidt, 2002, p. 39에서 인용)라고 하였다. 전문조력가의 역할은 내담자에게 다가가서 그의 문제에 귀 기울이고 성공적인 문제 해결을 돕기 위해 집중하는 것이다. 돌봄은 정서지능과 조력 과정의 핵심이다(Schmidt, 2002).

이처럼 성공적인 문제 해결을 위해서는 돌봄이 의도적으로 제공되어야 한다. 의도성이란 삶의 방향이나 목적에 통제를 가하는 것이다(Schmidt, 2002). 조력관계에서 의도성은 내담자가 원하는 결과를 얻기 위한 방법과 환경을 조성하는 전략을 의미한다.

아직도 상담이 '비지시적'이어야 한다는 주장이 있는데, 이런 주장은 대개 Rogers가 사용했던 용어에 대한 오해에서 비롯되었다. Rogers의 비지시적 상담은 상담자가 아무런 계획 없이 흐르는 대로 수동적으로 상담을 진행해야 한다는 의미로 오해되곤 하였다. Patterson과 Hidore(1997)는 이 같은 오해를 없애기 위해 비지시적이라는 단어를 '통제하지 않는'으로 바꿔야 한다고 하였다.

비지시적 상담에서는 돌봄을 성공적인 상담의 필요충분조건으로 여기지만, 그렇지 않은 경우도 많다. 예를 들면 『해결중심상담(Handbook of solution-focused therapy)』(O' Connell & Palmer, 2003)에는 돌봄, 공감, 온정 같은 용어가 포함되어 있지 않다. 어떤 학파에서는 이런 상담자-내담자의 관계적 요인들을 불필요하거나 심지어 비생산적인 것으로 인식하기도 한다. 인지행동정서치료의 관점 같은 경우, 따스한 정서적 공감은 중요하지 않다(Prochaska & Norcross, 2007). De Jong과 Berg (1998)는 공감도 다른 기법들처럼 지나치게 강조되고 있다고 지적하면서 과도하게 감상적이거나 부정적인 감정을 확대하는 공감을 자제해야 한다고 하였다.

그렇지만 단기상담에서 기법이 지나치게 강조되고 돌봄 관계가 경시되는 것은 우려할 만한 현상이다(Lipchik, 2002). Mearns와 Thorne (2000)은 단기상담적 접근이 설정 목표의 달성, 경제성의 검증, 상담자의 예측 가능성 등이 중요한 기준이 되는 제한적 방법만을 강요하는 분위기에 끌려가는 것을 우려하였다. 그러한 속박하에서 적당히 해낼 수는 있겠지만 한 인간으로서 상담자의 헌신을 요구하는 깊은 관계는 잃게 된다 (p. 212).

자동차 수리나 회계, 심지어 어떤 조력전문직에서는 기술만 가지고도 만족스러운 결과를 얻을 수 있다. 하지만 돌봄 없는 기법은 상담을 실패로 이끈다. 따라서 매뉴얼화된 조력기법들을 나열하기보다 모든 기법을 돌봄과 공감이라는 맥락에서 적용할 수 있어야 한다.

명확한 의도나 목적 없는 치료가 어쩌다 효과적일 수도 있지만 그것은 '눈먼 다람쥐도 도토리는 찾는' 격이다. 최악의 경우, 비의도적인 관계는 무계획적이고 우연적이며 비효과적이다. "긍정적이고 유익한 방향으로의 진행 없는 목적 불명의 방랑 관계는 '조력'으로 보기 어렵다."(Schmidt, 2002, p. 29)

그러면 과연 돌봄이란 무엇일까? 의도성을 가지고 돌보는 것이 가능한가? 돌봄은 상담자가 느끼거나 느낄 수 없는 어떤 것이 아닌가? 여기서 사용하는 돌봄이라는 용어는 낭만적 사랑이 아니라 타인에 대한 애착이나 친밀감 같은 아가페적 사랑이다. 플라톤을 비롯한 수많은 학자들이 이런 형태의 돌봄을 이해하려고 해 왔으며, 아가페는 그리스나 기독교의 작가에 의해 무조건적이고 자기희생적이며 결단력 있고 사려 깊은 사랑으로 해석되어 왔다. 18세기 경제학자인 아담 스미스는 타인과의 정서적 유대를 '동지애'라고 표현했고, 심리학자인 Bowlby(1969, 1982)는 '애착'으로 불렀다. 이것은 Rogers(1980)가 '무조건적인 긍정적 관심'으로 표현했던 것으로, 상대방에게 의도적으로 집중할 때 돌봄의 관계가 필연적으로 나타난다.

실습

자신을 돌봐 준 사람의 사진을 가까이 놓고 관찰해 보자. 특히 그 사람의 눈과 미소와 표정을 찬찬히 바라보자. 그 사람이 당신을 좋아한다는 것이 어떻게 드러나는가? 그의 돌봄이 당신의 삶에 영향을 끼쳤는가? 그 사람의 이미지가 당신에게 어떤 감정을 불러일으키는가?

함 의

다음에서 공감의 역할이 갖는 의미를 찾아볼 수 있다.

• 상담자 스스로 자기 자신을 공감한다. 초심상담자는 누구나 숙련상담자
  의 경지에 오르고 싶어 하지만, 전문상담자들 역시 내담자에게 충분
  한 도움을 주지 못하는 것에 항상 죄책감을 느낀다. 하지만 누구나
  전문성을 향상시키기 위해 꾸준히 노력한다면 보다 유능해질 수 있
  을 것이다.

  무엇보다 상담자는 자신에게 공감하는 노력을 게을리 하지 않아야
  한다. 더 노력할 필요가 있음을 인정하고, 전문성을 기르기 위해 꾸
  준히 노력해야 한다. 초심상담자는 자신의 능력을 의심하기 때문에
  오히려 효율성이 낮아진다. 그들은 상담을 잘하려고 너무 열심히 노
  력하느라 오히려 갖고 있던 능력을 제대로 발휘하지 못한다. "너무
  잘하려다 보니 필요한 도움을 못 주게 되고, 수퍼바이저에게 능력을
  인정받지 못하게 될까 봐, …… 혹은 다음 순간에 어떻게 말할지 생
  각하느라" 내담자의 말을 충분히 듣지도 소화하지도 못한다(Teyber,
  2006, p. 79). 이처럼 초심상담자들은 대부분 상담에 과도하게 몰입
  하고, 내담자의 문제가 개선되는지 아닌지로만 자신의 능력과 자존
  감의 근거를 삼고 있다.

  중요한 사실은 상담자와 내담자는 협력관계에 있고, 어느 누구도
  타인을 일방적으로 변화시킬 수 없다는 것이다. 내담자의 의지가 없
  으면 변화는 결코 일어나지 않는다. 상담은 외로운 직업이다. 누군
  가가 "참 훌륭하십니다."라고 말해 주기를 원하는 마음이 들 때 상
  담자는 스스로에게 보다 본질적인 가치평가를 해야 한다. 즉, 상담
  자로서 최선을 다했고, 할 수 있는 만큼 했다는 것을 아는 시점까지

온 것에 만족해야 한다.

• 내담자에게 **돌봄을 전달해야 한다.** 효과적인 공감을 위해서는 지각과 소통이 필요하다(Welfel & Patterson, 2005). 상담자의 거울뉴런이 내담자를 있는 그대로 지각하는 것만으로는 충분치 않다. 상담자가 진심으로 경청하고 이해하며 타당화하고 있다는 것을 내담자가 경험할 수 있어야 한다. 즉, 내담자의 감정과 경험을 공감적으로 이해하는 데 머무르지 않고, 이해한 내용을 효과적으로 전달할 수 있어야 한다.

상담자가 단순히 이야기에 귀 기울이는 것 이상의 깊은 공감과 돌봄 감정을 전달할 때, 내담자는 기꺼이 자기개방과 자기탐색을 시작한다. 진솔하고 공감적인 상호작용이 가해지면 기법은 그다지 중요하지 않게 된다. 내담자가 상담자의 온정을 느낄 때 비로소 상담자는 무엇이든 말할 수 있게 되며 견고한 유대감을 갖게 된다.

• **동정보다 공감에 치중한다.** 상당수의 초심상담자들이 내담자의 정서에 오염되어 고통스러워하거나, 내담자의 고통을 과도하게 동일시하면서 상처 입은 마음을 회피하려 애쓴다(Staton et al., 2007). 이것은 공감이라기보다 동정으로 볼 수 있다. 내담자의 고통에 압도되지 않으려면 치료적 거리를 두어야 한다.

초심상담자에게는 공감의 의미가 다소 혼란스럽게 여겨질 수 있다. 공감을 상대방과 가까워지는 것으로만 여겨 내담자의 고통을 떠맡거나 흡수해 버리기도 하고, 이에 못 미치는 것은 충분한 돌봄이 아니라고 느끼기도 한다. 상담자가 내담자로부터 너무 동떨어진 것과 지나치게 가까운 것 사이에서 최적의 거리를 유지하기란 쉽지 않다.

제2장에서 언급했던 것처럼 상담관계에서 최적의 거리를 유지하는 것은 일종의 예술이다. 친밀한 상담관계에서도 어느 정도의 분리

는 필요하므로 상담자는 객관적인 동시에 관심을 유지할 수 있어야 한다. "친밀의 영역에서 실수하는 사람은 감정으로 인해 달아오르며…… 분리의 영역에서 실수하는 사람은 타인의 고통에 무감각해진다."(Becvar, Canfield, & Becvar, 1997, pp. 55-56) 최적의 치료적 거리는 이 두 영역의 중간 어딘가일 것이다.

• 자신만의 전문성을 계발한다. 초심상담자는 내담자가 상담자를 삶의 중요한 자원으로 본다는 사실에 부담을 갖기도 한다(Teyber, 2006). 상담자는 온 마음을 다해 자신의 전문적 능력을 쏟길 주저하기도 하며, 어떤 때는 너무 많은 권한을 갖는 데 두려움을 느끼기도 한다. 자신의 잘못된 조언 한마디가 내담자에게 돌이킬 수 없는 상처가 될까 봐 걱정할 때도 있다. 이러한 염려로 인해 상담자의 영향력은 감소된다.

초심상담자는 수련과정에서 사기꾼 현상(imposter phenomenon)을 경험하기도 한다(Harvey & Katz, 1985). 상담자는 자신을 원래 '선량한 특성'의 소유자라고 믿었기 때문에 상담자가 되기로 선택한다. 그는 훌륭한 경청자이며 곤경에 처한 사람을 돕는 일에 공감적으로 몰두한다. 그러나 언뜻 보기에 이해되지 않고 심지어 불가능해 보이는 기준들까지 충족시켜야 한다는 것을 수련과정에서 발견하게 되면 그는 먼저 자신의 능력 부족을 감추려 할 수 있다.

수련과정의 초기에 경험하는 불안과 부적절감은 초심상담자 스스로를 사기꾼으로 생각하게 만들어 조만간 정체가 드러나 중도에 포기하게 될까 봐 두려움이 든다. 상담자가 되려면 처음 예상했던 것보다 훨씬 많은 난관이 있기 때문에 그것들을 다 견딜 수 있을지도 막막해진다. 심지어 자신을 수련과정에 받아준 전문가들이 결정적인 실수를 한 것으로 여기기도 한다!

이러한 의혹은 대학원을 졸업한 후에도 사라지지 않는다. 실제 상담 활동을 시작하면서 자기효능감이 낮아지고 상담에 대한 감(感)조차 잃어버리게 된다. 어둠 속에서 헤매는 것처럼 혼란과 수치감에 압도당해 직업적 곤경에 빠져버린다.

이에 대한 해결방법은 의외로 간단한데, 누군가에게 이야기하면 된다. 상담자에게는 항상 솔직하게 털어놓을 수 있고 혼란을 처리하도록 도와줄 수 있는 다른 상담자가 필요하다. Jourard(1971)에 의하면 "솔직함이 말 그대로 건강보험인 셈이다."(p. 133) 자기개방이 수치심을 치유한다. 상담자는 타인에게 자신을 있는 그대로 드러낼 때 스스로를 더 수용하게 되고, 결과적으로 내담자에게도 더욱 개방적이고 수용적이 될 수 있다.

• 더 나은 공감을 훈련한다. Prochaska와 Norcross(2003)는 "공감을 경험하거나 목격하거나 훈련하는 것은 나-너의 진솔한 관계에서만 가능하다."(p. 158)라고 하였다. 이러한 관점에 의하면, 상담훈련 중의 역할연습은 두 인격체 간의 나-너의 관계가 아닌 설정 상황에 불과하므로 높은 수준의 공감을 경험하기는 어렵다.

과도하게 인지적이고 비체계적인 훈련프로그램을 기본적인 조력기술이 부족한 지도자가 운영하는 것은 위험하다(Egan, 2007). 상담자는 유능한 수퍼바이저로부터 공감 기술 향상을 위한 훈련을 받을 수 있어야 한다. 상담훈련 중에는 정서지능이 비교적 높은 사람도 자신의 능력이 부족하다고 여기기 쉬운데, 사실 감성지능은 대학원 입학시험에도 없는 데다가 대부분의 사람이 갖고 있다고 가정하므로 별로 가치를 두지 않곤 한다(Young, 2005).

상담자는 자신이 관심과 돌봄의 가장 중요한 도구라는 것을 알아야 한다. 성공적인 변화를 위해서는 진솔하고 투명한 상담관계가 필수적이며, 내담자가 상담자를 의심하거나 비판하지 않고 충분히 신뢰할 때 상담이 시작될 수 있다. 따라서 상담자는 자신을 도구로 사

용하고, 있는 그대로의 모습에 대한 생생한 감각을 유지하도록 노력
해야 한다. 유능한 상담자는 "전문가 역할이라는 가면 뒤로 숨지 않
아야 한다."(Young, 2005, p. 19)

상담자가 되는 것은 분명 전 생애에 걸친 과정이다. 이 책의 저자
들이 경험한 햇수를 합하면 거의 100년에 가깝다. 긴 시간 동안 내
담자와 동료들, 학생들, 독서와 삶의 연륜을 통해 많은 것들을 배워
왔지만, 새로운 경험에 개방적이 되려는 노력을 계속하고 있다. 여
기에는 나 자신이라는 '도구'를 끊임없이 조율하는 일이 포함된다.

방 법

기법으로서의 공감

의사와 환자의 만남과 상담자와 내담자의 만남에는 상당한 차이가 있
다. 의사는 인간미 없는 과학적 기법을 적용하는 반면, 상담자는 참여적
이해의 방식으로 내담자를 만난다(Deikman, 1982). 상담자는 내담자의
주관적 인식을 이해하고, 상호 간에 마음이 연결되는 정서적 소통을 한
다. 상담자는 강한 감정적 차원에서 내담자가 느끼는 것을 경험하며, 이
러한 "예술의 본질인 주관성은 과학의 합리성과는 상반된다."(Deikman,
1982, pp. 30-31)

앞서 말했듯이 우리는 기계공이나 회계사에게 도움을 구할 때, 친절한
관계 이상을 요구하지 않는다. 그러나 상담은 삶의 힘든 문제에 대해 개
인적인 지지를 구하는, 정서적으로 짐을 지는 위치인 것이다. 내담자는
상담자에게 좀 더 강렬하고 진솔한 유대감을 기대하며, 이 유대감의 강
도는 상담의 효과에 직접적인 영향을 주기까지 한다.

2장에서 살펴본 것처럼, 상담자가 경청하고 이해하며 타당화하고 있다는 것을 성공적으로 전달할 수 있어야 신뢰관계가 형성된다. 그런 다음에야 내담자는 상담자가 자신을 도와주려고 노력하고 있고 판단하지 않을 것이며 감정을 무시하지 않을 것이라고 믿게 된다. LUV 상호작용은 결정적인 시작점으로, 내담자의 감정에 깊이 관여하기 위해서는 먼저 상담자 자신이 스스로를 돌보고 공감할 수 있어야 한다.

돌봄과 협력의 관계

공감은 타인의 관점을 수용하는 것에서 시작된다. Davis(1994)에 따르면, 정서적 공감과 관점 수용은 공감의 핵심이며, 적절한 인지적 · 정서적 평가는 공감을 더욱 정교하게 한다. 정확한 공감은 "서로 간의 영구적인 차이를 최소한 일시적으로라도 메워 준다."(p. 221)

타인의 마음을 읽고 관점을 수용하는 능력은 높은 수준의 공감적 반응과 관용을 증가시키고 공격성을 감소시킨다(Feshbach, 1978). 다시 말해, 타인을 향해 강한 공감을 느낄 때 그를 있는 그대로의 존재로 수용하게 된다. 자기수용이 가능해야 타인에 대한 관용이 증가하고 관계에서도 보다 개방적이 될 수 있다. 상담자는 내담자와의 관계에서 순간순간 일어나는 일을 이해하기 위해 공감 능력을 연마해야 한다.

작업동맹, 안아주는 환경, 합류, 현존 등은 상담 효과와 정적 상관관계가 있다(Teyber, 2006). 이와 유사한 개념인 '협력적 관계'는 상담자와 내담자 관계의 수평적 특성을 강조하며, 상호 책임성을 내포한다.

협력적 관계의 근거는 기법이 아니라 내담자에 대한 존중, 돌봄, 온정, 그리고 진솔한 관심 표현에 있다. 상담자는 개방적 태도를 취하고, 조용한 미소를 띠며, 말과 신체언어가 일치하도록 함으로써 존중과 온정을 전달할 수 있다(Ivey & Ivey, 2007). Carl Rogers는 "일치성은 거짓이 없음을 의미한다. 투명함과 숨김이 없는 것이야말로 효과적인 상담의 근본이다."라고 하였다(Jourard, 1971, p. 147). LUV와 더불어 일치성, 공감, 돌봄을 전달할 때 비로소 협력적 관계가 이루어지고, 그러한 관계가 효과적으로 유지될 수 있어야 내담자의 고통과 수치심을 낮출 수 있다(Teyber, 2006).

공감의 전달

2장에서 논의한 관심과 인정 기술은 Young(2005)이 '비판적이지 않은 경청의 순환'으로 불렸던 것과 유사하며, 여기에는 개방형 질문, 최소한의 격려, 재진술, 요약, 감정의 반영 등의 기법이 포함된다.

'감정의 반영'이라는 개념을 제안한 Rogers(1987)는 반영을 상담자 자신의 정확한 공감을 드러내기 위한 방법으로 사용하기 위해 배우는 것에 불만을 느꼈다. 초심상담자에게는 인지적 기법으로만 훈련되었기 때문이다. 그는 반영이 효과 없는 연습으로 전락하여 처음 의도했던 복합적인 대인관계 경험을 방해할 것을 염려하였다. 내담자의 표현이 어떤 의미인지에 대한 공감적 이해 없이 몇 개의 단어만으로 느낌을 반영하는 것은 바람직하지 않다.

도구로서의 상담자

공감적 소통은 그 정확성과 깊이, 영향력에 따라 몇 가지 수준으로 분류된다. 표면적 공감은 내담자의 호소문제에 관한 이해를 전달하는 것이다. 심층적 공감은 내담자가 지각하지 못한 문제까지 탐색하도록 초대하는 깊은 수준의 공감이다(Gladding, 2007). 최고 수준의 공감은 기법의 차원을 넘어 내담자로부터 암시된 것, 간과된 것, 드러나지 않은 것까지 접근하는 차원이다. 이 수준은 마치 상담자가 내담자의 삶을 실제로 경험하는 것과 같다. Young(2005)이 말한 바와 같이 "느낌에 대한 정확한 공감적 반영은 내담자와 상담자의 관계를 깊게 하는 마술 같은 힘이 있다. 이보다 더 완벽하게 판단이나 편견 없이 이해를 전달할 수 있는 방법은 없다."(p. 137)

예술적 무용가가 되라.   상담은 어느 정도 예술적인 시도다. 어떤 예술 분야에서는 예술가와 예술 행동이 쉽게 구별된다. 예를 들면, 피카소가 붓으로 화판에 그림을 그린다고 하자. 이때 도구인 붓은 예술가의 연장선이지만 예술가 자신은 아니다. 반면에 유명한 무용가 이사도라 던컨이 무대에 설 때는 그녀 자신이 예술이다. 시인 예이츠는 자신의 시에서 "무용수와 춤은 분리할 수 없다."라고 하였다. 이러한 관찰을 상담에 적용하면 "상담자와 상담은 분리할 수 없다." 즉, 상담자 자신이 도구인 것이다.

상담과정

상담자는 다음과 같은 방식으로 Carus와 공감적으로 소통할 것이다.

Carus: (상담이 시작되자마자 10분 동안 다급하게 이야기를 쏟아붓는다. 그때의 사건과 다른 이들의 반응을 회상하면서 고통스러운 듯 의자에 움츠려 앉았다가 자세를 바꾼다.) 그래도 운이 좋았죠. 갈비뼈와 얼굴뼈 두어 개씩만 골절됐으니까요. 아픈 것보다 더 괴로운 건 제가 여전히 건강하고, 실력도 있고, 서투르지도 않고, 사고도 안 친다는 걸 증명해야 한다는 생각이지요. (한숨을 쉬며 머리를 흔든다.) 알아요, 안다고요. 사다리를 점검했어야 했고, 누군가에게 사다리를 붙들어 달라고 했어야 했는데 그러지 않았다는 걸요. 거울을 보며 심호흡을 할 때마다 제 잘못을 떠올려요. (눈을 내리깔고 깊은 생각에 잠겼다가 다시 머리를 흔들며 한숨을 쉰다.)

상담자: 저런, 처음으로 그렇게 많은 이야기를 하시는 걸 보니 그동안 누구에게도 말하지 못하고 꾹꾹 눌러 놓았던 것이 많았나 봅니다.

Carus: 예, 제 얘기를 들어줄 사람을 찾아야겠다고 생각했어요.

상담자: 함께 해 주지 못한 게 안타깝네요.

Carus: 선생님은 제 두 번째 상담자이십니다. 전에 제 아내에게 우울하다고 말한 적이 있어요. 정말 아내와 대화하고 싶었거든요. 그런데 제 아내는 너무 당황해서 정신과 의사에게 예약을 했지요. 의사는 '너무 사무적'인데다 전 약을 먹을 생각이 없었기 때문에 여기 오기로 한 것이지요.

상담자: (반영하며) 그러니까 당신은 우리가 연결되어 있다고 느끼고, 또……

Carus: (급히 끼어들며) 예, 그렇죠. 제가 병원에서 경험했던 이상한 일 때문인 것 같아요. 얘기하자면 긴데, 해도 되는 것 맞죠?

상담자: 그럼요. 귀 기울여 들을게요.

Carus: 20년쯤 전에 우리는…… 직장 동료 몇 사람과 이웃에 사는 부부, 저까지 저희 집에서 한 달에 한 번씩 포커게임을 했어요. 세월이 흐르면서 멤버가 바뀌었는데, 그 부부는 이사를 갔고, 늘 오던 두 사람은 죽었어요. 또 한 사람은 너무 늙어서 게임을 할 수 없게 되었고요. (떨리는 목소리로 흐르는 눈물을 닦으며 휴지로 코를 푼다.) 이런, 오랫동안 잊고 지냈는데 정말 보고 싶네…… 아무튼 일 년 전쯤, 똑똑한 젊은 의사 Michael이 합류했는데 다들 그를 좋아해서 고정멤버가 되었지요. 사고가 난 날, 제가 응급실에서 깨어났을 때 그가 내 상처를 처치하고 당직의사를 전화로 부르고 있었어요. 그 사람은 그날 당번도 아니었죠. 의식도 흐릿하고 충격에 빠졌지만 한 가지 저를 붙들어 주었던 건 그의 표정에 드러난 진심 어린 염려였어요. 그는 정말 침착하고 차분했어요. 그때 제가 제대로 돌봄을 받고 있고 앞으로 좋아질 거란 느낌을 받았어요.

상담자: 정말 큰 위안이 되었겠어요! 응급실에서 돌봐 주는 친구를 만나다니…… 그 사람이 걱정하며 함께 있어 준 것이 당신에게 굉장히

의미 있었다는 게 목소리에서 느껴집니다. 그에게 받았던 감동이 무언가 특별한 경험이 되었겠어요.

Carus: (기운이 나서) 예, 3일간 병원에 누워 있으면서 좀 힘들었어요. 나는 의사, 간호사, 간병인, 그리고 온갖 종류의 전문가들 때문에 예민해져 있었어요. 다들 잘 대해 주었지만 뭔가 부족했어요. 오해하진 마세요. 모두 실력 있는 사람들이었어요. 적대적으로 반응하지 않았고 약은 체도 안 했지만, 왠지 저를 진심으로 돌본다고 느껴지지는 않았다는 거예요. 제 고통을 마음으로나 인격적으로 대하지 않았어요. 저는 단지 327호의 외상환자일 뿐이었죠. 오래 입원해 있을수록 그들의 미심쩍은 명랑함 같은 것에 화가 나기 시작했어요. '당신 나이에 사다리를 올라가는 게 얼마나 위험한지 몰라요?' 라고 말하는 듯한 느낌을 갖게 되었어요. 더 최악인 것은 제 기록을 매일 보면서도 저를 기억하지 못하는 의사였어요. 그 사람은 묻지도 않고 뚱뚱한 엉덩이로 제 침대에 털썩 앉기도 했어요. 말하는 동안 제게 눈길도 안 주더군요. 예의라고는 찾아볼 수도 없었어요.

상담자: 그러니까 그 사람들에게 화를 폭발하지 않으려고 엄청나게 참았다는 거군요. 듣기만 해도 몸이 싸늘해져요. 마음을 자제하려고 얼마나 애썼을지 상상이 가네요.

Carus: 음, 저는 엄밀히 말해 매력적인 사람은 아니지만, 적어도 제가 원하는 것을 다른 사람에게 강요하지는 않아요. '혹시 선생님이 잊었을지 몰라서 하는 얘긴데, 현대판 히포크라테스 선서가 강조하는 것은 의사의 온정, 연민, 이해와 겸손이죠. 그 교훈을 잊지는 않았을텐데요?' 라고 말할 뻔했어요. 아무튼 상담, 치료, 뭐라 부르든 간에 다 실패한 어느 날 아침에 깨달았어요. 화가 났던 것 같기는 한데 그러면서 누워 있으면 병원에 있을 때 그랬던 것처럼 슬프기도 하고 속은 듯한 느낌도 들었어요. 재활센터에서 정신과 진료시간이면 군소리 없이 시키는 모든 작업을 해야 했고, 혹시 질문이라도 할 경우엔 의사가 방어적이 되어 제가 못 알아듣는 의학 용어로 받아넘기곤 했어요. 저는 그때 거기에서 결심했죠. 응급실에서 함께 있어 주었던 Michael처럼 친밀하지 않은 누군가에게는 제 마음을 절대 드러내지 않겠다고.

상담자: 정말 마음 아픈 이야기네요. 어쨌든 저와 함께 상담을 해볼만 하겠다는 신뢰감을 갖게 되셨다니 정말 기쁘네요.

질문 Question

1. 상담자는 공감 기법을 어떻게 사용하였는가?
2. 이 회기에서 상담자는 자기 자신을 상담의 도구로 활용하였는가?
3. Carus의 경험을 읽고 당신은 어떻게 반응하였는가?

🖉 적용

세 명씩 한 조가 되어 강렬한 정서적 경험을 각자 5분 정도씩 소개한다. 한 명이 이야기할 때 다른 한 명은 공감과 돌봄의 자세로 반응하고, 세 번째 사람은 관찰한 후 이를 피드백한다.

긍정적 정서

인간의 감정에 대한 연구들은 대체로 부정적 정서에만 집중되어 왔다(Echterling, Presbury, & McKee, 2005). PsycInfo와 같은 데이터 베이스에 '불안'이나 '분노' '우울'을 주제어로 치면 수백만 개의 연구자료가 검색된다. 그러나 '용기' '동정' '기쁨'을 찾으면 소수의 연구만을 찾을 수 있다. 기본 정서상태에 관한 포괄적 모델들 역시 긍정적 감정보다는 부정적인 것을 더 많이 다루고 있다(Fernandez-Ballesteros, 2003).

최근에는 상담심리학 분야에서도 긍정적 정서에 관심을 갖기 시작했다(예, Frederickson, 2002; Larsen, Hemenover, Norris, & Cacioppo, 2003; Watson, 2002). 연구자들은 긍정적 정서를 삶의 향상에서 엄청난 잠재력을 지닌 미지의 영역으로 인식하였고(Haidt, 2003), 최근의 연구에서 긍정적 정서의 광범위한 영역이 검토되고 있다. 그러나 내담자는 대개 안 좋은 감정을 갖고 상담에 온다. 그들은 자신의 삶에서 뭔가 잘못된 것을 말하도록 요구받으며, 그것을 수정할 방법만을 찾는다(Ivey & Ivey, 2007). 상담자는 내담자의 삶에서 좋은 면과 개선이 필요 없는 면에 초점을 맞추어야 한다.

최근의 연구에 의하면, 상실과 불행을 겪은 사람들은 실제로 고통스러운 감정뿐 아니라 긍정적인 감정도 경험한다(Larsen et al., 2003). 개인의 자원과 강점을 강조하는 긍정심리학이 상담과 심리치료 분야에서 새롭게 각광받고 있다(Pedersen & Seligman, 2004; Snyder & Lopez, 2002). Seligman(2002)에 의하면 "우리는 강점과 회복력의 증진에 관심을 가져야 할 시점에 상처의 회복에만 너무 매달려 왔다."(p. 1) 사람들은 긍정적 감정을 경험할 때 "보다 창의적이고 지혜롭고 유연하며 사회적으로 통합된 건강한 개인으로 변화된다."(Frederickson, 2002, p. 123) 이러한 주장을 지지하는 증거를 신경과학 분야에서 찾을 수 있는데, 인간의 뇌는 긍정적 감정을 경험할 때 좌측 전두엽이 더 활성화되는 반면, 부정적 감정을 겪으면 우측 전두엽이 더 활성화된다(Davidson, 1993).

상담과정

상담자: 아까 했던 이야기로 돌아가서 잠깐 확인하고 싶은 게 있어요. 조금 전에 당신이 더 이상 포커게임을 못하게 된 사람들의 이야기를

했는데, 굉장히 애석해 하는 것 같았어요.

Carus: 네, 저도 왜 그런지 모르겠어요. 병원에 있었던 Michael 이야기를 한 건 아는데, 그 사고가 다른 친구들과는 무슨 관계가 있는지 모르겠네요. (목소리가 점점 잦아들더니 잠시 침묵한다.) 그 친구들은 떠나갔어요……. 제가 그 친구들 이야기를 하는 게 이상하군요. 떠나간 친구들……. 둘은 죽고, 하나는 너무 늙어 버렸죠. 이젠 별로 슬프지도 않아요. 죽은 친구의 장례식 때는 슬펐지만 이젠 회복됐다고 생각했어요. 애도에도 단계가 있지 않나요? 제가 지금 회복된 게 아닐까요?

상담자: 음, 애매하게 들릴 수 있겠지만 사람에 따라 다르지요. 아마 그 슬픔은 친구 때문이라기보다 다른 무엇 때문일 수 있을 거예요.

Carus: 이해가 잘 안 되는데, 다른 무엇이라니요?

상담자: 당신이 전에 말했던 몇 가지가 마음에 걸리는데, 아마 여러 가지로 당신을 괴롭혀 왔던 파악하기 힘든 감정과 관계가 있을지 모르겠어요. 여기저기 잠복해 있다고 말했던 분노나 슬픔, 후회, 적개심, 악의 같은 거요.

Carus: 네, 맞아요. 이번 사고가 그동안 제가 관심 있게 돌보지 못한 것들을 불러낸 것 같아요.

상담자: 좀 전에 친구들이 사라져 갔다고 하셨는데…….

Carus: (끼어들며) 음, 저는 사고로 떨어졌지만 그 친구들은 좀 다르지요……. 아마도 그건 제가 받아들여야 할 무엇인가에 대한 것일 거예요. 저도 죽으면 사라지겠죠. 회복되어 가는 동안에도 자신감을 상실한 듯 제가 무기력하고 나약하고 쓸모없다는 생각이 들었어요. 단지 더 이상 사다리에 오를 수 없다는 게 아니라 조금이라도 위험한 일은 할 수 없다는 느낌이죠. 사고가 난지 한 달 뒤에 작업장에서 휴대용 전기톱을 써 보려고 세 번이나 시도를 했어요. 사고 나기 직전에 산 톱이었죠. 너무 심하게 떨려서 신경계에 손상이 된 게 아닌가 생각했어요. (긴 침묵, 거의 안 들리는 목소리로) 그래서 마음속으로 …… 이런 말하기 너무 어렵네요. (상담자는 몸을 약간 더

앞쪽으로 기울인 채 끼어들지 않고 차분하게 기다린다.) 전 두려웠던 거 같아요.

상담자: 그건 정말로 두려운 일이죠. 갑자기 그런 생각이 떠오르는 걸 감내해야 하니까요. 인생 자체가 이전보다 더 무섭고, 더 외로워지는군요.

Carus: (상담자를 바라보며 눈가에 눈물이 맺힌다.) 그게 늙고 느려지는데 대처하기 위해 제가 할 수 있는 전부예요. 친구를 잃는 것은 정말로 마음 아픈 일이지요. 하지만 제가 두려움을 가질 거라고는 생각하지 못했어요. 정말 그러리라고는…….

내담자 스스로 공감하기: 긍정적 감정 촉진

일반적으로 공감은 내담자의 문제와 부정적 감정에 초점을 둔다. 하지만 상담자는 내담자의 강점, 성공, 희망과 긍정적 감정에도 공감할 수 있다. 게다가 상담자만 높은 수준의 공감 능력을 소유한 것처럼 인식되어 내담자가 하는 공감은 간과되곤 한다.

그렇지만 상담자의 공감은 전체 이야기의 한쪽 측면에 한정될 뿐이다. 내담자가 지닌 공감 능력의 진가를 인정함으로써 상담의 효과를 높일 수 있다. 내담자 안에 공감적인 울림을 만들어 갈 때 그의 정서를 더 각성시킬 수 있고, 재구조화나 초점의 전환도 가능하다. 이러한 과정을 다루기 전에 먼저 공감과 신경학적인 기초를 살펴보자.

공감의 근원은 영아기로 거슬러 올라간다(Goleman, 1995, 2005). 갓 태어난 영아는 옆 요람의 아기들이 우는 소리를 듣고 따라 우는데, 이러한 반응이 공감의 전조. 생후 1년 된 영아는 다른 아이의 울음과 자신의 것을 구분하지만, 여전히 어찌할 바를 모르고 당황한다. 나중에 보다 성숙한 공감이 형성되기 시작하는데, 어떤 사람은 타인에 대한 높은 수준의 민감성을 갖게 되고 또 다른 사람은 덜 갖게 된다. 예를 들면, 편도체와 시각 피질의 연합영역 사이의 병변으로 뇌에 손상을 입은 환자는 타인의 메시지에서 정서적 측면을 이해하지 못한다. "빈정대는 듯한 '감사해요'와 고마움을 나타내는 '감사해요', 분노가 포함된 '감사해요', 이 모든 것이 이런 환자에게는 동일하게 중립적인 의미로 이해된다."(Goleman, 1995, p. 102)

한편 Goleman은 Levenson과 Ruef(1992)의 부부상담 사례를 소개했는데, 부부가 갈등상황을 호소하는 것을 녹화한 다음, 남편과 아내가 각자 다시 비디오를 보며 매 순간의 감정을 보고하게 하였다. 그런 후 바이오피드백 장치를 부착하고 다시 비디오를 보면서 매 순간 배우자의 감정을 묘사하게 했다. 놀랍게도 배우자에게 집중하며 가장 정확한 공감을 한 사람들은 배우자와 똑같은 생리적 반응을 보였다. 한편, 공감 능력이 부족한 사람의 바이오피드백은 이야기하면서 그들이 원래 보였던 반응만 반복적으로 나타낼 뿐이었다. 결국 공감은 정서적으로 각성될 수 있는 능력 또는 상대방과 공명할 수 있는 능력이며, 상호 간에 감정을 보내고 알아차리는 정서적 감염이라고 할 수 있다.

분명한 것은 사랑에 빠진 연인들이 서로 정서적인 영향을 주고받으며 정서적 민감성과 소통으로 상대를 '감염'시킨다는 것이다. 더 나아가 두 사람 중 자신의 마음을 더 잘 표현하는 쪽이 정서적 교류를 지배한다. 즉, "좀 더 강력한 표현 능력을 가진 사람이 상대를 흡수하고 공감시킨다."(p. 117) 따라서 당신이 정서적 대화를 더할수록 타인이 당신이 느끼는 것을 느끼게 되는 것이다.

내담자의 호소에는 대개 문제중심과 해결중심이라는 두 가지 이야기가 공존한다. 먼저 내담자가 문제를 호소할 때 상담자는 LUV와 공감으로 수용해야 한다. 그러다가 적절한 때 공감을 활용하면서 호소문제의 긍정적인 측면에 대해 말하도록 유도한다.

　여기에는 몇 가지 규칙이 있다. 내담자가 고통에 대한 얘기를 할 때 상담자는 낮은 수준의 공감을 해 준다. 하지만 해결적인 대화로 전환될 때는 점차 높은 수준의 공감을 제공해야 한다. 또한 내담자로 하여금 감정을 더 많이 개방하고, 그 순간의 내담자의 이야기를 감정과 연결시키도록 도와야 한다. 즉, 내담자의 문제 해결에 더 많은 에너지와 관심을 보일 때 그들의 공감을 활성화할 수 있다.

　상담자가 내담자의 성공적인 문제 해결을 바랄 때 내담자도 성공에 관심을 갖게 된다. 그때 비로소 부정적인 호소문제로부터 해결지향적인 이야기로 전환된다. 모든 기억은 구성된 것이므로 상담자는 내담자의 부정적이고 절망적인 기억에 초점을 덜 맞추고, 새롭고 성공적인 기억을 함께 구성하도록 도와야 한다. 내담자가 성공에 대해 이야기할 때 상담자가 흥분과 관심을 표현한다면 내담자는 그만큼 문제 해결을 향한 열정을 느낄 수 있다. 그렇지만 이때 상담자는 과도하게 각성하지 않도록 유의해야 한다. Le Doux(1996, 1998)의 조언에 의하면 "상담자는 가장 적절하게 행동할 수 있는 정확한 수준으로 공감을 활성화시켜야 한다."(p. 289) 또한 상담자의 열정은 진실해야 한다. 상담의 성공에 대한 거짓된 관심은 드러나기 마련이다. 긍정적인 정서에 관심을 기울이는 상담자는 낙심하고 절망한 내담자들에게 도움을 줄 수 있다.

상담과정

　문제 해결에 초점을 두는 상담자는 다음과 같이 내담자 스스로 긍정적인 감정을 촉진하도록 도울 수 있다.

　Carus: (자랑스러움을 애써 감추면서 최근의 경험에 대해 이야기한다.) 아, 이번 주에 제 친구와 이야기를 나누었는데, 저에게 이젠 너무 늙어서 사다리를 올라가기 힘들 거라고 하더군요. 그래서 제가 기

분 나쁘다고 했더니 놀랍게도 그 친구는 차분하게 사과했어요. 결
국 이야기가 잘 됐죠.

상담자: 와! 상황이 점점 나빠질 거라는 두려움에서 벗어났고, 결국 상황
이 점점 나아졌군요. 어떻게 그런 용기를 내셨어요?

Carus: (좀 더 힘을 얻은 듯) 아, 그저 위험을 감수할 만한 가치가 있겠다
고 결심했을 뿐이에요. 인간관계에서 그런 긴장이나 원한을 다 껴
안고 살고 싶진 않았어요.

상담자: 삶에 대한 용기가 전반적으로 늘어난 것 같아서 정말 좋네요.

Carus: (한층 더 의욕을 보이며) 선생님이 그렇게 말씀하시니 저도 그렇
게 느껴져요.

📋 적용

세 명씩 한 조를 이루어 각자 자신이 겪은 낙심한 경험에 대해 간단히 소개
한다. 경청자 역할을 할 때는 LUV 기법과 공감 기법을 활용하면서 각 호소문
제의 예외 상황을 탐색하라. 만약 그 문제에서 긍정적인 측면을 찾았다면 에너
지와 열정의 감정을 표현해 보라. 세 번째 사람은 관찰한 후 피드백을 해 준다.

🐑 요약

공감은 타인의 입장을 이해하는 인지적 능력이자 그의 감정을 느끼는
정서적 능력으로, 인간이 종(種)으로 생존하는 데 기여한 고유의 특질이
다. 공감은 성공적인 상담의 가장 중요한 요인이고, 돌봄은 모든 협력적
인 상담관계의 핵심적 요인이다. 이 장에서는 내담자와 공감적으로 소통
하기, 치료적 도구로서 상담자 자신을 사용하기, 내담자의 문제 해결 감

각을 향상시키기 위해 자신의 긍정적 감정 촉진하기 등 공감에 관련된 기술을 다루었다.

> **▶▶ 4장으로의 연결** ━ ┉ ━ ┉ ━ ┉ ━ ┉ ━ ┉ ━ ┉ ━ ┉ ━
>
> 당신이 어떤 중대한 일을 이루고자 하는 가슴 벅찬 희망을 떠올려 본다. 향후의 이런 가능성이 현재 당신의 실행에 어떤 영향을 줄 거라고 생각하는가? 답을 떠올려 본 후에 다음 장으로 넘어간다.

참 고

Solution Focused Brief Therapy Association(SFBTA)

www.sfbta.org

이 협회의 설립 목적은 해결중심 단기상담자를 위한 북미 콘퍼런스를 매년 개최함으로써 아이디어를 교환하고 새로운 내용을 학습하며 친목을 도모하는 데 있다. 컨퍼런스 참가자는 해당 연도의 회원으로 간주된다.

제4장

상담목표의 설정: 미래의 힘

이 장의 목표

| 이 장의 주요개념 |

• 원인보다는 목적에 집중한다. 따라서 상담자는 내담자로 하여금 미래에 대한 목표를 세우고, 자신과 세상을 바라보는 방식을 변화시킬 수 있도록 돕는다.

• 내담자의 유형을 방문형, 불평형, 참여형, 비자발형으로 나눌 수 있다.

| 이 장의 주요기법 |

• 내담자를 목표 설정에 관여시키기

• 내담자의 문제에서 예외 상황을 발견하기

• 구체적이고 명료한 목표 설정을 위해 척도질문 사용하기

상담사례

"이건 내가 원하는 삶이 아니야." Jamelle은 교통체증으로 45분째 차에 앉은 채 투덜거렸다. 집으로 차를 돌리고 싶은 심정이었다.

회사에서는 좁은 칸막이 안 컴퓨터 앞에서 하루 종일 일 하면서도 왜 그 일을 해야 하는지 몰랐다. 드물긴 하지만 가끔 관리자에게 질문을 할 때는 자신이 어리석고 서툴러 보이지 않을까 걱정되었다. Jamelle은 늘 다른 사람들보다 뒤처지는 기분이었다.

그러나 혼자 뒤처진 것 같은 느낌은 직장에서만이 아니었다. "난 도대체 뭘 하고 있는 거지? 완전 엉망이야." 친구들이 일에서 앞서 가고 결혼하고 아이를 낳는 동안 그녀는 방향감각을 잃은 채 제자리를 맴돌고 있었다.

어느 날 직원들과 함께 참석한 연수에서 강사는 소크라테스 식의 질문을 공격적으로 던져댔다. 복잡한 내용을 받아 적고 답변을 하는 동안 강의실의 분위기는 점점 무거워졌다.

Jamelle은 마치 달리는 자동차 앞에 뛰어든 사슴처럼 얼어붙어 버렸다. 너무 심한 두려움에 몇 분 동안 손가락 하나 까딱할 수 없었다. 그녀는 교육을 마친 다음에야 비로소 안도하며 자리를 떠났다. 점심을 대충 때운 후에는 기진맥진한 채 인사담당자와의 면담을 기다렸다.

질문 Question

1. Jamelle이 직면한 주요 문제는 무엇인가?
2. 당신이 Jamelle의 상담자라면 이 문제를 어떻게 도울 것인가?

개 관

의학적 모델에서는 원인론, 즉 치료방법을 찾기 위해서는 내담자가 보이는 증상의 원인을 반드시 알아야 한다고 가정한다. 원인은 늘 증상에 앞서 존재하므로 내담자의 과거사를 탐색하는 것이 상담과정에서의 전통적인 시작이었다. 그러나 단기상담은 과거가 아니라 미래를 보는 관점에 대해 다룬다.

이상하게 들릴 수 있겠지만, 아직 일어나지 않은 일도 현재 상태를 변화시킬 수 있다. 희망과 목적의식은 성공적인 삶에 필수적인 중요한 요소로, 미래에 뿌리를 두고 있다. 예상되는 가능성을 실현하기 위해 현재에 어떤 행동을 할 때 미래는 현재를 내포하고 있는 셈이다. 이러한 목적론 또는 궁극적 원인론은 아리스토텔레스에 의해 처음 제기되었다.

미래가 전적으로 목적론적으로만 펼쳐진다면 앞으로 일어날 일들은 확실성을 담보할 수 있을 것이다. 그러나 인간의 삶은 자주 '목적률적'으로 전개되곤 한다. 즉, 삶의 일반적인 방향은 알지만 미래의 구체적인 상황이나 사건은 알 수 없다(Mahoney, 1995). 목표란 명확하지 않고 필연적이지 않더라도 삶의 방향과 희망을 지켜 나가도록 해 준다.

상담자의 가장 중요한 역할 중 하나는 상담목표를 세울 수 있게 돕는 일이다. 분명한 목표는 상담 방향의 안내자 역할을 한다. 이 장에서는 어떻게 목표를 구성할 것인가, 그리고 '고객형' '불평형' '방문형' '비자발형' 내담자와 어떻게 관계를 형성할 것인가에 대해 논할 것이다. 내담자를 의뢰한 제삼자가 다른 목표를 갖고 올 때 상담자는 내담자와 함께 제삼자의 목표를 조율할 필요가 있다. 마지막으로 예외상황을 발견하는 기법과 척도기법도 다룰 것이다.

🐦 주요개념

과거와 미래의 연결

우리는 자기가 특정한 방식으로 행동하는 이유를 대개 자신의 과거에서 찾는다. "저는 늘 그런 식으로 해 왔어요." "옛날부터 그렇게 배웠거든요." 다시 말하면 과거의 사건이 현재의 행동을 일으킨 것으로 본다. 이 같은 '과거가 현재의 원인'이라는 가정은 대다수 사람의 보편적인 관점이다.

내담자는 고통스러운 경험과 짜증스러운 행동의 원인을 찾기를 원한다. 그들은 과거의 상처나 습관, 성격적 결함이 현재에 영향을 끼쳐 생각과 감정, 행동방식을 방해하였다고 본다. 원인론은 결정론적 관점으로 과학적 사고의 전통적인 방법이다. 이 관점에서 보면 모든 사건에는 원인이 있고 그 원인은 늘 결과에 선행한다. 이것은 마치 건강진단을 할 때 현재 증상의 원인을 찾는 식이다.

그러나 현재 행동이 과거보다 미래에 의해 야기될 수 있지 않을까? 언뜻 보면 이 같은 생각은 앞뒤가 뒤바뀐 듯 이상하게 들릴 수도 있지만, 미래가 현재의 원인이 될 수 있음을 인정할 필요가 있다. 이런 관점에서 상담자는 내담자가 생각하고 느끼고 행동하는 방식을 변화시켜 희망을 갖고 미래를 향해 나아갈 수 있는 미래상(future image)을 내담자가 구성하도록 도와야 한다.

학습된 무기력은 인간이나 쥐와 같은 모든 유기체가 목표에 도달하기 위한 전략들을 모두 써버렸을 때 결국 포기해 버린다는 개념이다(Seligman, 1974). 현재 상황에서 탈출하는 데 무력감을 느끼는 사람은 자신의 행동을 무의미하다고 여긴다. 그들은 인지적으로 더 이상 방향을 찾지 못해 낙심하고 우울해지며, 상황을 바꿀 시도조차 하지 못한 채 결국 희망을 잃게 된다. 절망한 사람은 원하는 것에 대한 두려움도 느끼게 되는데, 그의 소망이 고통만 증가시키기 때문이다. 결국 고통으로부터의 자유만이 희망하는 유일한 상태가 되고, 내담자는 고통의 제거를 상담목표로 설정한다. 이때 상담자가 할 일은 고통의 감소나 제거보다 무언가를 얻는 목표를 설정하도록 도움으로써 내담자가 목표 달성에서의 희망을 느끼도록 조력하는 것이다.

다행히도 Seligman은 학습된 무기력이라는 병리학적 유산만을 남기지 않았다. 그는 1978년에 이론을 수정하면서 기대와 귀인이라는 개념을 추가하였다. 그는 기대, 즉 미래에 대한 비전을 무기력 제거의 핵심으로 보았다(Kirsch, 1990). 인생에서 실망, 좌절, 패배는 늘 있는 것인데, 이 경험을 개인의 특성이나 성격으로 인한 실패나 결함으로 귀인한다면 미래에 할 수 있는 일은 아무것도 없다. 그러나 일시적 또는 외부 원인으로 돌리면 학습된 무기력이나 우울을 발전시킬 가능성이 낮아진다. 즉, 패배했다는 이유로 실패자로 낙인찍기보다 과거의 고난에도 불구하고 여전히 회복력을 갖고 미래의 일들을 다르게 풀어 나가는 존재로 이해하게 된다. Seligman(1991)은 저서 『학습된 낙관주의(Learned optimism)』에서 다음과 같이 말하고 있다.

인생은 비관주의자만이 아니라 낙관주의자에게도 좌절과 시련을 준다. 하지만 낙관주의자들이 더 잘 이겨 낸다……. 비관주의자들은 일이 순조롭게 진행될 때마저도 비극적 결말의 예감에 사로잡혀 있다.

그는 2002년에 출판된 저서에서 행복감을 무기력에 대한 해독제라고 극찬하였다. 내담자의 무기력과 절망에서 낙관과 행복으로 초점을 전환

하였다. 미래가 무엇을 가져다 줄지는 아무도 알 수 없지만, 인간은 늘
결과를 예상하며 좋은 성과를 바란다. 쥐와 달리 사람은 복잡한 미래상
을 구성한다. 미래는 우리의 귀인에 따라 낙관적일 수도 있고 또 비관적
일 수도 있는데, 스스로를 유능하고 자원이 풍부하며 불굴의 의지를 지
닌 존재로 보면 미래를 낙관적으로 바라볼 가능성이 커진다. 세상을 호
의적이고 기회가 제공되는 곳으로 바라보면 불확실성과 좌절을 꿋꿋이
헤쳐갈 수 있다. 상담자는 내담자가 낙관적 미래를 향해 균형 잡힌 기대
를 갖도록 도울 수 있어야 한다. 가능성이 가득한 미래는 확고하고 희망
찬 현재를 선물할 것이다.

불확실한 미래를 향하여

Adler는 원래 Freud의 동료였으나 성이론에 관한 이견으로 결별하였
다(Day, 2004). Adler는 인간은 기본적으로 우월성을 얻기 위해 노력한
다고 보았다. 여기서 우월성은 타인을 지배하려는 것이 아니라 자신을
뛰어넘어 현재 상황을 극복하고자 한다는 의미다(Prochaska & Norcross,
2007). 모든 사람은 예언자이며, 결과가 어떻게 될지 예측하면서 나아간
다. 따라서 삶은 본능이나 과거에 의해 쫓기듯 되어 가는 것이 아니라 인
생의 목표와 미래에 대한 예측으로 이루어진다.

인간은 각자 되고자 하는 사람, 즉 이상적 자아를 만들며 가상적 결말
론에 근거하여 '생활양식'을 형성한다. Adler에 의하면, 가상적 결말론
은 불확실하지만 도달할 것으로 기대하는 미래에 비추어 현재를 사는 것
이다. 현재에는 과거보다 미래가 훨씬 더 많은 영향을 미친다. 물론 반드
시 마음속에 그리는 미래에 도달하는 것은 아니다. 우리 자신이 어디를
향하고 있는지에 대한 이야기는 은유적이라는 점에서 가상적이다. 즉,
상상 속의 탐색이며 미지의 세계로의 여행이다.

Pudmenzky(2004)는 목표 달성 유형을 목표의식 없이 흘러가는(teleomatic) 과정, 목적론적(teleological) 과정, 목적률적(teleonomic) 과정의 세 유형으로 나누었다.

목표의식 없이 흘러가는 과정은 물리법칙에 의해 결과에 이르는 과정이다. 물질과 에너지는 어떤 의도나 조절 없이도 목표에 자동적으로 도달한다. 떨어지는 돌이나 뉴턴의 사과가 여기에 해당된다. 낙심한 내담자는 자신이 처한 환경에 의해 무기력하게 희생된 채 사로잡혀 있다고 여기곤 한다. 그는 방향감각과 내적 동기를 잃고 물리적 힘에 의해 좌우되고 있다고 생각한다. 따라서 상담자는 환경을 극복하는 능력을 개발하도록 도와야 한다.

목적론적 과정은 마음속에 뚜렷한 목표가 있는 상태로서, 궤도를 날아가는 미사일처럼 목표 도달에 필요한 자원과 방법을 갖고 있다. 따라서 상담자는 내담자의 목표 설정을 돕는 동안 그의 내면에 자원이 있음을 발견하게 한다. 그러나 목표 달성에 필요한 자원이 있음을 확신시키기보다 그가 이미 갖고 있지만 간과하고 있는 자원을 조심스럽게 끌어낸다.

목적률적 과정은 목표를 향해 내부 프로그램이 작동하는 행위에 관한 것이다(Mayr, 1982; O' Grady & Brooks, 1988). 이 과정은 어떤 목적을 향하지만 반드시 바로 거기에 도달하지 않을 수도 있다. 내담자가 언급하는 상담목표는 가상의 목표로서, 바람직한 방향으로 나아가는 하나의 과정에 불과하다. 상담자는 구체적인 상담목표로 접근한다는 점에서 목적론적이지만, 내담자의 상담목표는 목적률적이다. 상담자는 구체적인 결과를 얻기 위해서보다는 방향성을 제공하기 위해서 목표를 설정해야 한다.

목표가 변하기도 한다는 것에 주의해야 한다. 내담자가 원하던 목표는 더 중요한 목표에 자리를 내 주기도 한다. 아무도 자신의 미래를 정확히 예언할 수 없으므로 목표 합의에는 유연성이 필요하다. 그러므로 목표 설정은 내담자의 미래를 향한 초점이자 그 과정을 구체화하는 도구다.

장벽을 넘어 희망찬 미래로

사기가 꺾여 낙담한 내담자는 변화를 원하는 동시에 변화를 두려워하기도 하는 모순된 함정에 빠지기 쉽다. 불확실한 미래로 나아가려고 하면서도 고통스럽지만 익숙한 일상에 매달린다. 상담자는 내담자의 변화를 위해(Young, 2005), 안전하긴 하지만 불만족스러운 현재를 포기하고 목표를 향한 불확실한 길을 가도록 도와야 한다. 상담자는 내담자가 단순히 현재에 머무를지 앞으로 나아갈지 저울질만 하지 않고 결단하도록 돕고, 목표지점까지의 경로가 분명해질 때까지 내담자의 이야기를 들으며 함께 머물러야 한다. 이러한 탐색을 계속하도록 격려할 때 내담자는 비로소 새로운 가능성에 마음을 열고 변화를 향해 나아갈 준비를 마치게 된다.

어떤 노력으로도 내담자의 주관적 세계에 직접 들어갈 수는 없다. 상담에서 목표를 결정하는 주체는 상담자가 아니라 내담자이므로, 상담자는 여정의 지도를 팔아서는 안 된다. "어떤 상담자는 만족스러운 여행을 제안하면서 목적지로 가는 가장 좋은 경로를 알고 있다고 주장한다. 그런 상담자는 어떻게 보면 여행사 직원에 가깝다."(Mahoney, 1995, p. 391)

내담자에게 진정한 도움을 주려면 관심과 위로를 제공하고, 쉬고 싶은 마음을 존중하며, 안전과 행복을 확신시키면서 함께 여행해야 한다. 그러기 위해서는 기법보다 상담자의 인간성이 훨씬 중요하다. 그러나 단지 편히 쉴 수 있게만 하기보다 매 순간 어떻게 나아갈지를 인식시키는 동시에 전략과 계획도 갖고 있어야 한다.

함 의

목적률적 과정은 상담에 중요한 의미를 제공한다.

- 내담자의 현재 문제에서 과거의 원인보다 미래의 소망을 찾는 데 관심을 기울인다.
- 내담자가 현재 상황이 사라지길 바랄 때 그의 소망과 연결되는 목표를 찾도록 도와야 한다.
- 낙담하고 우울한 사람은 삶의 목적의식과 통제 능력이 부족하다. 자신이 더 나은 곳에 도달할 수 있다고 믿을 때 희망과 의지가 회복된다.
- 인간은 '가상적 결말론'에 따라 살아간다. 삶의 결말에 대한 관점이 낙관적 또는 비관적인 감정을 형성한다. 따라서 미래는 현재의 원인이다.
- 상담자의 관심은 설정한 목표의 성취 여부가 아니라 내담자가 희망적인 태도로 끊임없이 나아가도록 하는 것이다.
- 변화와 정체의 갈림길에 있는 내담자를 변화의 방향으로 향하도록 도와야 한다.
- 목표 설정은 내담자의 몫이며, 그 목표를 확인하는 것이 상담자의 역할이다.

방 법

목표 설정에 참여시키기

목표 설정은 상담을 통해 얻고 싶은 것을 물어보는 것에서 시작된다. Sklare(1997)에 의하면, 이러한 질문에 대한 내담자의 답변에는 긍정적 목표, 부정적 목표, 해로운 목표, 그리고 '모르겠다'의 네 가지 유형이 있다. 이 유형들은 좋은 목표를 설정하려는 상담자의 노력에 도전이 된다.

긍정적 목표는 상황을 보다 바람직하게 변화시키려는 희망을 구체화한 목표다. 그러나 내담자들은 상담 초기에 "행복해지고 싶다." "자존감을 높이고 싶다." "다른 사람들과 잘 지내고 싶다." "의사소통을 잘하고 싶다."와 같이 모호한 표현으로 목표를 제시한다. 상담자는 이 같은 진술을 목표로 합의해서는 안 된다. 이러한 목표는 너무 추상적이고 불명확하기 때문에 '끝나지 않을 여행'에 동의하는 셈이다. 따라서 상담자는 목표를 구체적으로 요약해야 한다.

부정적 목표는 내담자가 제거하고 싶은 것에 관한 목표다. 부정적 목표는 상담 초기에 가장 흔한 반응으로, 문제를 유발하는 조건이 제거되는 것이다. 예를 들면, "부모님이 덜 간섭하면 좋겠다." "덜 우울해지고 싶다." "사람들이 나를 거부하지 않으면 좋겠다." 등이다. 이러한 목표들은 타인의 행동만을 기대할 뿐 정작 내담자 자신은 결과에 대해 스스로를 통제하지 않겠다는 의미다. 상담자는 어떤 것을 없애는 것이 아니라 바람직한 것을 얻는 목표로 설정하도록 도와야 한다. 그러기 위해서는 긍정적인 목표에 대한 내담자의 관점을 확인해야 한다. 구체적인 행동을 어설프게 요구하는 것은 내담자에게 부담을 주기 때문이다. 내담자가 목표에 도달하는 행동을 알거나 모르거나에 관계없이 내담자는 특정 행동을 시도하지 않으려 할 것이다.

상담자는 부정적 목표에 대해 '그 대신에' 또는 '달라질 점'을 질문하는 것이 좋다. 가령 "부모님이 당신 인생에서 빠져 준다면 당신의 삶은 어떻게 달라질까요?" "우울증에서 벗어나면 어떤 다른 감정이 생겨날까요?" "타인에게 거부당하지 않는다면 어떤 마음일까요?" 등이다.

흔하지는 않지만 내담자들이 해로운 목표를 제시하기도 한다. 해로운 목표 진술은 내담자를 불필요한 위험에 처하게 할 수 있고, 개인적 성취를 가져올 미래의 기회를 차단한다. 예를 들면, 청소년 내담자가 학교를 그만두고 싶다, 아이를 갖고 싶다, 누군가를 해치고 싶다, 가출하고 싶다고 말할 때, 상담자는 잠재적인 위험을 내담자에게 경고하거나, 목표의 문제점은 외면한 채 목표의 이해득실을 논쟁하기 쉽다. 상담자는 이 같은 해로운 목표들을 지지하지 않으면서 내담자를 상담과정으로 끌어들여야 한다. "그렇게 하면 당신에게 어떤 도움이 되나요?" 같은 가정 형태의 질문이 필요하다. 이때 주의할 점은 내담자의 목표가 계속해서 자신이나 타인에게 해로운 방향으로 나아갈 경우, 상담자는 비극적인 결과를 막기 위해 상황관리자 역할도 수행해야 하는 것이다.

내담자의 네 번째 반응 유형으로, 만약 목표를 "모르겠다."라고 대답한다면 이는 아직 변화를 위해 노력할 준비가 되지 않았다는 의미다. 이러한 유형은 내담자가 비자발적이거나 자신을 원치 않는 방식으로 바꾸려는 제삼자에 의해 온 경우다. 그는 문제 장면에서 너무 낙심하여 목표 설정에 필요한 에너지를 불러일으키지 못한다. 위기에 처한 내담자는 현재 상태에 지나치게 압도되어 미래의 희망이나 변화를 찾을 수 없다 (James & Gilliland, 2005). 이때 상담자의 역할은 '희생자들 가운데서 생존자를 찾는 일'이다(Echterling, Presbury, & McKee, 2005). '말을 물가에 끌고 갈 수는 있어도 물을 마시게 할 수는 없다.'는 속담처럼 먼저 내담자를 납득시켜야 한다. 상담자는 "아직 상담목표를 생각할 준비가 안된 것 같군요. 어떻게 여기에 오게 되었는지 좀 더 이야기해 볼까요?"라고 묻거나 LUV 기법으로 내담자의 관심사를 이해하면서 목표 탐색의 기회를 찾아야 한다.

적절한 목표

내담자가 일단 미래를 바라보기 시작하면, 상담자는 초기의 모호한 목표 진술을 명료하고 구체적이며 현실적이고 가치로운 적절한 목표로 다듬어야 한다(De Jong & Berg, 2002). 적절하게 설정된 목표는 구체적이지만 지나치게 원대하지 않고, 아기의 보폭처럼 작은 차이를 가져와야 한다. (코끼리를 먹는 가장 좋은 방법은 한 번에 한 입씩 먹는 것이다.) 그러한 목표를 만들어 냄으로써 내담자는 방향감각과 희망을 얻게 되고 동기가 증진되어, 상담에 더욱 적극적으로 참여한다. 상담자는 다음의 몇 가지 원리에 따라 성공적인 목표 설정을 도울 수 있다.

긍정적 목표 설정 돕기

가장 중요한 원리는 목표를 긍정적으로 진술하도록 돕는 것으로, 내담자가 하지 말아야 할 것보다 해야 할 과업을 말하도록 한다. 상담자는 내담자가 어떤 행동을 제거하려는 데 합의해서는 안 된다.

예를 들어, 부정적인 상황이 사라지면 무엇을 하고 싶은지 질문할 수 있다. 내담자가 "저는 크게 화내지 않으면 좋겠어요."라고 할 때, 상담자는 "더 이상 그렇게 심하게 화내지 않게 되면 당신은 어떻게 할까요?"라고 물을 수 있다. 부정적인 목표를 긍정적인 방향으로 조정하는 또 다른 전략은 가능한 한 대안과 선택을 찾도록 격려하는 것이다. 앞에서 언급했던 것처럼 '더 이상 ~않는다면' '그 대신에' '~하기보다는'과 같은 질문을 함으로써 내담자를 부정적인 목표 진술의 틀에서 빠져나오도록 돕는다(Sklare, 1997).

'순환질문'은 내담자의 목표가 성취되었을 때, 다른 사람이 알아차리거나 말해 주는 것이다. 이 질문은 내담자의 세계관에 관계적 차원을 더함으로써 문제 상황을 객관화할 수 있게 돕는다. 순환질문의 예는 다음과 같다. "당신이 변해서 부모님이 더 이상 당신의 삶에 관여하지 않게 될 때, 그들은 당신을 어떻게 다르게 생각할까요? 부모님은 변화된 당신에 대해 뭐라고 하실까요?"

호소문제에서 목표 발견하기

내담자가 해로운 목표를 제시하는 것은 역설적으로 긍정적 목표를 간절히 원한다는 의미다. 학교를 그만두겠다는 목표는 성공하고 싶은 욕구나 자신을 지키고 싶은 소망이 좌절되었다는 뜻이기도 하다. 10대 소녀가 아기를 갖고 싶어 한다면 그녀는 사랑받지 못했기 때문에 누군가로부터 무조건적이자 긍정적인 관심을 받고 싶은 것이다. (이 욕구를 아기로부터 충족하려는 것은 물론 잘못이다.) 누군가에게 상처를 주려는 마음은 존중을 원하지만 얻지 못했거나 비기고 싶은 충동의 결과다. 가출하고 싶은 마음은 더 많은 자율성이나 안전한 환경을 찾고 있음을 반영하기도 한다.

상담자는 해로운 목표의 이면에 숨겨진 긍정적 목표를 발견할 뿐 아니라 내담자의 낙심한 마음도 이해해야 한다. 인간은 누군가가 자신의 고통을 이해해 준다고 느낄 때 비로소 희망을 갖게 된다. 상담자는 내담자의 절망에 초점을 두지 않고, 절망한 상태를 인정하면서 동시에 가능성을 찾아 준다. 예를 들면, "네 말을 들으니 네가 더 좋은 성적을 받기 위해 할 수 있는 모든 것을 다 했는데도 더 잘할 수 있는 방법이 떠오르지 않아서 가끔 포기하고 싶은 생각이 든다는 걸로 들리는구나."라고 하는 것이다.

상담 초기에 실행할 만한 목표를 찾는 것은 상담자의 전문성이 필요한 어려운 과업이다. 원하는 것을 찾아 유용한 언어로 진술하도록 돕고, 예외적인 상황을 찾아 주어야 한다. 이때 상담자는 내담자가 다루어 볼 만한 것이 무엇인지 알아내어 해롭지 않은 목표로 말해 주어야 한다. 그러나 만약 내담자가 협조하지 않는다면, 그것은 상담자가 충분히 수용해 주지 않았기 때문이라는 점을 염두에 두어야 한다.

행동목표 수립하기

목표 설정의 세 번째 원리는 명사나 진단적 또는 정적인 단어 대신에 행동적인 언어를 사용하는 것이다. 부모가 "아들의 품행장애를 고치고 싶어요."라고 할 때, 상담자는 "만약 아드님이 기대 이상으로 뭔가를 한다면 어떻게 달라질까요?" 또는 "당신이 그 문제를 더 이상 걱정하지 않게 될 때 어떤 생각을 하게 될까요?"라고 되묻는다.

내담자가 모르겠다고 대답하면 상담자는 "혹시 좋은 생각이 떠오르시면……." "너무 부담되지 않으신다면……."과 같이 답변을 부드럽게 유도한다(Sklare, 1997, p. 27). 이런 '만약에(if)' 방식은 내담자의 저항을 줄이고, 정답을 찾아야 한다는 의무감을 덜 뿐만 아니라 가능성을 생각하도록 해 준다. "'만약에(if)' 방식의 질문의 반복적 활용은 내담자가 상담실에 와 있는 이유를 명료화해 준다."(Sklare, 1997, p. 26)

어떤 경우에는 목표 진술이 아니라 문제의 진술을 하기도 한다. 예를 들어, "선생님은 제 태도가 나쁘다고 하세요." "사람들은 제가 사람들과 잘 어울리지 못한다고 해요." "그 사람이 저더러 정신병자래요."와 같은 표현이다. 어떤 경우든 이러한 진술은 적절한 목표 설정을 위한 출발점이 될 수 있다. 이때 상담자는 "선생님이 네 태도를 좋아하지 않는데, 네가 좀 더 나은 태도를 보일 때는 네가 뭘 하고 있다고 말씀하실까?" "사람들이 당신이 다른 사람과 잘 어울린다고 생각할 때 당신은 어떻게 행동하고 있을까요?" "그분은 당신이 이치에 맞게 생각하지 않는다고 여기나요? 정상이라는 것을 그에게 어떻게 납득시킬 수 있을까요?"처럼 질문할 수 있다.

의뢰인과의 관계에서는 내담자에게 다음과 같이 질문할 수 있다. "의뢰인이 원하는 것 중에 당신도 원하는 부분이 있다면 무엇일까요?" "그것이 당신에게 적합한가요?" 결국 적절한 목표 설정은 상담자나 의뢰인의 것이 아니라 내담자의 것이어야 한다.

내담자의 변화 추정하기

효과적인 목표 수립을 위한 네 번째 원리는 가상이 아닌 추정적으로 말하는 것이다. 상담자의 진술이나 질문에는 긍정적 변화에 대한 가능성과 불가피성이 표현되어야 한다. 앞서 언급했던 '만약에' 질문은 목표가 모호하거나 해로운 경우에 유용하다. 가령 "네가 임신했을 때……."라든가 "네가 결국 가출해 버렸을 때……."처럼 말하기보다는 긍정적인 목표를 제시하고 그것의 불가피성을 추정하는 것이 효과적이다.

추정적인 질문이나 진술은 현재의 문제 상황이 일시적이어서 더 나은 상황으로 반드시 변화될 것임을 암시한다. 예를 들면, "상황이 나아지면 아들에게 어떤 느낌이 들까요?"와 같이 질문한다. 변화를 예상할 때 내담자의 가능성을 이야기하도록 할 수 있다.

목표를 단순화하기

구체적이고 초점 있는 단순한 목표는 실행 가능하게 보여 상담 동기를 높인다. 내담자가 원하지만 도달할 수 없다고 여기는 목표는 상담을 어렵게 만든다. 이때 상담자는 단기적인 작은 목표가 '궤도를 이탈하지 않으면서' 장기 목표에 도달하도록 도와야 한다.

예를 들면, "당신은 지금 외향적이고 사교적인 사람이 되어 가는 중인데, 제일 먼저 예전과 다르게 할 행동은 무엇일까요?"라고 물어볼 수 있다. 목표는 관점의 변화가 수반된 의미 있고 행동적인 용어로 표현되어야지 '그림의 떡'이어서는 안 된다.

추상적인 목표는 유사한 생각이나 행동을 경험했던 과거 시점에 대해 질문함으로써 단순화할 수 있다. 가령 내담자가 "더 행복해지고 싶다."라고 할 때, 상담자는 "당신이 더 행복했던 때에 대해 말해 주세요. 그때 어떤 일이 있었나요? 지금과 어떻게 달랐지요?"와 같은 예외질문을 함으로써 행복의 의미를 구체화하고 실행 가능한 목표로 바꾼다.

> ✐ **적용** ━·━
>
> 　세 사람씩 짝지어 한 사람은 이루고자 하는 삶의 목표를 말하는 내담자 역할을 맡는다. 이때 내담자는 외부귀인의 방식으로 모호하게 목표를 진술한다. 또 한 사람은 잘 세워진 목표로 발전시키도록 앞에서 다루었던 원리에 따라 돕는다. 세 번째 사람은 두 사람의 활동을 관찰하고 피드백하는 관찰자 역할을 한다. 각각의 역할을 번갈아 가면서 해본다.

내담자의 헌신

　내담자가 변화를 갈망하고 동기도 높다면 상담의 효과는 자명하다. 그러나 그는 문제를 명료화하고 해결하는 과정에서 아직 상담자를 신뢰하지 못하기 때문에 그런 모험을 감행하지 못한다. 따라서 상담자는 '내담자가 시간과 노력을 투자한 대가로 무엇을 원하는가?'라는 질문에 대한 답을 찾아야 한다. 상담자는 내담자가 무엇을 변화시키려 하며, 그것에 대해 어떻게 말하는지 탐색하면서 상담을 시작할 수 있다. 이때 상담자는 상담관계가 제대로 형성되지 못했고, 내담자가 비자발적이라는 사실을 전제로 그의 삶에 초대될 때까지 기다려야 한다.

　상담 초기의 내담자의 노력 정도는 상담자와의 관계에 따라 방문형, 불평형, 고객형으로 분류된다. 이러한 분류법은 진단이 아니라 특정한 시점에서 내담자와의 치료관계를 평가하는 데 사용해야 한다(de Shazer, 1988).

　방문형(visiting) 또는 '구경형' 내담자는 상담과정에 아직 전념하지 않았다. 방문객의 문제가 타인에게는 분명히 보이는데도, 자발적인 동기가 거의 없다. 방문차 한번 들러 본 내담자에게 할 수 있는 최선의 반응은 존중하는 마음으로 경청하면서 칭찬하고 격려하는 것이다. 이때 변화를 위한 제안을 해서는 안 되며, 조심스럽게 상담을 제안해야 한다.

불평형(complaining) 내담자는 특정한 문제나 모호한 상황에 대해 자세히 설명한다. 그는 자신을 상황의 희생자로 묘사하면서 타인에게 변화의 책임을 돌린다. 그에게 조언을 할지, 아니면 그가 지칭한 타인을 변화시키도록 도울지 초기 단계에는 분명히 알 수 없다. 처음에는 이 불평가를 방문객으로 대하는 것이 바람직하다.

고객형(engaging) 내담자는 상담자의 도움을 받으려 노력한다. 그는 호소문제를 합리적이고 분명히 묘사하며, 이미 상담 받을 준비가 되어 있다. 이때 상담자는 생산적인 목표와 성공적인 변화로 나아가도록 신속하게 권할 수 있다. Teyber(2006)에 의하면, 고객형 내담자는 변화를 타인이나 상황이 아닌 자신에게 일어나야 할 것으로 받아들이는 '내적 초점'을 갖는다. 이러한 내담자에게 할 수 있는 질문에는 "당신은 어떤 구체적인 생각이나 감정, 행동을 바꾸는 데 관심이 있나요?" "지금은 없지만 갖고 싶은 특성은 무엇인가요?" "당신의 미래가 어떠하길 바라나요?" 등이 있다(Corey & Corey, 2007, p. 166). 고객형은 대체로 이러한 질문에 긍정적인 목표 진술로 응답한다.

학교관계자나 부모 혹은 법원에서 앞서 언급한 세 범주보다도 더 비자발적인 내담자를 의뢰하기도 한다. 이러한 비자발형 내담자는 상담에 전혀 적극적이지 않다. 그들에게 동의나 협조는 자신의 잘못 혹은 취약성을 인정하는 격이기 때문이다. 그들에게 고객형이 되라는 것은 무조건 항복하라는 것과 같다. 따라서 상담자에게 이러한 비자발형의 상담이 가장 어렵다.

이 네 가지 유형은 상담관계를 명료화시킨다. 이러한 분류는 편의상의 구분일 뿐 개인을 진단하거나 명명화하기 위한 것은 아니다. 비자발형 내담자를 고객형으로 바꾸기 위해서는 상담자가 그를 돕는 일에 유능하며 관심이 있음을 확신시켜 주어야 한다. 또한 문제의 어느 측면에 초점을 맞출 때, 그가 고객형이 될 수 있을지 고민해야 한다. 제삼자에 의해 의뢰된 내담자가 의뢰인과 똑같은 목표를 갖고 있을 것으로 여겨서는 안 되며, 상담자가 본 문제에 내담자가 쉽게 동의할 것으로 미리 짐작해서도 안 된다. 목표에 대한 충분한 합의가 이루어지지 않으면 고객형 관계가 형성되기는 어렵다.

상담과정

상담자: (악수를 나누고 자기소개를 한 다음, 편안하게 의자에 앉아 말을 꺼낸다.) Jamelle, 상담을 통해 당신 인생에서 더 나아지길 바라는 부분이 뭔가요?

Jamelle: (상담자의 말에 당황하는 듯 보인다. 어색하게 몸을 움직이며 숨을 죽이고는 어리둥절한 듯 머리를 만진다. 긴장한 듯 킥킥 웃으면서 중얼거리듯) 음…… 제 삶이 나아진다? 사실 저는 제 감독자가 뭘 원하는지만 알고 싶어요. 일이 어떻게 돌아가는지는 모르겠고, 주변 사람들이 저에게 뭘 기대하는지는 더더욱 모르겠어요. 제가 어떻게 해야 할지 선생님이 조언해 주시면 좋겠어요.

상담자: (앞으로 몸을 기울인 채 고개를 끄덕이며 애정 어린 미소를 보내며 손을 흔들어 보인다.) 당신이 훈련 프로그램에서 겪은 모호함 때문에 정말 좌절스럽고 절망적이었겠어요. 하지만 이젠 상황을 좀 더 잘 다루어 나갈 방법을 찾고 싶다는 말로 들리네요.

Jamelle: (잠깐 침묵한 후 다리를 꼬고는 치마의 주름을 매만지더니 위를 올려다본다.) 네, 맞아요. 한 달 남짓 진급을 위한 수행평가를 준비하면서 아주 잘하지 않으면 아무것도 아니라는 극단적인 생각을 했어요. 제 주변에서 일어나는 일들이 자꾸만 떠오르고, 그 의미를 알려다 보니 밤에 잠도 잘 수 없었어요. 확실한 것이라곤 지금이 제게는 스트레스가 많은 힘든 시기라는 거지요. 선생님이 처음에 하신 질문으로 돌아가면, 이 상담에서 제가 얻고 싶은 건 저를 압도하는 엄청난 스트레스를 없애는 거예요.

상담자: 자, Jamelle, 이와 같은 엄청난 스트레스가 더 이상 없다면 당신

은 지금과 어떻게 다르게 지내고 있을까요? 또 그렇게 되면 당신의 기분은 어떻게 변할까요?

Jamelle: (잠시 생각하더니 기분 좋게 얘기한다.) 음……. 어……. 좋은 질문이네요. (잠시 침묵) 거기서 배운 유용한 것 중 하나는 관리자 들이 '지연기술' 이라고 불렀던 건데, 그건 생각해 볼 만한 시간적 여유를 주는 거예요.

상담자: (끄덕이면서 미소 지으며) 그 기술을 잘 배우셨군요. 그 질문에 대해 좀 더 생각해 봅시다. 당신이 더 이상 스트레스를 받지 않는다 면 어떻게 다르게 지내게 될까요?

Jamelle: (후회스런 미소를 지으며 대답한다.) 그 지연기술을 배우기는 했지만 별로 도움이 된 것 같지는 않아요. 여전히 제가 어떻게 다르 게 지낼지 정확히 모르겠거든요. 선생님이 다시 그 질문을 하셨을 때 마음에 순간 떠오르는 게 하나 있었는데, 제가 거기서 만난 훈련 생 Sophia처럼 행동하지 않을까 하는 거였어요. 그 애는 정말 저와 는 다른 분위기를 갖고 있었어요.

상담자: (호기심 어린 태도로 고개를 기울인다.) 그 Sophia라는 사람과 비슷하게 일을 처리한다면 당신은 어떻게 다르게 이야기하거나 행 동할까요?

Jamelle: (가만히 응시하며 이 가능성을 곰곰이 생각해 본다.) 지금의 저 처럼 걱정하거나 초조해하지는 않을 것 같아요. 성실하고 목적의 식이 있게 행동할 것 같네요. 무슨 말인지 이해되세요? 저는 좀 더 편안하고, 집중하면서도 활동적이고, 의욕적이겠지요.

상담자: 당신이 표현했듯이 '좀 더 편안하고 집중력이 있으면서 활동적 이고 의욕적으로' 되면 누가 제일 먼저 그런 당신을 알아볼까요? 그 사람은 당신의 어떤 점이 달라졌다고 할까요?

Jamelle: 제 여동생이요. 몇 주 동안 동생에게 전화를 해서 쌓였던 스트 레스를 푸는 것으로 그 애를 괴롭혔거든요. 제가 인턴과정에서 다 른 사람만큼 성공하지 못하더라도 제 삶에서 무언가를 얻겠다고 결 심한 걸 그 애에게 말하면 분명히 알아차릴 거예요.

> **질문** Question
>
> 1. 여기서 상담자와 내담자의 관계는 어떻게 변화하였는가?
> 2. Jamelle의 상담목표는 어떻게 변화하였는가?
> 3. Jamelle의 마지막 진술에 대한 상담자의 반응을 써 보라.

의뢰인의 목표

의뢰된 상담은 항상 문제로 가득 차 있다. 부모든 교사든 법정관계자든 모든 의뢰인의 유일한 목표는 내담자의 문제행동을 없애는 것이다. 상담을 의뢰한 제삼자와도 내담자와 했던 것처럼 적절한 목표를 설정해야 한다. 제삼자와 목표를 잘 합의하면 의뢰인과 내담자 모두에게 더 바람직한 상담관계를 만들 수 있다. 여기서도 물론 문제행동의 제거보다 적절한 목표를 설정하는 것이 더 효과적이다.

제삼자가 제기한 문제행동 중에는 상담자나 내담자 입장에서 문제로 보이지 않는 것도 있다. 가령 "남편은 쓰레기를 내다 놓으라고 하면 꼭 투덜거려요." "그 아이는 수업 중에 딴짓을 해요." 등이다.

문제는 의뢰인의 진술대로 받아들이기보다는 새롭게 정의할 필요가 있다. 의뢰인의 기대를 탐색하고 내담자의 바람직하지 못한 행동에 집중하는 것을 최소화하여, 문제라는 틀을 목표라는 틀로 변화시켜야 한다. 내담자를 낙인찍는 명사를 행동을 묘사하는 동사로 바꾸도록 한다. 예를 들면, '게으른' 사람은 '천천히 움직인다'라고, '호전적인' 사람은 '자신의 의견을 소중히 여긴다'라고 바꿀 수 있다. 게으름과 호전성에 대한 특별한 치료법은 없지만, '시기적절하게 일하기'라든가 '타인의 의견을 경청하기'는 시도해 볼 만한 목표가 된다.

문제행동만 줄줄이 열거하는 의뢰는 받아들이지 않는 것이 좋다. 적절한 목표는 비자발적인 내담자를 개선시킬 수 있는 것이어야 한다(Tohn & Oshlag, 1996, p. 161). 다음의 사례에서 상담자는 의뢰인에게 목표행동을 명료화하고 있음을 알 수 있다. 상담자는 학생이 어떻게 변해야 의뢰인인 학교관계자가 상담의 효과를 신뢰할 수 있을지를 묻는다.

학교관계자: "문제를 일으키지 않으면 좋겠습니다."
상담자: "그 학생이 변하기 시작했다는 것을 당신은 어떻게 알 수 있을까요?"

여기서 상담자는 문제행동의 제거뿐 아니라 바람직한 행동이 출현하기 '시작하는' 시점에 초점을 맞추었다. 이러한 방법은 목표 설정뿐만 아니라 의뢰인의 관심까지 긍정적으로 변화시킨다. Kral(1986)은 문제보다 목표에 초점을 두도록 의뢰인을 변화시키는 보조도구를 제시하였다([그림 4-1] 참조).

상담목표 양식지
(의뢰인이 작성할 것)

방법: 다음의 각 항목에서 '양호함' 또는 '필요함'을 선택하시오. 이 학생에 대해 추가적인 희
망사항이 있으면 쓰시오.

내담자 성명: _____ 날짜: _____

의뢰인 성명: _____

학업에 대한 관심   ❑ 양호함   ❑ 필요함

    의견 _____

타인과 어울림   ❑ 양호함   ❑ 필요함

    의견 _____

자기조절 능력   ❑ 양호함   ❑ 필요함

    의견 _____

자기주도적 학습 능력   ❑ 양호함   ❑ 필요함

    의견 _____

과제 몰입 능력   ❑ 양호함   ❑ 필요함

    의견 _____

대인관계에서의 정직성   ❑ 양호함   ❑ 필요함

    의견 _____

자신감 또는 독립성   ❑ 양호함   ❑ 필요함

    의견 _____

이 학생에 대한 상담목표: _____

[그림 4-1] 목표중심 의뢰 양식지

제삼자의 의뢰를 구조화하기

의원증[1]은 치료에 의해 우연히 일어난 결과로, 의사의 처방 때문에 환자가 실제로 악화된 경우처럼 주로 부정적인 의미로 사용된다. 정신분열증으로 진정제를 처방받은 사람이 약의 부작용으로 만발성 운동장애, 즉 파킨슨병과 유사한 신경계통의 장애를 일으키거나 사소한 일로 내원했다가 병원 환경에서 세균에 감염되어 사망에 이르는 경우가 해당된다. 이러한 사건들은 모두 의도되지 않은 것임이 분명하다. 그러나 Milton Erickson(O' Hanlon & Weiner-Davis, 1989에서 인용)은 "진료로 인해 발생한 의원성 질병에 관한 수많은 논문과 토론에서 지금껏 들어본 적 없는 유일한 주제는 바로 의원성 건강이다." (p. 51)라고 하였다.

대부분 상담을 의뢰한 사람들이 알고 싶어 하는 것은 "문제가 무엇인가?"다. 문제의 원인만 파악하면 저절로 변화가 일어나기라도 하는 것처럼 사람들은 일단 진단명이 붙여지면 수긍해 버린다. 의뢰인은 내담자가 검사나 평가면담만 받은 경우에도 증상이 나아졌다고 보고하곤 한다.

이러한 상황은 실제 이루어졌든 그렇지 않든 뭔가 이루어지고 있다는 의뢰인의 신념에 따른 위약 효과나 의원성 효과를 보여 준다. 이때 상담자는 평가만 했을 뿐 실제 유의미한 상담을 진행한 것이 아니기 때문에 변화가 일어난 게 아니란 사실을 말하는 데 부담을 느낀다. 하지만 그러한 변화를 인정함으로써 보다 나은 상태가 될 수 있으며, 의뢰인이 이전에는 간과했던 내담자의 바람직한 행동을 깨닫게 하는 발단이 된다.

대다수의 일반인은 자신이 뭔가 알고 있다고 생각하지만 그것이 어떻게 적용되는지는 전혀 알지 못한 채, 단순히 상담의 효과라고 여긴다. 상담자는 사람들이 계속 그렇게 생각하기를 원하기도 한다! 어떤 의뢰인은

✎
---
1) 의원증(醫原症, Iatrogenesis): 의사의 진료에 의해 생기는 다른 장애나 합병증-역주.

내담자가 나아졌으며, 자신이 관찰한 변화를 설명해 달라고 요구하기도 한다.

예외의 발견

문제가 항상 발생하는 것은 아니며, 예외 또한 항상 존재한다. 내담자가 위기에 처했거나 특별한 문제로 의뢰되었을 때, 상담자는 문제 해결에 대한 압박감을 느낀다. 이로 인해 초심상담자는 문제 해결에 곧바로 뛰어드는 실수를 범하기 쉽다(Corey & Corey, 2007).

이 장의 앞부분에서 문제 해결을 위해 무언가를 없애는 목표 진술을 경계해야 한다고 강조하였다. 그런데 여기서는 내담자의 문제가 일어나지 않은 또 다른 의미의 부재 상태를 찾아내야 한다. 그런 예외 상황은 내담자의 이야기에서는 잘 드러나지 않는데, 내담자의 관심이 고통에 머물러 있기 때문이다. 예외 상황을 찾으면서 내담자가 추구해야 할 목표를 설정할 수 있다.

내담자들은 상담이 문제를 이야기하는 것이라고 여기고 자신의 문제를 세밀하게 보고한다. 게다가 문제란 불변하고 영구적이며 항상 발생하는 것으로 이야기한다. 이러한 '문제 중심적' 시각 때문에 문제가 일어나지 않는 경우들은 간과하게 된다. 이렇게 되면 내담자는 차이가 변화를 가져온다는 것을 확인하지 못하게 된다(de Shazer, 1991, p. 58).

예외 상황은 일시적이긴 하지만 내담자가 이미 이루어 낸 해결책이다. 따라서 예외를 온전히 자각할 때 비로소 자신의 자원을 이해하고 보다 희망적인 태도를 갖게 된다. 예외란 '차별화된 소식'으로, 문제에 '들러붙지 않게 만드는' 윤활유와 같다(Bateson, 1972).

문제에만 집중하는 내담자에게 예외를 인식하도록 도우려면 지혜가 필요하다. 이를 위해서는 호소문제의 고통을 인정해 주어야 하는데, 그

렇지 않으면 내담자의 고민을 하찮게 여기는 것이라고 할 수 있다. Cade
와 O'Hanlon(1993)이 제안한 바와 같이, 상담자의 반응은 호소문제의
심각성에 적합한 반응이어야 한다. "당신의 이야기를 들어 보니 상황이
더욱 나빠지지 않은 것이 놀라워요. 어떻게 그렇게 버텨올 수 있었지
요?"(p. 99)

　Murphy와 Dillon(2003)은 내담자의 강점을 북돋아 주는 관점이 필요
하다고 하였다. 이러한 관점은 내담자의 자원에 주목하고 강점을 강화하
도록 돕는다. 내담자는 자신의 문제점이나 취약성, 실패에 대해서는 알
고 있지만, 문제 해결의 실마리가 되는 개인적 역량과 재능, 자원은 알아
차리지 못한다. 따라서 상담자는 내담자의 성공 경험과 능력에 초점을
맞출 필요가 있다. 상담자는 적절한 순간에 "당신이 말했던 문제가 발생
했을 때, 예전과 다르게 처리했던 경우에 대해 말해 주시겠어요? 어떻게
그렇게 할 수 있었나요?"라고 묻는다. 내담자가 그건 예외였다고 말한다
면, 상담자는 문제에 대처할 수 있었던 상황적 특성과 내담자가 했던 예
외적 행동을 자세히 묘사할 수 있게 기회를 극대화한다. 이 기법은 내담
자가 자신의 원동력을 인식하도록 격려하며, 한때 불가항력으로 여기던
행동을 통제 가능하게 하고, 더 나아가 변화가 이미 일어나고 있음을 가
르쳐 준다.

　상담자는 "문제가 덜 심각한 상황은 어떻게 다른가요?"라고 질문함으
로써 상황의 긍정적인 면을 확인시켜 줄 수도 있다. "이 문제가 일어나
지 않으면 당신은 어떤 점에서 다른가요?"라는 질문으로 개인적 강점을
탐색할 수도 있다. 물론 상담자는 그런 예외 상황을 가정하여 추정적으
로 질문한다. "혹시 문제가 발생하지 않았던 적이 있나요?"와 같이 주저
하는 태도로 질문하는 것은 바람직하지 않다. 문제에 압도당한 내담자들
이 단순히 "아니요."라고 대답할 수 있기 때문이다. 하지만 상담자가 예
외가 명확히 존재한다는 것을 암시한다면 내담자는 예외와 관련된 기억

들을 찾아볼 것이다. 이미 말했듯이 문제는 항상 일어나는 것이 아니다! 그 사실을 명심하라!

상담과정

상담자: Jamelle, 궁금한 게 있는데 인턴과정의 모호함, 훈련 강도와 감독자의 요구에서 어떻게 견뎌왔나요? 당신도 알다시피 많은 인턴들이 중도에 그만두잖아요.

Jamelle: 저도 때로 저 자신에게 놀랐어요. 분명 쉬운 일은 아니었거든요. 중간에 그만둘 생각을 수없이 했지만, 저의 콤플렉스와 게으름, 압력에도 불구하고 어쨌든 이 과정에서 뭔가를 얻겠다고 결심했던 것 같아요. 제게 고집스런 면이 있나 봐요.

상담자: 아무리 힘들어도 이 상황을 최대한 이용하겠다는 결심이 있었기 때문에 훈련을 끝마칠 수 있었고, 뭔가 중요한 것까지 얻었단 말이군요. 당신은 지연기술을 사용했네요. 엄청난 부담에도 불구하고 긴장하지 않았던 적이 있었나요?

Jamelle: 전에 Sophia에 대해 말했었는데, 연수를 마치고 제가 Sophia에게 말을 걸었을 때가 갑자기 떠오르네요. 강사는 무서웠지만 Sophia는 변함없이 너무나 차분했어요. 강사가 질문하면서 괴롭힐 때도 그랬지요. 나중에 제가 Sophia에게 너무 인상적이었다고 말했더니, 그녀는 어깨를 으쓱이며 알 수 없는 미소를 짓고 강사에 대한 농담을 하기 시작했어요. 강사가 화장실에 앉아 있는 모습을 상상한다고도 말했지요. 저는 웃음을 터뜨리지 않을 수 없었어요. 폭군을 우스운 만화로 바꾸는 건 꽤 효과적이었어요.

를 진정시키고 합리적인 기대를 갖게 만든다.

학교상담자는 이 기법을 사용해 내담자가 하루를 어떻게 보내는지 파악할 수 있다. 내담자는 학교 복도에서 스쳐 지나가면서 현재 상태를 손가락으로 표현한다. 그에게 진전이 있을 때 상담자는 엄지손가락을 들어 반응할 수 있을 것이다. 이 같은 비언어적 교류를 통해 내담자는 비밀을 나누는 집단에 소속되는 경험도 하게 된다.

어린아이의 경우에는 더 쉽고 구체적인 방법을 쓸 수 있다(Walter & Peller, 1992). "크레파스 한 개는 네가 다섯 살짜리 아이처럼 시끄럽게 굴었다는 뜻이고, 크레파스 상자 전체는 교실에서 어른스럽게 조용히 행동했다는 뜻이야. 네가 이번 주엔 크레파스를 몇 개 가졌을까?" "네가 이번 주에 공부를 얼마나 열심히 했는지 칠판에 동그라미를 그려 봐. 작은 동그라미 한 개는 별로 열심히 하지 않은 것이고, 커다란 동그라미는 정말 열심히 한 거야."

문제행동을 없애려고 노력하다가 재발할 경우, 내담자는 더 좌절하고 낙담하게 된다. 따라서 이를 예측하고 극복하려는 노력을 척도화하는 것이 효과적이다. "때로 높은 숫자에서 낮은 숫자로 미끄러질 수도 있는데, 이런 일은 누구에게나 일어날 수 있어. '두 걸음 전진에 한 걸음 퇴보'라는 속담도 있단다." "지난주에 6에서 5로 떨어졌네요. 6으로 다시 올라가려면 무엇이 필요할까요?"

문제 해결로 나아가는 과정 자체가 곧 성공임을 알아야 한다. 즉, 원하는 목표가 있을 때 그것을 향해 계속 나아가고, 그 과정에서 진정한 변화가 이루어진다. 게다가 이 과정에서 내담자가 전혀 예상하지 못했던 관점을 획득하기도 한다. 더 높은 숫자에 도달하기 위해 반드시 특별한 사건이 있어야 하는 것은 아니다. Berg와 de Shazer(1993)의 사례에서 그 의미를 발견할 수 있다. 성희롱을 당한 8살 소녀와의 네 번째 면담에서, 아이는 자신을 7로 설명했고, 상담자는 숫자를 더 높이기 위해 무엇이 필요한지 질문했다. 아이는 한동안 곰곰이 생각하더니 "뭐가 필요한지 알겠어요."라고 외쳤다. "그게 뭔데?"라는 상담자의 물음에 아이는 좀 우울한 목소리로 "그 일이 일어난 날 입고 있었던 옷을 태우면 돼요."라고 대답했다. 상담자는 이 기발한 생각에 놀라 "그거 정말 좋은 생각이구나!"라고 말했다. 소녀와 부모는 옷을 태우는 의식을 치루었고, 멋진 식당에서 가족끼리 저녁을 먹으며 문제 해결을 축하했다(p. 23).

척도기법에서 숫자는 내담자가 경험했거나 겪을 것으로 예상되는 비효율적인 상태를 대략적으로 묘사하는 언어일 뿐, 반드시 외적 실재를 의미하지는 않는다. 숫자는 내담자가 완전히 명료화하기 힘든 어떤 상태를 나타낸다. 숫자는 내담자가 마음껏 표현할 수 있는 상징이므로, 내담자가 숫자로 의미하는 바를 상담자가 정확히 알 필요는 없다.

차이점

척도기법은 주관적 고통 평가(Subjective Units of Distress: SUDS)와는 다르다. 주관적 고통 평가는 내담자가 겪는 스트레스의 빈도나 지속 기간, 강도를 평가하는 척도로서, 10은 가장 높은 정도의 불편감을, 1은 아주 경미한 정도의 불편감을 의미한다(Young, 1992).

이 척도의 목적은 뭔가가 제거된 상태, 즉 내담자의 스트레스가 거의 없는 지점에 도달하는 것이다. 그러나 이것은 바람직한 무언가가 존재하는 상태에 도달하는 적절한 목표 설정과는 반대된다. 단기상담은 뭔가 더 나은 상태인 목표를 성취하도록 숫자를 증가시키는 것을 가정한다. 스트레스를 제거해서 그에 따른 내담자의 주관적 불편감을 낮추는 것은 상담의 부산물일 뿐이다. 상담의 핵심은 스트레스 감소가 아닌 '행복의 추구'다. 따라서 이 장에서 다룬 척도화 기법은 주관적 고통 평가 척도와는 상반된 가치를 갖는 것이다. 결국 척도화 기법은 최악의 상황인 1에서 문제가 완전히 해결된 상황인 10을 가정하고, 점점 높은 숫자를 향해 나아가지만 누구도 10에 도달할 수 없음을 인정한다.

상담과정

상담자: 지금까지 스트레스를 어떻게 견뎌왔고, 문제에 어떻게 대처해 왔는지 함께 얘기했어요. 1부터 10 중에서 1은 스트레스가 가득하다고 느끼는 것이고, 10은 스트레스를 잘 다루어 완전히 편안함을 느끼는 활기찬 당신입니다. 어떤 숫자가 현재 당신의 상태라고 할 수 있을까요?

Jamelle: 글쎄요, 지금은 아침만큼은 나쁘지 않아요. 아침에는 최악이었거든요. 그렇다고 그리 나아진 건 아니지만, 한 3정도 되겠네요.

상담자: 오늘 아침부터 지금까지 3으로 올라갔군요. 어떻게 그렇게 되었죠?

Jamelle: 스트레스를 일으킨 상황과 거리를 두는 방법을 알게 된 것 같아요.

상담자: 맞아요. 오늘 아침에 당신을 엄청 괴롭히던 일을 다루는 방법을 찾았군요. 만약 3에서 4로 가 있다면, 무엇을 통해 지금과 달라졌는지 알 수 있을까요?

Jamelle: 3에서 4로 가 있다면 아마 저는…….

질문 Question

1. 이 대화에서 상담자는 내담자가 희망에 대한 해결 가능성을 발휘할 수 있도록 척도질문을 어떻게 사용하였는가?
2. 척도질문을 통해 내담자에게 나타난 구체적인 목표, 전략, 자원은 무엇인가?
3. Jamelle의 마지막 진술에 대한 상담자의 효과적인 반응을 써 보자.

⤴ 적용 ━━━━━━━━━━━━━━━━━━━━━━━━━━━

　세 명씩 한 조를 이루어 한 사람은 자신의 문제 중에서 변화시키고 싶지만
힘든 상황을 이야기한다. 이야기를 진술할 때는 '전부 아니면 전무' 혹은 '옳
고 그름'과 같이 지나치게 단순화하거나 자기패배적인 방식으로 묘사해 본
다. 두 번째 사람은 그 이야기를 경청, 이해, 인정의 기법으로 다루면서 1부터
10까지의 척도질문을 사용한다. 세 번째 사람은 두 사람의 작업을 관찰한 후
피드백을 해 준다.

제 언

　이 책을 포함해서 상담개론서나 치료비디오의 사례들은 항상 효과적
이고 완벽에 가까울 정도로 우수하다. 초심상담자는 전문가의 성과에 기
가 죽을 수도 있다. 그러나 숙련상담자들의 개입이 반드시 완벽한 해결
에 이르게 하는 것은 아니다. 따라서 상담자는 이 책을 답습하기보다 단
기상담자로서 자신의 목소리를 찾는 데 힘써야 한다. 제시된 상담사례는
외워야 할 대사가 아니라 특정한 장면에서 특정 내담자와의 경험이다.
단기상담 기법들을 학습하는 동안 상담자는 자신을 신뢰하는 방법을 배
우게 될 것이다. 상담의 성공은 화려한 인용보다 진솔한 소통으로 가능
해진다.

🔎 요 약

　이 장에서는 미래에 초점을 두는 것이 현재를 어떻게 변화시킬 수 있
는지 살펴보았다. 사례개념화에서는 목적론적 또는 목적률적 과정이 유

용하다는 것을 확인하였다. 상담자와 내담자의 관계 역동은 고객형, 불평형, 방문형, 비자발형으로 구분된다. 예외질문은 문제가 일어나지 않는 경우를 발견함으로써 문제 해결의 가능성을 높이고, 척도질문은 구체적으로 목표를 조망하고 상담과정을 평가할 수 있도록 돕는다.

> **▶▶ 5장으로의 연결** ━━━━━━━━━━━━━━━━━
>
> 그리스의 철학자 헤라클리투스가 "같은 강을 두 번 건널 수는 없다."라고 말했던 것처럼, 당신도 자신의 동일한 자기와 두 번 만날 수는 없다. 오늘 아침에 일어나서 아침 식사를 하고 앞의 문장을 읽은 것도 이제 당신의 과거가 되었다. 오늘 아침에 잠에서 깨던 그 사람과 당신은 어떻게 달라졌는가? 이 같은 변화에 영향을 미친 것은 무엇이며, 이러한 정도의 변화는 당신의 삶에서 일반적으로 일어나는가?

참 고

Brief Therapy Network
www.brieftherapynetwork.com

이 사이트에서는 논문, 인터뷰, 단기상담 자료 개관 등의 유용한 정보를 제공한다. 사이트에 접속해서 방문하는 것만으로 이 분야의 활력을 느끼게 될 것이다.

제5장

변화를 촉진하기: 상담 vs 혼돈

🐏 이 장의 목표

| 이 장의 주요개념 |

• 변화는 항상 일어나기 마련이다. 변화의 촉진자인 상담자는 내담자가 인식을 바꾸고 표상을 수정하여 가능성을 향해 좀 더 나아가도록 도울 뿐이다.

• 나비효과로 알려진 것처럼, 작은 혼란이 복잡한 체계에 극적인 변화를 가져온다.

• 복잡한 체계는 무질서로부터 스스로를 재조직한다.

| 이 장의 주요기법 |

• 문제 상황의 재구성을 조력하기

• 사고의 재조직을 돕기 위해 혼란 기법을 제공하기

• 관점을 달리하기 위한 격려와 혼란의 역설적 개입 제공하기

🐏 상담사례

James는 상담자에게 "저는 제가 망가졌다고 생각하기 때문에 여기 온 겁니다." 하며 입을 뗐다. 상담을 받기로 마음먹은 지난주부터 그는 상담실에서 일어날 일들에 긴장했다. 드라마나 영화에서 본 상담 장면은 대개 어린 시절의 사건에서 실마리를 찾아가는 자기몰입적인 추리소설이었다. 추리소설이 '누가 그랬나'에 관한 것이라면 상담은 '내가 왜 그렇게 했나'일 것이라 상상했다. 그런 노력에 뛰어드는 것을 늘 망설였는데, 이제 더 이상은 고통을 견딜 수가 없었다.

그가 도착한 상담센터 대기실은 낡은 잡지들이 널려 있고, 안 어울리는 가구가 놓인 엉성한 응접실이었다. 거기서 수십 년간 잊혀졌던 어린 시절의 사건이 떠올랐다. 다섯 살 때 그는 이 응접실만큼이나 어질러진 베란다가 있는 집에서 삼 대가 함께 살았다. 가족들은 문을 살살 닫으라고 몇 번씩 말했지만, 그는 술래잡기를 할 때마다 베란다 문을 쾅 닫곤 했다. 한번은 그물침대에서 낮잠 자던 할아버지가 화들짝 놀라 소리치며 화를 낸 적이 있다. "James! 하나만 물어보자. 넌 아기 때 머리라도 다친 거냐?" 갑작스런 질문에 당황해서 그는 머리를 만져 보았다. "그런 적 없는 것 같은데요." 할아버지는 가족이 함께 식사하는 자리에서 가끔 이 이야기를 하곤 했다.

상담을 기다리면서 James는 자신에게 트라우마가 될 만한 정신적 상처가 있었나 곰곰이 생각해 보았다. 그러나 자신의 삶에는 딱히 학대나 충격 같은 극적인 사건이 없는 듯했다. 물론 힘든 때나 가슴 아픈 이별은 있었다. 하지만 그가 서른다섯 살인 지금, 특별한 고통 대신 자신이 인생의 침

입자인 것 같은 무디고 허전한 아픔만이 느껴질 뿐이었다. 마치 끊임없이 남의 인생에 와자지껄 참견만 할 뿐 가장 소중한 사람들은 결코 기쁘게 할 수 없을 것만 같았다.

　상담에서 그는 별로 상처받은 사람 같지 않아 보였다. 그는 단정한 옷차림에, 약간 과할 정도의 원기 왕성함과 확신이 엿보이는 말투의 멋진 남성이었다. 그의 모습에서 상담자는 아울렛의 판매원들과 '손님을 맞는 직원들'을 떠올렸다. 한눈에도 그의 매너나 생활방식, 환경은 아메리칸 드림의 전형처럼 보였다. 슈퍼마켓 사장이라는 좋은 직업과 꽤 사이좋은 가족, 안락한 집, 주말마다 쉴 수 있는 가족별장을 갖고 있었으니까.

　그러나 그의 온화한 태도는 부자연스러워 보였는데, 마치 모든 손님들을 밝고 즐겁게 만들어야만 하는 저녁파티의 주인 같았다. 자신감 있게 보이려는 노력에도 불구하고, 상담 후 몇 분 만에 그는 고개를 숙이며 한숨을 쉬더니 무너지듯 의자에 기대었다.

질문 Question

1. 당신은 이 이야기에 어떻게 반응하였나?
2. 당신이 이 내담자와 상담을 한다면 어떠했을까?
3. 당신은 이런 내담자를 어떠한 단어로 묘사하겠는가?

개 관

변화의 과정을 규명하는 것은 역사적으로도 매우 오래된 주제다. 이 책의 핵심 중 하나는 상담자가 초점을 바꿔야 한다는 것이다. 상담자는 마음을 바꾸도록 돕는 일을 한다. 내담자는 변하지 않으려고 강하게 저항하면서 종종 '내 마음은 이미 정해진 상태'라고 말한다. 이미 굳은 마음을 바꾸기를 꺼리면서 같은 행동만 반복하고, 결국 매번 같은 결과에 이른다. 원하던 결과를 얻기라도 하면 그것을 우연으로 치부해 버리며, 대개는 원치 않는 결과를 가져다주는 행동만 반복한다. Freud(1922, 1961)는 이것을 반복강박(repetition compulsion)이라 명명했다.

유능한 상담자는 내담자가 오랫동안 집착해 온 비생산적 관점들을 변화시킴으로써 원하는 결과를 얻을 가능성이 높은 새로운 행동을 찾도록 이끈다. 호소문제란 해결책이 필요한 문제라기보다 경직되고 고착된 경험의 표상 혹은 변화가 필요한 경험인 것이다. 따라서 상담자는 문제 해결보다 내담자의 고착 상황을 해소하도록 도와야 한다. 내담자의 표상을 해체함으로써 새로운 해결책에 이르도록 돕는 것이다. 그 결과 내담자는 뭔가를 결심하게 된 새로운 사람이 되고, 더 유용한 방향으로 나아가게 된다.

단기상담은 변화를 계획하고 유도하는 의도적인 작업이다. 이러한 의도적인 활동은 내담자가 교정적 정서 경험이나 통찰에 이르기를 기다리는 것보다는 분명 단기적일 것이다.

🐑 주요개념

변화의 촉진자로서의 상담자

상담의 주된 관심은 변화다. 내담자는 병 속에 갇힌 파리처럼 꼭 막힌 불행의 궤도에서 살다 온 사람이다. 그들은 트라우마로 인해 삶과 세상에 대한 가정이 무너져 인지적·정서적 혼란과 침체에 내몰린 상태다. 어떤 내담자는 슬픔에 빠져 낙담하고 무기력한 상태에 놓여 있다. 그들의 삶은 우중충하고 수동적이며 방향감각도 잃은 상태다. 어떤 내담자는 반복되는 실패의 패턴에서 빠져나오지 못하기도 한다. 행복을 위한 시도는 늘 비슷한 부정적인 결과로 끝나 버린다. 그들은 삶에서 변화를 너무 많이 겪었거나 너무 겪지 못해 고통받는 사람들이다.

상담자는 변화 과정을 최대한 철저히 이해해야 한다. 변화에 대한 고전적 관점은 변화 과정의 역동을 설명하기에 불충분하다. 혼돈과 복잡성에 대한 새로운 과학적 관점은 실제 변화가 어떻게 일어나는지에 대한 정보를 제공해 주기 시작한다. 변화에 대한 이해가 변화하고 있는 것이다.

내담자를 돕기 위해서는 내담자가 타인과의 관계뿐 아니라 삶에 대한 관점을 바꾸도록 자극해야 한다. 새로운 관점은 문제 상황을 없애기보다 새로운 가능성을 열기 때문이다.

📑 실습

변화의 예로 'Necker 큐브'를 들 수 있다([그림 5-1] 참조). 이 그림을 응시하면 상자가 두 가지 방식으로 보인다. 일단 서로 다른 모습을 발견하면 한쪽 관점으로만 보려고 해도 잘 되지 않는다.

처음 본 상자의 모습은 이 상황에 대한 당신의 자동적인 반응이다. 하지만 시간을 약간 들여 다른 방식으로 보려고 노력하면 이 그림에서 다른 패턴을 얻을 수 있다. 그림에 대한 사실은 아무것도 바뀐 것이 없다. 갑자기 마음의 변화를 경험했을 뿐이다. 상자가 두 가지 패턴으로 보이는 것을 수용했기 때문에 한 가지 이상의 방법으로 이 그림을 볼 수 있음을 알게 된 것이다. 처음 그림을 보았을 때 한 가지 방식으로만 보려는 경향을 가지고 있었지만 이제는 다른 방향으로도 볼 수 있다는 사실을 알았다. 한때는 받아들이기 어려웠던 '사실'이 이제 하나의 선택사항이 된 것이다.

내담자는 자신의 상황에 대해 오직 하나의 고정된 관점을 고수한 채 상담자를 찾아온다. 상담자는 그에게 다른 관점을 제시해 줌으로써 이전까지 집착했던 관점을 느슨하게 완화시켜 변화를 유도할 수 있다. 이것은 상황 자체가 변하지 않더라도 가능하다. 이것을 혼돈이론에서는 분기점(bifurcation)이라고 한다. 분기점은 전체 체계가 재조직되기 시작하는 시점이다.

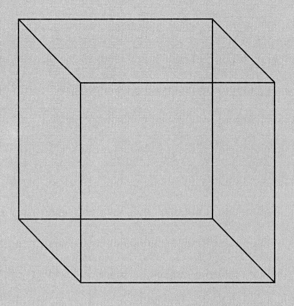

[그림 5-1] Necker 큐브

변화의 과학

　변화란 대개 일련의 연속적인 과정으로 이해되기 쉽다. 일직선 상의 한 점 위에 또 다른 점이 쌓인다고 생각하는 것이다. 상식적으로 변화 과정에는 연속성과 누적성이 내재되어 있으며, 작은 변화가 큰 변화로 바뀌는 데는 시간이 필요하다. "일상적인 패턴, 과정, 구조들은 다소 왜곡되거나 방해를 받아도 크게 변화하지 않는다."(Casti, 1995, p. 44) 예를 들어, 지하철이 약간 늦어도 직장에 몇 분 지각할 뿐이고, 오븐이 적정 온도보다 약간 높더라도 케이크가 좀 많이 구워질 뿐이다. 이렇듯 초기 조건에서의 작은 변화가 사소한 변화들을 가져온다.

　한편 Minsky(2003)에 따르면, 매우 복잡한 체계, 즉 모든 부분이 다른 모든 부분과 상호작용하는 체계 안에서는 "미세한 변화가 급격한 변화를 낳을 수 있다. …… 작은 차이점들도 즉각적으로 강렬한 행동 변화를 일으킬 수 있다. 예를 들어 우리에게 새로운 생각이 떠오를 때 그것이 갑작스럽게 일어나는 것과 같은 변화다."(p. 205) 영화 〈슬라이딩 도어즈(Sliding doors)〉나 〈롤라런(Run, Lola, run)〉은 작은 변화가 결과에 얼마나 막대한 영향을 끼치는지 보여 준다. 이 영화의 가정은 간발의 차이로 지하철을 놓치거나 약속장소에 늦게 도착하는 것처럼 사소해 보이는 착오가 인생에 결정적인 변화를 일으킬 수 있다는 것이다. 이와 같이 '초기 조건에 대한 민감한 의존성'을 나비효과라고 한다. 북경에 있는 나비의 날갯짓이 몇 주 후에 뉴욕의 날씨를 급격하게 변화시킬 수 있다는 것이다. 마음의 작은 혼란이 예상치 못한 혼돈을 야기할 수 있다(Casti, 1995).

카오스 이론의 주요개념

　'카오스(chaos)'라는 용어는 이 새로운 학문에 붙여진 매우 불행한 이름이다. 왜냐하면 이 이론은 딱히 무질서, 무작위성, 재앙 따위를 의미하지는 않기 때문이다. 사실 카오스란 혼란스러운 체계를 재조직하는 과정이다. 카오스와 복합성은 이 학문의 양면이다. 여기서는 카오스와 복합성 이론의 개념이 상담에 제공하는 시사점을 알아본다.

영화 〈쥬라기공원(Jurassic park)〉에는 비선형 방정식을 연구하는 수학자가 거대한 쥬라기 생명체의 등장을 기다리면서 카오스 이론을 설명하는 장면이 나온다. 그는 우주는 예측 불가능하지만 복합적 적응체계이기 때문에 "자연은 항상 길을 찾는다."라고 말한다.

Mahoney와 Moes(1997)에 의하면, 인간의 면역체계, 뇌, 자아뿐 아니라 정치, 경제 등 모든 것들은 복합적이고 역동적인 체계다. 간단히 설명하면 개방적이고 복잡하고 불안정한 역동적 체계들은 최소한의 혼란에 의해 무질서로 내던져질 수 있지만, 특정한 끌개(attractors)들에 반응하면서 스스로를 재조직한다(Davies, 2004; Gribbin, 2004; Strogatz, 2003; Ward, 2001). 그 의미를 하나씩 살펴보면 다음과 같다.

첫째, 체계는 상호 관련된 여러 부분들로 이루어져 있어서 한 부분의 변화가 다른 모든 부분에 영향을 미친다(Hanson, 1995). 전체를 바꾸지 않고서는 체계의 어떠한 면도 바꿀 수 없다. 가족상담의 경우가 그러하다. 상담실에 온 아이의 문제를 간단히 변화시킬 수 없는 이유는 그 아이를 변화시키는 것이 바로 가족 전체를 바꾸는 것과 같기 때문이다.

둘째, 체계가 '역동적'이라는 것은 곧 그 체계가 언제나 움직이고 변화하고 있다는 의미다. 개방적 체계의 경우, 부분들이 계속 변화하지만 그 패턴은 변하지 않으며 정적이다(Kline, 2003). 신체의 경우, 세포들이 계속 죽고 떨어져 나가도 외부로부터 에너지를 얻어 새로운 세포를 생성함으로써 유지된다. 우리가 매일 새로운 췌장을 갖게 된다고 하면 믿겠는가(Capra, 1996)? 신체적으로 볼 때, 우리는 몇 년 또는 몇 달 전과는 다른 사람이다. 그러나 생물학적으로 다른 사람임에도 불구하고 우리의 패턴

은 계속 재조직되고 있다. '유전학'이라는 용어를 만든 William Bateson
은 1900년에 "동물과 식물은 물질이라기보다 물질이 계속 지나가는 체계
인 셈이다."라고 하였다(Lipset, 1980, p. 75).

셋째, 단순한 체계와는 구분되는 '복합체계'는 부분들을 분석하기보
다는 하나의 전체로 이해해야 한다. 예를 들어, 자동차는 각 부품들의 기
능을 파악함으로써 이해할 수 있지만, 인간은 각 부위들만으로는 전체를
이해할 수 없다. 자동차는 부분들의 합이라고 여겨도 될 뿐 아니라 해체
와 조립 역시 가능하므로 복합체계가 될 수 없다. 복합체계의 예로 어린
이 동화 『험프티 덤프티(Humpty Dumpty)』를 들 수 있다. 험프티가 벽에
서 떨어져 깨졌을 때 모든 부분이 남아 있기는 했지만 중요한 패턴이 더
이상 존재하지 않았고, 어느 누구도 복구할 수 없게 되었다.

복합체계에서 부분들은 서로 상호작용할 뿐 아니라 원인과 결과가 혼
재하기도 한다. 복합체계가 작동할 때, 그 행동은 내면의 과정과 미래의
행동을 모두 변화시킨다. 예를 들어, 토스터는 복잡하면서도 그저 사소
한 기계일 뿐이다. 고장 난 경우가 아니면 레버를 내릴 때마다 항상 똑같
이 행동하기 때문이다(Segal, 1986). 토스터의 행동은 미래의 행동에 대
한 피드백으로 작용하지 않는다. 하지만 인간은 움직일 때마다 다른 행
동을 하는데, 이것은 행동이 체계에 피드백을 주고 다시 그 체계가 작동
하는 방식에 변화를 주기 때문이다. 체계가 작동하면서 그 결과 새로운
것이 등장한 것이다. 피드백에 의한 새로운 출현이 곧 체계의 특성이며,
이 역동적 과정이 학습이다.

넷째, 불안정한 체계란 초기 조건에 민감하게 의존하는 체계다. 체계
의 작은 변화는 전체 체계에 크고 빠르고 놀라운 변화를 가져온다. 나비
효과를 다르게 설명하면 다음과 같다. 불안정한 체계는 비평형상태로 존
재하며, 아주 작은 혼란으로도 쉽게 무질서나 카오스 상태에 빠지게 된
다. 이러한 체계는 스스로 조직한 위험한 상태를 포함하며, 언제든 카오

스 상태에 빠져들 수 있는 상태로 존재한다. 하지만 다른 시각에서 보면 '질서'의 가장자리에 있다고 할 수도 있는데, 이 적응체계는 단기간의 카오스 끝에 항상 재조직되기 때문이다(Ward, 2001).

다섯째, 복합적 적응체계(complex adaptive system)는 스스로를 조직화한다. 스스로를 만회하려고 외부의 힘에 의해 재형성될 필요가 없다. 즉, 창조자 없는 창조물이라고 할 수 있다. 이상적인 양의 에너지와 정보를 얻으면 이 체계가 알고 있는 패턴에 따라 조직화를 진행시킬 수 있다. 복합적 적응체계는 체계를 완전히 멈춰버리거나 분해하는 열역학의 제2 법칙(엔트로피의 법칙)을 따르기보다 충분한 에너지와 정보를 입력 받으면서 오히려 더 복합적이 된다. 욕조의 하수구에 형성되는 작은 소용돌이처럼 스스로 조직하는 체계는 패턴을 형성하려고 체계 안의 에너지를 사용한다. 이러한 체계를 무산구조(dissipative structure)라 한다(Gribbin, 2004). 인간이 곧 무산구조인 셈이다. 우리는 어떤 방식으로든 언제나 변화하고 자라고 있다.

여섯째, 모든 체계는 끌어당기는 요소, 즉 끌개(attractor)에 반응한다. 끌개는 자석처럼 작용하는 힘이 아니라(Davies, 2004), 체계의 목적론적 (teleonomic) 목적이나 목표를 의미한다(Dembski & Ruse, 2006; Gharaje daghi, 2006). 체계에 영향을 미치는 끌개에는 고정(fixed)끌개, 순환 (circular)끌개 또는 주기(periodic)끌개, 기묘한(strange) 끌개의 세 종류가 있다(Fichter & Baedke, 2006).

끌개는 태엽을 감지 않아 어떤 시점의 한 지점에 멈춘 시계 추와 같다. 이것이 엔트로피의 고전적인 개념이다. 고정끌개에 반응하는 체계는 결국 에너지를 잃고 열역학적 사망에 이른다. 순환끌개나 주기끌개는 태양계를 이해하면 된다. 태양계에는 거대한 죽은 바위들이 그들 사이에 존재하는 역동적 장력에 의해 원형이나 타원형으로 회전한다. 그들은 태양과 행성들의 중력에 의해 궤도 안에 존재하고, 원래부터 어떠한 역사적 힘에 의해 움직이게 되었다. 행성들은 어느 정도 예상 가능한 방식으로 회전한다. 태양계와 우주가 기묘한 끌개에 반응하고 있을 것이라는 증거도 있다.

끌어당기는 힘을 설명하기 위해 기묘한 끌개라는 용어를 사용하는 것은 마치 탄도를 예측하지 못함을 의미하는 것과 같아서 다소 이상할 수도 있다. 기묘한 끌개는 관찰체계의 예측 불능성 때문에 놀라운 결과를 낳는다(Gribbin, 2004; Strogatz, 2003). 미래가 현재를 야기한다고 볼 때, 미래는 현재 행동의 끌개인 셈이다. 따라서 끌개는 체계를 목표나 결말로 유도하지만 정확히 어디에서 끝날 것인지를 예측하지는 않는다. Casti(1995)에 의하면, 기묘한 끌개는 "실뭉치나 소스를 부은 스파게티 접시와 같다. 기묘한 끌개의 부분에 해당하는 스파게티 가닥들은 절대로 두 가닥이 직접 연결되지 않는다."(p. 29) 이 내용을 읽고 혼란스럽더라도 당연하다.

일곱째, 체계는 단계적 변화를 거치고(Gribbin, 2004; Kauffman, 1995), 그 후 특성들을 출현시킨다. H_2O가 얼음, 물, 수증기로 바뀌듯 인간도 한 단계에서 다음 단계로 변화한다. 내담자에게 기대할 수 있는 일련의 변화는 항상성, 즉 상대적인 균형에서 시작하여 약한 수준의 카오스를 거쳐 궁극적인 자기조직화, 즉 해결 상태에 도달하는 것이다.

중요한 것은 이러한 해결 상태가 정확하게 고안되거나 예상될 수 없다는 점이다. 해결이 발생하더라도 "전체 체계의 행동은 그 구성요소의 행동들의 합으로는 얻어지지 않는다."(Holland, 1998, p. 122) 비선형 체계는 직선이 아니라 불연속적이고 놀라운 방식으로 변화한다.

카오스와 상담

이 시점에서 이 책이 정말 상담에 관한 책인지 의문을 가질 수 있다. 복합체계의 개념들을 이해할 때 내담자에 대한 새로운 통찰이 가능해진다. 여기서는 카오스와 복합성이 상담의 언어로 설명될 수 있는지 살펴볼 것이다.

먼저, 인간이 복합적 적응체계라는 것과 삶이 역동적이기 때문에 인간이 항상 변화하고 학습하며 성장한다는 것을 고려해 보자. 인간은 항상 세상을 이해하는 방식을 바꾸면서 행동 결과를 미래의 행동을 변화시키는 피드백으로 사용한다. 인간은 카오스의 가장자리에 존재한다. 즉, 삶 자체는 비평형상태로서 내적 · 외적 자원을 끌어내도록 도전하게 하며, 이러한 도전은 삶을 지치게 만든다.

예를 들어, 사람이 위기를 맞으면 혼란을 겪으면서 진정하려고 노력하고, 이때 평형상태를 찾으려는 카오스적 상황을 경험하게 된다. 만일 고정끌개가 작용한다면 그 삶은 비참한 느낌으로 꽉 막힌 채 끝날 것이다. 순환끌개나 주기끌개를 따른다면 그는 같은 행동을 반복하면서 다른 결과를 기대할 것이다. 하지만 결말에 이를 때까지 불확실한 상태의 기묘한 끌개를 따른다면, 그는 퇴행하거나 단지 회복하는 것에 머무르지 않고 심지어 적응 이상이 되어 자신을 재조직화하고 성장시킨다. 그는 카오스 상태의 단계를 통과하면서 피해자로부터 생존자를 넘어 성장하게 된다(Echterling, Presbury, & Mckee, 2005).

상담자는 내담자가 갖고 있는 현재 문제의 원인을 찾지 않아도 된다. 그 대신 내담자의 이야기를 해체시키고, '차이를 만드는 차이'를 생성하기 위해 그것을 혼란시킬 수 있다. 즉, 보다 높은 수준의 해결책과 재조직에 해당되는 변화 단계를 잘 겪을 수 있을 정도의 카오스가 존재하도록 상담자-내담자 상호작용에 에너지를 투입하는 것이다.

인간은 복합적 적응체계이기 때문에 평생 안정과 위기를 반복한다. 희망적인 것은 우리가 어떤 혼돈을 겪더라도 언제든지 카오스로 보이는 것으로부터 새로운 패턴을 생성해 낼 수 있다는 것이다. 상담의 목적은 새롭고 생산적인 사고패턴의 출현을 촉진하는 조건을 만들어 주는 것이다. 종종 내담자를 동요시키거나 혼란시키는 것이 이러한 목적을 달성해 주기도 한다. 내담자를 너무 편안하게 해 주려고 몰두할 필요가 없다. 해결책은 비상사태(emergency) 없이 출현(emergence)할 수 없다!

함 의

카오스 이론과 복합성 이론은 상담에 중요한 의미를 제공한다.

- 내담자에게 빠르고 극적인 도움을 주기 위해 과도하게 개입할 필요는 없다. 혼돈 상태로부터 자기조직화로의 이동은 갑자기 발생할 수 있으므로 내담자는 단시간에 오랫동안 견지해 왔던 패턴을 바꿀 수 있다. 내담자는 이 목표 단계에 스스로 도달할 것이다. 상담자의 역할은 체계를 고정(fixed) 패턴이나 순환(circular) 패턴으로부터 방향을 바꾸도록 자극하고, 내담자가 자신을 재조직화하는 동안 견딜 수 있게 돕는 것이다.
- 혼란을 겪는 내담자는 카오스 상태에 있을 뿐 실패한 것이 아니다. 오히려 통합의 과정에서 마음을 새롭게 조직화하고 있는 것이다. 자기조직화 과정에 있을 때마다 새로운 무언가가 출현한다.

🐕 방 법

Mahoney와 Moes(1997)는 "복합성에 관한 연구는 21세기 심리학의 가장 중요한 관심사 중 하나일 것이다."(p. 187)라고 강조했다. Masterpasqua(1997)는 이에 동의하면서 "복합성 이론은 이상적인 인간 발달과 정신건강에 과학적 근거를 제공한다. 잘 적응하고 성장한 사람은 카오스의 가장자리에 걸쳐 있다."(p. 37)라고 덧붙였다.

전통적인 정신분석은 내담자를 혼란에 빠진 상태로 보며, 그 무질서는 잠재적으로 위험하다는 관점에서 출발한다. 이 이론의 치료방법은 무질서의 근원, 즉 병을 최대한 빨리 제거하는 것이다. 하지만 카오스나 복합성 이론에 근거한 상담자는 현재 문제의 원인을 확인하거나 불행한 과거를 파고드는 것보다는 문제 해결을 향해 내담자가 나아가도록 하는 것에 더 관심을 갖는다.

"복합성의 연구는 생명체의 역동성과 전 생애적 발달에 항상 존재하는 해체 현상을 뒷받침한다."(Mahoney & Moes, 1997, p. 188) 자신이 무너지고 있다거나 이성을 잃은 것 같다고 호소한다면 그는 절박한 카오스 상태에 있는 셈이다. 이때 카오스와 복합성 이론을 직접 이해시킬 필요는 없지만 자연스러운 과정임을 이해시킬 필요가 있다.

혼돈 상태를 이해하고 받아들일 때 덜 불안해지기도 한다. 이때 "다 잘 될 겁니다." 또는 "누구나 이런 일을 겪어요." 같은 흔하고 진부한 말은 피해야 한다. 이런 말들은 내담자의 근심을 보잘것없게 만드는 것밖에 안 된다. 내담자의 경험에 놀라거나 불쾌해하지 않으며, 문제를 갖고 혼자 씨름하는 심정을 따뜻하게 공감해 주는 것이 효과적이다.

실패한 해결책

　개입방법이 역설적일 때 내담자는 혼란스럽고 낯설게 느낀다. 왜냐하면 그것은 상식을 벗어나기 때문이다. 초기의 Palo Alto 정신건강연구소(MRI)는 내담자의 가장 큰 문제를 그들이 시도하는 해결책 그 자체로 보았다. 일례로, 불면증으로 수면제를 처방받고 반복적으로 복용하다가 중독된 내담자가 있다면, 그는 수면으로 시작한 문제가 약물 문제가 된 것이다. 내담자의 문제는 대부분 다음과 같은 구조를 갖고 있다. 즉, 근본적인 문제(A)에 대한 해결책은 찾았으나 그것은 다른 문제(B)를 유발한다. 다른 예로, 불안으로 인한 당혹감을 피하려다 대중 앞에서 공황발작을 일으켜 광장공포증으로 발전하는 경우다. Gharajedaghi(2006)는 문제 해결을 위한 상식적인 시도가 더 큰 문제를 초래한 사회정치적 예를 제시하였다. 약물복용 불법화의 원래 목적은 약물남용 수준을 낮추는 것이었는데, 이러한 개입이 모순적인 결과를 낳았다. "예상과 달리 수십억 달러에 달하는 범죄 산업을 양산했고, 더 많은 소비와 과도한 사법체계를 낳았다."(p. 49)

　상호작용하는 복합체계에서는 한 가지에만 집중하기 어렵다(Becvar & Becvar, 2006). 과거에는 농작물의 해충을 죽이기 위해 DDT를 사용했지만, 불행하게도 먹이사슬의 맨 위에 있는 인간이 그 살충제를 흡수한 동식물을 먹게 되었다. "인간 체계는 효과와 부작용을 구별하지 못한다." (Becvar & Becvar, 2006, p. 363)

변화의 차원

　MRI 연구자들은 1차원적 변화와 2차원적 변화를 제안하였다(Watzlawick, Weakland, & Fisch, 1974). "1차원적 변화는 체계 내에서 일어나고

그 체계의 규칙들과 일치된다. 2차원적 변화는 체계의 규칙에 변화를 주
며, 따라서 체계 자체를 변화시킨다."(Becvar & Becvar, 2006, p. 294)

유명한 '9개의 점' 문제를 풀어본 적이 있는가? 점이 가로, 세로 세 개
씩 정사각형 모양으로 나열되어 있다([그림 5-2] 참조). 연필을 종이에서
떼지 않고 9개의 점을 4개의 직선으로 이어 보라. 점은 명백하게 정사각
형을 이루므로 내포된 규칙은 사각형의 경계선 안에 펜이 머물러야 한다
는 것이다. 이 규칙을 따를 경우 두 가지 문제점이 생긴다. 첫 번째는 펜
을 떼지 않고는 네 개의 직선으로 점들을 연결할 수 없다는 것이고, 두
번째는 당신이 문제 해결에 실패했다는 것이다. 많은 내담자들이 이런
상태에 있다. 그들은 문제라고 정의한 원래 문제(A)를 가지고 있고, 그
문제를 해결하기 위해 여러 번 시도했지만 실패했기 때문에 자신을 실패
자로 여긴다(B). 그들은 원래 문제(A)에 무기력하게 대응한다.

집이 추우면 난방을 가동하고, 어두우면 불을 켜는 것이 논리적이고
상식적이다. 문제의 반대로 행동하는 해결책이 1차원적 변화다. 그러나
어떤 때는 "문제와 같은 방향의 노력이 오히려 해결책이 되기도 한다."

[그림 5-2] 9개의 점 문제

(Becvar & Becvar, 2006, p. 295) 그래서 논리적이고 상식적으로 시도한 해결책이 원래 문제를 오히려 심화시킨다. 논리와 상식을 바탕으로 하는 대화로 내담자를 어려움에서 빠져나오게 하려는 함정을 피하려면 1차원적 변화와 2차원적 변화의 차이를 명심해야 한다.

1차원적 변화(first-order change)는 마치 타이타닉호의 갑판 의자를 재정렬하는 것과 같다. 상담에서 1차원적 변화는 문제를 해결하기 위해 '반대로 행동할 때' 나타난다. 이 전략은 분명 합리적인 듯 보인다. 예를 들어, 우울한 사람의 기분을 띄워주려고 애쓴다든지, 즐거운 과거를 떠올리게 해 준다든지, 야외활동을 제안하는 것 등이다. 그러나 우울한 사람에게는 또 다른 문제점이 있다. 이러한 개입은 우울을 덜어주지 못할 뿐 아니라, 상대방의 좋은 의도를 알기 때문에 그대로 반응하지 못한 것에 죄책감을 느껴 더 깊은 우울에 빠진다. 결국 어떤 해결책도 우울한 생각, 감정, 문제로부터 빠져나오게 하지 못한다.

2차원적 변화(second-order change)는 체계 자체를 변화시키는 변화다. 체계를 통제하는 규칙이 변화되어 항상성 균형과 체계의 반복적 순환을 차단한다. 악몽을 꾸면서 소리를 지르고 싸우는 것과 같은 1차원적 행동들은 꿈속의 상황을 바꾸지 못한다. 잠에서 깨어나는 것, 즉 2차원적 변화를 통해서만 악몽을 변화시킬 수 있다.

상담자는 두 가지 중요한 질문을 고려해야 한다. 문제를 지속시키는 무엇이 지금 이 상황에 작용하는가? 내담자가 반복적으로 사용해 온 '해결책'을 붕괴시키기 위해 무엇을 해야 하는가? 내담자의 해결책에는 종종 '자발적이 되기'라는 역설이 투영되어 있다. 불면증 환자는 불굴의 의지로 "나는 잠이 들도록 나 자신을 길들여야 한다."라고 되뇌며 잠자리에 든다. 원래 휴식을 취하며 조용히 잠드는 자연스럽고 자발적인 과정을 그의 '해결책'이 방해하는 것이다. 이런 해결책을 한 번이라도 시도해 봤다면 효과가 없다는 것을 알 수 있다. 실현 가능한 2차원적 변화의 개입방법은 어떻게든 깨어 있어 보라고 제안하는 것이다. 이와 같이 게임의 규칙을 바꾸는 역(逆)역설(counterparadox)에 의해 불면증 환자는 역설(paradox)로부터 구출된다.

재구조화

구조는 사물이나 사건을 포함하는 분류나 범주를 의미한다. 푸들은 개의 범주에 포함되며, 참새는 조류에 속한다. 어떤 사물이나 사건을 만족스럽게 분류하는 범주를 찾았을 때, 우리는 이 범주를 견고히 하려는 경향이 있다. 이 범주는 현상을 설명하는 맥락이 된다. 재구조화(reframe)는 굳어진 범주를 혼란시켜 대안적인 설명이 가능하도록 하는 기술이다. 예를 들어, 포유류에 속하기 위해서는 새끼를 낳아야 한다. 그렇다면 포유류로서의 조건을 거의 만족시키지만 알을 낳는 오리너구리는 포유류일까? 깃털도 없고, 날지도 못하는 키위는 조류일까? 핵심은 모든 범주와 분류는 임의적일 뿐 완벽하게 들어맞지 않는다는 것이다. 범주와 사물이 혼동될 때 재구조화로 범주를 느슨하게 할 필요가 있다. 내담자들은 경직된 틀을 갖고 온다. 그들이 시도해 온 논리적인 해결책들은 대개 1차원적인 구조 안에 머무른다. 상황을 재구조화하도록 도울 때 2차원적 변화가 가능해진다.

재구조화는 두 사람이 관점의 차이를 논하는 것과 같은 단순한 문제가 아니다. 가끔 재구조화를 상담자의 역할로 오해하는데, 이것은 사실 내담자의 몫이다. 어떤 초심상담자는 수퍼비전에서 자신이 내담자에게 재구조화를 했다고 자랑스럽게 보고하였다. 그는 "내담자가 차 시동이 안 걸려 일을 나갈 수 없었다고 불평하길래 나는 차를 갖고 있다는 것만으로도 감사해야 한다고 말했어요."라고 하였다. 재구조화는 '밝은 쪽을 보도록' 하는 것이 아니라 맥락과 규칙을 바꾸어 내담자가 2차원적 변화를 겪게 하는 것이다.

Becvar와 Becvar(2006)는 형제 간의 경쟁심(부정적 틀)으로 인한 한 남매의 상담사례를 보고하였다. 상담을 의뢰한 부모는 너무 자주 싸우는 남매(관찰된 사실)가 싸움을 멈추고 경쟁의식을 갖지 않도록 여러 번 시도했다(시도된 1차원적 변화). 상담을 통해 남매가 심리적으로 자립하면서 자신의 경계가 침범당할 때 효과적으로 대처하는 방법을 배우고, 마침내 경쟁의식을 재구조화하게 된다(체제의 2차원적 변화). 이러한 과정을 통해 병리적인 행동을 유발하는 경직된 범주화가 완화되고 수정된다.

구애하기

파경 위기의 부부를 위한 구애(decourting) 기법은 Carl Whitaker가 개발한 것으로, 그 과정은 다음과 같다. 먼저 이혼 위기의 부부에게 이혼이 최선책임을 인정하면서, 결혼 전까지 얼마 동안 교제했었는지 묻는다. 만약 8개월간 연애한 결혼 10년차 부부라면, "당신들은 10년 8개월간 함께했어요. 그 기간이면 둘 다 함께 있는 데 익숙해졌기 때문에 분리도 조심스럽게 되어야 합니다. 만약 이 결혼을 그냥 깨버린다면 그것은 샴쌍둥이를 분리시키다가 과다 출혈을 하는 것과 같습니다. 만일 처음 시작할 때처럼 8개월간 서로의 관계를 구애한다면 그런 끔찍한 분리를 피할 수 있을 것 같군요." 이 기법에는 구혼을 재현하는 것이 포함되므로 두 사람은 마치 처음 데이트할 때처럼 행동해야 한다. 이때 2차원적 변화가 가능해져서 결혼을 계속 유지하거나 이혼을 하더라도 결혼을 보다 긍정적으로 여길 수 있게 된다.

재명명하기

재명명으로 인해 한 범주가 변화하면 행동 역시 다른 의미를 갖게 된다. Watzlawick 등(1974)은 "우리가 다른 범주를 소유하는 방식으로 세상을 본다면 '현실'에 대한 이전의 관점이라는 함정으로 쉽게 돌아가지 않게 된다."라고 하였다(p. 99). 재명명(relabeling)은 재구조화 과정을 가져오므로 내담자가 부정적 언어들을 새 단어로 바꾸도록 도와야 한다. Bertolino와 O' Hanlon(2002)에 따르면, '비정상적으로 활동적인'을 '때로는 너무 활기찬'으로 바꿔 부를 수 있다. 또 부모가 아이를 '집중력 결핍(ADD)'이라고 부를 때 그것을 '가끔 부주의한'과 같이 묘사할 수 있다. '분노가 많은' 사람은 '가끔 화도 내는 사람'으로, 그리고 '반항적인' 사람은 '자기만의 방식을 개발하는' 사람으로, '숫기 없는' 남자는 '사람들과 친해지기까지 시간을 필요로 하는' 남자로 설명할 수 있다.

이처럼 내담자의 단정적인 단어들을 과정 중심의 묘사적인 단어들로 바꿀 수 있다. 물론 상담자는 이 과정을 매우 섬세하게 진행하여 내담자가 거의 눈치채지 못하게 해야 한다. 재명명하기 자체가 특정 행동의 묘사 방법에 관한 논쟁이 되어서는 안 된다.

적용 공식은 다음과 같다. 부정적인 단어를 들었을 때, 상담자는 그 단어로 설명할 만한 행동을 묻는다. 내담자가 그 행동을 묘사하면, 상담자는 그 행동을 설명하며 슬쩍 다른 단어나 문구로 말한다. 대체된 단어는 내담자가 사용해 오던 단어와 언뜻 비슷해 보여 그가 납득할 수 있어야 한다. 단어 하나를 바꿔 부르는 것이 때로는 재구성을 위해 내담자의 이야기나 체계를 혼란시키는 전환점이 될 수 있다.

적용

다음에 제시된 불쾌한 단어들을 긍정적인 단어나 문구로 바꾸어 보자.

1. 억제하지 못하는 _____
2. 입버릇이 사나운 _____
3. 화를 심하게 내는 _____

4. 이기적인 _____

5. 공격적인 _____

6. 폭력적인 _____

상담과정

상담자는 호소문제를 재명명함으로써 내담자가 처한 환경을 재구성하도록 돕는다.

James: 저는 제가 망가졌다고 생각하기 때문에 여기 온 겁니다.

상담자: (상담자는 내담자가 자신을 '망가졌다'고 묘사하는 데 집중했다. 왜냐하면 그의 모습이나 행동에서 자신 있고 성공한 사람처럼 보였기 때문이다.) 그 말씀은 이제 힘든 시기는 다 지났으니 이제 상처를 고칠 방법을 찾고 싶다는 말로 들리네요.

James: 글쎄요, 꼭 그런 것 같지만은 않아요. 안 그래도 대기실에서 생각해 봤는데 저는 절대 희생자가 아니에요. 사실 저의 어린 시절은 꽤 행복했죠. 부모님한테 맞은 적도 한 번 없었고, 전쟁에도 나가지 않았죠. 좋은 가정에, 좋은 직업에, 괜찮은 인생임이 분명한데……. 그런데 제가 마치 슈퍼에서 파는 찌그러진 통조림처럼 느껴져요. 표시해 두었다가 나중에 처분해 버리는 그런 물건이요. 아무도 그 깡통에는 관심이 없어요. 가능하면 안 찌그러진 새 통조림을 사지 굳이 그걸 사려 하지 않을 겁니다.

상담자: 사실 찌그러진 건 별 문제가 안 되죠. 사람들은 겉모습만 보기 때문에 그 안에 있는 내용물이 괜찮다는 걸 알지 못하죠.

James: 네, 제 안에 있는 것들이 괜찮다는 걸 보여 주기 위해서라도 정말 열심히 일해야 해요. 상담을 기다리면서 4대째 물려받고 있는 강가의 통나무집에 대해서 생각해 봤는데, 그게 한 십년 전쯤 홍수에 떠내려갔어요. 전 그 땅을 팔고 싶었지만 아버지는 통나무집을 다시

지었어요. 지난 5년 동안 저녁이며 주말이며 아버지를 돕느라 개처럼 일했어요. 그 일은 가치 있기보다는 문제덩어리였습니다. 게다가 친척들이 작년에 플로리다로 이사를 가면서 저에게 넘겼기 때문에 이젠 그걸 제가 관리해야 해요. 그 몹쓸 것이 제 어깨를 짓누르고 있어요.

상담자: 이제 그 무거운 짐은 당신만의 것이 되었네요.

James: 그건 일부분이고, 사실은 훨씬 더 복잡해요. 여섯 달 전 또 홍수가 났고, 전 너무 지겨워 피해조사 따위는 하고 싶지도 않았는데 근처에 사는 노인이 전화를 하더군요. "빨리 여기로 오는 게 좋을 거요." 이러곤 뚝 끊어 버렸어요. 제가 도착했을 때 그 늙은이가 절 노려보면서 "당신 개를 찾았는데 죽어 있었소. 당신이 죽게 내버려 둔 거지?" 하더군요. (그는 비난투를 강조하기 위해 열심히 손가락질을 해댔다.) 우린 개를 키우지 않았습니다. 가끔 떠돌이 개가 와서 불쌍하길래 먹다 남은 음식을 좀 던져준 것뿐이었죠. 아마 그 개가 저희 개라고 생각했나 봐요. 저는 그 사람에게 그 불쌍한 개가 저희 개가 아니라고 한참을 설명했지요. 더 최악인 건, 홍수에 쓸려간 원치 않는 통나무집과 제 것도 아닌 죽은 개가 있는 그곳에 제가 있었다는 것과, 엉망진창인 상황에서 미친 늙은이들을 포함해서 모든 사람을 만족시키고 상황을 정리하는 것을 마치 제 책임인 양 여기고 있었다는 거죠.

질문 Question

1. 내담자에게 적용된 명명화를 찾아 표시해 보자.
2. 상담자는 내담자에게 어떻게 재명명화 기법을 사용하였는가?
3. James의 마지막 진술에 대한 상담자의 반응을 써 보자.

> **✏ 적용** ▬▬ ▬ ▬▬ ▬ ▬▬ ▬ ▬▬ ▬ ▬▬ ▬ ▬▬ ▬ ▬▬ ▬ ▬▬ ▬ ▬▬
>
> 　두 명씩 한 조가 되어 한 명은 긍정적인 변화 가능성을 거부하는 내담자 역할을 한다. 다른 한 명은 경청, 이해, 타당화(LUV)의 방법으로 내담자의 문제를 다룬다. 세 번째 사람은 이 활동을 관찰한 후 피드백을 해 준다.

치료적 혼란을 일으키기

　나비효과는 상담자가 내담자에게 어느 정도의 혼란을 제공하는 것은 오히려 효과적일 수 있음을 보여 준다. Erickson(1967)은 내담자와 '적대적인 관계에서' 대화하는 것보다 내담자의 생각을 혼란시키는 것이 더 효과적이라고 보았다(Bertalino & O'Hanlon, 2002). 그렇다면 이미 충분히 혼란스러운 상태로 상담실에 온 내담자를 더 혼란스럽게 하는 것은 어떤 효과가 있을까? 사실 내담자는 혼란스럽기보다는 문제에 저항하려는 세력들 사이에 매여 갈등한다. 그 세력들은 인생에서 항상성을 유지하려고 발버둥치는 카오스의 가장자리에 있는 체계다.

　앞서 말한 고정끌개를 생각해 보자. 어려움을 해결하려는 모든 시도에서 실패한 내담자는 시계추와 비슷한 상황에 갇혀 있다. 그는 여전히 '시계추처럼 같은 곳만 오락가락' 하면서 더 나아지기 위해 분투하고 있지만, 점점 힘이 줄어들고 쇠약해지는 것을 어쩔 수 없이 겪고 있다. 태엽이 풀릴수록 점차 멈춰가는 시계처럼, 그는 죽음을 향해 가고 있는 자신의 삶을 보게 된다. 그는 부정적인 미래의 전조가 되는 과거 기억의 희생자이자 고정끌개에 끌려가는 인생이다. 그러나 만약 기존의 생각과는 다른 사고 과정을 자극하거나 에너지를 재할당시킬 수 있는 방법을 찾는다면 그의 견고한 범주의 벽은 완화될 수 있다. 내담자가 "나는 낙인찍힌 사람이에요." "나는 죗값을 치르고 있어요." "나는 멍청함 그 자체예요." 와 같이 숙명론적으로 말할 때, 그가 자신을 구속하는 신념들을 발견하게 된다.

내담자의 경직된 신념을 교란시킬 확실한 방법은 없다. 그러므로 상담자는 창의적으로 접근해야 한다. 자신을 '낙인찍힌 사람'이라는 내담자에게는 "카인[1]은 어떻게 자신의 낙인을 없애고 아내를 얻어 살아가게 됐는지 궁금하네요." 라고 말할 수 있다. '죄인'에게는 "죄를 용서받기까지 당신은 얼마나 더 많은 죗값을 치뤄야 하나요? 모든 죄를 용서받은 후에는 거기에 쏟던 에너지를 어디에 쓸 건가요?" 그리고 '멍청이'에게는 "당신이 멍청이가 되지 않기 위해서는 어떤 일이 일어나야 하나요? 그것을 지금 여기서 시작할 수 있나요?" 라고 물을 수 있다. 이러한 다소 냉소적인 반응은 내담자를 더 혼란스러운 맥락으로 몰고 갈 것이다. 결국 내담자는 자기파괴적인 발상을 버리고, 이 문제 상황을 탈출할 방법에 대해 이야기하게 된다.

순환끌개나 주기끌개에 유인된 내담자는 마치 무관심하거나 학대하는 배우자와 결혼한 사람과 같다. 그는 이혼할 때마다 깊은 우울에 빠지고, 과거의 배우자와 별로 다르지 않아 보이는 상대와 다시 결혼한다. 내담자는 "별 효과가 없었으니, 다시 시도해볼까 해요." 할 뿐, 결국 강도(強度)만 점점 증가하는 패턴이 지속된다(Cowan, 2005, p. 289).

이와 같은 반복적인 강박은 악순환으로부터 회피하기 위해 행하는 모든 시도가 알 수 없는 끌개 때문에 실패로 끝난다는 것을 보여 준다. 마치 태양의 중력으로부터 벗어나려 계속 시도하지만 결국 그 궤도 안에 머물고 마는 지구와 같다. 자신의 문제와 해결책 사이에서 맴돌기만 하는 것은 전혀 유익하지 않다. 내담자가 이 궤도로부터 벗어나기 위해서

---

1) 성경 창세기 4장에 나오는 인물. 동생인 아벨을 죽이는 죄를 범함-역주.

는 순환끌개를 극복해야 하며, 강박으로부터 자유롭고 싶어 하는 자신의
갈망을 깨달아야 한다.

　안타깝게도 이런 내담자들은 상담자가 "이러면 어때요?"라고 제안하
면 "네, 그렇지만……." 하면서 빠져나가는 게임을 할 채비를 갖추고 상
담실을 찾는다. Berne(1964)이 처음으로 설명한 이 게임은 누군가가 상
담자에게 어떤 문제를 털어놓고 충고를 원한다는 것을 암시함으로써 시
작된다. 상담자가 도움이 될 만한 해결책을 제시하면, 내담자는 벌써 해
봤다고 하거나 도움이 되지 않을 변명을 늘어놓는다. 결국 상담자는 보
다 나은 아이디어를 제안하기 위해 더 노력한다. 낯익은 방법이지 않은
가? 좋은 해결책을 아무리 많이 생각해 내더라도 불만이 있는 내담자는
항상 그 상황에 대한 새로운 정보를 주면서 해결책들이 소용없음을 증명
할 것이다. 결국 이것은 '끝없는 게임'에 말려드는 것이고, 상담자와 내
담자 모두 순환끌개의 희생자가 되는 것이다(Becvar & Becvar, 2006). 내
담자는 상담자가 좋은 조언을 해 줄 것을 기대하고 있다가 조언을 해 주
지 않으면 혼란스러워하겠지만, 결코 조언은 해 줄 것이 못 된다!

반직관적 개입

　Alfred Adler는 아마도 최초로 내담자에게 반(反)직관적 개입(counter
intuitive intervention)을 사용한 상담자일 것이다(Mozdzierz, Macchitelli,
& Lisiecki, 1976). 그는 내담자와의 권력투쟁을 피하도록 유의하면서 내
담자의 저항의 편에 서야 한다고 믿었다. 이것은 뒤에서 논의할 Erickson
의 적용 개념보다 수십 년 앞선 것이다. 보통 내담자는 극복할 때까지 증
상에 맞서 싸워야 한다고 생각한다. 이러한 비유는 상담을 투쟁으로 취
급하며 내담자의 직관에 호소한다. 만일 그들의 증상과 상담자가 한편이
된다면 내담자의 직관은 불안하고 혼란스러워질 것이다.

　　Dunlap(1928)은 내담자에게 증상에 맞서 싸워 다시는 그 증상이 나타나지 않게 노력해 보라고 요구하는 대신에 증상 행동을 더 잘하도록 연습해 보도록 촉구하는 부적 연습 기술을 사용했다. Adler는 증상을 겪도록 허락할 뿐 아니라 그 증상을 세련되게 꾸미게 했을 때, 증상이 내담자의 통제하에 있게 되면서 점점 약화됨을 발견했다. 이것이 반직관적 개입의 결과다. 상담자는 "저는 당신의 문제가 당신에게 어떤 영향을 끼치는지 잘 모르겠어요. 제가 둔한 것 같군요. 지금부터 다음 시간까지 그 문제를 더 심화시켜 보고, 제가 '이해'할 수 있게 설명해 주시겠어요?"라고 말할 수 있다.

　　Adler는 내담자가 더 발전할 수 있음에도 불구하고 불가피하게 기존의 나쁜 상태로 돌아갈 수 있다고 보았다. 행동주의자들은 우리가 특정 행동을 없애려고 시도하더라도 언제든지 그 행동이 '자연적으로 돌아온다'는 것을 알고 있다. 그래서 때로 내담자의 증상행동이 다시 나타났다는 이유로 치료가 실패했다고 단정해 버린다. 이때 상담자는 "그 문제에 어떻게 대처할지 결심은 했지만, 만약 재발할 경우에는 어떻게 할 건가요?"라고 물어볼 수 있다.

　　반직관적 기법으로 상담자는 무기력함을 선언할 수 있다. 내담자는 자기 자신 또는 자신의 상황을 기적적으로 변화시킬 뭔가를 말해 주거나 해 줄 것을 기대한다. 분명한 것은 한 사람이 다른 사람을 변화시킬 수 없다는 것이다. 상담자는 내담자가 스스로를 변화시키도록 도울 뿐이다. 상담자가 무기력함을 선언할 때, 변화의 동기와 계획에 대한 책임이 내담자에게 부과된다.

　　이러한 역설을 공개적으로 언급할 때, 권력 갈등의 가능성이 줄어들고 내담자에게 힘을 실어 주게 된다. Rogers(1965)는 〈글로리아(Gloria)〉 비디오에서 "당연히 저도 당신이 뭘 하면 좋을지 말해 주고 싶습니다."라고 말한다. 그러고는 그녀가 문제에 대한 자신만의 해답을 찾도록 최선을 다해 돕겠다고 말한다. 여기서 Rogers는 자신이 도움이 되지 않음을 선언했을 뿐 아니라 그녀 자신만이 스스로를 변화시킬 수 있음을 이야기했다.

　　Bornstein, Krueger와 Cogswell(1989)은 변화를 경고하기 위한 제지(restraining) 기법을 사용했다. 자신이 변하고 있음을 느끼는 내담자는 한편으로는 긍정적인 결과를 확신하지 못하지만 결국 문제를 유발하는 행동패턴을 거부한다. 따라서 상담자는 먼저 변화에 대한 내담자의 양가감정을 다루면서 내담자만의 속도로 진행하게 허용한다. 극적인 변화는 내담자의 모든 관계에 안 좋은 영향을 줄 수 있고, 오히려 현 상황에 나쁜 파급효과를 불러일으킬 수도 있음을 알려 준다. 내담자의 속도를 늦추기 위해 다음과 같이 말할 수 있다. "당신을 힘들게 한 가족과 잘 지내보려고 노력하려는 것 같군요. 그런데 혹시 생각보다 너무 빨리 좋아져서 문제가 생길까 봐 걱정되나요?"

　　반직관적 개입기법들은 상담자의 역할에 대한 고정관념을 바꾸게 한다. 이것은 나비효과와 같은 혼란을 통해 문제에 대처하는 새로운 방법을 찾게 한다. 상담자가 관심과 돌봄의 자세로 개입할 때 좋은 도움을 줄 수 있다.

저항의 소멸

　　제1장에서 다룬 저항에 대해 좀 더 깊이 다룰 필요가 있다. 1984년에 de Shazer는 저항의 종말을 공식적으로 선언하였다. 그는 저항이 현 상태를 유지하려는 내담자의 자연스러운 성향을 바꾸기 위해 전략을 고안하려는 상담자의 잘못된 관념에서 비롯된 것으로 보았다. 이러한 관점은 물리학의 기계론적인 관념에 기인한다. Maruyama(1963)에 의하면, 체계가 교란될 때 카오스와 복합성은 혼란이 가중되어 초기의 흔들림에 비해 과도하게 큰 변화를 낳는 원리로 작용한다.

de Shazer에 따르면, 상담에서 일어나는 행동은 상담자와 내담자를 포함하는 특정한 체계 안에서 발생하는 현상이다. 내담자의 저항은 상담의 '저항적인' 분위기 때문일 수 있으므로 저항보다 '협동 수준'(level of cooperation)이라는 표현이 더 적합하다. 그에 의하면, 내담자는 변화의 과정에서 협동하기 위해 최선을 다한다. 상담이 벽에 부딪힌 것을 서로 원망하기보다 두 사람이 서로 협동해야 할 것이다.

저항의 소멸을 선언할 때 비로소 상담자의 태도가 바뀐다. 즉, 내담자를 저항적인 사람으로 여기고 저항에 투쟁하는 대신, 문제를 일으키는 패턴화된 상호작용에서 탈출하는 방법을 찾지 못했다고 이해할 수 있다. 심지어 de Shazer는 저항의 종말을 기념하는 장례식을 열기도 했다(O'Hanlon & Weiner-Davis, 1989; Young, 2005). 그가 이 장례의식을 직접 언급하지는 않았어도, 이것은 상담자의 태도 변화에 관한 대단히 의미 있는 사건이다. 그는 실제로 저항의 장례식을 치르고 관을 묻고 비석을 세웠는데, 그 행사를 공론화하지는 않았다. 왜냐하면 저항은 살해당했다기보다 자연스러운 죽음을 맞이한 것으로 여겨야 한다고 생각했기 때문이다(de Shazer, 1998). 그는 저항이 상담의 치료적 동맹에 다양하게 활용될 수 있고, 더 좋은 결과를 가져올 수 있다고 믿었다.

저항 다루기

누에고치에서 나비로 변태하는 과정은 워낙 천천히 진행되므로, 변화 과정을 관찰하기가 어렵다. 만약 누에고치가 수축하는 보호 본능을 무시하고 번데기의 껍질을 벗어 버리면 나비는 변태에 필요한 충분한 시간을 얻지 못한다. 그 결과 미성숙한 상태로 차가운 공기와 접촉하게 되면서 면역력이 떨어져 죽게 된다. "상담자는 내담자의 변화속도, 고유한 특성, 문제점, 취약성, 자원 등을 올바르게 인식하고 존중해야 한다."(Dolan,

1985, p. 3)

Welfel과 Patterson(2005)에 의하면, 사람들이 변화를 꺼려하는 이유는 첫째, 변화의 불확실성을 삶으로 끌어들일 때 감수해야 할 실패가 현재 문제보다 더 큰 문제를 일으킬 수 있으며, 둘째, 문제행동이 종종 문제를 일으키기도 하지만 보상을 주기도 하기 때문이다. "변화는 고통을 감소시킬 수 있지만 보상을 줄일 수도 있다. 이러한 보상은 2차 이득이 된다."(Welfel & Patterson, 2005, p. 115) 가령, 만성적으로 분노하는 사람은 타인과 너무 친밀해지지 않고 거리를 둘 수 있다는 2차 이득을 얻는다.

저항이란 "너무 빨리 또는 너무 많이 변화될 것을 강요받을 때, 체계 유지를 위해 자발적으로 자신을 보호하는 현상"(Mahoney & Moes, 1997, p. 181)이다. Bateson은 상담자가 내담자에게 다르게 행동하도록 '평소와 다른 방식'을 요구하면 내담자는 새롭고 낯선 정보와 경험으로 자신의 체계에 맞서다가 큰 변동을 겪게 되며 저항이나 불필요한 혼란을 가져올 수 있다고 하였다. 반면에 너무 작은 차이는 빠른 동화를 가져와 체계에서 전환점을 만들지 못하게 되며 생산적인 변화를 이끌어내지 못한다.

Milton Erickson은 저항을 내담자의 전체 증상의 일부로 보고, 효과적으로 사용할 방안을 탐색했다. 저항은 누에고치처럼 내담자의 발달을 잠시 늦추기는 하지만 자신을 보호하는 본능적인 지혜이기도 하다. 만약 내담자에게 변화를 꺼리는 이유를 묻는다면 그는 변화가 이유 없이 두렵고 말하기조차 어렵다고 할 것이다. 나비를 도와준 사람은 나비의 주저함을 더 강한 개입이 필요한 순간으로 여겼을지 모른다. 껍데기를 찢어 벗겨 내는 것이 가장 효율적이며, 필요하다고 생각했을 것이다. 역설적이게도 효과를 빨리 얻으려는 개입이 원하는 것과 정반대의 결과를 불러올 수 있다. Erickson(1975)이 말한 것처럼, 상담자가 올바른 해결책을 아는 것만으로는 성공할 수 없다. 내담자도 "치료에 수용적이고 협조적이어야 한다. 내담자의 노력 없는 상담은 지연되고 왜곡되며 실패할 수

있다."(p. 212)

　　결국 내담자의 저항은 존중되어야 하고, 상담은 내담자의 흐름과 속도에 맞춰져야 한다. 그때 비로소 내담자는 자신을 더 잘 이해할 수 있고, 자신이 모든 문제의 중심에 있음을 깨닫게 되며, 더 나아가 좋은 동맹관계를 형성하게 된다.

활 용

　　"많은 상담자들이 곧잘 저녁을 대접하겠다고 데리고 나가서는 당신에게 무엇을 주문할지 알려 준다."(Erickson & Rossi, 1973; Dolan, 1985에서 인용됨, p. 6) Erickson의 비유에 따르면, 상담자는 내담자에게 메뉴를 천천히 살펴보게 하고 맛있어 보이는 음식만을 고르도록 해야 한다. 내담자는 전채요리나 디저트만을 원하는데 상담자는 풀코스 요리를 강요할 수도 있다. 물론 내담자가 필수영양소를 섭취하지 않는다는 것이 안타깝겠지만, 자신에 대한 전문가가 되도록 돕는다면 결국 그는 영양가 있고 만족스러운 진수성찬을 먹을 수 있을 것이다.

　　Erickson이 말한 '활용(utilization)' 이란 내담자가 주문한 것이 무엇이든 그것을 받아들이고 사용하는 것을 의미한다. 상담자는 내담자의 취향이나 선택에 직간접적인 비판 없이 따라야 한다. Dolan(1985)은 활용이 도움이 되기 위한 세 가지 조건을 제시하였다. 첫째, 내담자의 저항을 그가 세상을 바라보는 의사소통의 방식으로 받아들인다. 둘째, 내담자가 주저하는 행동을 중요한 치료적 자원으로 수용한다. 셋째, 변화하려는 내담자의 신중한 시도가 존중되어야 하며 소중하다는 사실을 전달한다. 저항은 불쾌한 깨달음에 대해 방어하는 내담자의 예술적인 방법이다. 먼저 그가 저항에 노력과 창의력을 기울여 온 것을 인정해야 한다. 저항을 존중할 때 비로소 저항을 드러내는 내담자를 존중할 수 있다.

Dolan이 언급한 것처럼 저항이 내담자에게 효과적으로 기능하기 때문에 상담자는 그 저항을 수용해야 한다. 내담자의 변화를 유도하기보다 그가 변할 수 있는 방법을 찾도록 도와야 한다. 상담자가 자신의 판단 기준을 버리고 내담자가 바라보는 세상이 그의 경험의 정확한 표상임을 받아들일 때, 그를 충분히 수용할 수 있게 된다. 현재 상태를 유지하고자 하는 내담자의 욕구를 이해할 때 비로소 내담자가 변화하도록 도울 수 있다.

🐏 요약

변화라는 신비로운 과정은 카오스와 복합성 개념으로 이해할 수 있다. 나비효과는 극적인 변화를 위해 작은 혼란들이 선행되어야 함을 보여 준다. 복합적 적응체계 개념은 내담자가 상담을 통해 자신을 재조직할 수 있다는 것을 보여 준다. 문제를 재구조화하여 상황을 다른 관점에서 보도록 도와주면 단계적인 변화를 이끌어 낼 수 있다.

이러한 흥미로운 관점들은 언뜻 반직관적으로 보이는 기법들의 효과를 뒷받침한다. 이 기법들은 심리게임이나 조종술이 아니다. 사실 상담에는 이러한 모순들이 매우 많다. 예를 들면, 상담자에게 조언을 받으러 오는 내담자가 오히려 상담자의 조언을 거절하는 경향이 높다는 것이다. 이러한 역설은 마치 간지럽지만 긁을 수 없어 신경을 곤두서게 하는 것처럼 상담자를 성가시고, 혼란스럽고 힘들게 만든다.

> ▶▶ **6장으로의 연결** ━━ ━ ━ ━ ━ ━ ━ ━ ━ ━
>
> 다음 장의 개념과 기법에 대해 감을 잡을 수 있도록 새로운 시도를 해 본다. 다음에 어떤 매장에 들어가서 당신의 긍정적인 경험에 집중해 보자. 가령 점원의 도움이나 상점의 청결함에 주목하게 될 수도 있고, 상품의 우수성을 알아차릴 수도 있다. 매장의 관리자나 지배인에게 잠시 대화를 요청해서 진심 어린 감사를 표현하고, 그 사람의 반응에 주목해 본다.

참 고

The Milton H. Erickson Foundation

3606 North 24th St.

Phoenix, AZ 85016

602-956-6196

www.erickson-foundation.org

이 재단에서는 전 세계의 정신건강 전문가와 건강 전문가들을 훈련함으로써 보건학을 창시한 의학박사 Milton Erickson의 공로를 계승하는 데 전념하고 있다.

제6장

구성주의적 단기상담: 창조되고 부과된 실재

🐐 이 장의 목표

| 이 장의 주요개념 |

• 사람들은 자신의 행복을 증진시키거나 방해하는 주관적 현실을 구성한다.

• 사회적 구성체에는 문화가 개인에게 부여하는 세계관, 기대, 전형 (典型)이 있다.

• 구조의 해체는 사고 변화의 본질적인 과정이다.

• 구성된 개념은 해체될 수 있다.

| 이 장의 주요기법 |

• 내담자가 자신의 틀을 깨고 세계관을 재구성함으로써 더 많은 가능성을 찾도록 돕기

• 긍정적 구성체를 형성하기 위해 기적질문 활용하기

• 긍정적 세계관을 구체화하기 위해 격려기법 활용하기

🐦 상담사례

Thompson 부인은 꽃나무를 애지중지하며 잡초와 벌레를 솎아 냈다. 낡은 밀짚모자와 꿰맨 멜빵바지에 장화를 신고 정원으로 나설 때마다 남편은 "당신은 그렇게 입으면 허수아비 같아."라며 놀려댔지만, 그녀의 노력으로 정원에는 늘 화초와 과실이 가득했다.

어느 날 그녀는 전에 없이 거칠게 호미를 휘저으며 잡초를 무자비하게 뽑아댔다. "정원 가꾸는 일이 취미라고? 이건 전쟁이야. 아무리 해도 이것들은 왜 이리 형편없냐고?" 그녀는 잡초를 뿌리째 뽑아 내동댕이쳤다.

호미질을 할 때마다 지난 일요일 예배 후 목사님 앞에서 자식들 때문에 마음 상했던 기억이 떠올랐다. '바보'라는 단어가 계속 맴돌면서 가슴이 점점 아파왔다. '온갖'이라는 단어에 화가 치밀어 올랐고, '형편없다'는 말은 평생 감춰 왔던 아픔과 상처를 일깨웠다. 그녀는 이 세 단어만 계속 읊고 있었다. "나는 바보 같았어! 이렇게 온갖 정성을 쏟는데 어떻게 이렇게 형편없을 수 있어?"

이젠 막내딸에게 불만이 치솟았다. "그 잘난 머리로 남의 일에 참견 말고 자기 일이나 신경 썼어야지. 목사님 앞에서 무슨 망신이야." 그녀는 일어나 허리를 두드리며 정원을 둘러보고는 뒤뜰로 향했다.

지난 주일에 그녀의 '똑똑하고 사랑스러운' 딸들은 목사님 앞에서 어머니 Thompson 부인이 너무 냉소적이고 말이 안 통하는 사람이어서 상담이 필요하다고 하소연을 했다. 딸들은 처음에는 어머니가 은퇴 후에 갑작스레 아버지가 돌아가시면서 생긴 충격 때문이려니 하고 참아왔다고 했다. 하지만 언제부턴가 어머니의 말투를 더 이상 참기 힘든 이웃과 친구들이 떠나기 시작했다는 것이다.

그러나 그녀가 상담을 받는 데 동의한 결정적인 이유는 귀여운 손주들이 할머니의 독설을 싫어한다는 것에 위기감을 느꼈기 때문이었다. 손주들을 볼 수 없게 된다는 것은 상상조차할 수 없는 끔찍한 일이었다.

그 다음 주 어느 날, 차를 몰고 상담소로 가는 내내 그녀는 치과에 갈 때만큼의 불안을 느꼈다. 차를 주차시킨 뒤에도 몇 분 동안 움직일 수가 없었다. 그저 이 상황에서 도망치고 싶은 마음뿐이었다. 그녀는 지갑 속의 손주들 사진을 허망하게 들여다보며 중얼거렸다. "고양이 같은 것들! 내가 소리 좀 쳤기로서니……." 그녀는 한숨을 쉬면서 스스로를 안심시키듯 중얼거렸다. "상담은 치과 치료만큼은 아프지 않을 거야."

질문 Question

1. Thompson 부인은 어떤 방식으로 자신의 심리세계를 구축하였는가?
2. 그녀가 구축한 심리세계는 어떤 방식으로 영향을 주는가?
3. 당신이 상담자라면 이 내담자의 문제를 어떻게 풀어나갈 것인가?

개 관

제6장부터 제8장까지는 모든 변화의 핵심인 의미의 창출 과정에 대해 살펴볼 것이다. 먼저 제6장에서는 개인과 문화가 우리가 생각하고 느끼고 행동하는 방식에 영향을 주는 정신적 실재를 어떻게 구축하는지를 구성주의와 사회구성주의의 관점에서 알아볼 것이다. 이러한 관점을 바탕

으로 인간은 현상학적 실재를 만드는 존재로 설명되고 있다. 이 장에서는 인간의 주된 심리적 · 문화적 세계 창조의 방식과 관련된 여러 사례들을 살펴볼 것이다. 제7장에서는 이야기치료의 개념을 심층적으로 다룸으로써 인간의 경험을 조명하는 방법을 논하려 한다. 마지막으로 제8장에서는 구성주의와 이야기치료의 핵심개념인 의미에 대해 다룬다.

세 장으로 나누어 다룰 이러한 개념들은 인간은 자신의 경험에 의미를 부여한다는 거시적 관점에서 파생되었다. 제6장은 현실을 보는 대안적인 방법으로 구성주의를 다룬다(Prochaska & Norcross, 2007). 구성주의는 경험주의와 반대 극단에서 상담에 영향을 주는 두 가지 중요한 입장을 취한다.

구성주의는 한 사람이 다른 사람의 현실을 완전히 객관적인 입장에서 볼 수 없음을 전제한다. 그러므로 상담자는 내담자의 경험을 과학적이고 객관적인 진단도구로 이해할 수 없으며, 진정한 관계 안에서 내담자와 만날 때 비로소 그의 경험세계를 이해할 수 있다. 제2장의 LUV 삼각형과 제3장의 공감적 연결이 더 중요한 이유이기도 하다. 결국 경청, 이해, 타당화, 공감 등은 신뢰로운 관계 형성뿐 아니라 내담자 이해에도 필수적이다. 두 번째 전제는 인간이 객관적 실재에 대해 아는 것은 결코 불가능하다는 것이다. 실재와 똑같은 지각이란 있을 수 없으며, 인간은 실재에 대한 해석을 구성할 뿐이다. 결과적으로 구성주의적 관점에서 볼 때, 상담은 내담자가 좀 더 이성적이 되고 현실에 보다 잘 적응하도록 돕는 작업이 아니다.

상담자는 내담자의 생각을 바꾸거나 논쟁하는 대신에 내담자가 자신과 그의 세계를 나타내는 방식을 해체하도록 도와야 한다. 그러기 위해서는 색다르고 풍부한 현실, 더 자유로운 현실에 관한 숨겨진 사실들, 간과된 주제들, 이야기되지 않은 경험들을 재발견하도록 도와야 한다. 상담자는 부정적이고 파괴적인 특징들을 해체시키기 위해서 내담자가 세운 자기, 타인, 세계에 대한 구성체에 귀 기울여야 한다. 새로운 심리적 현실을 재구축하는 데 필요한 대표적인 기술에는 기적질문과 격려의 3요소 등이 있다.

🐦 주요개념

심리적 현실

　Anderson(1990)은 저서 『과거와 다른 현실(Reality isn't what it used to be)』에서 현실에 대한 구성주의와 사회구성주의적 관점을 다음과 같이 요약했다. "거기에 무엇이 있든…… 모든 것은 항상 그곳에 있으며, 우리의 사고체계는 근본적으로 알 수 없는 것들에 대해 우리가 자신에게 하는 이야기다."(p. 13) 유리잔에 물이 절반밖에 없는지 절반이나 찼는지는 절대 알 수 없다. 다만 그 유리잔에 대한 나 자신의 이야기를 알 뿐이다.

　구성주의 심리학을 발전시킨 George Kelly는 "존재하는 모든 것은 재해석될 수 있다."라고 주장했다(Anderson, 1990, p. 137). 그는 인간의 삶이 실재에 관한 독특한 언어적 지도에 의해 만들어진다고 보았다(Blume, 2006, p. 185). 삶은 언어에 의해 형성되고 이야기로 구성되며, 그 이야기들은 실제 경험보다 그것에 부여한 의미와 더 깊이 관계된다.

　따라서 구성된 이야기로 기억된 삶의 사건들은 상담을 통해 해체될 수 있다. 상담자는 내담자의 절망적인 경험을 해결과 희망의 이야기로 전환시킴으로써 새로운 이야기를 쓰도록 돕는다. 이때 현실은 예전의 현실과는 다른 것이 된다. 돌이킬 수 없는 과거와 불가피한 미래라는 낡은 개념은 유연한 것으로 대치된다. 내담자의 이야기를 함께 재구성함으로써 그가 성공적인 해결을 향해 나아갈 수 있도록 조력할 수 있다.

인식의 방법

앞에서 언급한 이러한 다의적(多意的)인 경험이 비현실적으로 여겨진다면 당신도 사실을 사실이라고 주장하는, 사회적으로 구성된 관습 안에서 자란 것이다. 그러나 18세기 철학자 로크는 경험이 단순 명확한 것이 아님을 보여 주기 위해 유명한 논증을 제시했다. 그릇이 세 개 있는데, 하나는 찬물, 두 번째는 뜨거운 물, 세 번째는 미지근한 물이 담겨 있다. 오른손은 뜨거운 물에 넣고, 왼손은 찬물에 넣는다. 당연히 오른손은 뜨겁다고 느끼고, 왼손은 차갑다고 느낄 것이다. 이어 두 손을 세 번째 그릇에 넣으면 왼손은 따뜻해지고, 오른손은 시원해질 것이다. 이것은 물의 특성에서 오는 것이 아니라 조금 전의 경험 때문이다.

경험에 의해 세 번째 그릇의 물의 실제 온도를 판단하려 하면 혼란을 겪게 된다. 이때 우리의 경험은 딜레마에 빠진다. 물은 따뜻한 것인가, 시원한 것인가, 아니면 둘 다인가? 사실은 사실이겠지만, 우리는 사실의 해석과 그 해석에 관련된 의미에 변화를 줄 수 있다. 이것은 경험을 어떻게 이야기하느냐에 달려 있다. 어떤 사실의 사실 여부는 그 일을 겪은 사람의 이야기에 의존한다. 어른이 된 형제들이 어릴 적 경험에 대한 이야기를 나누면서 종종 "우리는 마치 전혀 다른 가정, 다른 부모 밑에서 자란 것 같아!"라고 하는 것과 같다.

Bruner(1990)는 인식의 방법을 패러다임 인식과 내러티브 인식의 두 가지로 보았다. 패러다임 인식은 실재에 대해 추상적인 이론을 구성해 나가는 과정과 관련 있고, 내러티브 인식은 이야기를 구성함으로써 세계를 이해하게 해 준다. 전자는 과학의 언어이고, 후자는 일상생활에 대처하는 방식이다. 과학은 언제나 관찰자의 필요와 상관없이 객관적 현실에 대한 사실을 규명하려고 시도해 왔다. 내러티브 인식은 논의되고 있는 사건을 경험한 관찰자가 이야기한 설명이다. 이 이야기는 '회상되거나' '기억된다'. 이것은 과학적인 설명이 아니기 때문에 관찰자의 편견과 감정을 포함하며, 구성이기 때문에 객관적으로 보면 진실은 아니다. 그러나 이 이야기는 그 경험을 말하고 있는 저자에게는 진실이다. 그것은 경험으로부터 구성된 이야기이며, 이야기한 상황의 영향을 받는다.

구성주의

앞에서 말했듯이 구성주의는 개인이 그가 사는 세계를 창조해 낸다고 본다. 반면 사회구성주의에서는 실재에 대한 관념이 구성되기는 하지만 그것이 지배적인 문화를 통해 부여된 것으로 본다. 이 두 단어는 서로 관계있지만 다소 다른 의미를 갖는다.

구성주의에서 실재란 있는 그대로를 알 수 없으며, 인식의 주체인 개개인으로부터 독립적인 현실은 없다고 본다. 어떤 인간도 신의 눈으로 현실을 객관적으로 볼 수는 없다. 이는 단순히 현실을 만들어 낸다는 것을 뜻하는 것은 아니다. 오히려 인간은 현실을 발견한다기보다 창조해 낸다. "이는 유형의 물체나 물리적 존재의 실재를 부정하는 것이 아니다. 구성주의자들은 모든 사람들과 같은 땅을 걸으며 같은 벽에 부딪힌다."(Prochaska & Norcross, 2007, p. 452)

내담자의 고민은 물리적인 대상에 대한 것이 아니다. 그는 목표 달성과 행복을 방해하는 심리적인 벽에 부딪힌 것이다. 내담자가 현실을 구성한 방식이 그의 범주를 경직되게 하였다. 그의 유연성 없는 한계의 구성체는 자존감을 손상시키고 관계를 파괴하며 문제 해결 능력을 약화시키는 주관적인 현실을 만들어 버렸다.

사회구성주의

구성주의자는 개인이 현실을 창조한다고 말하지만 사회구성주의자는 개인이 속해 있는 문화가 현실을 부여함을 강조한다. 내담자의 호소문제에는 이 두 가지 과정이 모두 작동하고 있다. 두 가지 '현실' 중 어느 것도 경험에 대한 객관적인 보고는 아니다.

사회적 구성체는 문화적 사조, 패러다임, 시대정신에서 나온다. 사회구성주의는 다문화적 관점의 근본적인 전제다(Sue & Sue, 2003). 특정한 문화적 관점이 생각을 움직이기 때문에 우리는 다른 문화권의 사람과 다르게 생각한다. 예를 들어, 만약 자본주의가 좋고 개인의 재산권이 가치 있다고 여긴다면, 그는 현대의 구미권 문화에서 태어났을 것이다. 그러한 믿음은 지리적 측면뿐 아니라 역사적 시기에 의해서도 영향을 받는다.

얼마 전까지만 해도 구 소련과 중국 사람들은 자본주의나 사유재산을 부정적으로 보았다. 결혼관, 가족관, 우정, 사회적 성공, 미와 추함 등에 관한 기준은 우리가 성장해 온 문화로부터 영향을 받는다. 이러한 것들이 사회적 구성체다. 일단 문화의 가치와 관점을 수용하면 세상을 다르게 볼 수 있는 방법이 존재한다는 것을 상상하기가 어렵다.

당연히 사회적 구성체는 여성, 유색인종, 동성애자 등이 우리의 문화에서 어떻게 취급될지에도 영향을 끼쳐 왔다. 다양한 사회적 구성체의 내담자를 대할 수밖에 없는 상담자는 다문화적인 능력을 갖추어야 한다(Sue & Sue, 2003). 사회적 구성체는 시간에 따라 변하는 집단적 믿음이지만, 대체로 고의로 채택되지는 않는다. 그 구성체들은 우리가 자신에게 계속해서 이야기하는, 스스로에게 말하고 있는 이야기들이다. 문화적 기대와 관련해서 내가 개인적으로 어떤 사람인지가 우리의 자존감과 전반적인 행복에 영향을 미친다. 우리의 경험 속에서, 지배적으로 전개되는 일화들에 맞지 않는 것들은 제거되면서 내러티브가 형성되는 것이다. 이와 같이 시간의 흐름과 필요에 의해서 우리가 경험한 많은 대목들이 언급되지 않은 채 사라진다(Day, 2004, pp. 353-354).

사회구성주의에 근거한 상담자는 사람들이 당연하게 받아들이는 지식을 비판적인 시각으로 접근한다. 또한 지식은 시간의 제약을 받고, 문화에 종속된 것이라고 인지한다. 즉, 한 사람이 무언가를 인식하는 방식이 다른 사람이 세상을 인식하는 방식보다 우월할 수 없다는 것이다. 지식은 사회적 과정을 거쳐 형성되며, 사람들이 진리라고 여기는 모든 것은 '일상적인 상호작용과 매일의 삶'에 의해 형성되어 왔다(Corey, 2005, p. 386).

상담자는 내담자의 세계를 사회적 구성체로 이해하고, 내담자를 지배하는 가정된 현실의 힘이 약화되도록 도와야 한다. "변화는 문화적 내러티브의 힘을 해체하면서 시작되고, 새로운 의미의 삶을 함께 구성하는 방향으로 나아가게 된다."(Corey, 2005, p. 386) 따라서 내담자가 아직 '이야기하지 못했지만' 유능하게 극복했거나 성공했던 사건, 도전에 대응했던 경험, 강박과 편견에 맞서 싸웠던 일들을 이야기하도록 도와야 한다.

밈: 사회 구조의 단위

생물학적 유전의 기본단위가 유전자라면 문화 전수의 기본단위는 문화구성요소, 밈(meme)이다. 밈의 사전적 정의는 문화의 요소 또는 비유전적인 방법으로 전승되고 받아들여진 믿음이다. Dawkins(1976)는 그리스어 'memetic'으로부터 밈이라는 단어를 만들었는데, 이는 '모방된 것'을 의미한다. 여기에는 기분, 생각, 기발한 문구, 의상 디자인, 사회적 관습 등이 포함된다.

밈은 삶의 모든 면에서 생겨난다. 어떤 것은 패션으로 나타나는데, 삶의 장면에 등장해 한동안 각광받다가 소멸된다. 나팔바지나 구레나룻처럼 재유행하기도 하지만 결국 문화의 뒤안길로 서서히 사라진다. 'twenty-four, seven('항상'이라는 뜻)' 'efforting(노력하다)' 'stepping up to the plate(도전적인 일을 받아들이다)' 같은 영어 단어나 문구도 언젠가는 사라질 것이다. 노인의 유머는 젊은이에게 그저 진부할 뿐이다. 최신 트렌드일수록 더 빨리 사라진다.

유전자처럼 밈은 일단 전수되고 나면 우리의 존재 자체와 무관하게 유지된다. Dawkins(1976)가 말했듯이, 유전자와 밈은 이기적이다. 생물학적 관점에서 보면 우리는 이기적인 유전자를 운반하는 전달수단에 불과하며, 유전자가 볼 때 인간은 유전자를 복제하기 위해 존재할 뿐이다. '우리의 유전자'라고 부르는 것도 정확한 표현이 아니다. 오히려 인간은 유전자에 종속되어 유전자의 생존을 위해 존재하는 전달 수단에 불과하다. Samuel Butler가 말한 바와 같이 "닭은 달걀이 또 다른 달걀을 낳는 하나의 수단에 불과하다."(Stanovich, 2004, p. 2)

마찬가지로 습득된 태도, 신념, 의식과 관습 등의 밈은 인간을 통해 전승되기 위해 존재한다. 밈의 입장에서 볼 때, 인간은 타인과 소통하기 위한 문화적 운송수단이자 전달된 밈에 감염되는 존재다. 만약 유전자와 밈에게 의식이 있다면 인간이 적절한 숙주이자 전달자임을 알 것이다.

밈의 복제가 반드시 모든 것에 유익하지는 않다. 좋지 않은 유전자가 존재하듯 밈에도 좋은 것과 그렇지 않은 것이 존재한다. Blackmore(2003)는 인간을 밈 머신(meme machine)으로 본다. 밈은 우리가 놓여 있는 사회적 구성, 즉 문화의 단위다. 모방하고 배우고 소통하고자 하는 인간의 욕구는 생존하고 복제되고자 하는 밈에 의해 추진된다. "인류의 발전은 수많은 밈들에 의해 운반되고 감염된 과정이다."(p. 24)

문화를 창출한 후, 밈은 다시 그 문화에 속한 모든 사람에게 영향을 준다. 예를 들어, 성차별금지법에도 불구하고 많은 여성은 여전히 권력의 지위에서 과소평가되고 있다. 어린 여성은 복종이나 미의 기준에 관한 편견에 순응하도록 강요받는다. 가혹하고 해로운 사회화 과정은 여성의 신체 이미지, 자아개념, 웰빙의 전체적인 의미에 큰 영향을 미친다(Sue & Sue, 2003). 남성 역시 그 문화의 밈에 의해 규정된 성역할을 강요받는다. 일단 전수된 밈은 진실로 여겨지거나 관습이 되어 컴퓨터처럼 일상적으로 쓰인다.

분명 과학, 민주주의, 평등권 같은 것들은 운 좋게도 이러한 사회 구조나 밈 복합체에서 태어난 사람에게 긍정적인 영향을 미치는 듯하다(Dennett, 1991). 만일 세상에 대해 사회적으로 구성된 신념들의 밈이 삶을 긍정하고 자존감 높고 굳건하게 해준다면, 이런 행복한 사회 구조 환경에서 태어났다는 것은 우리의 정신건강에 든든한 기초를 제공해 줄 것이다. 나 자신이나 세상에 대해 언급하는 이야기들은 긍정적 미래 안에서 확신과 결의, 믿음으로 가득 찰 것이다.

그러나 부정적인 이야기를 만드는 밈에 지배당한 내담자들은 나쁜 영향을 받는다. 자신이 무능하여 사랑받을 수 없다고 생각하거나 세상을 적대적인 곳으로 여기게 된다.

우리는 밈을 아무런 저항 없이 받아들여 신념화할 뿐 아니라 계속해서 아무 자각 없이 우리의 경험을 맞추어 간다(Stanovich, 2004). 하지만 부단한 각성과 노력을 통해 이 내재된 밈의 영향력에서 자유로워질 수 있다. 상담자의 사명은 내담자의 삶의 이야기를 들어주고, 그의 잠재력을 제한하는 밈을 해체하는 것이다. 상담받기를 결심한 내담자에게 어디서 그런 생각이 나왔는지 질문하는 것이 첫 번째 작업이다.

명왕성의 폐위

초등학교에서 태양계를 공부할 때 순서대로 행성을 외우는 법을 배운다. 영어권에서는 응용 문장으로 만들어 그 첫 글자를 외우는 방법이 있다. 수성(Mercury), 금성(Venus), 지구(Earth), 화성(Mars), 목성(Jupiter), 토성(Saturn), 천왕성(Uranus), 해왕성(Neptune), 명왕성(Pluto)을 'My Very Empty Mouth Just Swallowed Up Ninety Peanuts' 또는 'My Very Eager Mother Just Served Us Nine Pizzas' 식으로 암기하면 기억에 오래 남는다.

문제는 여기에 있다. 2006년 8월, 국제천문학회는 행성으로서의 명왕성의 지위를 폐위시켰다. 이 경우, 암기를 돕기 위해 구성된 문장은 어떻게 되는 것인가? 이 문장에서 사용된 땅콩(Peanuts)이나 피자(Pizzas)를 대체할 만한 무엇인가를 찾아야만 할 것이다.

명왕성을 본 적은 없지만 사람들은 명왕성이 다른 행성들과 함께 그 끝에서 궤도에 따라 움직이고 있다고 믿어 왔다. 지금도 명왕성이 그곳에 존재하고 있다고 믿고 있다. 사실은 변하지 않았지만 그 의미는 완전히 바뀌었다. '행성인 명왕성'에 대한 본래의 신념을 수정할 때 고려할 점은 어쨌든 그 신념이 원래 사회적으로 구성되었다는 것이다. 그리고 지금 그 신념은 해체되었다. 행성의 이야기가 변한 것이다.

구성된 문화

문화는 이야기의 세계다(McLeod, 2003). 앞서 언급한 태양계의 예와 같이 과학 또한 이야기다. 인간은 스스로를 어떤 이야기에는 포함시키고 다른 이야기들은 거부함으로써 정체성을 형성한다. 때로는 자신이 속한 문화의 이야기를 무비판적으로 받아들여 독특한 세계관을 형성하고 경험을 해석한다. 아무런 의문이나 도전의식도 갖지 않으면 개성 없이 이야기의 배경에 안주하는 사람으로 전락하고 만다.

스스로에게 '남자로(또는 여자로) 사는 것이 무슨 의미가 있는가?' 질문하면 특정한 성역할이 떠오른다. 그때 '이런 생각을 어떻게 하게 되었나?' 라고 되물으면, 과거에 어디서 어떤 가족의 구성원으로 태어나고 어떤 경험들을 했기 때문이라는 것을 깨닫게 된다. 상황이나 문화적 경험이 달랐다면 당신이 누구이며 어떻게 행동해야 하는지도 달라졌을 것이다. 이것이 이야기에 대한 사회구성주의적 관점이다. 인간의 삶은 가족이나 문화의 지배적인 이야기 안에서 진행된다. 지배적인 이야기는 삶을 제한시키고 피폐하게 만들기도 한다.

해체의 의미

해체(deconstruction)는 경험에 관한 신념과 의미를 변화시키는 과정이다(Hanna, 2007). 해체는 곧 학습의 과정이다. Piaget(1970)에 의하면, 새로운 정보는 기존의 도식(schema)에 부합할 때 동화된다. 동화에 수반되는 학습은 최소한이며, 우리는 단지 약간의 정보만 얻어 자료를 축적하는 방식으로 일상사를 쉽게 동화시킨다.

그러나 대표적인 표상체계에 잘 맞지 않는 정보를 만날 때는 도식을 변화시켜 그것을 조절해야 한다. 새로운 경험과 기존의 도식 간의 갈등으로 불협화음이 생기면 기존의 구성으로는 세계를 이해할 수 없게 된다.

표상체계의 혼란은 기존의 정보와 미지의 정보 간의 충돌을 줄이는 방안을 탐색하게 하지만, 탐색은 기존의 관점에서 벗어나 시도되어야 한다. 그렇지 못하면 그러한 시도가 자기 가치감과 선한 삶에 관한 기본 전제를 뒤흔드는 외상경험이 될 수도 있다(Janoff-Bulman, 1992).

성공적인 적응을 위해서는 융통성과 창의성이 요구되며, 새로운 구성을 위해 기존의 익숙한 방식을 잠시 내려놓는 의지가 필요하다. 일단 적응이 되면 한층 개방적이고 폭넓은 표상체계를 갖게 된다.

인간의 삶은 동화와 적응의 순환과정이다. 우리는 경험을 토대로 현실을 구성하고, 다른 경험을 할 때 기존의 현실을 해체시켜 새롭게 구성하게 된다.

내담자는 기존의 현실과 새로운 현실 사이에서 힘들어 한다. 내담자의 이야기로부터 그가 세상을 보는 인지적 도식 구조를 알 수 있다(McLeod, 2003). 내담자가 어떤 이야기를 진술할 때, 그 이야기의 밑그림들끼리 서로 충돌함을 알 수 있다. 예를 들어, 비극적인 이야기는 희망의 이야기와 부딪히는데, 상담자는 이 과정을 도와야 한다. 그것이 결국 살아남는 희망의 이야기가 되기 위해서는 아직 진술되지 않은 이야기들을 찾아내야 한다.

상담자는 내담자가 이야기 속 갈등을 성찰하고 보다 잘 이해하도록 도울 수 있다. 더 높은 수준의 이야기를 구성함으로써 내담자는 이전의 갈등까지 수용할 수 있는 풍요롭고 탁월한 이야기를 할 수 있게 된다. 새로운 이야기는 내담자에게 변화와 문제 해결의 지침을 제공한다. 이 장의 방법 부분에서는 내담자의 현실을 해체하고 재구성하는 기법을 제시한다.

인지 혁명

1960년대 심리학 분야의 인지 혁명 이후 학문적 영역에서 마음(mind)이 재조명되기 시작하면서, 심리학자들과 상담자들은 정신적 과정을 어떻게 개념화할 것인지에 대해 다양하게 논의해 왔다. 현실은 외부적인 것으로 마음에 의해 정확히 복제된다고 가정했던 한 학파는 개인의 정신적 표상이 논리와 경험적 연구의 결합에 의해 현실과 일치해야 한다고 주장하였다. 구성주의적 관점의 다른 학파는 어떤 사건이 개인에게 주는 의미를 강조하면서, 정신건강에서 외부 현실과의 일치나 조화의 필요성을 부인했다.

　Mahoney(1988)는 전자를 합리주의자, 후자를 발달론자로 불렀다. Albert Ellis와 Aaron Beck은 합리주의적 관점을 지향한다. 그들은 현실에 대해 선명한 그림을 갖지 못하는 것은 결함 있는 렌즈, 나쁜 필름, 불충분한 노출의 결과로 본다. 현실의 그림이 왜곡되었다면 그것은 그 사람이 비합리적으로 생각하기 때문이다. 따라서 상담자는 내담자가 카메라를 잘 다루어 오점 없이 지각하도록 도와야 한다(Mahoney, 1988, p. 158). 합리주의자의 관점에서 "뇌는 감각 자료에서 모은 정보의 큐레이터지만, 구성주의자들은 뇌를 경험의 적극적인 조각가로 묘사하는 경향이 있다."(Mahoney, 1988, p. 162) 이러한 관점에서 지식은 언제나 참여적 인식자가 된다.

　합리론자는 내담자를 외부 현실에 적응해야 하는 사람으로 간주하는 반면, 발달론자는 내담자를 변화하고 성장해야 하는 사람으로 본다. 내담자의 인지 도식은 왜곡되었기보다 도식이나 구성이 덜 발달되었으므로 융통성 있게 적응하도록 돕는다.

　해체와 파괴는 구별되어야 한다. 문제가 되는 태도를 변화시키고 초월해 보다 자유로운 위치에 설 수 있게 도와야 한다. 변화의 과정이 촉진될 때 성장은 파괴가 아닌 초월이 된다.

함 의

　구성주의와 사회구성주의의 개념은 상담에 중요한 의미를 제공하며 이러한 관점들을 이해할 때 더 많은 가능성을 발견하게 된다.

• 상담자는 내담자의 생각과 객관적인 현실을 일치시킬 필요가 없다.

- 실재는 경험에 기초하여 구성된 것이며, 그 경험에 의미를 부여한 것이다.
- 어떤 문화권에서 태어났다는 것은 한 번도 고려해 보지 않은 의미를 부여받은 것이다. 상담자는 그 의미를 재조명하면서 내담자가 갖고 있는 부정적인 의미를 놓아 버리도록 돕는다.
- 상담자는 자신이 보는 실재를 내담자에게 주입시켜서는 안 된다. 그 대신 내담자의 이야기에서 더 희망적이고 긍정적인 가능성들을 찾아야 한다.

방 법

긍정적 의미의 해체

초심상담자에게 해체는 내담자의 신념을 바꾸는 기술로 이해되기 쉽다. 앞서 말했듯이 상담자는 먼저 내담자 이야기의 정당성을 확인해 주어야 한다.

합리론적 상담 접근법에서는 내담자를 낙심하게 만드는 잘못된 신념이나 부적응적 태도를 직면해야 된다고 본다. 그러나 해체란 기정사실로 여기던 것에서 미처 보지 못했던 가능성을 보도록 돕고, 의심할 바 없는 사실을 특정 관점으로 이해하게 하며, 무조건 받아들였던 현실을 해석으로, 그리고 종결된 사건을 진행형으로 생각하도록 돕는 과정이다.

웹스터 사전에 의하면, dis는 '……무례와 경멸로 대하다, 모욕…… 결점을 찾다, 비판하다'라는 뜻의 속어다(Feb. 2, 2007, http://www.m-w.com/dictionary/dis). 내담자의 이야기를 비방(dissing)하는 방법은 수없이 많다. 동의하지 않다, 찬성하지 않다, 허락하지 않다, 믿지 않다, 신뢰하지 않다, 거절하다, 무시하다, 잊어버리다, 얕보다, 논쟁하다, 존중하지 않다, 신용하지 않다 등은 모두 '~하지 않다'는 의미다. 상담자가 이러한 단어들을 사용하면 내담자는 편안하게 말할 수 없게 되고, 상담자와 내담자 간의 작업동맹은 붕괴될 것이다.

해체 기술

해체 작업을 위한 기초 다지기

이 장에서 소개할 해체 기술들은 이전 장에서 배운 방법들과 관련이 깊다. 예를 들어, 제4장의 목표 설정은 내담자의 무기력한 이야기를 자연스럽게 해체시킨다. 제5장의 재구조화는 다른 도식을 사용하여 경험을 조망하도록 한다.

사실 제2장과 제3장에서 다룬 LUV와 감정이입의 기술들은 상담의 기초이자 핵심이며 해체 작업의 가장 기본적인 도구다. 내담자는 진심으로 이해받고 있다고 느낄 때 도움을 가장 많이 받는다. 소외된 내담자는 무의식적으로 타인으로부터 거부당했다고 여긴다. 공감적이고 진실된 의사소통만이 내담자의 주관적인 현실을 공유할 수 있다. 만남의 경험은 해체와 재구성 과정을 가져온다.

상담 성과를 저해하는 구성체 이해하기

내담자의 이야기는 수많은 구성체들을 포함하고 있다(Neimeyer, 1993). 상담자는 자기, 타인, 세상의 특성을 나타내는 도식에 초점을 맞추어야 한다(Janoff-Bulman, 1992). 여기에 민감해질 때 자신을 방해하고 제한하는 구성체에 대처할 수 있고, 해체 가능성을 높일 수 있다.

• 자기 구성하기(constructing self) 내담자는 자신의 성별, 나이, 혈통 등

으로 인해 문화적 편견을 갖는다. 그는 자신의 정체성을 가족, 직장, 공동체 안에서의 역할로 제한하고, 독특한 개성을 무시하거나 스스로를 바보, 패배자, 신경증 환자 등의 파괴적인 명칭으로 묘사해 버린다.

• **타인 구성하기**(constructing others) 의미 있는 타인들을 고집쟁이, 얼간이, 사기꾼, 거짓말쟁이, 폭군 등의 부정적 단어로 묘사하는 데 유의해야 한다. 타인의 의도나 동기를 해석하기 위해 내담자가 구성을 어떻게 사용하는지에 관심을 기울여야 한다. 예를 들면, "그는 못 믿을 사람이야." "그는 나에게 상관도 하지 않아." "우리 가족은 나를 괴롭히려고 안달이야." "혼자 잘났어." 등이다. 이런 일차원적이고 비관적인 묘사는 중요한 관계를 손상시킬 뿐 아니라 미래의 성취를 위한 잠재성을 차단할 수 있다.

• **세계 구성하기**(constructing the world) 내담자가 삶을 무의미, 불가항력, 절망적, 비도덕적, 위험성 등으로 표현하는 데 주목해야 한다. "형편없는 인생, 그냥 살다 죽어야죠." "내 인생은 끔찍한 재앙 그 자체죠." "나에게는 미래가 없어요." 등의 표현은 변화와 성취의 가능성을 낮추고 내담자의 동기와 희망을 무너뜨린다.

구성을 표현하도록 요청하기

내담자의 이야기에서 특히 문제가 되거나 파괴적인 구성을 파악하면서 구체적으로 묘사하도록 요청한다. 구체화시킬 때는 다음의 대화처럼 가급적 전혀 모르는 듯한 태도를 취하는 것이 좋다.

내담자: 제 인생은 재앙 그 자체예요!
상담자: 무슨 일들이 일어났는지 모르겠네요. 어떤 일이 있었죠?
내담자: 그냥 거지 같은 일이 계속해서 일어났어요.

상담자: 한 가지만 말한다면 어떤 게 있었죠?

내담자: 글쎄요, 예를 들면 사랑이 있었어요. 저는 항상 진지한 관계를 원하는 것처럼 보이는 남자에게 끌려 시작하는데, 결국 그렇지 못했어요.

상담자: 듣자 하니 결국 상처만 받았고, 관계에 모든 걸 쏟아붓고 속은 셈이군요.

내담자: 바로 그거예요!

상담자: 그래서 앞으로는 진지해보이는 사람과 관계에 빠져들지 않도록, 그런 사람을 알아볼 레이더를 잘 발휘하고 싶다는 뜻인가요?

상담자가 기존의 구성을 해체하고 재구성하도록 돕더라도, 그 이야기의 저자는 결국 내담자다. 초심상담자는 섣부른 해석을 시도하기 쉬운데, 그 이유는 이야기의 전문가가 내담자라는 사실을 깨닫지 못하기 때문이다. 오히려 상담자는 이야기가 응집될 수 있도록 더 많은 틈을 만들어 세상에 대한 내담자의 표상을 혼란시켜야 한다.

이러한 틈이 존재할 때가 바로 변화가 준비된 때다. 그러므로 이때 더 자세하게 묘사하도록 요구해야 한다. "자신의 사무실을 가져야만 성공한 사업가가 된다고 보시는 것 같아요." 또는 "당신 남편이 어떤 식으로 나르시시즘을 표현하나요?" 철저히 진상이 규명될 때 해체가 시작될 것이다. 이때 내담자의 세계관을 무시하지 않으면서 재구성하거나 추측 섞인 질문을 던진다. 우리의 세계는 사회구성주의적 과정이나 개인의 구성물로 형성되기 때문에 항상 수정될 수 있다.

쐐기박기

구성의 의미를 이해한 후에 쐐기박기(clarify with a wedge)를 통해 해체의 다음 단계로 넘어간다. 이것은 이야기의 수정 가능성을 열어두면서 현재라는 특정 시공간에서의 개인적인 설명일 뿐이라는 것을 보여 주는 것이다. 그 예는 다음과 같다.

자기에 대한 구성

- "한 가지 짚고 넘어갈까요? 남자는 그 상황에서 절대 울어선 안 된 다고 믿나 봐요."
- "당신은 4 사이즈가 아니면 매력적인 여자가 될 수 없다고 믿고 계 시는군요."

타인에 대한 구성

- "그가 당신의 생일선물을 포장하는 걸 잊어버린 것이 당신을 사랑 하지 않는다는 건가요?"
- "아드님이 아직 뇌가 덜 발달한 청소년이고 늦는다는 전화를 깜빡한 다는 이유로 당신을 전혀 존중하고 있지 않다고 생각하시는군요."

세상에 대한 구성

- "최근 일들이 좋지 않았기 때문에 삶 전체가 희망이 없다고 확신하 는 것 같아요."
- "그 시험에 떨어진 게 당신의 삶 전체가 재앙이라고 믿게 만들었 군요."

희망 포착하기

아무리 힘든 이야기에도 불꽃이 튀는 것 같은 희망의 순간이 존재한 다. 내담자의 험악한 이야기에서 회복의 가능성을 찾아내야 한다. 호소 문제로부터 창의성, 회복, 끈기, 용기의 예를 포착한다면 상담은 더욱 활 기를 띤다. 제3장에서 제시된 역공감의 기법도 효과적이다. 내담자가 간 과한 능력과 자원을 제삼자의 관점에서 해설해 준다. 또한 이야기되지 않은 구성들에 대한 경계를 늦추지 말아야 하는데, 그것은 내담자가 문화적 편견을 갖거나 개인의 지배적인 도식에 맞지 않기 때문에 간과해 버린 경험들이다.

이야기 재집필하기

피폐해진 구성을 다시 쓰도록 돕는 동시에 내담자가 제공한 자료들을 기억해야 한다. 진부한 말은 이야기의 재구성에 걸림이 될 뿐이다. '가는 길이 힘들 땐 강한 자만이 그 길을 걷는다는 것을 기억해라.' '세상이 힘든 일을 주면 그 힘든 일을 승화시켜라.' 같은 지배적인 문화에서 통용되는 격언은 진실한 목소리로 개인적인 이야기를 하는 것을 방해한다. 그러나 쐐기박기를 할 때 대안을 제시하는 것은 논쟁이나 토론과 구별된다.

해체는 내담자가 만든 부정적인 도식을 풀어 주면서 그의 해석에 동의할 기회를 찾는 것이다. 내담자와 상담자 간의 자연스러운 긴장은 결국 자유로운 이야기를 다시 쓸 수 있게 한다. 진정한 남자도 울 수 있고, 진짜 여자는 위협적이지 않고도 사업에 성공할 수 있다. 새 이야기가 받아들여지기 위해서는 제한적이고 강제적인 신화로부터 자유로워지고 문화에 어느 정도 부합되어야 한다.

상담과정

이 장의 앞부분에서 소개한 상담사례를 다시 읽어 보자. 상담 첫 회기에서 단기상담자는 다음과 같이 해체 기술을 사용할 수 있다.

상담자: (내담자 Thompson 부인이 갑자기 상담을 요청하게 된 이유를 설명하자, 상담자는 경청하면서 다음 질문으로 해체의 가능성을 찾는다.) 부인, 자녀들이 목사님을 만나 이야기한 것과 정원 이야기를 듣고 궁금한 게 있어요. 도대체 어떻게 스스로 여기에 오셨어

요? 여태 상담은 받아본 적이 없으신데요.

Thompson: 손주들에게 불쾌하고 늙은 마녀처럼 보일지 모르지만, 나는 그 애들을 정말 사랑해요. 큰손자는 날 '장미 할멈'이라고 부르지만, 그 장미 할멈 집에 못 오면 울며불며 난리였어요. 아이들이 다시 나를 보고 싶어 할 수 있게 뭐든 할 거예요.

상담자: 본인을 '불쾌하고 늙은 마녀'라고 말하셨는데, 뭐 하나만 짚고 가요. 지금 생애 최악의 기간인 것처럼 보이네요. 만족했던 직장에서 강제로 은퇴당했고, 사랑하던 남편을 갑자기 잃고…… 이런 고통스럽고 끔찍한 상황에서도 여자는 화를 내서는 안 된다고 생각하는 것처럼 들리네요.

Thompson: 내가 최악의 나날을 보내고 있다는 것은 정말 맞아요……. (잠시 한숨을 쉬고는 눈물을 닦아 낸다.) 그 끔찍한 날들을 어떻게 보냈는지 모르겠어요. 제 남편은 항상 최고의 서비스를 해 주는 사랑스럽고 친절한 사람이었어요……. 로맨틱하기도 했어요. 꽃이 만발한 정원이 있었지만 늘 꽃을 사다 주었지요. 나중에 발견한 사랑편지도 죽기 전에 미리 써 두었어요. 저는 요즘 손주들 꼴 사나운 귀걸이만 봐도 짜증나고 참기 어려워요.

질문 Question

1. 상담자는 어떤 방식으로 쐐기박기를 했는가?

2. 당신이라면 내담자의 마지막 말에 어떻게 반응하겠는가?

환상과 가설

Seligman(1991)에 의하면, 낙관주의자나 비관주의자가 되는 것은 후천적이다. 즉, 삶의 경험은 그가 미래를 보는 태도에 영향을 끼친다. 우리 앞에 있는 것은 미래뿐이니, 미래를 낙관적으로 기대하는 것이 한층 기쁠 것이다. 낙관주의가 후천적으로 학습된다면, 상담자가 할 일은 미래의 긍정적인 결과를 이끌기 위한 작업을 하는 것이다(Echterling, Presbury, & McKee, 2005). 미래는 아직 일어나지 않았고, 마음 속에 존재할 뿐이다. 미래는 하나의 가설로, 현재의 태도와 마음가짐을 결정한다. 내담자가 낙관적인 미래를 상상하도록 도움으로써 현재의 상황들을 향상시킬 수 있다.

자신의 목표가 절대로 실현될 수 없다고 믿는 내담자는 그 목표의 달성에 별 노력을 기울이지 않는다. 무기력한 이야기를 낙관적으로 바꾸기 위한 첫 번째 단계는 내담자의 부정적 예측을 다르게 묘사하면서 새 가능성을 제안하는 것이다.

- "이 문제에 대한 당신 나름의 해결책을 아직까지 못 찾은 것 같군요."
- "당신은 시도할 준비가 완전히 된 건 아니군요.
- "해결책을 못 찾기도 했지만, 어쨌든 여전히 힘든 이 상황에 머무르려고 하는군요." (Echterling, Presbury, & McKee, 2005, p. 127)

이러한 진술들은 긍정적인 미래를 포함한다. 다가올 성공이 기대될 때 현재의 무게를 덜 수 있다. 연구에 따르면, 부정적인 결과를 피하려는 노력보다 긍정적인 목표를 위해 노력하는 것이 더 높은 수준의 행복을 경험하게 한다(Emmons, 1999). 내담자가 행복을 확신할 때 이야기 전체를 변화시킬 수 있다.

가설적 틀은 지금 당장 변화해야 한다는 부담을 덜 수 있고, 환상을 이용함으로써 불확실한 희망을 현재 장면에 투입시킬 수 있다. "환상은 삶을 확장시키는 힘이다. 환상은 억압을 제공하는 사람, 사건, 환경을 초월하여 더 많은 영향을 제공한다."(Polster & Polster, 1973, p. 255) 환상은 상상 속에서 해보고 느끼고 맛보는 상태다. 즉, 인간은 지금과 다르게 행동하고 느낄 수 있는 존재다. Minkowski의 지적처럼 만약 소망이 없거나 목표가 절망적이라면 긍정적인 미래는 없다(Ellenberger, 1958). 즉, 미래를 포기하고 감정을 억누른 채 현재를 살 뿐이다. 자유로운 환상은 내담자의 에너지를 높이고, 자아를 이해시키며, 억눌린 감정을 서서히 끌어올린다.

상담자는 낙관주의자가 될 필요가 있다. 낙관주의자만이 자신감 있는 태도를 전달할 수 있고, 문제 해결을 가능하게 하는 추정적인 질문을 할 수 있다.

- "이 문제가 해결되면 세상이 어떻게 달라질 것 같아요?"
- "이야기를 들어보니 결국 당신의 삶 속에서 그 사람을 찾을 거라고 믿고 있음이 느껴져요."
- "지금 같은 상황에 어떻게 누에고치에서 자유로워질 것을 확신하는 나비처럼 전심전력할 수 있는지 놀랍군요."

제5장의 Necker 큐브 그림을 떠올려 보라. 하나의 큐브가 갑자기 변하면서 더 이상 한 개로만 볼 수 없게 되었다. 낙관주의와 비관주의가 Necker 큐브의 두 얼굴이라면, 문제의 부정적인 면은 내담자가 긍정적인 미래를 떠올릴 때 희망적인 가능성과 나란히 놓이게 될 것이다. 변화는 때로 너무 갑작스럽게 나타나 어떠한 이성적인 설명도 못하게 만든다. Necker 큐브의 면이 어떻게 바뀌는지 설명할 수 없는 것처럼, 내담

자도 더 나은 미래를 상상하는 것이 그들의 인생 이야기를 어떻게 바꿔 놓았는지 완전히 설명할 수 없다. 현재 상황에서 바뀐 것이 없음에도 불구하고 세상이 갑자기 반겨주는 것 같고, 미래가 희망적으로 보이게 된다. 해결에 대한 갈망이 내담자를 존재하지 않을 것 같은 가능성을 향해 나아가게 한다.

기적질문

내담자가 가설적 틀을 형성하게 되면 문제 해결과 성장을 창조할 수 있게 된다. 환상적인 최고의 해결책에 도달하기 위한 기법 중 하나는 de Shazer 등(1985)이 개발한 '기적질문(miracle question)'이다. 기적질문은 내담자에게 잠에서 깨어 보니 문제가 해결되어 있는 기적이 일어났다고 상상하게 한 다음 문제 해결 전후의 차이를 탐색한다. 이 기법은 내담자가 문제 패턴에서 예외적인 상황을 찾지 못할 때 사용한다.

초심상담자들은 기적질문을 사용할 때 서두르기 쉽다. 이 기법은 최면을 걸듯 천천히 전달되어야 한다. 시작하기 전에 내담자의 호흡을 관찰하고 어깨의 이완을 관찰하면서 따라가야 한다.

> "오늘 일을 마치고 집에 가서 극도로 피곤해 있는 자신을 상상해 보세요. TV를 보거나 책을 읽으려고 하지만 잠이 쏟아집니다. 할 수 없이 침대로 가 깊은 잠에 빠집니다. 당신이 잠든 동안 기적이 일어납니다. 그동안 겪어 왔던 모든 힘든 일들, 당신을 죄인처럼 구속하던 모든 것들이 다 없어졌어요! 당신은 그 문제들로부터 자유로워요. 하지만 당신은 자고 있었기 때문에 이 기적이 일어났다는 걸 당연히 모릅니다. 자, 이제 일어나서 제일 먼저 이전과 다르다고 느끼고, '기적이 일어난 것 같아!'라고 말하게 하는 건 뭘까요?"

모든 기법이 그렇듯 기적질문도 내담자의 상황에 맞게 말해야 한다. 그리고 이 기법을 제시하기 전에 내담자의 동의를 얻는 것이 중요하다. "이 상담에 도움이 될 만한 것을 해 볼까 하는데 한 가지 부탁이 있어요. 당신의 상상이 필요해요. 괜찮으세요?"

이미 신뢰가 형성되었다면 내담자는 동의할 것이다. 상담자는 기적이 일어난 상황을 가능한 한 선명하고 뚜렷하게 그린다. "어제와는 다르게 무엇을 하고 있는지 모두 말해 주세요. 이제 기적이 일어났습니다. 주변 사물들이 어떻게 보이나요?" 내담자가 더 이상 생각해 내지 못할 때까지 계속해서 "또 뭐가 있나요?"라고 묻는다.

내담자가 아동일 경우, '마술 지팡이'나 '마법의 약' 같은 단어를 쓰면 더 잘 반응한다(O' Hanlon, 1995). Erickson(1954)은 이것을 수정구슬(crystal ball) 기법이라고 불렀다. 수정구슬을 들여다보면서 문제가 사라진 미래를 상상해보고, 미래의 관점에서 현재를 바라보며 어떻게 그 변화가 가능했는지 묻는다.

마지막으로, 문제가 해결되었을 때 그 사람이 어떻게 변했는지 묻고, 가설적인 해결책을 사후 점검한다. 해결 전후의 차이에 대한 어떤 견해도 문제 해결의 단서가 될 수 있다.

상담과정

앞부분의 상담사례를 다시 읽어 보고 상담자가 기적질문을 어떻게 사용하는지 알아보자.

상담자: (다시 몸을 앞으로 기울이고, 기적질문에 대한 동의를 간단히 구하면서) 뭐 하나 여쭤 볼게요. 오늘 상담을 마치고 집에 돌아가서 평소처럼 정원 일을 하다가 뭔가를 먹고, 뭔가를 읽다가 잠자리에 드는 경우를 생각해 보세요. 잠이 든 동안 지금 상황이 해결되는 기

적이 일어나서 원하는 방식으로 되었다고 가정해 보세요. 아침에 눈을 떴을 때, 기적이 일어났음을 알게 해 줄 첫 번째 단서는 무엇일까요?

Thompson: 글쎄요, 잘 모르겠네요. 제 목소리가 밝아져 있을 것 같아요. 남편은 제가 기분이 좋으면 목소리도 밝고, 발걸음도 가볍고, 얼굴 표정도 밝아서 저를 파랑새라고 불렀지요. (잠시 머뭇거리다가 희미한 미소를 짓더니 이내 눈물을 글썽이면서) 만일 그런 기적이 일어났다면, 남편 없는 내 인생에 대해 더 이상 죄책감을 느끼지 않을 것 같아요. 남편은 내가 자신이 사랑했던 사람이 되길 원할 거라는 걸 깨달은 거죠. 파랑새처럼……

질문 Question

1. 내담자는 어떻게 기적을 상상했는가?
2. 상담자는 기적질문을 어떻게 사용했는가?
3. 당신이 상담자라면 Thompson 부인의 마지막 말에 어떻게 반응하겠는가?

적용

세 명이 한 조가 되어 한 명이 자신의 바꾸고 싶은 인생에 대해 이야기해 보자. 다른 한 명은 경청, 이해, 타당화 기법을 활용하면서 적당한 때 기적질문을 사용한다. 마지막 사람은 이 활동을 관찰한 후 피드백한다.

격려 vs 칭찬

내담자는 사기가 꺾여 '주관적인 무능함, 자존감 상실, 소외, 희망 없는 상태, 아무도 자신을 도울 수 없다는 느낌, 무기력함'을 경험한다 (Frank, 1985, p. 56). 이러한 관점에서 보면, 내담자는 문제 해결이나 증상 완화뿐 아니라 희망을 되찾아야 한다(Young, 2005). 따라서 이야기의 해체를 통해 용기를 얻도록 돕는 것이 필요하다.

내담자의 이야기를 재구성할 때는 '격려하는 자세'가 필요하다(Schmidt, 2002). 상담자는 가장 어두운 때에도 아득히 먼 저쪽에는 좋은 것이 기다리고 있음을 믿도록 도와야 한다. 사람은 무엇이든 변화시킬 수 있다는 확신이 있어야 한다. "만약 그렇지 않다고 생각하면 문제를 해결할 수 없다. 절망적인 상황에서도 긍정적인 방향을 놓치지 않고 타인의 입장에서 인내할 때, 진정한 돌봄의 관계가 된다."(p. 56)

초심상담자들은 내담자의 곤경에 동조해서 서둘러 밝은 면을 보도록 개입하고, 고통을 경감시키려 애쓴다. 이것은 이타적이기보다 상담자 자신의 불편함을 감소시키려는 것이다. 격려란 안아 주는 환경을 제공하는 것이다(Teyber, 2005). 이 환경 안에서 내담자는 자신의 고통을 자유롭게 말할 수 있다. 격려는 칭찬이나 근거 없는 찬양과 구별된다. 격려는 내담자에게 내재된 긍정적인 상태를 반영하는 것이다. Witmer(1985)에 의하면, 격려는 생기와 자신감을 높이는 반면 칭찬은 특정 행동의 힘을 유지시키려는 것이다. 격려는 효능감을 높이지만 칭찬은 외부 통제에 더 의존하게 한다.

예를 들어, 칭찬은 아이가 바람직하게 행동할 때 "잘했어!" "네가 자랑스럽다." "네 행동은 에이플러스야."라고 말하는 것이다. 그러나 격려는 "그렇게 노력하더니 결국 해냈구나!" "그렇게 어려운 일을 해내다니!" "어떻게 그런 어려운 일을 할 수 있었니?" 등이다. 후자는 행동의 이면까지 관찰하는 형식으로, 성취 행위에 대해 놀라움과 흥미를 표현한다.

칭찬이나 찬양 자체가 잘못된 것은 아니다. 다만 그것이 자율성, 내면에 대한 평가, 유능감을 높이는 데는 별로 효과적이지 않다. 내담자의 중요한 타인인 상담자의 반응방식은 내담자의 자기인식의 방향성에 큰 영향을 미친다. 내담자의 자아개념을 향상시키려면 격려가 찬양이나 칭찬보다 훨씬 유익하다.

어떤 내담자는 상담자가 자신을 경멸한다고 생각하기도 한다. 내담자의 고통과 부정적인 자기이미지를 탐색하다 보면, 상담자가 내담자의 무가치감을 강화할 수도 있다. 상담자는 내담자에게 반응할 때 주의해야한다. 내담자가 사실이든 가설이든 성공이나 희망을 이야기하고 있다면, 바로 그때가 상담자가 열정과 호기심을 보여 줄 때다.

경의, 칭찬, 격려

내담자의 이야기에서 긍정성을 찾아 경의(compliment)를 표할 필요가 있다(Walter & Peller, 1992). 그러나 이것은 정적 강화나 칭찬이 아닌 격려의 형식을 취해야 한다. 격려와 칭찬(praise)의 차이는 개입의 목표에 있다. 학습이론에서 강조하는 대로 목표 행동의 강화에는 칭찬이 필수적이다.

그러나 내담자의 자존감을 높여 주려면 격려가 필요하다. 칭찬이 내담자의 특정 행동이 적절한지를 평가하는 데 치중한다면, 격려는 내담자의 내적 방향성, 내적 통제, 노력 등에 집중한다. 격려는 내담자의 유능감과 독립성을 증진시키지만, 칭찬과 강화는 강화물과 행동 간의 연합이나 의존성을 발달시킬 뿐 다른 상황에 일반화하지 못하기 쉽다(Walter & Peller, 1992).

상담과정

앞에서 나왔던 상담사례를 다시 읽어보고 상담자가 질문을 어떻게 사용하는지 알아보자.

상담자: 대체로 상담 받는 분들은 올 때 이미 해결책을 갖고 있더군요. 부인께서는 예약한 때부터 지금까지 사소하지만 뭔가 다르게 행동한 것이 있으신가요?

Thompson: 그 질문이 참 재미있네요. 솔직히 손주들에게 골칫덩어리 할머니가 안 되려고 노력하고 있었어요. 큰손주에게 생일선물을 사줬는데, 그 아이는 포장지를 뜯자마자 늘 원했던 전기기관차를 들고 고맙다는 말도 없이 뛰어나갔어요. 지난 달이었다면 제가 당장 와서 뽀뽀하라고 소리 질렀을 거예요.

상담자: (앞으로 몸을 기울이고는 관심 어린 표정으로) 그러면 이제는 어떻게 하시나요?

Thompson: 생각만 하고 말죠. 무시당하는 건 싫지만, 애써보려고 입을 틀어막아요. 제 자식들한테는 그렇게 조심하지 않아도 잘 컸지만……

상담자: (더 큰 관심을 보이며) 예전 같았으면 아이들에게 소리를 질렀을 거라고요? 말씀만 들어도 그때 속이 확 끓었을 것 같군요. 그렇게 참기가 쉽지 않은데, 어떻게 그렇게 하실 수 있었나요?

Thompson: 마음속으로 그건 그 아이의 선물이지 내 선물이 아니라고 말했어요. 그 애는 겨우 여덟 살이에요. 뭘 기대하겠어요? 예의 없이 굴긴 했지만, 애 기분이 좋으면 제 기분도 좋은 거고, 최소한 제가 좋은 선물을 골랐다는 데 만족할 수 있어요.

질문 Question

1. 상담자는 어떤 방식으로 질문을 계속하고 있는가?
2. 당신이라면 내담자의 마지막 말에 어떻게 반응하겠는가?

📋 **적용** — — — — — — — — — — — — — — — — —

세 명씩 팀을 나눈다. 한 명은 성공적인 경험을 들려주고, 다른 한 명은 경청, 이해, 타당화 과정을 통해 이야기를 들으면서 강화가 아닌 격려를 해 준다. 나머지 한 사람은 활동을 관찰하고 피드백을 제공한다.

내담자가 긍정에 초점을 맞출 때

내담자가 문제의 긍정적인 면에 초점을 맞추기 시작하면 상담자는 그에 생기를 불어넣어야 한다. 예외적인 성공 경험을 놓치지 말고, 자세하게 묘사하도록 요구한다. "만일 내가 한 마리 파리라면, 어떻게 당신의 행동을 다르게 볼까요?" "제가 캠코더를 들고 당신을 졸졸 쫓아다닌다면, 이전에 볼 수 없었던 무엇을 발견할 수 있을까요?"

내담자가 긍정적인 이야기를 할 때, 격려의 3요소를 최대한 활용한다. 삼각형의 세 모서리([그림 6-1] 참조)는 긍정적인 측면을 최대한 어떻게 끌어낼 수 있을지 보여 준다. 첫째, 내담자의 이야기에 최대한 관심을 표

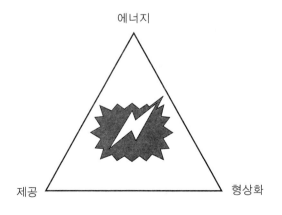

[그림 6-1] 격려의 3요소

현하고 에너지를 전달한다. 상담자가 기대와 열정을 보여 줄 때 역공감의 효과를 얻는다(3장을 참고할 것). 둘째, 내담자에게서 끌어낼 수 있는 모든 세부사항을 얻어낸다. 내담자가 묘사하는 그림을 세밀하고 구체적으로 얻어내야 한다. 예를 들어, 예외 상황에서 내담자가 무엇을 말하고 어떻게 행동했는지, 다른 사람들이 어떻게 반응했는지, 이전과 무엇이 달랐는지, 어디서 그 일이 일어났는지, 어떻게 느껴졌는지 등을 묻는다. 시각적·청각적·신체운동적 이미지에 대해 가능한 한 많은 설명을 듣는다. 더 자세하게 묘사할수록 실감나는 장면이 만들어진다. 이에 더해서 내담자에게 힘을 부여하는 가정적 진술을 사용하도록 끊임없이 시도한다. 상황이 긍정적으로 변화되기 위해 내담자는 어떤 책임을 져야 하는가? 행운이나 타인의 도움에 의한 수동적 수용자가 아니라, 스스로를 통제해 왔고 앞으로도 그럴 것이라는 믿음을 갖게 해 준다. 예를 들면 "어떻게 그 사람이 다르게 행동하도록 만들었나요?"라고 질문한다.

✍ 적용

세 명이 한 조가 되어 한 명은 최근에 성공한 경험을 말한다. 다른 한 명은 이미지 묘사를 격려하고 촉진함으로써 그 경험을 자세히 설명하도록 돕는다. 나머지 한 사람은 이 활동을 관찰한 후 피드백을 해 준다.

🕊 요 약

이 장에서는 구성주의와 사회구성주의 관점의 적용에 대해 알아보았다. 기적질문은 내담자가 과거의 문제 해결 기억을 재구성하도록 돕는다. 내담자의 행동을 찬양하거나 강화하기보다는 격려하는 과정을 다루

었다. 격려는 희망을 구체화하고, 과거의 자신이 성공의 주체였음을 깨
달으며, 다시 성공할 수 있음을 확신하도록 돕는다.

▶▶ **7장으로의 연결** — · — · — · — · — · — · — · — · — · —

　다음 장의 개념과 기법에 대해 감을 잡을 수 있도록 당신이 간절히 갖고자
했던 무언가를 떠올려 본다. 당신에게는 없지만 정말 갖고 싶었던 것을 생각
해보자. 그러한 희망을 간직할 때와 그렇지 않을 때 당신은 어떻게 다른가?

참 고

Constructivist Psychology Network

www.constructivistpsych.org

　이 기관은 심리학, 관계와 인간의 변화 과정에 대한 구성주의적 접근
에 관심이 있는 사람들의 조직으로, 뉴스레터 발행, 저널 후원, 2년마다
개최되는 국제 콘퍼런스 준비 등의 업무를 수행한다.

제7장

이야기치료:
이야기 속의 삶

 이 장의 목표

| 이 장의 주요개념 |
• 내러티브 개념들은 이야기를 구성할 수 있는 유일한 존재인 인간
  의 인식에 새로운 통찰을 제공한다.
• 은유는 작가나 예술가만의 도구가 아니다. 내담자가 자신의 두려
  움을 묘사할 때나 상담자가 공감하거나 재구성을 촉진할 때도 은
  유를 사용한다.

| 이 장의 주요기법 |
• 문제를 외현화하기
• 내담자가 세상을 지각하는 방법을 이해하기 위해 은유에 귀 기울이기
• 내담자의 이야기에 공감적으로 반응하고, 해결을 촉진하기 위해
  은유를 사용하기

🐦 상담사례

'William'은 출생증명서에 기재된 이름이지만, 사람들은 한 번도 그를 그렇게 부르지 않았다. 자녀에게 별명을 붙이는 것으로 악명 높은 그의 어머니는 7글자의 막내 이름이 너무 길다고 생각해서 그의 이름을 첫 글자만 따서 '더블유(W)'로 부르기 시작했다. 그러나 이 3음절조차 길다고 여겨 결국 호칭을 '덥(Dub)'으로 줄여 버렸다.

그는 초등학교 시절 내내 'Dub'으로 불렸는데, 중학생이 되면서 자기 이름이 이상하다는 걸 깨닫기 시작했다. 물론 많은 사람들이 출생증명서와 다른 이름을 쓰긴 하지만, 자신의 경우에는 단어조차 아닌 낱글자일 뿐이었다. 그는 사람들에게 자신을 'William'으로 불러달라고 부탁할까 생각해 봤지만, 그렇게까지 할 만한 일인가 싶기도 했다.

대학을 졸업한 후 그는 자신의 이름에 뭔가 근본적인 문제가 있음을 깨달았다. 나는 누구인가? 내 인생에서 무엇을 하고자 하는가? 나는 어디로 가고 있나? 그는 막막했다. 현재의 직업은 생계수단에 불과했다. 그는 지금까지 이런 고민을 해본 적이 없었지만, 이제는 온통 그 생각뿐이었다.

그는 내향적인 사람이 아니어서, 왜 자신이 그렇게 행동하는가를 이해하려고 애쓰기보다는 오토바이를 수리하는 것을 더 좋아했다. 어떤 때는 기타를 치면서 가사를 쓰기도 했고, 직장에서 돌아와서는 오래된 나무의자에 앉아 아기를 흔들어 재우듯이 기타를 치며 작곡을 하곤 했다. 너무 감상적인 곡이 되거나 자신의 감정의 깊이와 강도를 제대로 표현해내지 못할 때는 스스로에게 넌더리를 내면서 기타를 던져 버리곤 하였다.

그의 친구들도 대부분 결혼이나 정규직 같은, 의무와 책임으로 가득 찬 어른들의 세상에 서둘러 들어가려고 하지 않았다. 그러나 Dub은 점점 위기감에 사로잡혀 갔다. 전에는 즐거웠던 파티도 지금은 오히려 공허감과 불만족만 가져왔고, 이런 마음이 바뀔 수 있을지도 의문이었다. 결국 그는 어떤 파티에 참가하고 나서 상담을 받기로 결심했다.

질문 Question

1. Dub이 찾고 있는 것은 무엇인가?
2. 상담자는 그와 무엇에 대해 상담해야 하는가?
3. Dub이 자신의 경험을 어떻게 이야기하겠는가?

개 관

앞 장에서는 내담자가 어떻게 현상학적 세계를 구성하는지에 초점을 맞춘 구성주의적 개념을 살펴보았다. 또한 사회구성주의가 어떻게 우리의 문화적 기대와 세계관을 만드는지도 이해하였다. 인간이 자신의 경험에 의미 있는 뼈대를 만드는 구체적인 방법은 바로 이야기 진술을 통해서다. 앞 장에서 살펴본 바와 같이 많은 상담자들은 내담자의 경험을 이해하기 위해 이야기라는 개념을 사용한다. 내러티브 과정은 구성주의자의 이론적 가정을 정교화한 것이다. 이 장에서는 인간의 경험에 의미를 부여하는 도구인 은유와 이야기를 다룬다.

내러티브적 관점에서 볼 때, 인간은 자신의 삶을 이야기로 구성한다. 비록 과거의 경험을 가지고 이야기를 만들지만, 그것은 현재와 미래의 삶을 이끄는 거대한 심리적 힘을 갖는다. 내담자는 대개 진부하고 비극적이며 경직된 이야기들을 갖고 와서 자신의 삶의 경험들이 악순환되고 변화될 수 없다고 말한다. 따라서 상담자는 내담자가 새롭고 치료적인 이야기를 만들 수 있도록 도와야 한다.

내담자는 자신이 경험했던 실망감, 실패, 고난 등을 불평하기보다 그러한 곤경에서 벗어나기 위해 삶의 이야기를 고쳐 쓸 책임이 있다. 이러한 자세를 취할 때 상담자와 내담자는 문제의 원인을 찾아 헤매는 악순환에서 빠져나올 수 있다. 문제를 외현화함으로써 내담자의 걱정을 인격화된 외부 세력으로 바꿀 수 있는데, 그 외부 세력이 바로 내담자를 비생산적인 사고와 감정과 행동으로 유인하려고 시도하는 것이다. 상담자는 이때 악의적인 외부 실체로부터 문제를 일으키도록 유혹받지 않고서, 내담자가 성공했던 시기에는 어떤 '새로운 차이' 들이 있었는지 질문할 수 있다.

내러티브 도구 중 가장 효과적인 것은 은유의 사용이다. 은유는 이야기에 힘과 명료함을 부여하며, 추상적이고 막연한 생각을 구체적인 이미지로 바꿔 준다. 시인이 아니더라도 우리는 무의식적으로 매일 혹은 감정을 뒤흔드는 특별한 경험을 할 때 은유를 사용한다. 상담자는 내담자가 자기 자신과 문제를 설명할 때 사용하는 은유를 경청해야 하며, 내담자에 대한 이해를 전달하거나 생동감 있는 재구성을 시도할 때 내담자가 사용했던 은유를 활용해야 한다. 내담자의 은유를 활용하면 상담관계 형성에 도움이 될 뿐 아니라 치료적 변화를 위한 강력한 도구가 되기도 한다(Lyddon, Clay, & Sparks, 2001).

🕊 주요개념

진부하고 경직되고 비극적인 이야기

사람들이 상담을 받는 이유는 삶의 중압감으로 인해 자신의 이야기가 제한되고 왜곡되어 버렸기 때문이다. 내담자는 이미 과거 속으로 사라진 상황을 끊임없이 반복하기 때문에 시대에 뒤떨어진 이야기만 하게 된다. 호소문제의 등장인물들은 그 옛날이야기의 역할에 더 이상 어울리지 않을 만큼 변했을지도 모른다.

예를 들어, 부모들은 가끔 청소년 자녀를 어린아이로 취급하기도 한다. 결국 청소년은 자신을 시대에 뒤떨어진 이야기의 역할로 제한하는 부모를 수용하지 못해 갈등을 겪는다. 부모는 자녀를 의존이나 훈육, 보호가 필요한 시기에 '고정'시켜 버린다. 그런 부모를 거부하고 '과잉보호'에서 벗어나려고 할수록, 진부한 이야기에 머물러 있는 부모에게는 자녀가 반항적이고 제멋대로이거나 제정신이 아닌 것으로 받아들여진다. 이야기의 시점이 현재로 바뀌지 않는 한 청소년 자녀의 행동은 정상으로 받아들여지기 어렵다.

이와 마찬가지로, 아내의 변화를 수용하지 못하는 남편은 "당신은 내가 결혼한 그 여자가 아니야!"라며 비난한다. 그는 시간에 따른 변화에 순응하지 못한 것이므로 상담자는 내담자가 시대에 뒤떨어진 이야기를 붙잡고 있는 이유를 알아야 한다. 내담자는 어쩌면 행복했던 시기로 돌아가고 싶은 마음인지도 모른다. 그때 상담자는 Thomas Wolfe(1934, 1998)처럼 "당신은 집으로 되돌아갈 수 없어요!"라고 충고할지도 모른다. 상담자는 내담자의 입장에서 진부한 이야기를 포기하는 것이 무슨 의미이며, 거기에서 얻는 위로는 어떤 양상인지를 이해할 수 있어야 한다.

굳어져 버린 이야기는 앞으로 어떻게 될지에 대한 믿음을 적용한 결과이면서, 삶이 이상적 범주에 딱 들어맞을 수 없다는 점을 고려하지 못한 결과다. 경직된 이야기의 전형적인 예는 사람들이 '행복 추구의 신화(the pursuit-of-happiness myth)'로 부르는 경험과는 잘 맞지 않는다. 사람들은 열심히 일하고 저축하고 법을 지키면 행복이 따를 것이라고 기대하지만, 행복을 추구할수록 점점 더 공허해진다는 사실을 알게 된다. 물질적인 성공에도 불구하고 실존적 공허를 겪게 되는 것이다. 또 사람들은 너무 높은 목표를 설정함으로써 스스로를 실패자로 만들기도 한다.

어떤 유명한 CEO는 잠시도 쉴 새 없이 일했지만 결국 환멸을 느끼고 낙담하게 되었다. 불교에서는 사람들이 목표에 집착하느라 삶의 여정의 중요성을 인식하지 못하게 되고 마침내 불행해진다고 가르친다. 인생은 목적론적이 아니라 목적률적임을 깨달을 때 경험하는 대로 삶의 이야기를 수정할 수 있다. 그러나 만약 이야기가 경직된 채 높은 목표만 갖고 있다면 그 삶은 충족되지 못하고 고통받을 것이다. 그들은 대개 사회구성주의자들의 성공 기준으로 인해 희생자가 된다. 사회구성주의자들은 일정 수준의 교육, 수입, 지위나 결혼에 도달하면 행복해질 수 있지만, 만약 그렇지 못하면 목적 달성을 못하게 된다고 가르친다. 이러한 목표들이 궁극적 목표인 행복을 가져다주지 못한다는 것은 참으로 역설적이다. 따라서 상담자는 행복으로 안내할 수 있는 새로운 각본을 찾도록 도와야 한다.

많은 사람들이 비극적인 이야기 때문에 고통을 경험하기도 한다. 그들이 스스로 파국적 결말에 직면한 비운의 주인공이 되어 이야기를 구성하면 새로운 모든 경험들 역시 그 줄거리에 맞춰지게 된다. 이런 비극적인 이야기는 상담에서 가장 힘든 경우에 해당되는데, 비극 속 주인공의 역할에는 때로 영웅적인 면모도 있어서 내담자들이 그 역할을 포기하지 않으려 할 때도 있다. 예를 들어, '인내심이 강하다'는 것은 어쩔 수 없는 상황을 견디는 것으로 묘사된다. 성경에 나오는 욥처럼 주인공에 의해 사건이 변화되지 않을 때 초인적인 인내력은 자신과 타인을 감동시키곤 한다. 제 8장에서는 이러한 이야기를 포기하지 못하는 사람들의 역동에 대해 논의하려 한다.

수정이 필요한 이야기

내담자의 이야기 중에는 수정이 필요한 것들이 있다. Bertolino와 O' Hanlon(2002)은 내담자의 이야기를 재구성하는 데 필요한 몇 가지 공통적인 주제로 무효, 무책임, 불가능을 찾아냈다.

무효한 이야기(story of invalidation)를 사용할 때 내담자는 자신을 근본적으로 잘못되었거나 비정상이라고 여긴다. 그는 자신의 견해를 비현실적인 것으로 간주하면서 "내가 이렇게 느껴서는 안 돼." "이렇게 생각하다니 내가 미친 게 틀림없어." "그 말은 진심이 아닐 거야."라고 말해 버린다.

무책임한 이야기(story of nonaccountability)에 끊임없이 매달리는 내담자는 스스로를 환경의 희생자로 묘사한다. 그는 자신의 행동을 책임질 필요가 없다고 주장하면서 책임을 외부에 귀인해 버린다. 그들은 "그 사람이 나를 이렇게 하게 만들었어." "난 취중이었어." "그녀가 그렇게 말했기 때문에 내가 때릴 수밖에 없었어."라고 말하곤 한다.

불가능한 이야기(story of impossibility)는 자신이나 상황을 변화시키기 위해 할 수 있는 것이 거의 없다는 주제가 포함되어 있다. "이런 환경에서 아이에게 뭘 더 기대할 수 있겠어요?" "이렇게 오래된 문제 상황에서 우리는 더 이상 변화를 기대할 수 없어요."라며 포기하곤 한다.

Seligman(1991)은 내담자가 호소하는 부정적 사건은 그의 생각을 반영한다고 보았고, 내담자의 호소 스타일을 영속성, 파급성, 개인화의 세 가지 범주로 구분하였다.

영속성(permanence)은 부정적인 사건이 지속되어 미래에도 계속 영향을 미칠 것이라는 믿음이다. 이러한 태도는 내담자가 '항상', '결코' 같은 단어들을 사용하는 것과 관련이 있다. 위기 상황에서 일시적으로 무기력해졌다가 회복된 사람들은 그 상황을 '그저 순간적인 고통'으로 여기지만 그렇지 못한 이들은 그 사건을 계속 떠올린다. 그들은 사소한 불만을 감정의 상처로 악화시켜 원한과 증오로 키우게 된다.

파급성(pervasiveness)은 부정적인 사건의 일반화다. 이런 내담자들은 '전부'나 '아무것도'와 같은 단어를 많이 사용하며, '모든 사건들로부터 상처를 입고' 파국에 이른다. 사소한 문제로도 모든 것이 엉망이 되어 버리고, 실패를 일반화함으로써 모든 것을 포기하게 된다(Bertolino & O'Hanlon, 2002, p. 46).

개인화(personalization)는 사건에 대한 책임을 자신이나 타인, 또는 우연적 상황으로 돌리는 것이다. 이런 사람은 부정적인 상황에서 무기력과 절망감을 더 많이 느끼고, '나는 맞아도 싸다.' 라고 자신을 비난한다. 그렇다고 외부 귀인하는 사람이 더 나은 것도 아니다. 왜냐하면 그들은 나쁜 상황에 대해 통제할 수 없다고 믿는 비관론자이기 때문이다. "그녀가 내 말은 절대 듣지 않을 거야. 정말 날 숨막히게 만드는군!" 이처럼 외부 귀인하는 사람들은 자신의 능력을 발휘할 미래란 없다고 여긴다.

이 같은 세 가지 속성들을 갖고 있는 사람들은 쉽게 낙담하거나 낮은 성과를 보이며, 면역 기능이 저하되어 있고 삶의 기쁨도 덜 느낀다. 내담자의 문제 사건들을 재구성하기 위해서는 그들이 사용하는 단어에 주의를 기울여야 한다. 단어는 경험한 사건에 대해 그들이 부여한 속성을 의미한다.

제한적 이야기의 원인

삶의 이야기는 인간을 구속하며 미래에 대한 가능성을 제한한다. 단기 상담의 역할은 병에 갇힌 파리를 날아가도록 돕는 것과 같다. White (2002)에 의하면, 파리를 잡아 며칠간 병 속에 가두었다가 뚜껑을 열면 대부분은 밖으로 날아가지 않는다. 파리들은 자유의 길이 열려도 병 밖의 세상을 기억하지 못하게 되어서 갇혀 지내기를 받아들인 듯하다. 이것은 마치 미성숙한 인지적 관여와 유사해서 견고하게 구조화된 문제 상황에서는 감히 새로운 시도를 하지 못하는 것과 같다. 이 불행한 관여는 미래의 권리를 상실한 채 자신을 제한된 이야기 속에 가두어 버린다. 삶의 이야기와 신념은 자유로움과 구속을 동시에 수반하기 때문에 상담자는 내담자가 이야기의 경계선을 느슨하게 해서 자신을 종속시키는 신념으로부터 벗어나 자유롭기를 선택할 수 있게 도와야 한다.

어떤 내담자는 자신이 상황에 사로잡혀 꼼짝할 수 없다고 호소한다. 사회구성주의적 관점에 따르면, '이기적인 밈'은 전염성이 있다(Lynch, 1996). 그것은 우리의 생각에 침투해서 우리의 인생 이야기에 결정적인 영향을 준다. Nunn(2005)은 우리의 이야기 중 대부분은 강요된 것이라고 지적하였다. "우리의 이야기는 우리 사회에서 생겨났다. 어떤 것들을 통합할지에 대한 약간의 선택은 가능하지만, 대부분은 좋든 싫든 우리 속에 스며든다."(p. 188) 그는 여러 저술을 통해 우리의 삶을 형성하는 이야기의 힘을 강조하였다.

Nunn(2005)은 신화나 동화 속의 힘을 실어 주는 이야기들이 진부한 내용으로 가득 찬 대중잡지나 TV, 영화, 그리고 컴퓨터 게임으로 대체되는 것을 우려하였다(p. 191). 사회학습 이론가들은 반사회적 행동의 모델링이 주는 폐해를 경고하였다. 만약 관찰 대상이 행동에 대한 보상을 받는다면 관찰자는 같은 행동을 선택할 것이며, 이런 식으로 영향을 받은 내담자는 자신을 사회의 극단적인 무법자나 반역자로 여기게 될 것이다. 그는 학대받거나 곤경에 처했을 때 아무런 도움도 받지 못한 것을 복수하려는 사람들과 동일시할 것이다. 모욕으로 인해 소외감을 느낀 두 학생이 기괴한 복장을 하고서 학우들에게 복수했던 콜로라도주 콜럼바인의 고등학교 학살사건이 그러한 일례다. 그들의 삶의 이야기에는 오직 한 가지 결말만이 존재했기 때문에 그들은 수많은 학생들을 죽인 후에 자살해 버렸다.

행복감을 주기 위해 만들어진 이야기들도 인간을 고립시키거나 사회적 갈등을 야기할 수 있다. 예를 들어, 특정한 종교적 전통들은 인도주의적인 신념에도 불구하고 적대적 관행을 따른다. 즉, 연민이나 경멸의 자세로 불신자와 이교도, 무신론자들을 대하면서 그들과의 사회적 관계를 피한다. 심지어는 종교적 신념에 관한 이야기를 사수하기 위해 전쟁도 불사하고, 자신의 신념에 반하는 새로운 생각마저 반대한다. Lynch(1996)에 의하면, 프랭클린이 피뢰침을 발명했을 때 종교계와 언론계에서 이를 불경시했다고 한다. 그 당시만 해도 대중에게 번개는 신의 형벌이었기 때문이다(p. 8).

가난과 폭력과 약물 남용으로 가득한 빈민가에서 자란 사람들은 아메리칸 드림을 상실한 삶의 이야기를 갖게 된다. 그들은 권력 남용의 문화와 동일시한다는 생각 때문에 다른 생활방식을 소망하기보다는 적대적 태도를 고집한다. 사회복지제도는 최소한의 생계유지에 도움이 되지만, 사회 주류계층으로부터의 격하와 고립이라는 그들의 이야기를 바꾸는 데는 역부족이다.

앞 장에서 살펴보았듯이, 이야기는 대부분 사회적으로 구성되며, 내담자가 미래를 어떻게 보는지에 강력한 영향을 미친다. "이야기는 인간의 개인적 특질과 그들의 세계를 창조한다."(Lynch, 1996, p. 191) 어두운 미래는 제한된 이야기로부터 나오고, 인간은 그러한 이야기로부터 자유로워지기 위해 꽁꽁 묶인 쇠사슬에서 탈출하려고 발버둥친다. 내담자가 자신을 자유롭게 만들 해법과 동떨어진 이야기를 늘어놓을 때, 상담자는 그가 '적대적' 방어를 하지 않고 새로운 가능성을 찾을 수 있도록 도와야 한다. 그러기 위해서는 내담자의 이야기를 타당화와 분리화 작업을 통해 해체시켜야 한다.

내러티브의 이해

내담자들은 일반적으로 자신의 문제를 상담자에게 잘 전달하려고 노력하기 때문에 상담자는 상담 초기에 주로 호소문제를 공감적으로 경청하는 데 치중해야 한다. Neimeyer(2000)는 내담자의 이야기를 해체해서 재구성하도록 돕기 위해서는 상담자가 이야기의 내러티브 구조에 집중해야 한다고 주장하였다. 내러티브의 기본 개념에는 배경, 성격, 줄거리, 주제가 있다.

배 경

내러티브의 배경(setting)은 이야기의 시점과 장소로서, 현실이나 상상 혹은 꿈이 될 수도 있다(Corey, 2005). 배경에서 과거나 미래의 장소가 초점이 되기도 한다. 내담자의 내러티브를 해체할 때 상담자는 문제가 발생하지 않거나 심각해지기 전은 언제였는지에 귀 기울이면서 부정적 사건이 늘 일어나는 것은 아님을 가정하고 경청해야 한다. 내담자들은 자신의 문제가 거의 모든 상황에서 같은 방식으로 일어난다고 여긴다. 이야기의 배경을 이해하는 데 있어서 다문화적 관점이 특별히 도움이 된다. "미국과 같은 경쟁사회에서 '패배'는 가장 흔한 상담의 주제다." (Blume, 2006, p. 191) 개인주의적 문화에서는 패배로 인한 수치심이 커다란 고통이지만, 상호의존적인 문화에서는 그렇지 않을 수 있다.

상담자는 그러한 믿음이 모든 상황과 시점에 적용되는지 질문할 필요가 있다. "당신이 괜찮았을 때는 언제였나요?" "당신이 잘했다고 느꼈던 것은 무엇이었죠?" "당신을 믿는 사람은 누구인가요?"와 같은 질문은 내담자가 무기력하게 여기던 이야기의 배경을 바꿀 수 있다. 이야기를 보다 성공적인 시점이나 장소, 좀 더 지지적인 사람들로 전환시키는 것이다. 다문화적 관점은 상담자로 하여금 자유롭고 새로운 삶의 이야기를 제공하도록 돕는다.

성 격

내러티브에서 성격(characterization)은 등장인물에 대한 묘사를 의미한다. 내담자는 대개 이야기의 주인공으로 등장하고, 다른 이들은 적대적이거나 다정한 인물, 약탈자, 희생자 등으로 그려진다. 내담자를 포함한 모든 등장인물들의 행동에는 이유가 있다고 보기 때문에 상담자는 그 행동의 원인을 찾아낸다.

상담자는 내담자가 이야기할 때 근본적인 귀인의 오류를 저지르는지 주의해야 한다(Jones & Nisbett, 1971). 즉, 내담자는 자신의 행동은 상황 탓으로 돌리면서 타인의 행동은 그들의 인격에서 나오는 것으로 설명하곤 한다. Blume(2006)은 두 가지 귀인양식을 예로 들었는데, "교통 상황 때문에 어쩔 수 없이 운전을 거칠게 할 수밖에 없었다. [그러나] 그는 언제나 이성을 잃는다. 항상 그런 식이다."(p. 181) 이 두 가지 귀인 모두 공격적 행동을 설명해 주지만, 그들의 동기는 구분된다. 한쪽은 어쩔 수 없게 되지만 다른 한쪽은 그러한 행동을 하기 쉽게 된다. 내담자는 자기 행동의 책임을 방어 차원에서 종종 외부로 귀인시킨다. 따라서 내러티브 해체를 위한 외현화 기법이 상당히 유용하다.

줄거리

이야기가 전개되는 방식을 줄거리(plot)라고 한다. Weingarten(2001)에 따르면, 내담자는 흔히 '회귀'하거나 '병든' 내러티브를 제시하므로 상담자는 LUV를 통해 경청하면서 내담자의 현실 수준을 인정해야 한다. 내러티브 요소들을 정리하면서 너무 조급하게 이야기를 해체하려 해서는 안 된다. "만약 병든 이야기를 들어주지 않으면 고립으로 인해 병의 고통과 혼란이 더 심각해질 수 있다."(Blume, 2006, p. 190)

가끔은 이야기가 뒤죽박죽되어 일화들이 연결되지 않을 때도 있다. 이런 경우 "상담자는 일화들을 내담자의 관점에서 조합할 수 있게 돕는다."(Corey, 2005, p. 577) 잘 짜인 줄거리는 서론, 본론, 결론으로 구성되며, 퇴보하는 내러티브는 비극이나 낙담을 암시하는 것으로 끝난다.

줄거리를 명료하게 이해하려면 내담자가 빠진 부분을 채울 수 있도록 도와야 한다. 그렇지 않으면 상담자는 "아, 알겠어요. 그때 당신은 침묵했지만 실제로는 ~라고 말하고 싶었군요." "당신 자신이 그녀의 판단 속에 파묻혀 버린 셈이군요."라고 제대로 이해하지 못한 채 모호하게 접근하기 쉽다. 내담자가 내러티브를 스스로 구성할 수 있게 돕기만 하면 그 이야기의 양상은 변할 것이다.

주제

내러티브의 주제(theme)란 내담자가 특정한 사건을 강조하고, 그 사건을 반복적인 패턴의 일화로 엮어 맞추는 것을 의미한다. 주제를 이해하면 내담자가 사건의 원인을 어떻게 지각하는지 알 수 있다. "호소문제의 현란한 묘사에 현혹되어서는 주제를 찾기 어렵다. 그러나 주제에 익숙해지면 그 안의 반복적인 메시지를 발견할 수 있게 된다."(Blume, 2006, p. 191) 만약 메시지 속의 또 다른 메시지를 발견하지 못하면 이야기 내용의 심층적인 탐색보다는 관심 있는 표면적인 정보만을 다루게 된다.

내담자의 이야기 속의 일화들은 은유나 반복어로 그 주제를 나타내지만, 이런 말들이 어떠한 주제를 의미한다고 단정해서는 안 된다. "그 단어는 내담자에게 어떤 의미일까? 내담자는 이야기하면서 어떤 감정을 느낄까? 상담자의 것이 아닌, 내담자의 이야기 이해 자체에 주목해야 한다."(Corey, 2005, p. 578)

🗗 실습 ━━━━━━━━━━━━━━━━━━━━━━━━

과거에 자신이 어떤 감동에 취해 시나 산문을 썼던 적이 있다면 글을 마쳤을 때의 황홀감을 떠올려 보자. 그 글을 들어줄 사람을 찾았던 경험이 있는가? 당신이 읽어 주는 글을 잘 듣기보다 말할 준비를 하는 청중을 둔다면 얼마나 비참할지 상상해 보자.

이야기치료

이야기치료는 뉴질랜드 출신인 David Epston과 호주 출신 Michael White의 활동과 밀접한 관련이 있다. 인류학자였던 Epston은 학문적 경계를 넘나들며 활동했다(White & Epston, 1990, p. xvi). 한편 White는 Gregory Bateson의 연구로부터 심리치료에 대한 흥미를 갖게 되었다. Epston과 White는 글쓰기에 의한 의사소통이 치료에 미치는 영향을 확인하였고, 상담에서 편지, 선언문, 증명서 같은 문서를 활용하곤 하였다.

이야기치료의 핵심은 모든 지식이 해석의 행위라는 구성주의적 관점이다. 자신의 이야기를 바꾸기 위해서는 반드시 '다른 새로운 사실'을 받아들여야 한다(Bateson, 1979). 다시 말해, 내담자가 줄거리를 변화시키려면 새로운 정보를 이야기에 통합시켜야 한다. 이야기는 실제 토지가 아니라 은유적 지도인 셈이다. 오래된 지도를 갖고 현재의 길을 찾기 위해 애쓰는 모습을 상상해 보라. 1950년대의 지도를 보면서 고속도로를 달릴 수는 없지 않겠는가? 심지어 지난 휴가 때 사용했던 도로 지도에도 오류가 있기 마련이다. 지도가 땅의 실제 모습에 비해 형편없이 작은 것처럼 내담자의 이야기에도 중요한 세부 내용들이 늘 생략되어 있다.

상담에서 내담자는 단독 공연을 펼치는 주인공이며, 상담자는 관객이다. 이때 내담자는 이야기를 진술할 뿐 아니라 재경험하고 재구성한다. "삶의 진보는 이야기 속으로 들어가 그것을 재창작하며 수용하는 과정과 유사하다."(White & Epston, 1990, p. 13)

상담자가 청중이 되어 변화를 위한 무대를 마련해 줄 때, 내담자는 자신의 행위를 청중이 어떻게 받아들이는지 관찰하면서 그것을 수정할 수 있게 된다. 내담자의 관점 중 괜찮은 내용은 간직되고 쓸모없는 것은 다시 저술하기 위해 구별된다.

은유적 이야기

사람들은 인생의 경험들을 은유적으로 그려 낸다. 상담 초기에 내담자는 비극적이고 절망적인 이야기를 하곤 하는데, 상담자는 경청과 공감적 이해의 자세로 내담자가 고통과 회복을 묘사할 때 사용하는 은유를 찾아 주어야 한다.

은유란 무엇이며, 사실적 진술과 어떻게 다른가? 시인이나 예술가가 아닌 내담자에게 은유는 어떤 가치가 있는가? 앎의 방식에는 세 가지 방법이 있다(Kopp, 1985). 첫째는 논리와 과학적 추론을 사용한 이성적 방법이고, 둘째는 감각적 인식을 통한 경험적 방법이며, 셋째는 특정 상황에 포함된 여러 의미를 직관적으로 파악하는 은유적 방법이다.

일반적으로 개념적 은유이론(conceptual metaphor theory)에서는 추상적인 개념과 사건들을 구체적인 경험으로 이해한다(Wickman & Campbell,

2003). 예를 들면, 인생은 여행이고, 사람은 여행자, 목표는 목적지, 달성을 위한 수단은 길, 고통은 장애물, 선택은 교차로, 상담자는 여행의 동료인 셈이다(Bulkeley & Bulkeley, 2005).

일반적으로 은유는 특정 개념을 다른 용어로 표현하는 도구로 인식된다. 한 사람에 대해 '돌 같은 심장을 가졌다'거나 '신선한 공기 같은 사람'으로 서로 다르게 묘사하기도 한다. 은유는 비유적 · 시적 가치를 지닌 소중한 도구이며, 직유적 표현이나 격언, 관용구, 속담, 유추 등을 포함한다. 관용구 사용에 대한 한 연구 결과, 정치적 논쟁이나 심리치료 회기 같은 의사소통 상황에서 사람들이 1분에 4개 정도의 관용구를 사용한다는 것을 보여 주었다(Pollio, Barlow, Fine, & Pollio, 1977). 또 다른 연구에서는 TV 프로그램에 다양한 관용구들이 나오며 프로그램 내용을 이해하기 위해서는 그 의미를 알아야 한다는 것을 확인하였다(Cooper, 1998).

모호한 은유

은유란 유연성 있는 사고로서, 오류가 발생하긴 하지만(MacCormac, 1985) "시처럼…… 정서적 의미를 표현할 수 있다. 의미를 표현하는 순간 긴장이 생겨난다."(p. 26) Hofstadter(2006)는 은유의 핵심은 '인식이라는 하늘을 가득 채운 푸른색과 같은' 유추 능력이라고 하였다.

은유는 진실을 표현하고 명료함을 전달한다. 의학적 관점에서 볼 때 '돌 같은 심장'을 가진 환자란 존재하지 않는다. 그러나 우리는 무감각하고 애정도 없고 무자비한 사람을 그렇게 말하곤 한다. 게다가 은유의 모호함 자체가 갖는 정서적 영향력 또한 매우 크다. 은유는 상대방의 메시지가 이해될 때까지 성찰하고 숙고하게 만든다. Kuang Ming-Wu(2001)는 은유의 사용을 지금껏 사고방식이 공유된 적이 없었던 곳에 소통의 고속도로를 놓아 문화 간의 이해를 가능하게 하는 효과적인 방법으로 설명하였다. 그리고 이러한 이해의 방법을 '문화적 해석학'이라고 불렀다.

🖥 실습 ━━━━━━━━━━━━━━━━━━━━━━━━━━━━

일상적인 대화에서 은유에 귀 기울이려고 노력하다 보면 은유적 화법에 민감해질 수 있다. 하지만 사고의 정확성에 비중을 두면 문제가 생길 수 있기 때문에 다음과 같은 연습이 필요하다.

은유는 관련성이 없어 보이는 두 가지 아이디어를 서로 연결시킨다. 서너 명이 한 팀이 되어 다음의 개념과 방 안의 사물을 연관지어 은유적 관계를 설명해 보자. 예를 들어 "우울은 안락의자와 같아서 오래 기대어 있을수록 빠져나오기 힘들다." "불안은 이 카펫과 같은데, 왜냐하면 어떤 종류의 해충이 숨어 있을지 모른다는 걱정을 하기 때문이다."

문제는 _____와 같은데 그 이유는 _____ 때문이다.
해결책은 _____와 같은데 그 이유는 _____ 때문이다.
상담자는 _____와 같은데 그 이유는 _____ 때문이다.
미래는 _____와 같은데 그 이유는 _____ 때문이다.
과거는 _____와 같은데 그 이유는 _____ 때문이다.
누군가와의 관계는 _____와 같은데 그 이유는 _____ 때문이다.
걱정은 _____와 같은데 그 이유는 _____ 때문이다.
부모님은 _____와 같은데 그 이유는 _____ 때문이다.
친구는 _____와 같은데 그 이유는 _____ 때문이다.
행복은 _____와 같은데 그 이유는 _____ 때문이다.
분노는 _____와 같은데 그 이유는 _____ 때문이다.

이 활동을 마친 다음, 동료들과 경험을 나누어 보라. 다른 사람들의 은유에 대해 호기심, 느낌, 놀람, 웃음 등 어떤 반응을 보였는가? 당신은 어떤 흥미로운 비유를 발견했는가? 이 개념들을 논리적 또는 경험적으로 토론하는 것과 어떤 차이점이 있겠는가?

함 의

- 내러티브적 인식은 은유적이고 구성주의적이다. 내담자는 삶의 이 야기에 의미를 부여하면서 자신의 가설을 발전시키므로 사실 자체 보다 이야기의 영향력이 더 크다.
- 상담자는 내담자의 진부하고 경직되고 비극적인 삶의 줄거리를 수 정하도록 돕는다. 상담자는 내담자가 이야기를 재진술할 때 청취자 역할을 하며, 내담자가 이야기의 재창작을 통해 해결로 나아가도록 돕는다.
- 상담자는 내담자와의 치료적 동맹에 필요한 공감적 통로를 제공할 뿐만 아니라 해결의 이야기를 함께 만들기 위한 자료를 제공하기 위 해 내담자의 은유에 특히 귀 기울여야 한다.

방 법

문제의 외현화

외현화(externalization)에는 두 가지 의미가 있다. 첫째는 내담자가 문 제에 대해 책임을 지려 하지 않고 타인을 비난하려는 방어적 성향을 의 미한다. 이것은 앞에서 언급했던 근본적인 귀인 오류와 유사하다. 자녀 의 책임감을 길러 주려는 부모는 자녀가 자신의 문제를 수용하지 않고 책임을 인정하지 않는 방어양식을 보일 때 이를 알아차린다. 그리하여 문제의 원인이 자녀에게 있음을 받아들이도록 훈육하며 타인을 탓하기 보다 책임을 지도록 가르친다.

외현화의 두 번째 의미는 내담자가 자신의 문제와 자아상을 분리하도록 돕는 것이다. 내담자가 문제와 자신을 동일시하게 되면, 그는 변화가 불가능하다고 여기고 용기를 잃게 된다(Blume, 2006). White(1988)에 의해 개발된 외현화 기법은 내담자가 자신을 문제와 동일시하지 않도록 하는 데 목적이 있다. 즉, 사람이 문제가 아니라 문제가 문제일 뿐이다.

외현화 기법의 장점은 다음과 같다. 첫째, 내담자는 상담을 시작하기 전에 스스로 문제의 외현화를 시도해 봤으므로, 이 기법은 내담자의 이야기 묘사에 적합하다. 둘째, 내담자는 자신의 문제를 제대로 통제하지 못한다는 무력감과 죄책감을 느끼며, 이러한 역동이 내담자에게 수치심을 준다. 일차적 문제가 문제 자체라면, 이차적 문제는 그 문제에서 벗어나지 못하는 무기력이다. 셋째, 문제를 외부적인 것으로 간주함으로써 상담자와 내담자는 좀 더 협력적으로 문제에 대항할 수 있게 되며, 상담 관계를 발전시킬 수 있다. 넷째, 내담자는 진단명으로 인해 좌절하지 않게 되며, 외적 문제에 대항할 수 있는 심리적 자원을 얻게 된다. "나는 품행장애이기 때문에 이런 거야." "난 우울증이 있으니까 어쩔 수 없어."라는 생각은 내담자의 심리적 자원을 빼앗는다.

문제를 외현화하는 단계는 다음과 같다(O' Hanlon, 1995).

- 첫째, 문제에 대해 이야기하는 것부터 시작하라. 마치 문제가 실존하는 사물인 것처럼 문제에 이름을 붙여 보자. 예를 들면, 질투는 '녹색 괴물', 분노는 '눈 먼 격노', 우울은 '파란 겁쟁이'와 같이 의인화해 보라. 내담자는 종종 자신만의 은유적 용어를 만들기도 하는데, 이때 상담자는 내담자의 용어에서 더 많은 단서를 얻을 수 있다. 상담자가 제안하는 것보다 내담자의 은유를 활용하는 것이 훨씬 더 효과적이다.
- 둘째, 문제를 악한 동기를 가진 존재로 묘사하라. 다시 말해, 문제는 내담자로 하여금 특정 생각이나 행동을 하도록 함으로써 몰락시키

려 하는 존재가 된다. 이때 상담자는 내러티브를 내담자가 부정적으로 느끼거나 행동하게 만드는 문제로 받아들이지 않도록 도와야 한다. 비록 상담자와 내담자는 은밀하게 문제가 드러나는 방식으로 이야기를 함께 재구성하지만, 그로 말미암아 내담자가 무력감을 느끼지 않아야 한다. 내담자가 자신감을 잃고 자신을 무능하다고 표현할 때, 상담자는 "그것은 누구의 말입니까?"와 같은 질문을 할 수 있다. 만약 내담자가 부모나 중요한 타인이라고 대답한다면, 그들이 내담자에게 계속 '실패자'라는 메시지를 보낸 것이다. 그러한 메시지를 특정인으로부터 받았든 그렇지 않든, 상담자는 이미 내담자의 문제를 외현화한 셈이다.

• 셋째, 외적 요소들이 어떻게 내담자의 사고를 왜곡하거나 특정 행동을 하도록 영향을 미쳤는지 질문하면서 외현화 과정을 진행하라. 예를 들어, "불쾌해지거나 실패할 것처럼 여겨질 때 어떤 말이 떠오르나요?"라고 질문하는 것이다. 이때 문제가 내담자의 행동의 원인이 되는 힘을 지녔다고 인식되지 않도록 주의해야 한다. 단지 그런 행동을 제안하거나 영향을 끼친 것뿐이다.

• 넷째, 내담자가 문제로 인해 영향을 받거나 조종당하지 않고 이겨낸 시점에 대해 질문하라. 분노 문제를 가진 아이에게는 "울화통더러 사라지라고 말했을 때가 언제였지?"라고 물을 수 있다. 내담자에게 문제가 영향을 미쳤다가 사라진 시점을 질문하는 것이 중요하다.

• 마지막으로, 내담자의 예외적인 상황을 확인하고 질문하라. "어떻게 혼자서 그렇게 할 수 있었죠?" 그리고 나서 내담자가 외현화한 문제를 잘 다루게 될 미래에 대해 탐색할 수 있다. "내년 이맘때쯤 이런 문제를 잘 해결하게 되면 당신은 어떤 전략을 사용할 수 있을까요?" "친구 중에서 누가 처음으로 당신의 변화를 알아볼 수 있을까요? 그 사람은 당신에게 뭐라고 말할까요?"

외현화 기법은 내담자가 자신의 이야기를 다른 방식으로 재구성하는 데 매우 효과적이다. Kleinke(1994)는 상담자가 내담자로 하여금 문제 상황이나 무력감에 맞서서 효능감을 증진시킬 수 있도록 도와야 한다고 강조하였다. 상담자의 이론적 배경이나 선호도보다 우선시되어야 할 근본적인 목표는 내담자가 심적 자유를 경험하도록 돕는 것이다. 궁극적으로 내담자가 자신의 가능성을 깨닫도록 도와줄 수 있어야 한다(Kleinke, 1994, p. 34).

상담자는 외현화 기법을 통해 내담자의 이야기로부터 예외적인 요소들을 탐색하면서 문제는 내담자 자신이 아니라는 것을 깨닫도록 도와야 한다. 더 나아가 그들은 할 수 있다는 믿음을 얻을 뿐 아니라 과거의 성공 경험을 재발견할 때 '나는 이미 해냈다'는 통찰 또한 얻을 수 있다. 내담자가 문제를 극복하는 경우도 많고, 문제가 아예 발생하지 않을 때도 많다. 상담자는 내담자가 과거의 성공 전략들을 기억하여 자신의 이야기에 포함시킬 수 있도록 도와야 한다.

상담과정

이 장의 앞부분에 제시된 상담사례를 다시 읽어보고, 단기상담자가 Dub의 문제를 외현화하는 과정을 살펴보자.

William: (그는 지금까지 Dub으로 불렸지만 상담실에서는 William으로 불러 주면 좋겠다고 하였다. 이 상담을 통해 얻고 싶은 것이 무엇이냐는 질문에 고개를 떨군 채 창밖을 응시하며) 사실 제가 왜 상담을 받으려는지 모르겠어요. 그게 제 문제인 것 같아요. 저는 더 이상 아는 게 없는 것 같고, 선생님께 저를 어떻게 소개해야 될지도 모르겠어요. 제가 Dub이란 이름에 넌더리가 나서 William으로 불러달라고 해도 다들 그냥 Dub이라고 불러요. 저더러 잘난 척한다며 어른이라도 된 거냐고 비웃기도 했죠. 한두 번은 William이라고 부르다가도 다시 Dub으로 돌아가 버리죠. 제가 강요하는 것 같은 죄책감이 들기도 해서 그냥 저 자신에게 '에이, 집어치워! 왜 그런 사소한 데까지 신경 쓰지?'하고 생각해 버려요." (어깨를 으쓱하며 이야기를 잠시 멈춘다.) "대학 때 척척박사로 잘난 척했던 게 오히려 이상하죠. 오토바이, 자동차 경주, 음악, 스포츠, 이런 것들을 얼마나 많이 알고 있는지 과시하는 걸 좋아했어요. 하지만 지금은 제가 왜 여기 있는지, 제가 누구인지, 제 인생이 어디로 가는지도 모르겠어요.

상담자: 인생이 정말 막막하게 여겨지고, 이젠 답을 찾아야겠다고 생각했군요.

William: (고개를 가볍게 끄덕이더니 얼굴을 찡그리며 웃는다.) 예, 제가 뭔가를 찾고 있는 것 같긴 한데, 그게 뭔지, 어디 있는지, 또 찾더라도 알아차릴 수나 있을지 모르겠어요. (잠시 멈추었다가) 잠깐, 정확히 그게 아니라 인생 전체에 대한 것 같기도 해요. 저는 이 고속도로를 따라 달리고 있었어요. 오해하지는 마세요. 전 제법 즐겁게 달렸거든요. 그런데 고민은 과연 이게 제가 달리려고 했던 그 고속도로냐는 거죠. 이 도로가 저를 어디로 데리고 갈지조차 헷갈려요. 아마도 제가 변화를 위해 다른 길을 원하는가 봐요.

상담자: 그건 마치 당신이 어디로 가고 싶어 하는지는 관심 없이 친숙한 도로로만 계속 안내하는 교통경찰 같다는 말이죠? 단지 교통이 계속 흐르는 것에만 관심 있고, 심지어 운전면허에 있는 옛 이름을 계속 갖고 있기만을 원하는 것처럼. 그 경찰관은 당신이 계속 같은 고속도로로만 여행하도록 하기 위해 뭐라고 말하고 있나요?

William: 음, 그 경찰은 이러겠죠. 내 친구들이 'Dub은 도대체 자기가 누구라고 생각하지?' 아니면 'Dub, 친구들이랑 같이 가는 게 어때?'

상담자: 그 교통경찰의 말을 듣지 않고 당신 자신만의 길을 갈 수 있었던 때가 있었나요?

William: 글쎄요, 아마 오토바이를 만지거나 파티에서 노는 것 대신에

요즘은 제 마음을 더 챙기려고 했던 것 같아요. 쓰레기 같은 경험들을 노래에 담아 보려고요.

질문 Question

1. William은 자신의 이야기를 어떻게 표현하였는가?
2. 상담자는 외현화 기법을 어떻게 적용하였는가?
3. William의 마지막 진술에 대한 상담자의 반응을 써 보자.

적용

세 명씩 한 팀을 이루어 첫 번째 사람이 자신의 고민거리를 이야기하면, 두 번째 사람은 경청과 이해, 그리고 타당화를 통해 그 문제를 외현화하도록 돕는다. 세 번째 사람은 활동을 관찰하고 결과를 피드백한다.

삶의 이야기와 은유

Schank(1995)는 사람들이 일상적인 문제 앞에서 속담이나 '그 문화에서 일반적인 이야기'로 그 상황을 표현한다고 하였다. Douglas Hofstadter(2006)는 사람들이 힘든 상황을 타인에게 설명할 수 있도록 무의식 속에 수많은 속담의 형태로 모아 둔다고 보았으며, 이것을 이른바 '상황 분류 명명화(situation labels)'로 개념화하였다.

인생 이야기를 회고하면서 사람들은 자신을 삶의 주인공으로 보는 경향이 있다. 인생이 성공적이기 위해서는 삶을 의미 있게 살아야만 한다. 충분히 기능하는 인간은 자신의 삶에 충분히 참여할 뿐만 아니라 삶의 의미에 대한 개인적인 이해를 얻기 위해 노력한다. 종교와 과학이 인간의 행로를 안내하고 정보를 제공해 줄 수는 있지만 결국 자신의 삶은 스스로가 쓰고 만들어 가는 것이다.

이야기는 본래 은유적 속성을 지니고 있다. 은유는 느슨한 구조로 이루어져 있어서 각자가 그 의미를 부여할 수 있다. 은유를 이해하려면 듣는 이들 각자의 주관적인 정서적 경험이 요구된다는 점에서 은유는 강력한 교육적 수단이 된다. 예를 들어, 예수는 제자들을 가르치는 장치로 은유를 사용했다. "예수는 학문적인 문구가 아닌 은유와 비유로 말씀을 전했다. 성서학자들은 사복음서에서 65개의 은유를 찾아냈다."(Ehrenwald, 1986, p. 257) 비유와 우화는 도덕적 교훈을 가르치는 데도 유용하다. 은유는 신화에서 이솝 우화에 이르기까지 다양한 형식의 문학에 존재한다. 셰익스피어는 전 세계는 무대이고, 모든 남자와 여자는 배우라고 말함으로써 인간 세상에서 일어나는 사건의 구조를 연결짓는 유사 체계를 개발하였다. 은유가 우리에게 의미를 더해 주는 것은 그것이 인생의 사건과 유사할 때다.

상담자가 내담자의 이야기를 듣기 시작하면 그는 상담자에게 자신의

🗒️ 적용

내담자의 은유를 기록해 두면 호소문제를 보다 정확하게 이해할 수 있다. 상담자는 과학자처럼 사실적 자료를 수집하기보다는 내담자의 주관적 세계의 은유적 통찰을 모을 필요가 있다.

한 사람이 5분씩 최근 경험했던 긍정적 혹은 부정적 사건을 이야기할 때, 두 번째 사람은 적극적으로 은유에 집중하며 그 내용을 기록해 보자. 세 번째 사람은 이러한 과정을 관찰하고 피드백한다. 세 사람 모두 돌아가면서 서로 다른 역할을 경험해 본다.

삶을 보여 줄 것이다. 이때 상담자는 내담자의 은유에 드러난 제한적인 시각을 수정하면서 새로운 깨달음과 의미를 마련해 주어야 한다.

개념화, 서술, 연상에 대한 반응

Freud(1911)는 사고를 1차 과정과 2차 과정으로 구분하였다. 1차 과정 사고는 은유적·시각적·비합리적이며, "시간개념이 없고, 상호 모순되지 않으며, 동시에 반대 개념을 수용하고…… 언어적이기보다는 그림이나 이미지와 같은 것이다. 은유는 1차 과정과 깊은 관련이 있다."(Siegelman, 1990, p. 10) 반면에 2차 과정 사고는 사고의 합리적인 양식으로, "단어가 암시적으로 쓰이기보다는 지시적으로 사용된다. 의미는 명확성을 위해 가능한 한 제한적이며…… 동시에 두 가지 의미를 가질 수 없다."(p. 10) 내담자의 이야기에는 1차 과정인 은유적 이야기에서부터 2차 과정인 합리적 이야기까지 사고의 두 가지 양식이 연속적으로 존재한다. 이러한 연속선상에서 은유는 1차 과정인 연상으로, 사실은 중간 단계인 서술로, 규칙은 2차 과정인 개념화로 표현된다. 자신만의 규칙에 의해 감옥에 갇힌 사람은 탈출할 방법을 찾을 수 없다. 이것은 마치 마개 없는 유리병 속에 있는 파리가 운명을 받아들인 것과 같다.

내담자는 종종 자신이 처한 상황을 진실인 것처럼 단언하는데, 그것은 부정적인 미래를 기대하는 셈이 된다. 예를 들어, '대학에 가지 않으면 인생에서 성공할 수 없다.'라는 진술은 논리적으로 참일 수도, 거짓일 수도 있다. 이런 진술이 거짓이라고 확신하는 상담자는 대학 중퇴자인 빌게이츠를 예로 들면서 내담자와 논쟁하고 싶어질 것이다. 그러나 논쟁은 상담이 아니다. 내담자의 개념화는 그가 경험으로부터 해석한 무조건적인 규칙들이다. 이러한 규칙은 내담자의 태도에 절대적이고 단호하고 강력하게 영향을 미쳐 결국 그의 사고 범주를 굳게 만든다. 궁극적으로 변

화시켜야 할 것이 개념화이기는 하지만 절대 내담자가 지닌 개념에 대해
논쟁해서는 안 된다.

　다음 단계는 서술인데, 내담자에게 개념화에 이르게 했던 경험들을 자
세히 서술하도록 요청함으로써 이야기의 수정에 필요한 구체적인 답을
얻을 수 있다. 이 단계에서 내담자가 자신의 경험을 사실적으로 전달할
때, 상담자는 이야기를 바꿀 수 있는 세부사항들을 질문할 수 있다. 상담
자는 이야기의 구조나 꼬리표를 바꿔서 '오해' 할 수도 있고, 부정적인
이야기에 어긋나는 예외 사실들을 끌어낼 수도 있다. 변화시키려 애쓰는
것 없이 서술에서 개념을 줄여 가면 진지한 청중 역할을 하는 상담자에
게 이야기하는 바로 그 경험을 통해 내담자의 말하는 방식이 자연스럽게
변하게 된다.

　이야기를 하는 과정에서 은유(연상)를 사용할 때, 내담자는 자신이 1차
과정으로 표현하고 있다는 사실을 잊곤 한다. 은유란 대개 암시적이어서
서술이나 개념화보다 내담자의 느낌이나 감각 경험에 더 가깝다. 예를
들면, 분노는 '뜨겁고', 행복은 '밝으며', 슬픔은 '무겁거나 어둡다' 등
으로 표현된다. 내담자의 이야기가 개념화에 치우쳐 제한될 때 상담자가
서술과 연상으로 유도한다면, 그 이야기는 느슨해지면서 더 많은 가능성
을 포함하게 된다. 개념화는 '규칙'이고, 서술은 '사실'이며, 연상은 '경
험'을 의미한다. 종교적·정치적 신념 같은 개념은 견고하기 때문에 즉
시 변화되지 않는다. 하지만 사실과 경험을 변화시키면 개념을 부드럽게
만들 수 있다. 은유는 연상의 1차 과정으로 상호 모순되지 않기 때문에
상담자는 내담자의 부정적인 은유를 자신의 긍정적인 은유 반응으로 부
드럽게 연결할 수 있다. '아래'는 '위'를 지향할 수 있고, '어두움'은 '밝
음'을, '더러움'은 '깨끗함'을 추구할 수 있다. 은유는 개념이나 진술 같
은 이분법적 방식으로 존재하지 않는다. Freud(1911)는 1차 과정 사고에
는 부정이 존재하지 않는다고 하였다.

결국 상담자는 내담자의 관점을 긍정적인 방향으로 변화시키기 위해 그의 개념화를 서술하도록 요청하면서 은유적 연상에 초점을 맞추어야 한다.

은유에 집중하기

은유는 한 사람의 특정한 삶의 이야기에 관한 모든 것들을 채색해 버린다(DeJong, 2004). 인생을 요약하면 무엇으로 은유할 수 있을까? 인생이란 시련, 신비한 탐험, 십자가 고행, 자연적 사건, 초콜릿 상자, 전투, 여행, 눈물의 면사포, 고통과 죽음, 선물, 저주, 신비, 산적한 문제들, 학습 과정의 연속, 축복, 손해 보는 일 등으로 간주된다. 이 가운데 당신의 삶의 은유가 있는가? 이 목록만 봐도 우리가 이미 인생, 문제, 희망과 꿈 등에 대한 나름의 은유적 사고를 갖고 있음을 알 수 있다.

인간은 대부분 자기 자신이 어떤 은유를 쓰는지를 인식하지 못하며, 타인의 은유에 대해서는 더욱 모르고 있다. 따라서 상담자는 내담자가 설명하는 경험들을 온전히 이해하기 위해 은유에 집중해야 한다. 내담자는 자신의 삶을 덫에 걸리거나 익사하거나 숨이 막혀 죽을 것만 같다고, 혹은 산에 오르는 것 같다고 표현한다. 이러한 상투적인 표현들은 생생하고 강력한 육체적 경험에서 나오지만, 이제는 닳아 희미해진 동전의 양각처럼 낡은 모습으로 표현되기 때문에 간과되기 쉽다(Siegelman, 1990, p. 45).

내담자의 순간적인 감정 변화의 차원에서 볼 때, 은유는 '희미함'과 '생생함'의 중간쯤에 존재한다(Wright, 1976). 희미한 은유란 여러 페이지를 한꺼번에 인쇄하기 위해 사용했던 연판을 가리키는 프랑스어 클리셰 cliché에 가깝다. 바꿔 말하면, 희미한 은유는 오래되고 익숙해져 상담자와 내담자 모두에게 그 의미와 영향력을 잃어버린 것이다. 이러한 자동적인 은유는 쉽게 흘려버릴 수 있다(Siegelman, 1990). 상담자는 내담자가 사용하는 은유에 귀를 기울이고 주목해야 하며, 내담자가 사용했던 용어로 피드백을 해 주어야 한다. 그러면서 내담자의 부정적 이야기의 해결 가능성을 높이기 위한 대안적인 은유를 찾아야 한다.

상담자는 내담자가 절망적인 부정적 이야기로부터 희망적인 긍정적 은유로 바꿀 수 있게 참신한 은유를 제공해야 한다. Siegelman(1990)은 그런 기발한 전환을 '핵심 은유(key metaphors)'로 표현하였고, 상담자는 내담자가 이를 계속 사용할 수 있도록 격려해야 한다고 제안하였다. "그것은 좀 더 세밀한 감수성의 문제다. 상담자는 산모가 심리적인 아기를 출산할 때, 신생아를 '받아 주는' 산파의 역할을 해야 한다."(p. 78)

> ✏️ **적용**
>
> 상담자가 내담자의 말에서 찾아내야 하는 의미 있는 표현에 숙련되려면, 먼저 내담자가 자신을 묘사하는 은유들을 이해할 필요가 있다. 다음의 일상적인 표현들을 완성해 보라.
>
> "저에게는 선택의 여지가 없어요. 제 아내는 극단이에요."
> "사람들이 저를 _____처럼 취급하도록 제가 만드나 봐요."
> "화가 나면 _____ 할 정도로 폭발해 버려요."
> "저는 완전히 압도당해 버려서 _____ 처럼 꼼짝달싹 못할 지경입니다."
> "제가 _____와 _____사이에 끼인 것만 같습니다."
>
> 이런 은유들이 요약적인 개념으로 끝나 버리면 내담자의 이야기를 채색하는 격이 되어 행동과 기대에까지 영향을 미친다. 이러한 개념은 대안적인 반응이 가능하도록 해체되어야 한다.

은유 다루기

내담자의 은유는 대부분 신체적 느낌과 관련이 있다. 신체는 다른 어떤 것보다 자기와 가까우며, Lakoff(1987)의 이른바 '컨테이너'의 신체운동지각 도식을 이끈다(Siegelman, 1990). 예를 들어, 우리는 충족된 상태에서는 만족감을 느끼지만 결핍된 상태에서는 공허함을 느낀다. 누군가는 우리를 자부심이 높거나 허풍쟁이로 여기기도 하고, 반대로 골빈 사람, 멍청이, 저능아로 보기도 한다. 열 받아 있는 상태에서는 불만족을 느낄 것이며, 누군가를 원망하거나 화가 났을 때는 격렬하게 덤벼들려 할 것이다. 반면에 차분할 때는 자신의 이미지에 만족하거나 감정을 가라앉혀 통제할 수 있게 된다. 우리 몸의 상태나 자세에 영향을 미치는 정서는 심리학적인 관점에서 은유가 될 수 있다. 우리는 퇴보하거나 쓰러지고, 풀이 죽을 수 있고, 반대로 날아갈 것 같고 홀가분할 수도 있다. 또한 짓눌릴 수도, 의기양양할 수도 있다. 내담자는 이러한 은유들이 사실적이지 않다는 것을 미처 깨닫지 못한 채 사용한다. 따라서 상담자는 이러한 은유를 통해서 내담자의 삶의 경험에 관한 단서들을 얻을 수 있다.

상담자의 역할은 지금보다 은유적 표현에 더욱 민감해지는 것이다. 내담자의 이야기에서 은유가 더 명료해지도록 이끌고, 그 다음 내담자의 은유를 사용하면서 덜 제한적인 방식으로 이야기를 재구성하도록 돕는다.

✎ 적용 ━━━━━━━━━━━━━━━━━━━━━

최근에 긍정적이거나 부정적인 감정을 겪었던 경험을 떠올려 보자. 그것이 어떤 감정이었으며, 그러한 감정과 가장 관련 있는 신체 부위를 찾아보자. 예를 들어, 짜증은 '뒷목이 뻐근함'으로 표현할 수 있다.

감정과 신체 부위가 연결된 은유적 표현 다섯 개를 써 보자. 이때 논리적이고 개념적인 단어보다는 은유적인 용어로 작성해 본다.

1. _____
2. _____
3. _____
4. _____
5. _____

　　상담자가 먼저 새로운 가능성에 개방적이 될 때 내담자도 그렇게 할 수 있다. 그래야만 비로소 인지적 연결을 찾을 수 있고, 덜 위협적인 방식으로 감정을 만날 수 있다. 은유는 감정을 '마치 ~인 것처럼'의 맥락에서 쉽게 말하도록 만든다. 칵테일파티에서 재치 있는 재담이 오가듯이, 은유를 통해 서로가 의미하는 바와 의미하지 않은 바를 동시에 이해할 수 있게 된다(Caruth & Ekstein, 1966, p. 38).

은유의 포착

　　감정은 언어의 다른 형태들보다 은유와 더 밀접하게 연결되어 있다. 그 이유는 경험의 1차 과정인 정서적 경험은 신체적이고 비언어적이기 때문이며, 일반적인 언어로 표현하기가 어렵기 때문이다(Siegelman, 1990). 사랑이나 분노와 같은 원초적인 현상을 완전한 문장으로 말하는 것은 힘들다. 위기를 겪고 있는 내담자는 강렬한 감정을 경험하기 때문에 논리적으로 표현하는 데 어려움을 느끼기도 한다. 내담자의 대화를 지배하는 은유는 대개 상실, 실패, 죄의식, 고통 같은 것들인데, 지난 시절이 이러저러했다면 하는 후회나 안타까움에서 열망에 관한 은유를 찾아내는 것이 중요하다. 상담자가 LUV로 수용할 때 내담자의 부정적 은유를 활용할 수 있으며, 미래에 대한 이미지를 개선할 때 그의 열망에 대한 은유를 사용할 수 있다.

　제11장에서는 간접적인 영향을 주는 기법으로써 은유를 어떻게 구성할 수 있는지를 논의할 것이다. 이 과정은 보통 '자문 중단하기' 이후에 진행된다.

상담과정

　이 장의 앞부분에서 소개한 상담사례를 다시 읽어 보고, 여기에서 상담자가 William의 은유를 어떻게 다루고 있는지 살펴보자.

William: (한숨을 쉬며) 저는 음악을 직업으로 갖겠다는 생각은 꿈에도 해본 적이 없어요. 전 음악을 통해서 제 인생의 의미를 알고 싶었을 뿐입니다. 저는 음악에 솔직하고 진실하려고 노력했습니다. 그러면 제가 누구인지에 대해 뭔가 발견할 수 있을 것 같았어요. 그런데 제 인생이 그랬던 것처럼, 제 음악도 완전히 막다른 길에 다다랐습니다. 이 모든 게 정말이지 우울해요. 그러니까 뭐가 문제일까요? 최소한 제가 대학 다닐 때만 해도 어딘가를 향하고 있었는데, 지금은 꿈쩍도 못 하고 있네요.

상담자: 음악은 막다른 길에 다다랐고 삶은 방향을 잃고서 내몰린 느낌이었을 텐데 어떻게 스스로 여기에 와서 답을 찾아 볼 생각을 하게 됐나요?

William: 정확히는 모르겠지만 아마 조금이나마 진실한 무언가를 찾아낼 만큼 충분히 매달리면 제가 갈망하는 걸 찾을 수 있을 거라는 느낌이 들었던 것 같아요. (가슴을 가볍게 두드리며) 여기에 제가 계속 해야 할 것들을 하도록 말해 주는 뭔가가 있나 봐요. 이 상담이 진실한 뭔가를 찾아낼 수 있는 또 다른 방법일지 모른다고 저 자신에게 말했답니다.

> **질문** Question
>
> 1. William이 그의 이야기에서 사용한 은유를 찾아보자.
> 2. 상담자는 내담자에게 어떤 은유를 사용하였는가?
> 3. William의 마지막 진술에 대한 상담자의 반응을 써 보자.

은유와 카리스마

Erickson 등(1976)은 은유와 유추가 직접적인 해석보다 더 강력한 메시지를 전달한다고 보았다. 이 방법은 무의식의 재양식화와 시각을 변화시키는 부가적 능력으로 여겨진다. 내담자가 부정적 은유를 사용할 경우, 상담자는 연설이나 토론을 가장 완곡하게 해석하는 정치대변인의 역할을 하게 된다. 성공한 대변인, 설교자, 교사, 상담자는 카리스마가 있다. 카리스마는 '은혜의 선물'이라는 그리스어에서 왔다. 그리스 신화에서 미의 여신인 그레이스는 인간에게 기쁨과 아름다움을 가져다주는 여신이다. 신약성서에서 바울은 예언, 기적의 사역, 치유의 선물과 같은 영적 재능이 있는 것을 카리스마로 표현했다.

상담자는 다음의 몇 가지 방식으로 카리스마 있게 은유를 사용할 수 있다. 첫째, 내담자의 은유를 확인하고 수용하는 데 사용한다. 둘째, 내담자의 은유를 돌려서 긍정적인 방식으로 묘사할 수 있다. 셋째, 내담자의 상황과 해결책을 테니스, 등산, 집짓기 등과 같은 일상적인 상황으로 비유할 수 있다. 내담자가 크게 관심을 갖는 주제를 은유로 표현하는 것이 효과적이다.

은유를 화려하게 표현하려고 애쓰는 것보다 내담자의 은유를 민감하게 알아차리고 그의 상황을 은유적으로 이해하는 것이 보다 효과적이다. 상담자가 현학적 은유를 억지로 끌어내지 않는 한, 내담자는 오히려 잘 알려진 문학작품이나 대중가요에서 감탄할 만한 구절을 찾아낸다.

🕊 요 약

　의미를 다룬 이 두 번째 장에서 내담자는 이야기를 구성하는 사람으로 묘사되었다. 내러티브 관점은 이야기의 청중으로서 내담자 경험의 목격자가 되어 주는 상담자 역할을 강조한다. 또한 상담자가 배경, 성격, 줄거리, 주제를 포함한 이야기의 기본 요소들을 놓치지 않게 해 준다. 내러티브 도구로는 외현화와 은유의 사용이 있으며, 다음 장에서는 내러티브 관점에서 삶의 경험을 의미 있게 전환시키는 이야기의 힘을 설명하고자 한다.

▶▶ 8장으로의 연결

　당신의 일생에서 어떤 일에 온전히 몰입했던 때를 떠올려 본다. 그때 당신은 무엇을 했었고, 어떤 보상을 받았는가? 그 경험을 통해 당신의 관점에 어떤 변화가 있었나?

참 고

The Brief and Narrative Therapy Network (BNTN)

www.brieftherapynetwork.com

　이 사이트에서는 훈련 기회에 관한 정보, 관심 있는 참가자를 위한 리스트서브 후원, 단기이야기치료자와의 인터뷰, 학회지 홍보 등을 제공한다.

제8장

의미 있는 이야기,
의미 있는 삶

🐑 이 장의 목표

| 이 장의 주요개념 |

• 의미는 인생의 중요한 요소다.

• 행복은 환경보다 개인의 성품과 더 관계가 있다.

• 위기나 상처는 삶의 기본가정을 변화시킨다.

| 이 장의 주요기법 |

• 강점을 찾아내는 질문 사용하기

• 의미의 불일치에 대해 질문하기

• 내담자의 독창적인 전이 유도형 탐색을 존중하기

🐐 상담사례

통로 쪽에 빈자리가 있었지만 John은 뒤쪽 창가 자리를 향해 붐비는 버스 안으로 비집고 들어갔다. 그는 가능하면 늘 창가 쪽에 앉았다. 버스에서 멍하게 밖을 바라보는 걸 좋아했기 때문이다. 어쩌다 엿듣는 대화나 스쳐 지나가는 풍경, 버스의 흔들림은 잠이 쏟아질 만큼 마음을 이완시키는 최면 효과가 있었다. 하지만 오늘 그는 복잡한 심경이다.

John은 의사의 처방에 따라 처음으로 상담을 받으러 가는 길이었다. 그는 9개월 전에 심장마비를 겪은 이후, 트럭 운전면허를 유지하기 위해 갖가지 의료검사들을 견뎌냈다. 그런데 최근 검진에서 건강이 현저하게 악화된 것이 발견되었다. John은 최근 6개월 동안 식이요법과 운동처방을 지키지 않았음을 시인했다. 그는 의사에게 세 번째 아내가 떠난 이후 살아야 할 가치를 잃었다고 털어놓았다. 그 결과로 의사로부터 심장마비 생존자 자조집단에 참여하고, 규칙적인 영양보충과 운동, 그리고 상담을 받지 않으면 트럭 운전면허가 취소된다는 통보를 받았다.

John은 다른 트럭 운전사들과 달리 대중교통을 즐겼다. 그는 타인이 자신을 위해 운전에 신경 쓰는 것이 호사스럽게 여겨졌다. 그러나 이날만은 달랐다. 상담을 받으라는 처방에 자존심이 상하고 수치스럽고 화가 났다. 실패한 결혼이나 악화된 친구관계, 건강 따위의 문제로 상담자에게 심문당하고 유죄판결을 받을 걸 상상하니 마음이 심하게 불편해졌다. 그는 자신의 죄에 합당한 형벌을 받고 있고 다른 모든 것을 잃었기 때문에 직업까지 잃게 될 거라고 생각했다. 딱 한 번, 오늘처럼 두렵고 위태로웠던 적이 40년 전에도 있었다.

버스가 목적지에 도착할 때까지 수십 년 전의 일화가 비디오처럼 생생하게 떠올랐다. 1956년 가을, 아이젠하워 장군이 대통령으로 재선되고 한국 전쟁이 끝났다. 미국 사회는 난생 처음으로 청소년기를 변화와 갈등의 세대로 여기기 시작했다. 로큰롤과 과장된 의상이 유행하고, 영화 〈이유 없는 반항〉이 히트 치던 때였다.

적막한 11월의 어느 아침, John은 웃으며 잠에서 깨어났다. 그는 2주 동안 공모한 끝에, 걱정 많은 어머니에게 얼토당토않은 두 가지의 거짓말로 친구 Leo의 집에서 자도 된다는 허락을 받아냈다. 첫 번째 거짓말은 그와 Leo가 라틴어 공동과제를 하려면 금요일과 토요일 이틀을 꼬박 새야 한다는 것이었고, 두 번째는 Leo의 비행에 대한 소문은 사실무근이라는 것이었다. 사실 그들은 일찌감치 공동과제를 마친 상태였고, Leo는 나쁜 짓이라면 수준급인 아이였다.

그들은 방과 후에 핀볼게임을 한 다음 콜라를 사 마시고 볼링을 3게임이나 쳤다. 오후 5시가 되자 더 이상 할 일이 없었다. Leo의 집으로 가기 전에 마지막으로 운동장 구석의 정글짐에서 놀고 있을 때 중학교 1학년 소녀가 그들을 스쳐 지나갔다. Leo가 집적대듯 "어이, 꼬마 아가씨, 어딜 그리 급하게 가시나?" 하자 그 아이는 "무슨 상관이야!"라며 퉁명스럽게 대꾸하여 가 버렸다. John은 여자 아이에게 무례하게 구는 Leo가 부담스러웠다. 때마침 외투를 입은 덩치 큰 남자가 나타났다. 이번에는 Leo가 멋쩍게 아는 체하며 인사했지만, 그는 무시하고 지나쳤다.

마음이 상한 Leo는 낮은 목소리로 John에게 속삭였다. "누가 돌멩이를 저 사람에게 더 가까이 던질 수 있는지 시합할까? 진짜 맞추는 건 아니고 말이야." John은 주저했지만 그 도전에 응했다. 학교에서 앞뒤 안 가리기로 첫째가는 친구의 도전을 어떻게 거절할 수 있단 말인가? 돌을 집어든 John은 그 사람을 맞추지 않으면서 최소한의 자존심은 세울 수 있을 정도로 겨냥했다. 그의 윤곽은 이미 20야드나 멀어져 있었고, 그렇게 멀리까지는 돌이 미치지 않을 것만 같았다.

그 남자의 오른쪽을 향해 던진 돌은 포물선을 그리며 날아갔다. 돌은 영원히 나아갈 듯 조준한 곳을 향해 날아가다가 마지막에 왼쪽으로 휘어지면서 그 남자의 귀를 정확히 명중시켰다. 비틀거리며 소리 지르는 그의 뒷목에서 손가락 사이로 피가 뿜어져 나왔다.

Leo와 John은 정신없이 도망쳤다. 그들은 도로로 뛰어올라 마당과 골목을 가로질러 변두리 숲 속에 몸을 숨겼다. 마침내 Leo의 집에 도착해서야 진정이 되었고, 샌드위치를 허겁지겁 먹은 후 TV를 보다가 Leo와 John은 잠이 들었다.

그들은 그 사건에 대해 누구에게도 말하지 않기로 맹세했다. 그러나 월요일 수업에 들어가자마자 그들은 즉시 교장실로 불려 갔다. 친구들의 웅성거림을 뒤로 하고, 화끈거리는 얼굴에 흐르는 땀을 닦으면서 도착한 교장실에는 이미 경찰관 2명과 그날 운동장에서 마주쳤던 중1 여학생과 그녀의 어머니가 있었다. 그녀의 어머니는 John과 Leo만큼이나 겁먹은 듯 보이는 딸을 팔로 감싸고 있었다. 교장은 여학생에게 그곳에 있었던 아이들이 저 두 남학생인지 물었다. 그 여자애는 얼른 Leo와 John을 훑어보더니 고개를 끄덕였다. 그 순간 John은 플래시 카메라에 포착된 생생한 이미지의 사진 속 정물처럼 굳어버렸다.

질문 Question

1. 이 이야기의 결말에 대해 어떻게 느꼈는가?
2. 이 이야기를 읽는 동안 의미가 어떻게 변해 갔는가?
3. 상담에 오는 동안 John은 자신의 삶에서 어떤 의미를 구성하였는가?

🕊 개 관

이 장에서는 내담자의 경험을 의미 있는 것으로 바꾸어 성공적인 변화를 가져올 수 있는 개념과 기법에 대해 다룰 것이다. 모든 고민이나 문제는 내담자가 은연중에 받아들인 인생철학과 관계가 있다. 따라서 내담자는 상황의 수동적인 희생자가 아닌 의미의 창조자로서, 문제에 대한 해결책을 찾는 활동적인 탐구자가 되어야 한다. 불행하게도 내담자는 자신의 경험으로부터 만족감을 얻기 힘든 이야기 구조를 가지고 있다. 이 장에서는 의미를 탐색할 수 있는 인식 질문 같은 기법들을 다룰 것이다. 낙담한 사람들은 미래에 대한 꿈을 상실했음에도 불구하고 보다 나은 인생을 열망하기 마련이다. 그런 희망을 일깨우기 위해 상담자는 내담자가 자기탐색을 경험하도록 민감하게 도와야 한다. 내담자가 협력하여 새로운 의미를 만들어 내려고 보다 개방적이 될 때가 바로 그 시점이다.

🕊 주요개념

의미와 행복

Victor Frankl은 살아갈 이유가 있는 사람은 어떤 방법으로도 살 수 있다는 철학자 니체의 말을 인용하였다(Corey, 2005). Frankl의 의미치료(Logotherapy)는 '의미를 통한 치료'다. 인간은 생득적으로 삶을 보존하려는 기본적 생존 본능을 갖고 있지만, 그 삶에 가치와 열정을 불어넣는 것이 바로 실존적 의미다. 의미는 삶의 목적과 중요성을 부여하는데, 의미를 찾기 위해서는 자신에게 내재된 가치를 탐색함으로써 고귀한 삶을 만들어 가야 한다. 고대 그리스 철학자들은 "탐구하는 삶만이 가치가 있다."라고 하였다.

철학자 아리스토텔레스는 행복 추구를 삶의 가장 큰 목표로 보았다. 미국의 독립선언서에는 인간은 행복을 추구할 권리가 있다고 명시되어 있다. 한편, 소설가 스노우는 행복의 추구가 갖는 오류를 지적하면서 행복을 갈망하면 오히려 행복을 얻을 수 없다고 반박한다(Lemley, 2006). Frankl의 말처럼, 행복을 추구할수록 역설적으로 우리는 행복으로부터 멀어지게 된다. 행복은 우리 삶의 결과로 얻게 되는 부산물일 뿐이다.

많은 내담자들은 사회적으로 성공했음에도 불구하고 불행하다고 느끼며 인생의 덧없음을 호소한다. '많은 장난감을 갖고 죽는 사람이 이기는' 게임 규칙을 따랐는데도 실존적으로 삶이 공허할 뿐인 것과 같다(Prochaska & Norcross, 2007). 그들은 가수 페기 리의 노래 '그게 전부인가요?'를 되풀이한다.

Martin Seligman은 자신의 연구 방향을 학습된 무기력으로부터 학습된 낙관성으로 전환하였다. 그는 행복의 본질을 연구하면서 '낙관은 미래에 대한 만족'이라고 단언하기에 이르렀다(in Lemley, 2006, p. 65). 상담자는 내담자에게 미래에 대한 긍정적 관점을 제공할 수 있어야 한다.

이러한 Seligman의 연구에서 해결중심 단기상담에 적합한 '행복을 창조하는 개입방법'을 찾을 수 있다. 그 첫 번째로, 피험자들이 6개월간 매주 자신에게 일어난 좋은 일 세 가지와 그 원인을 기록하는 활동을 통해 행복지수를 높일 수 있었다. 두 번째는 일주일 동안 자신의 최대 강점이라고 여기는 것을 새로운 방식이든, 색다른 방식이든 사용하도록 하였는데, 이 활동 역시 그들의 행복지수를 높이고 유지시켰다.

이 같은 연구 결과를 바탕으로 긍정심리학자들은 행복방정식을 개발했다. $H = S + C + V$. 여기서 H는 영구적인 행복지수를, S는 유전자나 생물학적 구성의 기여 정도를, C는 개인의 삶의 환경을, V는 그 사람의 통제하에 있는 요소들을 의미한다(Lemley, 2006).

이 가운데서 S, 즉 인간의 생물학적 구성은 잘 변화하지 않는 요소다. Cozolino(2002)의 주장처럼 비록 상담이 정서를 관장하는 뇌의 신경망을 변화시킬 수 있고, 심지어 유전자의 표현형을 통제할 수 있다는 긍정적인 관점이 존재하지만 말이다.

삶의 환경, C는 놀랍게도 행복지수에 거의 영향을 주지 않는다. 연구에 의하면, 건강, 교육, 안전, 경제력 등은 일정 수준 정도만 행복의 지속에 영향을 준다. 즉, 삶의 환경은 행복 변량의 8~15% 이하에 그친다(Lemley, 2006).

개인의 통제하에 있는 요소인 V는 행복지수의 40% 정도를 차지한다. 결국 생물학은 운명이 아니며, 삶의 환경은 생각보다 기여도가 적고, 상담자들이 관심 갖는 영역인 개인적 통제가 행복의 유지에 거의 절반 정도의 비율을 차지하는 것이다. 따라서 상담자가 내담자로 하여금 과거의 긍정적 경험, 미래에 대한 희망, 긍정적 목표를 이루기 위해 현재 사용할 수 있는 강점들을 말할 수 있도록 도와줄 때 긍정적 삶으로 이끌 수 있다.

Seligman은 행복의 3수준을 제시했다(in Lemley, 2006). 제1수준인 '쾌락'에는 좋은 음식과 섹스 같은 감각적 즐거움이 포함된다. 제2수준은 생산적인 일에 전적으로 몰두하게 되는 '몰입'이다(Seligman & Csikszent mihalyi, 2000). 제3수준은 '의미'로서, 의미를 경험한 사람은 자신보다 더 광범위한 무엇에 봉사하기 위해 최선을 다하게 된다. 다시 말해서 행복은 개인주의적인 자기중심 세대(me generation)에서가 아니라 보다 고차원적인 소명을 위한 자기초월에서 비롯된다.

2001년 정신신체의학지(Journal of Psychosomatic Medicine)에 흥미로운 연구가 보고되었는데, 자살한 시인들은 우리(we, us, our)와 같은 단어보다는 나(I, me, my)와 관련된 단어를 더 자주 사용했고, 대화, 나눔, 경청과 같은 단어는 잘 쓰지 않는 경향이 있다는 것이다. Adler는 사회

적 관심을 최고의 정신건강으로 보았다(Day, 2004). 사회적 존재인 인간
에게 이기심은 의미와 행복의 추구를 저해하는 요소에 불과하다. 연구
결과, 사회적 관심이 높은 사람들은 높은 수준의 이타심과 신뢰감, 사회
적 적응 능력, 보살핌, 도움 추구 등의 능력이 있지만, 우울, 불안, 고독,
자기애, 적개심 등은 거의 없었다(Ryckman, 2004, p. 116).

　의미의 추구는 삶의 중요한 목적이 되며, 남을 위해 헌신할 때 보다 큰
의미를 찾게 된다. 상담자의 길을 선택했다는 것은 사회적 관심을 갖고
자신을 뛰어넘는 무언가를 위해 봉사하는 것이므로 삶의 의미와 행복을
더 잘 발견하게 될 것이다.

의미의 문제

　Irvin Yalom(1980)은 저서 『실존심리치료(Existential psychotherapy)』
에서 존재의 의미를 찾는 것이 인간의 주된 고민이라고 지적하였다. 인
간은 삶의 의미가 무엇인지, 내가 여기에 존재하는 목적이 무엇인지 끊
임없이 질문하며 괴로워한다. 이에 대해 Dawkins(1976)나 Stanovich
(2004)와 같은 정통 과학적 환원주의자들은 "염려하지 마세요. 당신은 그
저 자기 본위의 유전자들과 밈(meme)을 복제하기 위한 매개체일 뿐이고,
복제가 바로 삶의 의미지요."라고 대답할 것이다. 하지만 이러한 회의론
자들조차도 생물학적 · 사회적 구성체를 뛰어넘어, 심지어 의미에 대해
질문하게 만드는 무언가의 존재를 인정한다. Stanovich (2004)는 유전자
나 밈에 굴복한다면 인간은 물리적 혹은 문화적 힘에 조종당하는 무정한
로봇이 되는 것이고, 결국 의미는 찾을 수 없게 될 것이라고 하였다. 이
같은 외부 압력을 이기고 자신만의 의미를 찾는 것이 바로 합리적 자기
결정이다(p. 275). 정서지능을 간과하고 합리성만 과대평가한 면이 있지
만, 1차 과정 사고와 2차 과정 사고(Freud, 1911)를 조화롭게 혼합하여

개인적인 삶의 의미를 만든다는 그의 관점은 긍정적이라고 할 수 있다.

궁극적인 인생의 의미나 미래의 결과는 늘 불확실하므로 실존주의자들은 '존재의 용기(the courage to be)'를 개발해야 한다고 주장한다(Corey, 2005). 용기가 없다면 인생의 근본적인 질문에 직면할 수 없고 자신만의 진정한 인생철학을 채택할 수 없다. 실존적 고민은 평생 겪는 것이기 때문에 단기간의 상담에서 인생의 모든 수수께끼를 깊이 다룰 수는 없다. 그러나 내담자가 어떤 문제를 갖고 있더라도 그 안에는 항상 자신이 채택한 암묵적인 인생철학이 뿌리내리고 있다는 사실은 잊지 말아야 한다.

Starkey(2006)는 의미 있는 인생을 만들어 내는 것이 무엇인지 조사한 결과, 의미 있는 삶을 살아가는 사람들은 자신만의 의미를 만들어 내며, 무언가에 온전히 관여한다는 것을 발견하였다. 이 개념은 '몰입' 또는 '최적 경험'과 유사하다(Csikszentmihalyi, 1993). 몰입은 의미 있고 충만하며 만족스러운 경험으로, 합리적이기보다는 감각적이거나 감정적인 상태를 의미한다. 몰입은 어떤 일에 온전히 집중하면서 자신의 인지적 · 정서적 자원들을 최대로 끌어올릴 때 나타나며, 이때 그 순간의 일에 완전히 빠져들어 집중하고 열중하게 된다. 그것은 무엇을 어떻게 해야 하는지 아는 내적 명료함이나 상황에 따라 침착하고 유능하게 대처하는 능력을 의미하기도 한다. 몰입하는 사람은 자신과 시간 흐름을 인식하고 수용하면서 평정심을 유지하게 된다. 인정과 보상을 구하기보다 내재적 동기에 의해 분발하게 되고, 몰입 자체가 보상이 된다. 몰입하는 사람은 목표를 추구할 때 항상 심사숙고하지만, 몰입 경험은 행동의 의지에서 비롯되는 것이 아니라 당면 과제에 온전히 집중할 때 가능하다. 그러나 열중한다고 항상 행복한 것은 아니다. 스트레스와 수고 또는 슬픔을 겪더라도 그것이 가치 있는 일이라고 여긴다면 의미 있는 것이라 할 수 있다.

의미로움(meaningfulness)은 행복보다 더 광범위한 개념으로, 예를 들면 사랑하는 말기환자를 돌보는 것은 행복하지 않지만 의미롭다. 정치적 압제에 대항하는 것은 힘들고, 스트레스와 좌절감을 겪게 한다. 기득권자들의 비난이나 위협 앞에서 분노나 두려움, 실망을 경험할 수 있지만, 그럼에도 불구하고 그에 맞서 의미 있는 행동을 선택할 수 있을 것이다. 더 쉬운 예를 들면, 상담전공생들에게 교수와의 수퍼비전은 가장 힘들고 불안한 시간이다. 수퍼비전이 비록 '행복'을 주지는 않지만, 상담자로서의 자기계발에 중요하고 의미 있으며 필수적인 노력으로 볼 수 있다. 대부분의 내담자들은 '좀 더 행복해지기 위해' 상담을 받는다고 말한다. 행복과 의미가 반드시 상호 배타적일 필요는 없다. 물론 인간은 행복 속에서 의미 있는 삶을 살기를 원하지만, 때로는 불행한 사건에서도 의미를 찾을 수 있다.

내담자 이야기의 의미

제7장에서 내담자가 갖고 있는 진부하고 경직된 비극적인 이야기에 대해 다루었다. 내담자가 자신의 이야기에 속박당하면서도 그 이야기를 버리지 못하는 이유는 거기에 나름의 의미를 부여하기 때문이다. 여기에서는 내담자의 성장을 저해하는 또 다른 이유들을 다룰 것이다. Janoff-Bulman(1992)은 사람들이 갖고 있는 가설적 세계가 "세상은 호의적이다, 세상은 의미 있다, 자신은 가치 있다."(p. 6)와 같은 세 가지 기본적인 신념에 근거한다고 하였다.

이 세 가지 가설적 세계에 대한 신념을 가지고 도덕적인 삶을 살 수만 있다면 우리는 필요한 것을 충족시킬 수 있고, 노력에 대한 성과와 의미를 얻으며, 성공에 대한 자신감을 갖게 될 것이다. 이 신념들은 세상이 공정하다고 믿고 따르는 사람들에게 미래에 대한 낙관론을 제공해 준다.

그렇다면 공정한 세상에서 고통은 어떤 의미가 있는가?

Janoff-Bulman은 절대자로부터 수없이 고통당한 성경 속의 욥의 이야기를 부당하게 고통당하는 인간의 원형으로 제시하였다. 즉, 선한 사람이 고통을 겪는 이유는 절대자에 대한 믿음을 시험당하는 것으로 해석할 수 있다. 예를 들어, 성경에 하나님이 아브라함에게 믿음의 증거로 아들 이삭을 죽이라고 명령한 사건이 있다. 이 사건은 인간이 믿음을 위해 고통당할 수 있다면 그것은 그의 선함의 증거이고, 어떤 면에서는 유익을 얻을 수도 있게 된다는 것을 의미한다. 니체는 이러한 상황에 대해 "나를 죽이지 못한 것은 나를 더 강하게 만든다."라고 하였다(Corey, 2005, p. 134). 사람들이 "하나님은 제가 감당하기에 너무 무거운 짐을 주지는 않으십니다."라고 기도하는 것은 훌륭하고 존경받을 만하다. 그러나 인간이 순교자적 관점에 사로잡혀 자신은 행복해선 안 된다는 신념을 갖고 있다면 그것은 위험하다.

위기나 외상적 사건은 인간의 기본 가정들을 파괴시킬 수 있다(Janoff-Bulman, 1992). 만약 예상치 못한 사건에 의해서 공정한 세상에 대한 신념이 무너진다면 이전의 낙관적이었던 삶은 숙명적 비관론으로 바뀌게 될 것이다. 그렇게 되면 '세상은 불친절하고 적대적이다. 모든 것이 무의미하다. 고통과 고난을 당할 만하다.'라는 가정을 하게 된다.

사람들이 이러한 가정들을 갖게 되면 세상을 더 이상 호의적으로 보지 않고, 끊임없이 혼란스러워하며, 자신을 행복과는 걸맞지 않은 존재로 보게 된다. 이런 부정적인 가정들을 삶의 이야기로 받아들이는 것은 장기적으로 위험하다. 부정적인 가설적 세계에서 사람들은 쉽게 희망을 잃고, 인생이 그저 고통뿐이라고 여기기 쉽다. 그렇다면 사람들은 어째서 인생에 부정적 의미를 부여하는 가정들을 포기하지 않는가? 한 가지 해석은 그들이 부정적인 이야기 속에 머무를 때 '이차적 이득'을 얻는다는 것이다. 이차적 이득이란, 내담자가 고통스러워 보이기는 해도 그 상황이 그에게 어떠한 보상을 준다는 것을 의미한다. 그러면 그러한 고통을 받아들일 때 얻는 이차적 이득은 무엇인가?

영화 〈스타워즈〉의 오비원 캐노비, 〈반지의 제왕〉의 간달프, 〈브레이브하트〉의 윌리엄 윌리스 같은 등장인물들은 영웅적 희생의 의미를 우리에게 보여 준다. 이러한 시나리오에는 의미는 존재하지만 행복은 존재하지 않는다. 인생을 부정적으로 보는 사람들은 "세상은 정글이다." "인생은 슬플 뿐이야." "달아날 수는 있겠지만 숨을 수는 없어."라고 말한다. 그들은 몰락하는 삶 속에서 고통이 끝날 때까지 대항하겠다고 맹세한다. 이런 식의 비극적 인생 이야기는 19세기의 시인 William Ernest Henley의 시에서 불굴증후군(invictus syndrome)으로 명명되었다.

굴하지 않는(Invictus)

나를 감싸고 있는 밤은
온통 칠흑 같은 암흑,
억누를 수 없는 내 영혼에
신들이 어떤 일을 행하건 감사한다.
잔인한 환경의 손아귀에서
난 움츠리거나 소리 내어 울지 않았다.
내려치는 위험 속에서
내 머리는 피투성이지만 굽히지 않았다.
분노와 눈물의 이 땅을 넘어
어둠의 공포만이 어렴풋하다.
그리고 오랜 재앙의 세월이 흘러도
나는 두려움에 떨지 않을 것이다.
아무리 문이 좁을지라도

얼마나 많은 형벌이 날 기다릴지라도 중요치 않다.
나는 내 운명의 주인
나는 내 영혼의 선장.

또 다른 비극적인 이야기에는 사랑하는 사람을 잃고 유별나게 오래 슬
퍼하는 사람도 포함된다. 애도 기간은 떠난 사람에 대한 사랑의 강도를
의미한다고 할 수 있다. 만일 애도자가 새로운 삶에 대한 희망을 표함으
로써 그의 비극적인 이야기를 수정하려 한다면, 처음에는 이 변화가 배
신행위로 느껴질 수 있다.

어떤 내담자는 타인으로부터의 무시, 무정함 또는 폭력의 희생자 역할
을 함으로써 삶의 의미를 찾는다. 그러한 행동의 원인은 상당히 복잡한
데, 비록 희생당하는 것을 즐기지는 않지만 그 역할을 포기하기는 어렵
다는 정도로 이해될 수 있다. 그렇지만 이런 자멸적인 이야기는 이차적
이득이라는 단순한 개념보다는 좀 더 복잡하다. 무엇이 그를 비극적인
이야기에 머무르게 하는지 탐색해야 한다. 학대당하는 여성에게 왜 계속
학대자와 함께 있는지 물으면 "그를 사랑하기 때문이죠."라고 답하곤 한
다. 이때 상담자는 그런 명분을 단순한 설명으로만 받아들이고, 문제 상
황에 내담자를 머무르게 만든 심층적 의미를 고찰해야 한다.

부당하고 불필요한 고통의 이야기에 집요하게 머물러 있는 내담자를
볼 때 좌절감을 느끼거나 답답해진다면, 그 상담자는 아직 내담자의 삶
의 의미를 이해하지 못한 것이다. 사람들에게 의미는 행복보다 더 중요
하다. 상담자는 내담자의 이야기의 줄거리를 바꾸려고 노력하면서 중요
한 무엇인가를 포기하도록 요구하기도 한다. 만약 내담자가 진부한 자신
의 이야기를 포기한다면 다시는 돌아오지 않을 지나간 시간을 잃게 된
다. 경직된 이야기를 포기한다면 삶에 대한 확신이나 이상향을 포기해야
한다. 영웅적이지만 비극적인 주인공의 역할을 포기한다면 더 이상 비극

적이지 않은 대안을 찾아야 한다.

만일 낙관적인 가정을 채택하는 것이 인간의 본성이라면 상담자는 의미와 행복을 함께 얻을 수 있는 삶의 이야기를 내담자와 함께 재구성할 수 있을 것이다. 그러나 내담자의 부정적인 이야기에 포함된 의미를 이해하지 않고 희망을 찾는 데만 초점을 맞춘다면 LUV와 공감이라는 기본 규칙을 위반하게 되어 결국 그 상담은 실패할 것이다.

저항과 편들기

상담자들은 '편들기'에 주의해야 한다. 경찰관이 가족 싸움에 개입하다가 사망하는 경우가 많은데, 여기에는 가족 분쟁의 가해자가 경찰관을 살해하기도 하고, 가해자를 보호하려는 피해자가 살해하기도 한다. 이처럼 상담자도 누군가의 편을 들 경우, 곤경에 빠질 수 있다. 내담자가 타인을 부정적으로 묘사할 때는 그의 편을 들기보다 그의 입장에서 이해해 주어야 한다. 만약 내담자가 비난하는 사람을 상담자가 '함께' 비난하면 내담자는 오히려 그를 변호하려 할 것이다. 그러한 순간에 내담자는 상담자가 비난하는 그 사람을 보호할 필요를 느끼게 된다.

내담자가 긍정적 목표를 제시할 때 상담자는 그 목표를 위해 도와주고 싶은 충동을 느낀다. 하지만 변화를 위해서는 다른 무언가를 포기해야만 한다. 한편으로는 더 좋아지고 행복해지기를 바라지만, 다른 한편에서는 그 상태에 머물러 있기를 원한다. 단순히 행동만 바꾸는 것이 아니라 의미 있는 무언가를 포기해야 하기 때문에 내담자는 당연히 '저항'하게 된다. 이러한 '저항'은 관계를 의미하며, 내담자는 자신의 고통스러운 이야기와 반대되는 상담자의 긍정적 편들기에 저항하는 것이다.

Clark(2005)은 상담자가 내담자의 입장에서 그의 '부정적' 행동을 고려하면서 저항을 재구성해야 한다고 하였다. 이를 위해 먼저 부정적인 행동들이 어떤 위안과 만족을 주는지 질문해야 한다. 내담자의 저항은 오히려 주저하는 행동에 가까운 것이므로, 상담자는 그동안 내담자를 보호해 온 생각과 행동을 존중해 주어야 한다(Cowan & Presbury, 2000; Teyber, 2006).

Cowan(2005)은 상담자가 내담자의 중상을 간과한 채 친사회적이거나 건강한 측면을 조급하게 다루기 쉽다고 하였다. 그의 저서 『아리아드네의 실타래(Ariadne's thread)』에는 자해하는 내담자의 이야기가 나온다. 내담자가 날카로운 도구로 자신을 긋거나 멍이 들도록 때리며 자살을 시도할 때, 상담의 목표는 그 행동을 중지시키는 것이었다. 하지만 상담자가 자해행동을 멈추길 원하는 내담자의 마음을 편들수록 내담자는 더 심하게 자해를 시도하였고, 오히려 자해행위에 관심을 기울일 때 비로소 상담에 대해 안도감을 느끼게 되면서 상담이 의미 있고 효과적으로 진행될 수 있었다. 즉, 자해행동을 중단하기를 원하는 심리적 측면만 편드는 것은 자해행동을 필요로 하는 내담자의 심리의 일부분과 상담자가 다투는 양상이 되어버리는 것이다.

이러한 관점에서 저항이란 '생소하거나 적대적인 환경에서 살아남기 위한 내담자의 우주복'인 셈이다(Cowan, 2005, p. 141). 상담자가 단지 내담자의 한 측면만 편드는 순간 게임은 시작되며, 이때 내담자는 실패를 통해서 승리를 얻는다. Fritz Perls는 내담자가 상전(top dog)과 하인(underdog) 사이에 있다고 하였다(Prochaska & Norcross, 2007). 상전은 무엇을 해야 하고 무엇을 하면 더 나을지에 대해서 은유적으로 권고하지만, 하인은 항상 좌절하고 무능감을 호소한다.

Perls는 상전과 하인이 각각의 목소리를 내기 전까지는 치료가 불가능하다고 믿었다. Blume(2006)이 지적한 바와 같이, 우리는 일정하고 지속적인 긴장과는 반대인 변증법적 차원에서 우리 자신을 경험한다. Necker 큐브를 떠올리면 이러한 변증법적 개념이 이해가 될 것이다. 상담자와 내담자가 함께 낡은 이야기를 해체하고 새로운 이야기를 재구성 할 때, 부정적인 측면이 사라지는 것이 아니라 새롭고 더욱 완벽한 의미체계로 통합될 수 있다. 먼저 의미와 행복은 같은 것이 아니라 공존하는 것임을 깨닫는 것이 필요하다.

함 의

긍정심리학의 개념에는 상담의 중요한 의미들이 포함되어 있다.

- 내담자는 문제에 대한 해결책을 찾으려 노력하면서 의미를 추구한다.
- 내담자는 환경의 희생자가 아니라, 고난에도 불구하고 행복과 의미를 추구할 수 있는 힘을 갖는 존재다.
- 내담자는 자신의 경험에서 의미를 창조할 수 있는 이야기를 갖고 오지만, 그 이야기는 삶에 만족감을 주지 못한다. 상담자는 이야기의 긍정적인 측면만 편들지 않도록 주의해야 한다.

방 법

인식 질문

내담자에게 삶의 의미를 찾아 주기 위해서는 강점과 회복력을 찾아 주는 인식 질문(appreciative inquiry)을 활용할 수 있다. 인식 질문은 긍정심리학처럼 강점과 회복력에 초점을 두는, 변화를 위한 긍정적 접근에 기초한다(Cooperrider & Whitney, 1999). 여기에는 내담자의 잠재력을 극대화시킬 수 있는 질문의 내용들이 포함된다(Cooperrider, Sorensen,

Whitney, & Yaeger, 2000).

　　상담자는 내담자의 지혜와 자원을 존중하면서 그의 강점들을 끌어내기 위한 의도된 질문을 해야 한다. 질문(question)의 어원인 탐구(quest)는 모험적인 여행을 의미하는데, 이것은 상담에도 은유적으로 적용된다. 내담자가 더 나은 삶을 찾도록 상담자는 질문을 통해 길을 묻는 여행자의 자세로 그의 세계관을 탐색해야 한다.

　　질문을 할 때는 심문하지 않고 문의하듯 하는 것이 중요하다. 내담자의 예외 상황과 가능성을 찾으면서, 동시에 그의 고통과 제한도 수용할 수 있어야 한다. 상담목표를 설정할 때 상담자는 다음과 같은 자제하기(restraining) 기법을 사용함으로써, 즉각적인 변화를 강요하지 않도록 해야 한다. "제 생각에 당신은 그 목표를 달성하고 싶은 마음이 있으면서, 반면에 그 목표를 수행하기를 주저하는 마음도 있는 것 같습니다." 이것은 내담자가 변화를 시도할 때까지 기다려 주는 것을 의미한다.

의미의 탐색

　　내담자는 삶의 심각한 위기 앞에서 의미의 문제를 고민한다(Echterling, Presbury, & McKee, 2005). 위기 상황에서 시간을 되돌릴 수는 없지만, 상담자는 그 경험으로부터 새로운 의미를 만들도록 도울 수 있다. 내담자는 자신의 의미체계를 성찰하지 못할 수도 있지만, 그러한 의미들은 그의 생각과 느낌, 그리고 행동의 근거가 된다(Ivey, Ivey, Meyers, & Sweeney, 2005; Lazarus & Fay, 2000). 상담자는 다음과 같은 질문들을 통해 내담자로 하여금 자신의 가치, 희망, 꿈, 사명감 등 어떤 것이 삶에 의미를 부여하는지 검토하고 명료화하도록 돕는다(Ivey & Ivey, 2007).

　　"그 상황이 당신에게 어떤 의미가 있습니까?"

"그 일에 대해 어떻게 이해하셨나요?"

"당신의 삶을 돌아볼 때 가장 신경 쓰이는 일은 무엇인가요?"

"지금까지 여러 위기를 경험하면서 배운 중요한 교훈은 무엇인가요?"

"당신 인생의 사명은 무엇인가요?"

의미는 우리가 사회로부터 학습한 문화적 세계관을 반영한다. 대부분의 세계관은 어릴 때부터 일방적으로 전수받은 지식에서 나온 것이며, 사실상 우리는 이런 의미 전부를 의심 없이 받아들여 왔다. 질문을 받기 전까지는 이러한 의미의 뜻조차 모르기도 한다. 가끔 가치와 의미가 서로 불일치할 때도 있는데, 이런 불일치는 인간이 긍정적인 자기 이미지를 유지하기 위해 어떠한 의견이든 바꾸는 이른바 '인지 부조화 축소'(Pinker, 2002, p. 265) 때문이다.

상담자는 때로 인지 부조화를 일으키는 내분 선동자(Egan, 2007)의 역할을 하기도 한다. Egan은 내담자에 대한 도전이 직면보다 덜 직설적이라고 보았다. 즉, 체제를 혼란시켜 재조직하기 위해서는 약간의 동요면 충분하다.

의미 속의 불일치 탐색

제6장과 제7장에서 각각 내담자의 세계관을 해체하는 방법과 내담자가 삶의 이야기를 다시 쓰도록 돕는 내러티브 도구들을 살펴보았다. 여기에서는 이러한 세계관과 이야기 이면의 의미에 초점을 맞춘다. 내담자의 검증되지 않은 의미들은 서로 충돌하면서 구성과 이야기 간에 모순을 드러낸다. Egan(2007)은 "가끔 내담자는 자신이 믿지 않는 것을 믿는다."(p. 178)라고 하였다. 문학작가들은 누구나 소망하는 자아이상을 창조하려는 인간의 경향성을 작품에 그리고, 독자들은 이상대로 행동하지

못하면서 그것을 자신의 것으로 받아들인다. 하지만 과거에 그렇게 수행하지 않았던 가치를 현재 자기의 것이라고 주장한다면 그것은 아마도 진짜 자신의 것이 아닐 것이다.

내담자의 의미 불일치에 직면할 때 상담자 자기기만에 빠지기 쉽다는 것을 인식한다면 도덕적 우월감 없이도 효과적인 조력을 할 수 있을 것이다. 인간은 가치와 의미의 불일치로 인한 부조화에 대처하기 위해 자각을 차단하는 자기기만적인 방어, 즉 반동형성, 억압, 합리화를 활용한다. 반동형성이란 받아들이기 어려운 욕망이나 충동과는 반대되는 생각과 감정이 실재한다고 주장하는 것이다. 셰익스피어에 따르면, 인간은 그러한 욕망과 충동을 외면하기 위해 과도하게 항변한다. 억압은 받아들일 수 없는 욕망과 충동을 자동적으로 부인함으로써 의식하지 못하게 하는 것이다. 마치 "누가? 내가?" 하며 외치는 것과 같다. 합리화는 특정 행동에 대해 그럴듯하지만 거짓된 변명을 하는 것으로, 터무니없는 실수를 저지른 후 "내가 일부러 그랬어!"라고 말하는 것과 같다.

상담자는 내담자의 이야기에서 맹점을 파악한 후, "저는 좀 혼란스럽군요. 예전에 당신은 상호관계가 중요하다고 했었는데, 지금은 독립하기 위해 한 사람에게 묶이지 말아야 한다고 하는군요. 이 두 가지가 어떻게 공존할 수 있을까요?"라고 말할 수 있다.

내담자가 이야기에서 의미를 누락시켰을 때 상담자는 다음과 같이 다룰 수 있다. "제가 보기에는 여기서 뭔가 놓친 것 같군요. 제가 방금 깜빡한 모양이에요. 그 일이 어떻게 일어났는지 이해할 수 있게 다시 한 번 말씀해 주시겠어요?"

내담자는 때때로 모호하고 추상적으로 이야기를 진술하면서 의미 다루기를 피하려 한다. 이때 상담자는 다음과 같이 명료화해 줄 수 있다. "이해가 잘 안 가네요. 어떻게 그렇게 된 건지 구체적인 예를 들어 주실래요?" "그 일이 당신에게 어째서 그렇게 의미 있는지 말씀해 주시겠어요?"

사건의 의미를 찾도록 유도할 때는 설명을 요구하기보다 내담자와 한 팀을 이루어야 한다. 내담자가 행복하고 의미 있는 길로 나아갈 때 둘 다 승리할 수 있다.

의미를 찾는 질문

질문의 효과는 상담자가 어떤 태도로 질문하는지에 따라 크게 달라진다. 취조인같이 아는 척하고 거리를 두면서 연속 질문을 하기보다 신중하고 부드럽게 길을 묻는 여행자처럼 "저는 이곳 사람이 아니어서 도움이 필요합니다."와 같이 질문해야 한다. '무엇'과 '어떻게'로 시작하는 개방형 질문은 내담자로 하여금 더 많이 말하고 더 깊이 느끼며 의미를 탐색하도록 돕는다.

상담자는 가끔 질문보다는 자신의 경험과 이해를 전달하는 개방형 지시를 사용하기도 한다. '한 팀이 되는' 질문과 같은 개방형 지시는 1인칭으로 시작한다. 예를 들어, "그때 기분이 어땠나요?"라는 상투적인 질문보다는 "저는 그 일이 당신에게 어떻게 느껴졌는지 궁금합니다." "제가 제대로 이해했는지 모르겠지만 당신은 ~하다는 것 같네요."라고 말할 수 있다.

질문은 의미를 찾는 데 대단히 유용하다. 내담자는 멈춰서 질문에 대해 생각하고, 또 원치 않는 경우에도 반응을 돌려준다. 내담자는 질문에 대답해야 할 의무감을 느끼기 쉬운데, 이러한 욕구가 정서적 각성을 증가시키고 새로운 미지의 영역으로 들어가도록 자극하기도 한다. 상담자는 다음과 같은 질문으로 내담자의 경험을 '끌어낸다'.

"상담에서 기대하는 것이 무엇인가요?"

"당신이 바라는 것이 삶에 어떤 변화를 가져올 것 같나요?"

"목표를 달성했다는 것을 어떻게 알 수 있을까요?"

"당신이 원하는 것이 얼마나 많이 일어났나요?"

상담자는 '왜'와 같은 질문보다는 의미 있는 성공이나 가능성을 촉진하는 질문을 하는 것이 좋다. 질문은 사람을 구속하는 힘을 지니고 있기 때문에 상담자는 질문하기 전에 먼저 생각해야 한다!

효과적인 목표지향적 질문

우리의 삶에서 의미의 주된 원천은 사명감과 목적이다. 제4장에서 다룬 바와 같이 내담자의 목표 설정은 상담에 방향을 제공하고, 삶에 의미를 부여하며 힘을 실어 준다. 목표지향적 질문은 성공에 대한 기대감을 불어넣어 주고 내담자가 주도적으로 해결책을 찾도록 해 준다(O' Hanlon, 1995). 다음과 같은 질문들은 긍정적 기대감을 이끌어 낼 수 있다.

"목표에 도달했을 때 계속 나아지는지를 어떻게 알 수 있을까요?"

"당신이 목표에 도달하면 어떤 변화가 있을까요?"

"당신은 어떻게 달라질까요?"

목표 달성 장면을 생생하게 묘사하기 위해서는, 상담이 성공했을 때 일어날 장면들을 마치 상담자가 비디오카메라를 들고 따라다니면서 담아내는 것처럼 정교하게 묘사하도록 하는 '영상 설명'을 해 보도록 제안할 수 있다(O' Hanlon, 1995, p. 6).

앞서 언급했던 것처럼 상담자는 과거의 어려움을 극복하는 데 도움이 되었던 내담자의 자원에 초점을 맞추는 질문도 활용할 수 있다.

"비슷한 어려움을 겪었던 때를 말해 주세요. 그 문제를 어떻게 다루었
나요?"

"문제가 시작되려고 하는데 당신이 문제가 발생하지 않도록 처리했던
때는 언제였나요?"

"일을 잘 해결하고 나서 그렇게 할 수 있었던 당신의 능력에 놀란 적이
언제였나요?"

"당신 스타일과 완전히 다르게 행동했지만 결과가 좋았던 때는 언제
였나요?"

내담자가 이미 시도했던 방법들을 상담자가 또다시 제안하지 않으려
면 내담자가 과거에 시도했던 해결책이 무엇이었는지 먼저 질문해야 한
다. "당신이 바라는 만큼 효과가 있긴 않았더라도 이 상황을 해결하기
위해서 어떤 시도들을 했었나요?"

▟ 상담과정 ▟

여기에서는 의미를 찾게 하는 질문과 함께 이 장의 앞부분에 나온 감사
질문을 활용할 수 있다.

John: (앉자마자 흥분해서 급하게 말한다.) 좋아요, 본론부터 말하자면
저는 오프라 TV쇼에 나오는 그 박사님의 이름이 뭐더라, 암튼 그
들이 말한 '양쪽 다 패배한' 상태라서 상담을 받아야만 합니다. 아
시다시피 의사가 제 몸에 낙제점을 매기고 운전면허를 취소하겠다
고 협박하지만 않았어도 전 여기에 안 왔을 겁니다. 면허를 유지하
려면, 제가 인생을 어떻게 엉망으로 보냈는지 여기에서 모조리 털
어놔야겠지요. 저는 여기로 오는 중에 버스 안에서 또 다시 심장발
작을 일으키는 줄 알았습니다. 선생님이 저를 보면 제가 얼마나 엉

망진창인지 알 것 같아 무서웠거든요. 그러면 결국 면허를 잃을 테니까요. (고개를 흔들며 서글픈 듯 혼자 낄낄거린다.) 이게 바로 제 인생의 이야기입니다요. 실패에 실패를 더하면 실패자가 되죠. 빌어먹을, 마지막 쥐꼬리만 한 자존심이라도 지키려면 집으로 돌아갔어야 했어요.

상담자: John, 먼저 확인할 것이 있어요. 당신이 조금 전 말했던 내용은 제가 알고 있는 사실과 상당히 다르네요. 지난주에 의사 선생님과 통화했는데요. (John은 의사라는 말에 몸을 크게 꿈틀거린다.) 그 지역의 사람들이 당신을 존경한다고 했고, 당신이 운동선수이자 어린이 야구단의 코치라고 들었거든요. 아이들이 연패를 당할 때, 뭐라고 말해 주시나요?

John: 기본에 충실하면 더 좋은 결과를 얻을 수 있다고 말합니다.

상담자: 제가 제대로 들었나요? 그 아이들에게 '실패자 놈들'이라고 하진 않으시는군요.

John: 네, 정정당당하게 시합하고, 시합 자체를 이해하면서 함께 운동하는 것이 이기는 것보다 더 중요하다고 말하죠. 제가 그렇게 배웠기 때문에 아이들에게 그렇게 가르칩니다. 사실 그 의사도 몇 년 전에는 저희 팀 선수였는데, 지금은 저한테 이래라 저래라 하고 있어요. 우습죠?

상담자: 당신이 공정한 시합에 대해 말할 때 얼굴이 밝아지는 것을 보니 저도 기쁩니다. 원치 않는 상담을 하는 것과 자신의 원칙에 충실하려는 것이 당신에게 어떨지 이제 이해되기 시작했어요. 그 문제에 대해 당신 스스로를 어떻게 설득하실 수 있었는지 궁금하네요.

John: (잠시 가만히 있다가 뭔가를 이해한 듯 미소 짓는다.) 알겠어요! 의사는 단지 제가 가르쳤던 것처럼 규칙을 따르고 있다고 말씀하시려는 거군요. (상담자는 답변하는 대신 더 깊은 해석을 위해 끈기 있게 기다린다.) 하지만 이건 다릅니다. 이건 마치 규칙도 모르기 때문에 절대 잘할 수 없는 게임을 하게 만드는 악몽 같아요. 게다가 저는 질문할 수도 없어요. 왜냐하면 그건 어리석고, 미친 짓이고,

규칙에도 어긋나거든요. 영양사와 그 바보 같은 치료사인가 뭔가도 마찬가지더라고요. 제기랄, 저는 운동선수라고요. 몸 상태나 음식 같은 건 걱정할 필요도 없었는데. (한숨을 쉬더니 눈에 띄게 고개를 떨군다.) 심장 발작 이후로 저는 망가졌어요. 친구들도 저를 포기해 버린 것 같아요. (다시 한숨을 쉬며) 뭐, 전부 다 그런 건 아니지만요.

질문 Question

1. 당신은 John의 마지막 진술에 어떻게 반응하겠는가?
2. 상담자는 John이 삶의 의미를 발견할 수 있도록 어떻게 접근하였는가?
3. 상담자의 인식 질문은 얼마나 효과적이었는가?
4. 이 회기의 초반부에 나타난 John의 저항을 상담자는 어떻게 다루었는가?

적용

내담자의 이야기에 관한 목표지향적 질문을 두 가지 작성해 보자. 효과적인 질문은 내담자로 하여금 성공과 가능성의 이미지를 떠올리도록 돕는다.

가정형 질문으로 이끌기

내담자에게 자원과 회복 능력이 있다고 간주하고 가정적인 개방형 질문을 사용하는 것은 효과적이다. 만약 상담자가 "문제가 일어나지 않았던 때가 있었나요?"라고 질문하면 내담자는 쉽게 빠져나갈 수 있는 선택권을 갖게 되어 간단히 "아니요."로 대답함으로써 질문을 무효화할 수 있다.

그러나 상담자가 "문제가 발생하지 않은 때에 대해 말해 보세요." "문제가 일어나지 않았던 때는 언제였나요?"와 같이 질문한다면 내담자는 답을 찾아야 한다는 압박감을 더 느낄 것이다. 문제가 발생하지 않은 예외 상황을 찾아 성공에 대한 비전을 갖도록 이끌 때 가정형 질문을 사용한다.

> 📋 **적용** ━━━━━━━━━━━━━━━━━━━━━━━━━━━━━
>
> 내담자에게 할 수 있는 가정형 질문을 두 가지 말해 보자. 효과를 높이기 위해서는 구체적인 질문을 사용해야 한다. 구체적인 질문은 내담자로 하여금 성공에 대한 자신감을 갖도록 돕는다.

순환질문과 관계질문

순환질문은 Gregory Bateson의 이중묘사(double description) 개념에서 파생되었다(Penn, 1982). 한 개인의 세계는 본인의 독특한 관점뿐만 아니라 타인의 상상적 관점에 의해서도 이해될 수 있다. 내담자는 타인에게 비친 자신의 모습을 어떻게 이해하는가? 가족상담에서는 가족체계 내의 상호작용과 구성원들을 이해하기 위해 순환질문을 활용한다. 자녀가 진술한 부모 관계나 모자 관계를 통해 가족의 다른 구성원들은 자신의 문제를 이해할 수 있고, 가족 상호작용의 의미, 즉 '가족자아상'을 변화시킨다.

이와 유사한 질문기법으로 관계질문이 있다(De Jong & Berg, 2002). 관계질문을 통해서 내담자는 자신을 의미 있게 바라볼 수 있으며, 긍정적인 자기개념을 형성할 수 있다. 관계질문과 순환질문의 차이점은 긍정적인 변화가 일어났을 때 내담자를 향한 타인들의 달라진 시각을 상상할 수 있는가 하는 것이다. 이것은 완전한 이중묘사다. 만약 누군가가 나를 좋게 여기거나 나의 변화를 긍정적으로 보는 것을 상상할 수 있다면, 그는 타인의 관점으로 자신을 이해하는, 이른바 '메타 관점'을 변화시킬 수 있다.

이러한 과정을 촉진하기 위해 상담자는 다음과 같이 질문할 수 있다.

- "당신에게 그런 변화가 일어날 때 가장 먼저 알아차릴 사람은 누구일까요? 그는 당신에게 무엇이 달라졌다고 말할까요?"
- "당신 어머니가 여기에 있고, 제가 당신의 어떤 점이 달라졌는지 물으면 어머니께서는 뭐라고 할까요?"
- "내가 당신의 선생님과 대화할 때 그분이 당신이 훨씬 나아졌다고 한다면, 정확하게 무엇에 대해 말하는 걸까요?"
- "직장 상사는 당신이 전보다 무엇을 더 잘하고 있다고 말할까요?"
- "그녀는 당신이 변했다는 것을 무엇을 보고 확신할까요? 그녀가 확신하려면 무엇을 봐야만 할까요?"

이런 질문들은 내담자의 목표를 구체화하고 목표행동에 대한 구체적인 그림을 제공할 뿐 아니라, 내담자를 보는 타인들의 변화된 시각을 의식할 수 있도록 돕는다. 내담자의 행동을 성공적인 이미지에 맞춤으로써 타인에게 긍정적으로 평가되는 것에 대한 내담자의 신념이 강화된다.

✎ **적용**

내담자에게 할 수 있는 관계질문을 두 가지 말해 보자. 효과를 높이기 위해서는 구체적으로 질문해야 한다.

헤쳐 나가기 질문

Miller(1995)는 헤쳐 나가기(getting-by) 질문으로 상담을 시작하는 것이 효과적이라고 제안하였다. Berg(1994)와 Weiner-Davis(1993)에 의하면, 내담자들의 2/3는 상담 첫 회기부터 상황을 개선하려는 노력을 시작한다. 상담이 시작되기 전에 어떤 변화가 일어났는지를 질문하면, 이미 나타나고 있는 변화에 상담의 초점을 맞춤으로써 그 변화를 가속시킬 수도 있다. 그렇게 한다면 내담자가 자신을 해결사로 재정의하도록 도울 수 있다(Miller, 1995, p. 77). 해결책을 찾지 못한 것은 자신의 변화를 깨닫지 못한 것으로 해석할 수도 있다. 변화에 초점을 둔 상담에서 변화의 주도자는 내담자이므로 상담자는 이렇게 질문할 수 있다. "이번 상담 약속을 잡고 나서 더 나아진 게 있었나요?"

위기 상황의 생존자는 자신을 사건의 희생자로 여기는데, 상담자가 내담자를 정당하다고 가정하지 않으면 대화 자체가 어렵다. 성폭행 생존자는 살해되지 않았고, 홍수의 생존자는 익사하지 않기 위해 무언가를 했고, 가족 가운데 죽음을 모면한 사람은 아마도 장례 절차를 수습할 방도를 찾았을 것이다. 상담자는 자신이라면 어떻게 했을까를 떠올리며 놀라워하면서 "그 상황에서 어떻게 그렇게 하셨습니까?"와 같이 물어볼 수 있다(Echterling, Presbury, & McKee, 2005).

질문의 용도 확인하기

Ivey와 Ivey(2007)는 질문의 남용을 경계하였다(p. 112). 단기상담자의 질문은 호기심이나 문제의 원인을 조사하기 위한 것이 아니다.

질문은 대화의 강력한 도구로, 대부분의 사람들은 질문을 받으면 대답해야 한다는 압력을 느낀다. 이런 역동으로 인해 질문은 내담자에게 삶의 의미를 만들도록 돕는 데 효과적이다. 하지만 질문은 상호관계에 해가 될 수도 있다.

질문을 잘못 사용하면 비자발적이고 빈약한 반응을 유발하게 되어 내담자로 하여금 제대로 된 질문을 얻을 때까지 수동적으로 기다리게 만든다(Egan, 2007; Welfel & Patterson, 2005). 그렇게 되면 역설적으로 정보를 얻으려던 상담자의 노력은 손상될 수 있다(Sommers-Flanagan & Sommers-Flanagan, 1993). 가장 비효과적인 질문은 '왜'로 시작하는 질문이다. 내담자는 '왜'라는 질문을 비난이나 불만으로 해석하기도 한다(Benjamin, 1987). 자신이 '왜' 그렇게 생각하고, 느끼고, 행동했는지 만족스럽게 이야기를 할 수 있다면, 상담에 올 필요조차 없을 것이다.

이처럼 질문은 강력한 기법이므로 신중하게 사용하지 않을 경우, 상담자의 의도와 달리 대화의 방향이 바뀔 수 있다. 질문은 "정교하고 자제력 있게 사용할 때 유용한 도구가 되지만 문제는 우리가 질문을 망치처럼 너무 자주 쓴다는 점이다."(Benjamin, 1987, p. 156)

질문을 사용할 때의 유의사항은 다음과 같다.

- 지금 질문하고 있다는 것을 자각하라.
- 내담자에게 하려는 질문의 정당성을 의심해 보고, 과연 그 질문이 바람직한지를 숙고해 보라.
- 사용하려는 질문의 유형을 신중하게 검토하라.

- 질문을 대신할 다른 방법을 찾아보라.
- 내담자가 하는 질문에도 민감하게 반응하라.

몰입과 유도탐색

Seligman의 동료인 Csikszentmihalyi(1993)는 창조적이고 즐거운 심리상태에 수반하는 주관적 경험, 즉 몰입(flow)에 대해 연구하였다. 몰입은 시공간의 감각을 넘어 마음을 전부 빼앗긴 채 깊이 빠져드는 경험으로, Seligman이 주장한 '행복'의 두 번째 유형이다. 어떤 일을 수행하는데 반드시 몰입 경험이 필요한 것은 아니지만, 몰입 경험을 통해 사람들은 더 많은 일을 해내기도 한다.

다른 사람들과 마찬가지로 상담자도 몰입 현상을 함께 경험한다. 몰입의 요소에는 목표 달성 과정에 몰두하기, 완전한 집중으로 상황을 장악하기, 자아의식과 시간감각에서 벗어나기, 활동 자체를 만끽하기 등이 포함된다. 일종의 황홀 상태인 몰입 상태를 방해하는 것은 마치 아름다운 꿈에서 갑자기 깨는 것과 같아서 일단 깨어나면 쉽게 되돌아갈 수 없게 된다. 마법이 풀려 버렸기 때문이다.

상담자는 유도탐색을 하면서 내담자에게 일어나는 몰입을 관찰할 수 있다. Milton Erickson이 고안한 유도탐색(transderivational search)은 내담자의 경험을 더욱 일관성 있게 조직하기 위해 중지시간과 내면탐색을 내담자가 경험하도록 하는 과정이다. 짧은 시간의 몰입으로 내담자의 마음은 텅 비게 되는데, 이런 일은 주로 문제가 발생하지 않는 때가 언제였는지 또는 어려움을 어떻게 극복할 수 있었는지에 대해 질문한 직후에 나타난다. 질문은 개인적 자원을 탐색하는 작업에 몰입하도록 돕는다. Erickson은 바로 이 순간에 내담자가 생산적으로 내면을 탐색한다고 보았다. 내담자는 이전에 알지 못했던 의미와 자원을 찾게 되는데, 이때 눈은 어딘가를 응시하면서 동공이 확대되고, 몸은 꼼짝도 않은 채 심호흡을 하면서 안색이 변하는, 일종의 최면 상태가 된다.

외적 사건이 주의를 집중시키는 가동시간(uptime) 상태가 되면 무의식에 저장된 기억들은 의식화되거나 처리되지 못한 상태로 남겨진다(Grinder, DeLozier, & Bandler, 1977). 의식 수준의 단기기억이 한 번에 처리할 수 있는 정보의 양은 대단히 제한적이며, 심적 경계 상태로부터 벗어날 때 비로소 유용한 기억들이 떠오른다. 상담 중에 내담자가 그러한 상태에서 벗어나면서 차츰 정지시간 속으로 가라앉는 순간에 주의해야 한다. 이때 상담자는 충분히 생각하거나 느낄 수 있도록 천천히 이끌면서 더 깊이 있고 풍부한 각성을 유도해야 한다.

유도탐색은 게슈탈트 치료에도 이용된다. 내담자가 대답하기 어려워하거나 깊은 생각에 잠겨 있을 때, 게슈탈트 치료자는 "지금 상태에 머무르면서 더 깊이 느껴 보세요. 지금과 똑같이 느꼈던 다른 때를 떠올려 보세요."라고 말할 수 있다.

이와 유사한 또 다른 기법이 Gendlin(1996)의 포커싱(focusing) 접근에 사용되었다. "포커싱 접근은 감정에 대한 정보의 근원으로서 신체를 사용하는 경험적 전략이다."(Seligman, 2004, p. 82) 내담자에게 경험의 표면으로부터 오는 애매하고 직관적인 감각에 초점을 맞추도록 요청하면, 포커싱하는 동안 예전에는 부인했거나 의식 밖에 머물러 있던 감정과 만날 수 있게 된다.

유도탐색은 내담자에게 더 깊은 감각과 생각에 접근하도록 여유를 준다는 점에서 의미가 있다. 잠시 멈추어서 내적성찰을 할 시간을 얻지 못한다면, 내담자는 늘 하던 방식대로 자신을 이해할 뿐 내적 경험에 대해서는 어떤 것도 새로 배우지 못할 것이다. 감각을 찾게 되면 새로운 의미를 발견할 수 있게 된다.

일상적 최면 상태

유도탐색은 간결하고 가벼운 일상적인 최면이다. 최면 상태라고 하면 옷을 벗어 버리거나 오리처럼 꽥꽥거리는 당혹스러운 행동을 하는 운 나쁜 희생자를 상상하기 쉽다. 그러나 이 같은 일반적인 오해와 달리 최면에 걸린 사람은 타인의 의지에 의해 통제되지 않는다. 오히려 최면은 내적 자질을 발견하고 자신의 역량을 보다 충분히 단련시키는 기회가 될 수 있다.

또 다른 오해는 최면 상태는 비정상적이고 괴상한 이례적인 현상이라는 것이다. 사실 우리는 하루에도 몇 번씩 최면 상태에 놓일 수 있다. 우유를 냉장고에 넣으려다 자신도 모르게 전자레인지에 넣는 것처럼 그저 일시적으로 주의가 산만해졌다고 여길지도 모른다. 만약 그 순간에 자신을 돌아볼 수 있다면, 표정이 생기를 잃고 눈빛의 반짝거림도 사라진 것을 깨닫게 된다. 우유를 제자리에 두는 것보다 더 우선하는 사고 과정이 주의를 끈 것이다. 전자레인지에 손을 뻗을 때 사진에 포착된 듯이 우유를 들고 있는 팔이 공중에 뜬 채 꼼짝 않고 멈춰 있다. 그 시점은 일상적 최면의 유형인 가벼운 경직 상태에 해당한다. 아마도 인생의 특별했던 시간으로 되돌려주는 옛 노래를 라디오에서 들었거나, 누군가가 호기심을 자극하는 이야기를 해 줬거나, 텔레비전의 뉴스 속보에 사로잡혔을 수도 있다.

노래나 이야기, 뉴스 등에 곧바로 몰두하게 되는 것들은 과거에서 다시 살게 해 주며, 이런 경험을 '일상적 최면 상태(common everyday trance)'라고 한다(Erickson, Rossi, & Rossi, 1976). 이러한 최면 상태는 전혀 신비스럽지 않은 흔한 경험으로 인식되는데, 예를 들면 멍하니 고속도로를 달리다가 출구를 지나쳤음을 깨닫고 바로 정신을 차리는, 이른바 고속도로 최면(highway hypnosis)의 경우가 해당된다.

이런 예들은 그 상황에 존재하면서 동시에 존재하지 않는 분리 경험으로써, 특별히 신비스러울 게 없다. 상담 중에 내담자가 이런 경험들을 한다면 가능성의 문이 열린 셈이 된다. 그가 경계를 풀고 자신을 억압하지 않으며 유도탐색을 시도하고 있기 때문이다. 이 상태에 접어든 내담자는 질문에 답하는 방식이 아니라 비로소 의미 있는 정보에 도달하게 된다. 어떤 때는 내담자가 이야기 중에 멈추고 최면 상태에 이르기도 한다. Erickson은 내담자가 그 순간에 무의식적 과정의 내적 탐색을 하기 때문에 그 소중한 순간을 상담자가 방해하지 않도록 주의해야 한다고 하였다. 상담자는 한동안 말을 멈추고 있다가 부드럽게 "좋아요, 그 생각에 머물러 보세요."라고 말한다. 그 순간 내담자와 상담자의 호흡이 일치하기 시작함을 인지하면서 둘 사이의 공감적 흐름을 느낄 수도 있다.

내담자가 최면 상태에서 돌아오면 상담자는 태도의 변화를 알아차릴 수 있다. 내담자는 마치 깨어나는 것처럼 환경에 순응하며, 기대감을 갖고 당신을 쳐다본다. 이때가 바로 창조적인 순간으로, 그 순간에 내담자는 방어하지 않고 가장 개방적인 마음으로 새로운 가능성의 비전을 협력적으로 만들어 낸다. 현재로 돌아와 재적응하는 내담자의 흐름을 감지하게 되면 최면 상태의 경험이 어떠했는지 물어보는 것이 좋다.

상담과정

이 상담의 앞부분을 다시 읽어 보고, 단기상담자가 사용한 일상적 기법들을 살펴보자.

상담자: 좀 전에 친구들은 아직 당신을 믿는다고 하셨는데, 좀 더 자세히 말해 줄래요?

John: (천장을 쳐다보면서 어깨를 크게 으쓱하며) "글쎄요. 여기 오다가 고등학교 친구인 Leo와 끔찍한 사건에 말려들었던 때가 떠올랐어요. 멍청한 내기를 했었는데, 제가 던진 돌멩이에 어떤 사람이 맞아 머리를 크게 다쳤습니다. 세상에, 그 남자의 머리에서 피가 펑펑 쏟아져 나왔지 뭡니까. 어쨌든 그땐 도망쳤지만, 다음 월요일에 교장실에 불려갔지요. 어휴, 우리는 완전 겁을 먹었지요! 게다가 거기에는 경찰관들까지 와 있어서 우리는 죽었구나 했습니다. 그때 한 경찰관이 교장에게 말하더군요. 그때 우리가 손을 쓰지 않았더라면 여자애는 추행하는 스토커 아저씨를 피하지 못했을 거라고요. 여자애 어머니가 그 남자를 경찰에 신고했고, 경찰차가 피범벅이 된 손수건을 머리에 대고 미친 듯이 달려가던 그 남자를 잡았던 거죠. Leo와 저는 감옥에 갈까 싶었는데 우리를 '영웅'이라고 부르는 겁니다. 그 뒤로 몇 년 동안 우리는 그 사건을 가지고 서로 놀려대곤 했지요⋯⋯. (John은 후회하는 듯 머리를 흔들면서 웃더니 한숨을 쉬고 상담실 창밖을 바라보며 침묵한다.)

상담자: (5~10초간의 침묵이 흐른 후 상담자는 부드럽고 긍정적인 목소리로 말한다.) 그렇군요. 그것에 대해 생각을 정리할 필요가 있나 봅니다.

John: (그는 몇 초 더 멈추어 있다가 창문에서 갑자기 빛이 비춘 것처럼 실눈으로 쳐다본다. 상담자 쪽을 보고는 재빠르게 몇 번 눈을 깜빡거린 후, 다시 껌을 씹기 시작한다.) 네⋯⋯. Leo와 지난 몇 년 동안 소원하게 지냈습니다. 그런데 제 심장 발작에 대해서 어떻게 들었는지 병원에 있는 저에게 연락을 했더군요. 대뜸 저에게 '이봐, 자네 팔은 어때? 여전히 그 못된 커브 공을 던져?' 하더라고요. (John은 목재 바닥을 멍하니 노려보다가 마치 투수가 워밍업을 하려고 준비하는 것처럼 오른팔을 문지르면서 미소를 짓고는 다시 멈춘다. 잠시 침묵한 다음 머리를 들어 상담자를 보면서 계속 말한다.) 세상에, 그 친구 목소리를 들었을 땐 기분이 정말 좋았어요. 심장 발작 때는 저승사자가 가슴을 짓밟고는 저를 헝겊대기 인형처럼 흔들어 대는 것 같았거든요. 심지어 병원에 한참 있어도 진정이 안 되어 이젠 끝인가 보다 싶었지요. 그런데 Leo의 전화를 받으니까 회복 될 수 있겠다는 생각이 들더라고요.

상담자: (움츠린 상태로 John의 심장 발작에 대한 설명을 듣는다.) 아휴! 마치 저승사자에게 공격당하는 것처럼 심장 발작을 어찌나 적나라 하게 말씀하시는지 제가 무서워지는군요. 고등학교 때의 섹스 스 토커나 몇 달 전의 죽음 스토커를 만났을 때 당신은 어떻게든 살아 남았는데, 그때마다 Leo가 있었군요.

John: 저는 제가 입원했을 때 전화해 준 Leo와 군대 친구 Randy에게 연 락을 해야 할 것 같습니다. 버스를 타고 오면서 제 삶에 대해서 많 은 것을 생각했습니다. 지금까지 너무 많은 것을 잃었는데 이제는 더 이상 낭비할 시간이 없다는 걸 깨달았습니다. 인생은 저를 수많 은 굴곡에 밀어 넣었지만, 이제는 다 날려 버릴 때인 것 같아요. 저 는 아직 게임을 하는 중이라서 오늘이 아니면 내일은 기회가 없을 지도 모르죠.

질문 Question

1. 당신은 John의 이야기의 결말에 대해 어떻게 반응하는가?
2. 당신은 상담 장면에서 내담자의 침묵을 어떻게 다루는가?
3. John의 마지막 진술에 대한 반응을 이야기해 보자.

요 약

인간은 의미를 만들어 낼 수 있는 유일한 존재다. 상담의 성과를 기대 한다면 먼저 의미의 틀 안에서 목표를 설정해야 한다. 내담자는 환경의 무기력한 희생자가 아니라 도전해야 할 순간에 발휘할 힘을 갖고 있는

존재다. 인식 질문은 내담자의 회복력과 희망을 찾는 데 촉진제가 되어
준다. 내담자의 유도탐색이 갖는 가치를 인정할수록 회복과 성장을 위한
안식처를 찾게 해 준다.

▶▶ 9장으로의 연결 ━ ▪ ━ ▪ ━ ▪ ━ ▪ ━ ▪ ━ ▪ ━ ▪ ━ ▪ ━ ▪ ━

당신이 봤던 영화 가운데 가장 소름끼치는 영화를 떠올려 본다. 그 다음으
로 당신이 들었던 것 중 가장 지루했던 강의를 생각해 본다. 누군가가 그때 당
신의 반응을 녹화했더라면 당신의 감정표현이 어떻게 드러났겠는가?

참 고

Positive Psychology Center

University of Pennsylvania

Solomon Labs

3720 Walnut St.

Philadelphia, PA 19104-6241

215-898-7173

www.ppc.sas.upenn.edu

Martin Seligman 교수가 맡고 있는 긍정심리센터는 펜실베이니아 대
학교 내에 있으며, 개인과 지역사회의 성장을 가능하게 하는 강점과 가
치에 관한 과학적 연구를 장려하고 있다.

제9장

뇌, 감성, 사고 그리고 상담:
차가운 이성과 뜨거운 감성

🕊 이 장의 목표

| 이 장의 주요개념 |

• 상담은 두뇌를 다루는 작업이다.

• 신경과학에 의해 상담기법이 발전된다.

• 내담자의 기능적 사고를 위해 감정을 잘 다루어야 한다.

| 이 장의 주요기법 |

• 치료적 변화를 촉진시키기 위해 내담자의 정서적 각성을 조절하기

• 상담에서 즉시성과 부드러운 해석을 활용하기

🐾 상담사례: Carla

연인이었던 Sandy와 이별한 지 반년이 지났건만, Carla는 여전히 감정이 얼어붙은 채 지내고 있다. 가끔 옛 사진을 발견할 때는 눈물을 글썽이며 한숨을 쉴 뿐이었다.

언젠가 Carla는 빛이 카메라 속 사람의 상을 각인하는 과정에서 어떻게 사람에게 접촉되는지에 대해 읽은 적이 있다. 초점이 맞지 않는 거친 스냅 사진부터 공들여 찍은 작품사진에 이르기까지 사진 속 옛 연인의 모습에는 친밀한 촉감이 남아 있었다.

이제는 뒤죽박죽이 된 살림 속에서 옛 사진들을 발견할 때마다, 그녀의 손은 자석에 이끌리듯 Sandy의 얼굴을 어루만졌다. Carla는 이런 행동이 파트너에게 했던 몇 안 되는 애정표현의 하나였음을 깨달았다. 즐거울 때는 가볍게 톡톡 두드려 주었고, 나중에는 그의 턱 선과 목을 애무하곤 했다. 그가 언제부터 이런 애정 표현을 거부했는지 알 수 없지만, 아마도 이별하기 몇 달 전부터 시작되었을 것이다. Sandy의 무관심은 그동안 Carla가 놓쳐 왔던 많은 경고신호 중 하나였다.

지난 6개월간 Carla는 자신의 삶이 마치 사진 속의 옛 연인처럼 꼼짝없이 갇혀 있는 느낌이어서, 일할 때는 분위기를 살려 보려고 오히려 더 활기차고 자신감 있게 행동했다. 하지만 기대와는 반대로 더 꾸물거리고 일을 늘장 부리면서 상사를 피하게 될 뿐이었다. 이런 상황은 전혀 그녀답지 않았지만, 그보다 더 놀라운 것은 그런 행동들을 무심하고 수동적으로 받아들이는 자신의 태도였다. 도전적이었던 삶은 이제 아무 의미도 찾지 못한 채 허덕이고 있었다.

직장뿐 아니라 사회생활도 점점 악화되어 갔다. 그녀는 거의 대부분의 시간을 아파트에서 혼자 지냈다. 어쩌다가 일을 마치고 집으로 돌아올 때면 친구와 통화도 하고 클럽에서 사람들을 만날 생각도 해보았지만, 이제는 거의 매일 저녁 소파에 웅크리고 앉아 음악을 듣거나 아무 생각 없이 잡지나 뒤적거렸고, 오래된 사진들을 빠르게 넘겨보거나 어떤 일이든 너무 늦어 버릴 때까지 미루기만 하였다.

지난주 Carla의 상사는 그녀의 업무 태도에 대해 우려를 나타냈다. 문제의 심각성을 알아차린 그녀는 최근에 겪은 이별 때문에 일시적으로 차질을 빚을 뿐이라고 변명하였다. 결국 상담을 받으라는 권고를 마지못해 받아들이고 두려운 심정으로 조용히 상담실에 들어섰다.

🕊️🕊️ 상담사례: Bob

55세의 Bob은 목사님으로부터 '신앙의 위기' 보다 '생애주기의 문제' 부터 상담을 받아볼 것을 권유받았다. 그는 자리에 앉자마자 상담자에게 '생애주기' 가 도대체 뭔지 모르겠다고 투덜댔다. "아마 몇몇 빌어먹을 여피족 정신과 의사들이 보험의 새로운 범주로 더 많은 돈을 챙기려고 만든 의학용어일 테지."

"대체 당신이 날 어떻게 도울 수 있을지 알 수가 없구려. 젠장, 난 당신 아비뻘이란 말이오. 살살 좀 말해요. 젊은 것들은 보청기만 끼고 있으면

귀머거리 멍청이로 안다니까. 지난주엔 상점 점원 녀석이 내가 계산대에 올려놓은 물건을 보더니 살 거냐고 묻더라고. 안 살 거면 계산대에 왜 갖고 왔겠어? 항상 이런 식이야!"

Bob은 잠시 넌더리가 난다는 듯 고개를 흔들더니 말을 이었다.

"내가 10년쯤 전에 별 볼일 없는 녀석을 하나 가르쳤는데, 그 놈이 이젠 내 상사가 됐어…… 아니, 그보다 더 심해. 그 놈이 내 상사의 상사라고! 세상이 나만 놔두고 지나가 버리는 것 같아. 지난번 크리스마스 파티에서 사람들이 시트콤, 영화, 인터넷 이야기만 하는데, 내가 누가 누군지 계속 물어보는 바람에 다들 짜증을 냈지. 쓸데없는 이야기들이야. 책들은 안 보나?"

Bob의 목소리가 차츰 작아지더니 움츠러들었다. "내 상관이 된 녀석, Parker! 그 친구가 나한테 일을 재촉할 때마다 정말 바보가 된 것 같아. 사람들은 그걸 재미있어 하더군."

Bob은 경직된 채 소리쳤다. "빨리하라고? 이런 병신! 만일 그 놈이 처음 입사했을 때, 내가 안 돌봐 줬더라면 수습 기간도 못 채웠을걸. 모두 다 지옥에나 가 버려!"

질문 Question

1. 두 이야기를 읽고 어떤 느낌이 들었는가?
2. 어떤 내담자가 당신과 더 비슷한가?
3. 당신이 상담자라면 어느 내담자와 상담을 하고 싶은가?

🕊 개 관

사람들은 종종 감정은 심장의 문제이고, 인지는 뇌의 기능이라고 생각하지만 사실 감정도 뇌의 편도와 관계된다. 올바른 판단과 효과적인 문제 해결을 위해서도 감정의 작용이 필수적이므로 성공적인 상담을 위해서는 Cozolino(2002)의 언급처럼, 내담자의 뇌를 '재건' 해야 한다. 상담자는 내담자의 분열된 신경망을 재통합하도록 돕는 존재로서, 특히 낙관적인 이야기를 함께 구성함으로써 그의 편도와 해마를 재통합시킨다.

이 장에서는 내담자의 인지-정서 결합을 최적화하기 위해 정서적 각성을 다루는 방법을 학습할 것이다. U가설과는 정반대인 Yerkes-Dodson의 법칙에 의하면, 사람들은 정서적으로 적절하게 각성되어 있을 때 가장 생산적이다. 자극이 적정 수준을 넘어가면 사고의 효율성은 오히려 떨어지게 된다. 너무 낮거나 너무 높은 정서적 각성은 역효과를 가져오므로 각성 수준을 적정하게 유지하는 것이 중요하다. 이와 함께 상담과정에서의 즉시성과 해석에 대해서도 알아볼 것이다.

🕊 주요개념

뇌의 재건

많은 상담자들은 신경과학을 혼란스럽기만 하고 상담과 무관한 것으로 여긴다(Cozolino, 2002, p. xvi). 상담은 사람의 마음을 다루는 것이지 뇌의 기능을 다루는 것이 아니라는 것이다. 그러나 인간의 마음은 두뇌 활동의 결과다. 이것은 미래의 어느 날 상담이 사라질 것이라는 뜻이 아니라, 오히려 뇌와 심리과정 사이의 관계는 한쪽이 다른 쪽에 상호 영향을 미치는 쌍방향적이라는 것이다.

Ivey와 Ivey(2007)는 상담자가 알아야 할 뇌 관련 연구의 여러 결과들을 소개하였다. "효과적인 상담은 인지적 성장뿐 아니라 뇌 발달에도 영향을 미친다." (p. xviii). Cozolino(2002)는 상담을 '뇌의 재건'으로 보았다. 사실상 상담으로 인해 긍정적 변화가 나타났다는 것은 내담자의 뇌가 개조되었음을 의미한다. 초창기에 Freud(1895)는 신경학과 심리학의 결합을 구상했는데, 100년이 지난 지금 그의 아이디어는 완성을 앞두고 있다.

사람들은 뇌를 상상할 때 대개 천억 개가 넘는 뉴런(신경)을 떠올리지만, 뇌의 활동은 뉴런보다 더 많은 것들로 이루어진다. 뇌에는 수많은 화학신경전달물질과 호르몬, 그리고 엄청난 수의 뉴런들이 연결된 거대한 신경망이 형성되어 있다.

신경망은 수많은 LED 화소들이 발광해서 화면을 형성하는 모니터와 같다. 뉴런과 마찬가지로 각각의 화소들이 함께 움직이면 스크린에는 움직임이 표현된다. 스크린은 야구선수의 모습과 그의 홈런 기록, 그리고 유명 맥주광고를 계속해서 보여 준다. 스크린에 어떤 화면이 나타날지는 픽셀 수보다는 픽셀의 패턴과 관계가 있다. 이처럼 뇌에 있는 천억 개의 뉴런 '픽셀'은 무한개의 패턴을 만들어 낸다.

상담은 내담자의 사고방식을 향상시키고 감정을 조절하고 새로운 대처방식을 학습하는 환경을 제공함으로써 뇌의 패턴을 변화시킨다(Cozolino, 2002). Perls(1997)는 상담을 '안전한 긴급 상황(safe emergency)'을 제공해서 결국 신경조직을 바꾸는 것으로 묘사했다. 사실 상담자의 지지와 공감, 격려는 "신경의 성장과 유연성을 돕는 도파민, 세로토닌, 노르에피네프린, 내인성 엔도르핀 등의 생성을 증가시켜" 학습을 촉진한다(Cozolino, 2002, p. 300). 상담은 일정 수준의 스트레스가 유지되는 안전한 긴급 상황을 경험하게 해서 내담자의 뇌를 동요시킨다. 5장에서 살펴본 바와 같이, 뇌는 가벼운 선택의 기로와 혼란 상황에 처할 수밖에 없는 복잡하고 적응적인 체계이므로 새로운 조직화 또한 가능하다.

내담자의 뇌는 상담을 통해 변화된다. 예를 들어, 상담자가 내담자의 이야기를 듣고 그가 특정한 측면에 집중하도록 도우면 두 사람의 뇌의 일정 부분이 더욱 활성화된다(Posner, 2004). 이러한 활동은 EEGs나 fMRI로 관찰 가능하며, 이런 변화는 뇌가 일생 동안 신경결합을 하면서 새로운 상황에 반응할 수 있는 유연성을 의미한다(Draganski et al., 2004). 결국 상담 경험은 뇌를 바꾼다.

감정과 사고

역사적으로 많은 심리학자들은 감정을 무시해 왔는데, 그 이유는 감정이 안정적이거나 영속적이지 않고 무엇보다 이른바 '지배적 패러다임'에 배치된다고 보았기 때문이다(Blume, 2006). '지배적 패러다임'에서는 감정이 현명한 사고를 방해하기 때문에 정상인은 감정에 지배되지 않으려 한다고 본다. 철학자 데카르트의 "나는 생각한다. 고로 나는 존재한다."라는 말은 사고가 존재의 전부임을 의미한다. 하지만 신경과학자 Damasio(1994, 2003)는 현명한 사고의 과정에 반드시 감정이 포함되어야 한다고 하였다. 그는 지식에는 직관에 의한 감정적 부분이 존재하며, 만약 그 부분이 없다면 합리적인 사고 과정에 심각한 장애가 초래될 수 있다고 보았다. 즉, 인간은 사고와 감정이 통합될 때 최선의 결정을 할수 있다.

Damasio(1994, 2003)에 의하면, 신체적 표지(somatic markers)로 알려진 느낌이 오히려 현명한 판단을 돕는다. 정서와 느낌은 합리적 결정의 걸림돌이 아니라 오히려 인간의 인지 과정에서 필수적이다. 이성과 감성이 조화를 이룰 때 의사결정 능력 또한 증진된다. 감정을 과도하게 배제할 때, 사고는 수많은 중대한 문제들을 다룰 힘을 잃게 된다. 합리적 사고에는 뇌의 기존 영역과 신피질(neocortex) 모두가 관계된다.

데카르트의 관점에서 볼 때, 인간의 사고는 '고차원적 이성'과 관련된다. 합리성은 이 과정의 특성이며, 감정은 이에 반대되는 것으로 간주된다. 열정에 오염되지 않은 고차원적 이성은 지성인들이 추구하는 이른바 '사고의 성배'다. 반면, 신체적 표지는 느껴지는 감각이다. 그리스어로 몸을 의미하는 soma는 심사숙고 과정에서 직관적으로 떠올라 그 실체를 드러낸다. 느낌이 부정적이면 경고가 울리고, 긍정적이면 만족, 매력, 의기양양함이 감지된다. 신체적 표지는 의사결정 과정의 정확성과 효율성을 높이지만, 전두엽에 손상을 입은 사람들은 자신의 신체적 표지를 사용하는 능력을 상실하기도 한다. 비록 그들의 의사결정이 데카르트의 순수이성을 따른다 할지라도 어떤 때는 현저한 결함이 있거나 심지어 기괴하기까지 하다.

감정의 부인

신경과학자 Ramachandran(2004)은 뇌손상 환자에게서 나타나는 코타드 증후군(Cotard's syndrome)의 상태를 묘사하였다. 이 장애는 뇌의 감정중추가 단절된 환자에게 나타나는 것으로, 이런 환자는 "사람, 사물, 촉각, 소리 그 어떤 것도 느끼지 못한다."(p. 91) 그는 세상과 정서적으로 단절되어 결국 죽게 된다. 뇌의 감정중추, 특히 편도로부터 정보가 오지 않는다면 그는 이미 사망한 것과 다름없다.

코타드 증후군 같은 기이한 상황과 연관 짓기는 어렵지만, 많은 사람들은 Ramachandran이 '미니 코타드(mini-Cotard)'라고 명명한 상황을 경험한 적이 있을 것이다. 사람들은 심각한 병에 걸리거나 심한 수면장애가 있을 때 또는 깊은 근심이나 절망에 빠져 있을 때, 현실감이나 자아감의 상실을 경험한다. 그런 분열된 상태에서는 세상에서의 존재감이 약해지고 꿈을 꾸는 것 같거나 자기 경험을 믿을 수 없게 된다.

Ramachandran은 사자에게 큰 상처를 입은 경험을 묘사한 아프리카의 탐험가이자 의사인 리빙스턴을 예로 들었다. 그는 멀리 떨어져서 상황을 바라보는 것처럼 모든 상황에서 완전히 분리되었고, 심지어 어떤 두려움이나 고통도 느끼지 못했다고 한다. 강간 피해자들이나 참전 군인들도 때로 비슷한 반응을 이야기한다. 이러한 순간에 편도와 뇌의 다른 감정기관의 활동이 억압되는 반면, 방어를 위해 전측 대상회(anterior cingulate)가 활성화되면서 극심한 경계심을 겪게 된다(2004, p. 92).

그러한 경험은 뇌의 신경조직 간의 분리로써, 만약 리빙스턴이 사자 앞에서 두려움에 마비되었다면 아마도 생존을 위한 조치를 취할 수 없었을 것이다(Cozolino, 2002). 사자와 대면한 위태로운 순간에 그의 존재감이 약화된 것은 오히려 효과적이었다. 하지만 그런 상태가 계속된다면 그는 자신을 잃게 될 것이다. 상담자는 간혹 표현이 너무 무미건조하거나 고통스러운 경험을 타인의 일처럼 거리를 두고 말하는 내담자를 만나곤 한다.

심리적 외상 사건은 사람들에게 서로 다른 방식으로 영향을 미친다. 어떤 사람은 무감각한 상태가 되고, 또 다른 사람은 심리적으로 제압당하게 된다. 적절하지 않은 감정은 사고에 부정적인 영향을 미치기 때문에 상담자는 정서적 각성이 극단을 향하지 않도록 함으로써 분리된 신경조직을 재통합해야 한다.

편도와 해마

뇌의 측두엽 안쪽 대뇌 변연계(limbic system)에는 두 개의 중요한 조직인 편도와 해마가 있다. 편도는 아몬드와 비슷한 모양으로, 두려움 같은 강렬한 감정을 처리하는 핵심기관이다(LeDoux, 2002).

두려움 반응이 유발되는 상황에서는 사건의 '전경과 배경' 기억이 형성된다. 예를 들어, 낯선 도시에서 총구 앞에 꼼짝 못하고 있는 상황에서는 총을 겨눈 사람이 기억 속에서 두드러진다. 하지만 강도를 당한 주변의 정황도 매우 중요하기 때문에 낯선 도시나 다른 나라의 비슷한 거리를 지날 때마다 두려움을 느끼게 된다. 강도 사건과 관련된 최초의 두려움이 주변 환경의 맥락으로 일반화되는 것이다.

학습과 기억에 중요한 역할을 하는 해마(Hawkins, 2002; Ivey & Ivey, 2007)는 바다에 사는 해마와 비슷하게 생겼으며, 편도 근처에 있는 고리가 많은 조직이다(Turkington, 1996). 대뇌 양쪽에 위치한 편도와 해마는 사실 조직이라기보다는 신경망에 가깝다.

편도와 해마는 상호 보완적으로 작동하는데, 편도는 내재된 감정기억에 더 관여하고, 해마는 의식이나 외현적 기억에 관여한다. 편도가 환경에 민감한 감정 반응을 촉진하는 반면, 해마는 이러한 반응을 억제하는 작용을 한다. 즉, 편도의 주된 기능은 일반화이고, 해마는 그것을 변별한다. 만약 우리가 거미를 본다고 가정하면, 편도가 우선 깜짝 놀라게 만들고 해마는 이 거미는 독성이 없으니 안심해도 된다는 정보를 떠올리게 해 줄 것이다(Cozolino, 2002). 그렇지만 때로 이러한 자극-억제 상호작용이 무너지면 두 체계는 분리되어 버린다.

베트남 전쟁에서 위생병으로 복무한 다음 외상후 스트레스장애(PTSD)를 갖게 된 한 군인은 외견상 무해한 중성자극 사건들로 인해 자주 공황상태에 빠지곤 했다. 더 이상 위험하지 않다는 사실을 알고 있지만, 갑작스러운 소음이나 헬리콥터 소리만 나도 숨을 곳을 찾았다. 전쟁 동안 수많은 부상자들을 치료했던 그는 이제 슈퍼마켓의 정육코너에서 나는 냄새조차 힘들어했다. 그의 해마는 변별과 억제 기능을 제대로 수행하지 못했고, 편도는 일상생활 중 너무 많은 부분을 전쟁 상황으로 일반화시켜 버렸다. "나를 해칠 리가 없는 것들 때문에 공포에 떠는 것이 미친 짓인 건 알지만 나도 어쩔 수가 없어요."

해마가 관장하는 두려움 억제 기능은 뇌의 전전두엽 피질(prefrontal cortex)과의 연결로 인해 가능하다(LeDoux, 2002). 내담자에게 문제 상황을 질문할 때, 상담자는 전두엽 피질과 해마를 관여시키는 것이다. 이러한 개입은 내담자의 걱정과 불안을 낮추거나 조절하도록 돕는다. 내담자가 기억을 사용해서 이야기를 더 잘 풀어 가고, 상담자가 그에 반응하면서 부정적인 측면을 수용해 감에 따라 그동안 간과해 온 긍정적인 면들을 끌어내게 된다. 이 과정은 과도하게 활성화된 편도의 활동을 약화시키고 해마의 기능을 촉진하며, 보다 희망적인 내러티브를 만드는 전두엽 피질을 활용하는 것이다.

해마는 '외현적 기억'을 부호화하여 보여 주는 반면, 편도는 '내재적 감정기억'을 만들어 낸다(LeDoux, 1996, p. 202). 스트레스 상황에서 편도는 사전에 행동을 준비할 수 있게 도와주고, 사건의 감정적인 기억을 기록한다. 반면에 해마는 이러한 상황의 의식적인 기억을 기록한다. 기억이 실제로 뇌의 이 두 부분에 저장되어 있는 것은 아니지만, 둘 중 하나라도 손상을 입게 되면 장기적인 기억 손상이 야기된다.

누군가가 만성적인 정서적 각성 상태에 있다면, 그의 편도와 해마는 서로 전쟁 중인 셈이다(LeDoux, 1996, p. 202). 편도는 몸에서 뇌에 이르기까지 스트레스 호르몬의 생산을 촉진시키는 반면, 해마는 감소시킨다. 하지만 갈등 속에서 해마는 외재적 기억을 지원하는 평소의 기능을 다하지 못할 수도 있다. 사실상 해마가 과도한 스트레스 호르몬에 지속적으로 영향을 받게 되면, 결국엔 해마의 뉴런이 죽는다는 증거도 있다. 장기적인 스트레스를 경험한 사람들에 대한 연구 결과, 그들의 해마 영역에 현저한 퇴화가 확인되었다.

⊡ 실습 ━━━━━━━━━━━━━━━━━━━━━━━━━━━

4~5명이 한 팀을 구성하고, 그 중 한 명이 편도가 자신의 이성을 지배했을 때의 경험을 말해 보자. 이야기하는 동안 두 명의 팀원을 이용해 조각활동을 하면서 당신이 받았던 영향의 깊이를 드러내는 자세, 몸짓, 표현의 조각상을 만든다. 당신이 이 조각상에 대해 설명하는 몇 초 동안 움직이지 않도록 요청한 다음, 감정을 조절하기 위해 사용했던 전략들을 표현하는 모양으로 다시 조형한다. 역할을 바꾸면서 다른 팀원들도 참여해 본다.

정서적 각성과 Yerkes-Dodson 법칙

적정 수준의 스트레스는 기억을 더욱 강화시켜 기억 형성에 도움을 준다(Cozolino, 2002; LeDoux, 2002). 기억력은 적당한 스트레스 상태에서 아드레날린이 적절히 분비될 때 더 향상되는 반면, 지나치게 많은 아드레날린은 기억의 형성을 방해하고 강한 스트레스는 주의를 흐트러뜨린다. 스트레스가 어떻게 인지 기능의 향상과 저해 양쪽 모두에 영향을 주는가에 관한 역설은 Yerkes-Dodson 효과로 설명된다.

1908년에 발견된 Yerkes-Dodson 법칙은 정서적 각성과 수행의 효율성 간에 역 U자 형태의 관계가 있음을 보여 준다(Martindale, 1981). 간단히 말해서, 육체적 또는 정신적 업무 수행의 질은 정서적 각성 수준에 따라 달라진다는 것이다. 매우 낮은 수준의 정서적 각성은 수행 효율성이 낮고, 극심하게 높은 수준에서는 산발적이고 비효율적인 성과를 보인다. 최적의 성과는 정서적 각성이 동기부여가 될 정도로 충분하고 산발적인 성과가 나올 만큼 너무 높지 않은 수준에서 나온다.

[그림 9-1]에서처럼 정서적 각성이 왼쪽에서 오른쪽으로 진행된다고 할 때, 왼쪽 극단에 치우친 사람은 멍한 상태일 것이고, 오른쪽 극단에

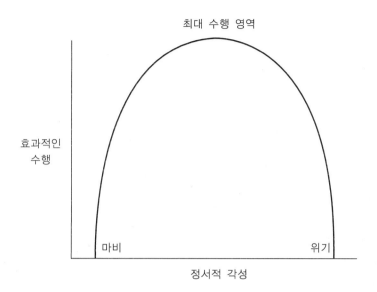

[그림 9-1] Yerkes-Dodson 법칙

치우친 사람은 신경쇠약 직전일 것이다. 감정이 끓어오를 법한 상황인데 도 내담자가 무미건조하게 이야기할 뿐이라면, 그는 축의 왼쪽 가장자리 에 있는 셈이다. 그는 생산적인 일을 할 수 있을 만큼 충분히 각성되어 있지 않고, 정서적 자각도 회피하기 때문에 이 수준에서의 변화는 빈약 하고 주지적일 뿐이다. 따라서 상담자는 그가 정서적으로 각성되도록 흔 들어 놓아야 한다.

머리 긁적임

우리는 종종 어떤 사건을 경험할 때 '머리를 긁적이는' 혼란을 느낀 다. 이 말은 은유적인 표현이지만, 사실 머리를 긁을 때마다 그 움직임이 머리 내부에 큰 소리를 만들어 낸다. 한번 시도해 보면 정말 소리가 들릴 것이다. 머리를 긁는 행동은 대부분 우리의 자각 밖에서 일어나기 때문에 지금처럼 주의를 기울일 때만 소리를 들을 수 있다.

예전에 몰랐던 사건을 인식하게 될 때는 두 가지 방식으로 뇌의 대체 경로가 작동된다(Hawkins, 2004). 첫 번째는 뇌의 상층 부분인 피질(cortex)로부터의 신호이고, 두 번째는 뇌의 아래쪽의 원초적인 부분에서 작용하는 강력한 신호다. 첫 번째 자각은 머리를 긁고 소리를 들어 보라고 했을 때 일어났던 인지적 자극이다. 두 번째는 머리를 부딪히는 것처럼 새롭거나 잘못된 자각에 의해 편도가 활성화될 때 일어나는 정서적 자극, 즉 각성 신호(wake-up signal)다.

Hawkins(2004)에 따르면, 초상화를 볼 때 뇌는 얼굴인식에 필요한 신경망을 활성화시킨다. 이 신경망은 강한 정서를 발생시키지 않지만, 얼굴에 심한 상처가 있을 경우에는 먼저 그 상처를 인식한 후 하부경로를 통해 뭔가 잘못되었음을 통보받은 즉시 강렬한 정서 반응에 압도되어 버린다(Hawkins, 2004).

문제를 호소하는 내담자의 이야기를 해체시키기 위해 상담자는 문제의 예외적인 상황으로 주의를 돌리려는 시도를 하게 된다. 이러한 인지전략은 내담자가 머리를 긁도록 하여 갈등 사건의 다른 측면으로 관심을 돌리는 것이다. 상담자는 감정 경로를 활성화하기 위해 내담자의 이야기에 놀라움을 표현하며, 감정을 동요시키고 정서적 각성 수준을 높이는 정서적 전략도 사용한다.

만약 상담자가 인지적 · 정서적 경로 모두를 이용할 수 있다면, 내담자의 이야기에서 Bateson이 언급했던 '차이를 만드는 차이'를 창조해 낼 가능성이 높아지게 된다. 그렇게 될 때, 내담자는 자신의 이야기를 새로운 측면에서 고려하면서 '머리를 긁적이게' 될 것이다.

신경 기층

인간의 뇌는 신경조직망의 우주와 같다. 뇌 연구는 풍부한 보물과 깊은 이해를 만날 수 있는 '미개척지'인 셈이다. 신경과학을 이해하는 상담자는 상담이 내담자의 두뇌 상태를 바꿀 수 있다는 것에 안도하게 된다(Cozolino, 2002). 유능한 상담자는 치료적 과정을 통해 내담자의 신경 기능을 발달시키고 신경조직망의 통합을 촉진한다. 상담의 전 과정을 통해 내담자의 뇌 기능이 향상되는 것이다.

함 의

심리치료와 뇌에 관한 최근의 신경학적 연구는 상담에 중요한 의미를 제공한다.

- 문제를 해결하기 위해서는 반드시 내담자의 감정을 다루어야 한다. 따라서 상담자는 내담자의 감정을 먼저 파악해야 한다.
- 상담자는 내담자의 정서적 각성을 관찰하면서 그가 최대 수행 영역에 머물 수 있도록 도와야 한다. 만일 내담자가 Yerkes-Dodson 곡선의 왼쪽으로 너무 치우쳤을 때는 감정의 동요를 촉진하고, 그 반대라면 진정시켜야 한다.
- 상담자는 내담자의 마음뿐 아니라 뇌에도 관계한다. 상담은 내담자의 뇌를 변화시키는 것이다.

🐑 방법

상담받는 뇌

상담 중에 내담자가 정서적으로 각성되면 뇌의 망상활성시스템(reticular activating system)에 불이 켜지면서 뇌의 나머지 부분을 자극한다. 이와 동시에 내담자의 선택적 주의와 집중이 시상부(thalamus)를 자극하게 된다. 상담자는 내담자의 이야기 가운데 한 가지 측면에만 집중하고 나머지 부분은 무시하며, 내담자의 정서적 각성을 조절해서 생산적인 사고에 최적의 도움을 주는 영역에 머물게 하기도 한다.

상담자는 내담자에게 이야기의 주도권을 주면서 "제가 그 상황에 있지 않아서……"같은 비전문가적 태도를 견지해야 한다. 기억은 구성되는 것이기 때문에 이 방법은 내담자의 기억을 이끌어 내는 데 효과적이다(Loftus, 1997). 내담자와 이야기를 함께 구성해 갈 때 그의 기억을 끌어낼 가능성이 높아진다. 상담자는 발생하지 않은 사건에 기억을 주입하는 것이 아니라, 이전에는 간과되었지만 내담자가 자신의 능력과 의지를 성공적으로 사용했던 기억을 다시 떠올리도록 도와야 한다.

상담 중의 질문은 새로운 사고방식을 제안하는 것과 같다(Ivey & Ivey, 2007). "과거에 당신이 그런 역경을 견뎌 냈을 때, 어떻게 그렇게 할 수 있었나요?"라는 질문은 내담자의 긍정적인 기억을 되찾게 해 준다. 상담자는 내담자가 절망적인 이야기와 반대되는 기억을 다시 찾을 수 있도록 돕고, 지금까지 알아차리지 못했던 가능성을 포함시키도록 돕는다.

상담 중에 고통스러운 부분을 건드리게 되면 부정적인 생각과 감정이 더 많이 쏟아져 나온다. 내담자의 고통스러운 이야기를 탐색하는 과정에서는 보조를 맞추면서 '안전한 긴급 상황'을 형성해 간다. 상담자는 내담자의 이야기에 보조를 맞추면서 흐름을 따르고 수용하면서 안전한 환경을 제공한다. 그러다가 적당한 때가 되면 예외적인 상황들을 주도적으로 물어봄으로써 그의 회복력을 높인다.

경청할 때는 부드러운 미소가 필수적이다. 미소는 따뜻하고 수용적인 의사소통의 핵심이다(Restak, 2003). 제3장에서 다루었던 거울뉴런에 관한 최근 연구에 의하면, 상담자가 격려의 미소를 보내면 내담자의 뇌에서는 행복을 감지하는 부분이 자동적으로 반응한다. 상담자가 관심과 에너지를 표현하면 내담자도 동일한 반응을 보인다. 하지만 비웃음이나 냉소 같은 오해를 불러일으키지 않기 위해 상담자는 수용적으로 미소 짓는 방법을 연습하고 피드백 받아야 한다. 이러한 노력의 근거는 긍정적인 느낌이 전두엽 피질을 자극하고, 변연계에서 편도가 부호화한 두려움과 분노 같은 강렬한 감정들을 진정시킨다는 연구 결과에서도 찾을 수 있다.

전두엽 피질은 상호 모순된 복잡한 감정들을 차분하게 가라앉히는 작용을 한다(Kolb & Wishaw, 2003). 복잡한 감정들이란 사랑하는 사람에게서 좋아하지 않는 선물을 받는 것과 같다. 생일날 연인으로부터 새 진공청소기를 받았다고 상상해 보라. 어떤 면에서는 원하는 선물을 주지 않은 상대방에게 짜증이 날 것이다. 다른 한편으로는 생일을 기억해 준 데 대해 고마움과 동시에 '중요한 것은 마음'임을 인정하지 않은 데 대한 죄책감도 느낄 수 있다. 또 다른 한편으로는 선물값이 너무 비싸다는 것과 상대방이 미안해할까 봐 걱정한다. 결국 이런 상반된 감정들로 인해 편도가 과열되어 폭발해 버릴 수도 있다(Ivey & Ivey, 2007).

이런 사건들은 뇌의 다른 부분들을 자극하며, 그 결과 감정과 뇌는 여러 방향으로 활성화된다. 따라서 상담자는 "그것에 대해 어떻게 느꼈나요?"라는 질문을 자제해야 한다. 감정은 이러한 질문에 단순히 답하는 것보다 훨씬 더 복잡하기 때문이다.

최근의 뇌 연구 결과들은 상담의 긍정적인 역할을 더 요구한다(Ivey & Ivey, 2007). 예를 들어, 긍정적인 감정은 뇌의 심층부에 있는 부정적인 감정을 조절하는 데 필요하다. 만일 내담자가 고통스러운 사건이나 대인관계의 어려움만을 이야기한다면 그의 부정적인 감정을 촉진하는 조직망이 활성화된다. 상담자의 역할은 대화를 긍정적인 방향으로 바꾸어 희망과 의지를 북돋우는 신경회로가 자극될 수 있도록 돕는 것이다.

정서 반응의 양극단

극심한 정서적 반응이 지속될 때 나타날 수 있는 양극단에는 '감정표현 불능'과 '격정의 노예' 상태가 있다. '감정표현 불능(alexithymia)'이라는 용어는 그리스어로 '감정(thymos)'에 관한 '단어(lexis)'를 '가지고 있지 않은(a-)' 상태에서 나왔다. 이 증상의 특징은 아무런 느낌이 없고 무미건조하여 동요되지 않는 것이다. 어쩌다 눈물을 흘리지만 눈물의 의미를 설명하지 못한다. 왜냐하면 자기인식, 즉 정서지능의 기본적인 기술이 완전히 결여되어 있기 때문이다(Goleman, 1995, p. 51). 감정표현 불능이 심각한 경우에는 감정의 미묘한 차이를 표현하는 법을 배우지 못한 어린아이처럼 감정을 그저 좋고 나쁨 또는 행복과 슬픔으로만 설명해 버린다. Ramachandran과 Blackeslee(1998)에 의하면, 편도와 상위 피질 영역 간의 연결이 끊어져 뇌졸중을 앓는 사람은 정서적 반응을 보일 만한 상황에서 아무것도 느끼지 않는다고 보고하였다.

반면에 만성적으로 격정의 노예가 된 사람은 항상 편도가 과잉반응하는 대로 행동하며, 정서적 불안정으로 인해 계속 분노 발작을 하거나 몸부림을 친다. 그들의 정서 폭발은 일련의 과정을 따르는데, 첫째 신체적 안정이나 자존감이 침해받았다고 인식하며, 둘째 변연계의 활성이 촉발되면서 '공격-도피' 반응으로 알려진 돌진 에너지를 생성하는 카테콜아

민이 배출된다. 결국 편도에 의해 배출된 아드레날린과 코티졸 같은 추가적인 화학물질이 뇌를 흥분시키고 뒤흔들어 놓는다. 감정의 힘에 해마와 전두엽의 안정화 작용이 압도당하는 것이다.

감정 자체를 모르거나 감정에 압도당한 상태 모두 올바른 판단을 방해한다. 이 둘 중 어딘가에 정서지능의 중간지대가 놓여 있다. 감정 경험이 너무 부족하면 속이 텅 빈 것 같은 '좀비'를 만들어 내며, 지나치게 풍부한 감정은 만성적 근심, 의심, 분노, 우울을 가져온다. 그러므로 비록 양극단의 상태는 아니더라도 내담자의 정서적 각성 수준을 조절해 줄 필요가 있다.

심리적 외상을 경험하면 고통, 괴로움, 공포 등에 압도되어, 효율적으로 사고하거나 능력을 발휘하기가 어려워진다(Wilson, 1989). 분명한 고통에는 통곡하며 울 수 있지만, 정서적 사건을 제대로 자각하지 못하면 적절히 표현하지 못한다. 내담자가 심리적 외상으로 인해 정서적 과흥분 상태에 놓여 있을 경우라면 상담자가 이를 진정시켜 주어야 한다. 상담이 생산적인 작업이 되려면 적절한 감정의 속도가 필요한데, 내담자의 감정이 적정 영역으로 돌아가 안정될 때까지는 정서적 지지가 최선책이다. 격한 감정 상태에서는 설명이나 설득을 하려 해서는 안 되며, 무뎌지고 무감각해진 상태라면 감정을 동요시켜 정서 반응을 증가시켜야 한다. 두 경우 모두 정서적 각성을 조절하여 적정 영역으로 이동시키는 것이 중요하다.

상담자는 반드시 내담자의 정서적 각성을 조절시켜야 한다. 내담자의 상태를 Yerkes-Dodson 곡선 위에 올려놓고 그가 곡선의 어디쯤에 있는지 움직이는 바늘로 시시각각 측정하는 것을 상상해보는 것이 효과적이다. 물론 내담자의 정서적 각성을 측정하는 것은 과학이라기보다는 예술에 가까운데, 신경망의 변화 과정을 관찰할 수는 없지만 내담자의 정서적 각성이 조절될 때 실제로 그의 뇌 기능은 변화한다(Vaughan, 1997).

정서적 각성 낮추기

심각한 위기를 겪거나 지나친 스트레스를 받은 내담자에게는 진정시
키기(quieting) 기법을 사용할 수 있다(Young, 1998). 이런 기법은 내담자
를 안전하고 빠르게 긍정적인 상태로 안내한다(p. 221). 상담자는 내담자
의 정서적 각성 수준을 평가하면서 그가 너무 각성되어 적정 영역을 벗
어난 것은 아닌지 확인한다. 만일 각성 수준이 높은 경우, 일단 그를 편
안하게 해 주는 것이 필요하다. 우선 내담자가 상담관계를 안전하게 느
낄 수 있도록 LUV 삼각형과 공감 기법을 사용하여 의사소통한다. 이때
는 그의 관점을 인정하고 논쟁을 삼가는 것이 중요하다.

상담은 부드러운 어조로 천천히 진행해야 한다. 상담자의 목소리는 내
담자보다 약간 작게 하되, 내담자의 말의 높낮이를 따라 조절하면서 감
정의 파동에 맞춰야 한다. 또한 그의 호흡과 말의 속도, 은유와 음색의
변화에 집중하여 속도와 리듬에 맞춘다. 내담자가 침묵에 어떻게 반응하
는지도 민감하게 알아차려야 한다. 만약 안정된다면 그는 문제로부터 벗
어나 일시적 위안을 느끼는 비정형화된 침묵을 보이게 된다(Cozolino,
2002).

내담자가 신경망을 통합하고 새로운 자각을 형성하는 전이유도적 탐
색(transderivational search)으로 빠져들 경우, 상담자는 절대 방해해서는
안 되며, 그의 공상을 허용하면서 '현실로 돌아올 때까지' 기다려 주어
야 한다. 몸을 약간 움직이면서 방금 잠에서 깬 듯한 눈빛이 되었을 때
비로소 "지금 막 뭔가 좋은 생각이 난 것처럼 보이네요."라고 말해 줄 수
있다. 내담자들은 이전에 없었던 어떤 생각이 떠올랐다고 대답할 때도
있을 것이다. 만일 그 생각이 부정적인 것이라면 수용하고, 긍정적인 것
이라면 기회로 이용하자.

편안함을 유지하기 위해서는 적절한 물리적 거리도 고려해야 한다. 어

떤 내담자는 가까이 있길 바라는 반면, 근거리를 위협으로 느끼고 공간을 필요로 하기도 한다. 대화 중의 눈맞춤 또한 신경 써야 하는 부분이다. 어떤 내담자는 상담자가 집중하는지를 눈맞춤으로 확인하지만, 또 다른 내담자는 상담자가 쳐다보지 않기를 바란다. 왜냐하면 자신이 '엉망진창으로' 보이거나 자신의 수치심과 죄책감을 들킬 것 같아 두렵기 때문이다.

내담자가 충분히 안정될 때까지는 설득의 기법들을 사용해서는 안 된다. 상담 초기에는 경청하면서 내담자가 도움을 요청할 때를 기다려야 한다. 상담자가 잘 들어주고 이해하고 공감해 준다는 것을 충분히 느낄 때, 내담자는 '무거운 짐을 내려놓고' 심리적으로 자유로워진다. 상담자가 판단이나 논쟁 없이 자신의 이야기를 흥미롭게 듣고 있다는 것을 깨닫게 될 때 내담자는 안정된다. 상대방이 자신의 의견을 배제하고 오로지 나에게만 집중해 주는 경험은 매우 중요하다. 상담자가 그런 사람이라는 것을 한 번 알게 되면 상담자의 존재 자체가 내담자를 정서적으로 안정시켜 줄 것이다.

내담자의 고통에 대해 상담자가 마치 관광하듯 너무 샅샅이 탐색하는 것은 효과적이지 못할 뿐 아니라 부정적인 분위기만 가중시키게 된다. 내담자의 고통을 수용하고 계속 나아가지 못하면 내담자는 다시 문제로 가득 찬 이야기로 되돌아간다. 상담자는 상담 전략을 사용하기 전에 좀 더 깊이 있게 이해할 수 있어야 하며, Yerkes-Dodson 곡선의 적정 영역으로 향하도록 유도하면서 내담자의 정서적 각성을 조절해야 한다.

300

상담과정

이 장의 앞에서 소개한 Bob의 사례를 다시 읽어 보고, 상담자가 내담자의 정서적 각성을 어떻게 감소시키는지 살펴보자.

Bob: 모두 다 지옥에나 가버려, 알게 뭐야!

상담자: (눈을 맞추고 앞으로 몸을 기울인 채 공감하듯 머리를 끄덕인다. Bob보다 부드럽고 느리지만 활기차고 표현력 있게 말한다.) 정말 화가 나셨겠어요. 사람들의 태도도 넌더리가 났겠어요.

Bob: (이번엔 상담자가 이야기를 마칠 때까지 기다린다.) 그렇다니까요! 그리고 날 마치 그저 자리나 차지하는 쓸모없는 골동품처럼 쳐다보는 것도 불쾌하지. 웃음거리가 되는 것도 싫고. 물론 그놈들은 그저 농담일 뿐이라고 하지만, 난 그렇게 놀려도 될 만큼 늙어빠진 바보가 아니란 말이오. 난 아직은 누가 나에게 진심으로 대하는지 정도는 알 수 있다고. 사실 나더러 상담을 받으라고 했을 때도 기분이 썩 좋지는 않았다오. 내가 망령든 것도 아니고, 주체 못할 정도로 화내는 사람도 아니거든.

상담자: (Bob의 격앙된 목소리에서 지치고 상한 감정을 찾아낸다.) 선생님을 '불쾌한 늙은이' 취급하는 것에 지치고 상처 받으셨겠어요. 그동안 열심히 일해 왔고, 그간의 노력이 얼마나 값진 것인지 깨닫게 하고 싶으시겠지요.

Bob: 바로 그겁니다! 하지만 도대체 어떻게 해야 되죠? 내 처지를 생각할 때마다 화가 나서 아무것도 못하겠어요. 사실 괴팍한 늙은 얼간이같이 이야기하게 될 때도 있고.

상담자: ("바로 그겁니다!"라는 말에 미소지으며, 몸을 앞으로 숙이고 잠시 Bob을 응시한다.) 조금 전 선생님이 대처방법을 어떻게 찾아야 할지 모르겠다고 말씀하시면서, 제가 선생님의 직장 동료들과 비슷한 젊은이인데도 솔직히 대해 주서서 감사합니다. 어떻게 아들뻘 되는 저에게 이렇게 말할 수 있었나요?

Bob: (하하 웃으며) 그건 별로 어렵지 않았지. 당신이 나에게 잘해 주려고 애썼으니까.

질문 Question

1. 상담을 시작할 때, Bob의 위치는 그래프상에서 어디쯤에 있었는가?
2. Bob의 정서적 각성에 영향을 주기 위해 상담자는 무엇을 하였는가?
3. 당신이 상담자라면 Bob의 마지막 말에 어떻게 반응하겠는가?

적용

세 명씩 짝을 이루어 한 명이 Bob처럼 감정적으로 흥분되어 있는 내담자 역할을 해보자. 두 번째 사람은 경청하고 이해하고 수용하는 자세로 내담자의 정서적 각성 수준을 낮춘다. 이때 상담자는 언어뿐 아니라 비언어적 태도나 목소리의 톤에도 주의한다. 세 번째 사람은 활동을 관찰하고 피드백하는 역할을 한다.

정서적 각성 높이기

내담자가 억압해 온 고통스러운 기억을 되살려서 정화시키는 방법과 달리, 여기서는 정서적 각성만을 일으켜 내담자의 문제를 생산적으로 해결하는 방안을 제시하려고 한다. 내담자의 정서적 각성을 높이고 표현을 증진시킬 때, 인지적 경험에 머물러 있지 않고 보다 생동감 있게 되고 더 깊은 자기이해를 촉진할 수 있게 된다(Young, 1998). 각성은 "낡은 태도를 녹이고…… '해동과 재냉각'의 치료적 과정을 거치면서 내담자의 세

계관이 드러나도록 촉진한다."(p. 221)

　상담은 그 자체가 각성의 경험이기 때문에 처음 상담실을 방문할 때부터 정서적 긴장을 경험하게 되며, 그것은 마치 교장실이나 사장실에 불려가는 것과 비슷하다. 내담자는 상담자가 친절할지 가혹할지 믿을 만한지 확신할 수 없으며, 상담자가 무엇을 알고 싶어 하는지조차 모르는 상태에서 자신이 상담실에 온 이유를 설명해야 한다. 그는 이 모든 것들이 상황 탓인지, 자신이 정신적으로 병약해서인지, 아니면 그것을 상담자가 결정할 것인지 모호하고 궁금한 상태다. 그리고 상담자의 권력으로 인해 상처를 입을까 봐 두려워한다. 그는 상담 받으러 온 것만으로도 정서적으로 각성된 상태다.

　상담 상황 자체도 내담자의 긴장을 높인다. 대화 중의 익숙치 않은 침묵, 평소보다 빈번한 눈맞춤, 내담자에게만 집중되는 대화 자체가 그렇다. 이런저런 이유로 상담 첫 회기에 내담자의 정서적 각성 수준은 쉽게 높아진다. 따라서 상담의 첫 번째 과제는 심각한 불안을 초래하는 상태로 가지 않도록 안전한 심리적 환경을 제공하는 것이다.

　그렇지만 두 번째 회기부터는 내담자가 좀 더 편안해지므로 상담자는 그의 긴장 수준을 좀 더 올릴 필요가 있다. 초심상담자들은 내담자를 편안하게 하는 것에만 과도한 신경을 쓰느라 내담자가 주지적이고 산만한 대화로 빠지는 것을 알아차리지 못하기도 한다.

상담과정

　이 장의 앞부분에 소개된 Carla의 사례를 다시 읽어 보고, 여기서 단기 상담자가 내담자의 정서적 각성을 어떻게 높이는지 살펴보자.

　Carla: (상담자를 흘깃 바라보며 망설이는 태도로) 솔직히 말해서 상담은 제가 원한 게 아니었어요. 직장 상사가 저더러 상담을 받으라고 너무 강하게 말했거든요. 그렇다고 오해하진 마세요. 그분을 비난하려는 건 아니고, 저도 마지못해 온 건 아니니까요. 그분은 언제나 저를 보살펴 주고 지지해 줬어요. 그리고 지난 몇 달간 신경도 많이 써 주셨고요. 저도 제가 뭔가를 해야 한다는 데 동의할 만큼 지금 제 생활이 엉망진창이에요.

상담자: (내담자보다 좀 더 빠른 속도로) 요즘 일어나는 일들이 행복하지 않으시군요. 그리고 뭔가 해 보려고 여기 오셨고요.

Carla: (입꼬리를 올리고 짧게 미소를 짓더니 미간을 찌푸린다.) 네. 전부터 제 인생을 바꾸려고 노력은 해 왔지만, 여전히 엉망인 상태예요. 상담이 제 삶을 마술처럼 완전히 바꿔 줄 거라고 생각하기가 어렵네요.

상담자: (활기차게 말하면서 몸을 앞으로 기울여 Carla를 똑바로 바라본다.) 네, 그런데 이번 기회에 당신의 삶을 바꾼다면 어떻게 달라질 수 있을까요?

Carla: (고개를 갸웃하더니 이내 끄덕인다.) 그 질문에 대해 생각할 필요가 있겠어요. 제가 말씀드린 것처럼 몇 달 동안 별별 생각을 해 봤지만 그저 생각에만 머물러 있거든요. Sandy가 떠나고 난 후부터 과연 제 삶이 바뀔 수 있을지 생각했어요. 정말이지 저는 태어나서 이렇게 힘든 시간은 처음이었어요.

상담자: (내담자와 눈을 맞추면서, 말하기 전에 잠시 침묵하며 느낌을 강조하기 위한 태도를 취한다.) 당신은 최악의 고통과 슬픔을 견뎌냈어요. 어떻게 그런 힘든 것들을 견뎌낼 수 있었나요?

Carla: (눈물을 글썽이며) 저도 제가 어떻게 버텼는지 모르겠어요.

질문 Question

1. 상담을 시작할 때, Carla의 위치는 그래프상에서 어디쯤에 있었는가?
2. Carla의 정서적 각성에 영향을 주기 위해 상담자는 무엇을 하였는가?
3. 당신이 상담자라면 Carla의 마지막 말에 어떻게 반응하겠는가?

적용

세 명씩 짝을 이루어 한 명이 Carla처럼 감정을 상실한 듯한 내담자 역할을 해 보자. 두 번째 사람은 경청하고 이해하고 수용하는 자세로 내담자의 정서적 각성 수준을 높인다. 상담자는 언어뿐 아니라 비언어적 태도나 목소리의 톤에도 주의한다. 세 번째 사람은 활동을 관찰하고 피드백하는 역할을 한다.

내재적인 것을 명료화하기

첫 면접에서 내담자는 스스로가 인식하지 못한 것을 발견하게 될까 봐 불안해하고, 그것에 대해 미리 각성하지 못한 자신을 탓한다. 과도한 놀라움은 불편감을 유발한다. 예를 들어, 엄청나게 매력적인 사람과 데이트를 한다고 하면 우리는 세련되고 멋지게 보이려고 최선을 다할 것이다. 식사 중에 미소를 지으며 상대방에게 몸을 기울였는데 그가 큰 소리로 웃으면서 이 사이에 뭔가가 끼었다고 지적한다면 분위기는 망가진다. 이처럼 내담자도 허를 찔릴까 봐 긴장하는 것이다.

무의식 또는 내재적으로는 알고 있지만 의식적으로 인지하지 못하는 것들이 억지로 의식 속으로 들어오려고 할 때는 불쾌함과 역겨움을 느낀다. 이 상황을 Combs와 Avila(1985)는 다음과 같이 설명한다. 우리가 우연히 손가락을 베었을 때 자동적으로 손가락을 입 속에 넣게 되어 자신의 피가 조금 넘어갈 수 있는데, 이런 행동은 별다른 의식 없이 일어난다. 하지만 손가락에 반창고를 붙인 후 피를 좀 핥아보라고 한다면 혐오감과 역겨움을 느낄 것이다. 또 다른 예로, 우리가 하루 종일 별다른 반응 없이 반복적으로 침을 삼키지만 이 침이 컵에 모아져 있다면 어떨까? 아마 엄청나게 부정적인 반응을 경험하게 될 것이다.

　내담자는 자신의 의식세계에 상담자가 무엇인가를 가져올지도 모른다는 두려움으로 인해 스스로를 부정적으로 여겨 방어하게 된다. 내재적 이해를 외적으로 명료화하는 것은 정서적 각성을 높이는 데 효과적이지만 위험할 수도 있다. 각성을 촉진하는 상담자의 피드백이 비방이나 상처를 주기 위한 것이 아니라는 사실을 믿게 될 때, 내담자는 보다 더 개방적이 된다.

공감적 즉시성과 해석

　내담자의 말이나 행동, 가치와 태도 등에는 모순과 부조화가 숨어 있다(Young, 2005). 이러한 모순에 주의를 기울여 명료화하는 것도 필요하지만, 상담자는 먼저 항상 순진한 경청자의 자세를 유지해야 한다. 상담자는 회의적인 시작이나 불신을 전달해서는 안 된다. 내담자의 내재적 행위를 명료화시키는 과정에 주의를 기울여 그가 자존심에 상처를 입지 않도록 주의한다.

　이 과정에서 도움이 되는 두 가지 기술은 즉시성과 해석이다. 한층 높은 차원의 대화에 해당되는 즉시성은 상담자와 내담자 간의 지금-여기에서의 만남이다. 상담자는 지금 이 순간에 무엇이 일어나고 있는지를 부각시켜 대화의 주제를 상담실 안으로 끌어들인다(Teyber, 2006). 말하자면 즉시성은 내담자가 자신의 행동을 각성케 하고, 두 사람 사이의 상호작용에 초점을 맞추며, 상담자의 효과적인 반응을 전달하는 효과가 있다.

해석은 내담자의 진술을 듣고 상담자가 자신의 기준에 근거하여 덧붙인 피드백으로, 지금-여기에서 일어나고 있는 것에 대한 관찰로부터 출발할 때 가장 효과적이다. 내담자의 이야기를 해체하는 작업들은 사실상 해석으로 볼 수 있으며, 재명명이나 재구조화도 모두 해석에 해당된다. 왜냐하면 여기에는 상담자의 견해가 포함되어 있기 때문이다. 제대로 된 해석은 명료함과 생생한 현장감을 제공한다.

그렇지만 때로는 보다 분명한 해석이 필요할 때가 있다. 주의 깊은 해석은 반드시 "내담자에게 지지와 용기를 주고, 해석으로 인한 위협을 줄이며, 저항하지 않고 수용할 수 있도록 공감적 개입과 시기적절하게 결합되어야" 한다(Seligman, 2004, p. 201). 해석은 시험적인 태도로 제공되어야 한다. 즉, 상담자의 시각임을 명심해야 하고, 만약 내담자가 받아들이지 않을 때는 거둬들일 준비가 되어 있어야 한다. 좀 더 직접적인 해석 방법으로는 마치 핀으로 찌르는 것과 같은 '치료자의 메스(therapist's scalpel)'가 있다. 상담자는 부드러운 해석을 사용하여 상담 장면에서 일어난 일에 집중할 수 있게 하면서 내담자의 정서적 각성 수준을 높인다. 그러면서 내담자의 이야기가 어떻게 말해질 수 있을지 대안을 덧붙일 수 있다.

내담자가 일관성 없는 태도를 보이거나 모순된 이야기를 한다면 그 이유는 ① 자신의 감정을 회피하거나, ② 인지 부조화를 피하기 위해 생각들을 구분하거나, ③ 상처받거나 노출되고 싶지 않거나, ④ 단순히 이야기를 일관성 있게 맞추기 힘들어서일 수 있다.

이러한 행동양식은 다분히 의도적일 수 있는데, 면접장에서 면접관들에게 좋은 인상을 주려고 노력하다가 빨리 지쳐 버린 적이 있을 것이다. Snyder(2003)는 타인에게 자기가 원하는 인상을 주려고 정서 표현을 가장

하는 데 능한 사람들을 '고도의 자기검열자(high self-monitor)'로 묘사하였다. 그는 '상대방이 나를 좋아하도록 그들의 마음속에 만들어 내려는 이미지'라는 W. H. Auden의 말을 인용하였다(in Snyder, 2003, p. 130). 이러한 인상조절 과정은 인간의 공적 모습과 사적 실재 간에 현저한 차이나 모순을 가져온다. 인상조절 능력이 탁월한 사람은 사회적 상황에서 적절한 역할이 무엇인지 잘 알 뿐 아니라 빨리 배우며, 타인에게 보이는 방식을 잘 조절한다.

공감적인 상담자는 내담자의 표현방식에서 부조화를 찾아낼 수 있다. 그는 내담자의 표현방식을 꿰뚫어 볼 수 있어서 내담자가 상담자에게 고분고분하고 좋은 인상을 주려고 노력하고 있다는 것도 파악한다. 그러나 초심상담자는 내담자의 인상 조절을 놓치기 쉽다. 모든 인간이 사회적 상황에서 가면을 쓰고 있기는 하지만 내담자가 계속 고도의 자기검열만 추구한다면 그는 참자아와 진실된 감정을 깨닫지 못한 채 사회적 자기에만 머무르게 된다. Rogers는 이것을 '가치의 조건화' 때문으로 보았다 (Presbury, McKee, & Echterling, 2007).

때때로 아이들은 있는 그대로 받아들여지기보다 부모나 중요한 타인들에 의해 조형된 상황에 놓이게 된다. 그들은 성장하면서 주위 사람들로부터 "네가 만약 내가 용납할 만한 사람이 된다면—또는 그렇게 되어야만—널 사랑해 줄게."라는 메시지를 받는다. 이런 가치의 조건화 상태에서 타인의 의도대로 살고 외부의 기준에 따라 행동하게 되면 자신이 누구인지에 대한 감각이 거짓자기에 의해 가려져 버리는 문제가 발생한다. 결국 그들은 자신이 쓴 가면이 참자기라고 믿으며 스스로를 속이게 된다.

내담자가 자신의 인상을 조절하려고 애쓰는 이유는 상담자가 자신의 거짓자기만을 받아들인다고 착각해서 참자기를 드러내기를 두려워하기 때문이다. 그는 좋은 인상을 위해서 기꺼이 참자기를 배신해 버린다. 이런 내담자는 어떻게 다루어야 하는가? 내담자의 실체를 감지하는 상담자의 공감 능력에 문제가 있는 것인가? 내담자가 참자기를 숨길 때, 어떻게 돌봄의 관계와 긍정적 존중을 유지할 수 있을까?

모든 내담자는 자신이 알려지는 것을 꺼릴 수 있으며, 그로 인해 상담자와의 상호작용도 방해받을 수 있다. 처음에는 자신에 대한 상담자의 인식을 조종해 보려고 애쓰다가 거부에 따르는 수치심을 감추기 위해 늘 해왔던 방어적 태도들, 즉 예의 바르거나, 절망적으로 보이려 하거나, 강한 척하거나, 현학적인 체하는 등의 태도를 보인다. 상담자의 임무는 가면 뒤의 존재를 수용하고 진솔한 자기개방을 할 수 있도록 돕는 것이다.

해석이 결합된 즉시성의 예는 다음과 같다.

- 예의 바른 내담자에게 "제게 칭찬도 많이 해 주셨는데, 오늘은 선물까지 주셨네요. 혹시 있는 그대로의 당신을 제가 별로 좋아하지 않거나 좋아할 수 없다고 생각하고 계신 건 아니겠지요?"
- 낙심한 내담자에게 "당신은 목표를 향해 한 발도 내디딜 수 없다고 이야기하는 것 같군요. 혹시 제가 당신을 너무 심하게 몰아붙인다고 느끼는 건 아닌지 궁금합니다."
- 강한 척하는 내담자에게 "당신은 벌써 세 번이나 이 문제가 아무렇지 않다고 이야기하셨어요. 마치 제가 당신을 약한 사람으로 여긴다고 생각하시는 것 같습니다."
- 현학적인 내담자에게 "당신은 제가 당신 이야기를 잘 이해하는 것이 무척 중요하다고 생각하는 것 같아요. 당신을 더 잘 이해할 수 있게 제 생각을 바로잡아주니 좋네요."

상담자가 야단치거나 도덕적 잣대로 판단하거나 비난하지 않는다는 것을 알게 될 때, 비로소 내담자는 자신의 솔직한 모습을 드러내게 된다.

이때가 바로 Rogers(1961)가 '무조건적 긍정적 관심'으로 표현한 조건이 만들어지는 시점이다. 이것은 기술이 아니라 상담자의 진솔한 태도이며, 내담자가 이러한 메시지를 알아차릴 때 상담자의 공감적 조력이 효과를 발휘한다. 이런 온정적인 분위기가 정착되면 더 목표 지향적으로 상담을 이끌 수 있다.

　가끔 내담자의 놀람, 분노, 우울 같은 감정 때문에 상담의 진행이 방해받기도 한다. 이때 상담자는 그런 감정이 일어난 배경을 즉시성과 해석 기법으로 탐색하면서 내담자의 내적 심리상태를 추측하여 가설적으로 표현해 준다. 이 기술들을 적절히 활용하면 단순히 대화 내용만 따라가는 차원을 넘어서 생산적인 단계로 이행하는 기회가 될 수 있다. 특히 상담 중에 입 밖으로 표현하지 못한 감정을 다룰 때 훨씬 효과적이다.

　편의상 부정적인 감정을 노랑, 빨강, 검정 세 가지 색깔로 단순화시켜 볼 수 있다(Echterling, Presbury, & McKee, 2005). 신호등에서 주의를 의미하는 노란 감정은 불안, 두려움, 망설임 등을 나타내며, 내담자들은 상담 중에 이 노란 감정을 느끼곤 한다. 위협적인 상황에서 불안을 느끼는 것은 당연할 뿐 아니라 필요한 반응일 수 있는데, 때로 불쾌한 결과를 피할 수 있는 행동을 하도록 만들기 때문이다. 물속으로 잠수할 때는 숨을 참아야 하지만, 수영장 밖으로 나왔을 때는 적합하지 않은 행동이 된다. 많은 내담자들이 위협적이지 않은 상황에서도 그들의 모든 인간관계에 노란 감정이 널리 퍼지게 한다. 코일이 감긴 스프링처럼 팽팽히 긴장한 내담자를 안심시키거나 편안하게 만들기는 대단히 어렵다. 이런 경우에는 상담자와의 관계에서 내담자를 위협하는 무엇인가가 있을 수 있으며, 상담자의 즉시성과 해석이 이 긴장을 해소시켜 주기도 한다. 예를 들어, "오늘따라 팔짱을 끼고 애매하게 말씀하시는 걸 봐서 신경이 곤두선 것처럼 보여요. 어쩌면 제가 당신에게 상처를 줄 거라고 생각하시는 것 같네요."라고 말해 준다. 가끔은 이런 개입이 내담자의 기분을 바꾸기도

해서, 그는 "선생님 때문이 아니에요. 전 그저 걱정이 되어서……."라고 반응할 것이다. 이제 상담자는 내담자를 힘들게 하는 것이 무엇인지에 대해 다루면 된다.

빨간 감정은 분노, 분개, 적개심이다. 분노는 불행이나 신체적 위협, 폭력에 대한 반응으로, 적절하고 가치 있는 감정이다. 분노와 격정은 자신과 타인을 보호하고 장애를 극복하며 자원을 활용하도록 힘을 내게 해 준다. 그러나 분노가 부적절하게 쓰이기도 하는데, 만성적인 분노는 세상에 대해 분개하고 적의를 품게 만든다(Novaco & Chemtob, 1998). 일반적으로 분노를 반드시 발산하거나 배출시켜야 할 대상으로 여기는데, 이러한 관점은 증기보일러의 비유에서 나온 '카타르시스'와 관련이 있다. 보일러의 아래쪽에 열을 가하면 압력이 어느 지점까지 높아지는데, 이것을 배출시키지 않으면 보일러는 폭발할 것이다. 이러한 비유는 분노의 표출이 치료적이라는 사실을 확인시켜 준다.

그렇지만 분노 배출이 좋은 것만은 아니다(Williams & Williams, 1998). 만약 정말 합당한 이유가 있고, 파괴적이지 않으면서 효과적으로 반응할 수 있다면 분노를 표현해도 좋다. 하지만 사람들은 대부분의 상황에서 짜증이나 의심으로 나타나는 만성적인 '경계선'을 갖기도 한다. 게다가 이런 종류의 분노는 인간관계의 문제를 유발하고 면역체계의 기능을 떨어뜨려 심인성 질환을 유발하기도 한다.

상담자는 이런 유형의 분노가 있는 내담자를 방어적으로 대하기보다 즉시성을 활용하여 '창조적 오해'의 방식으로 해석해 주어야 한다. "말씀하시면서 얼굴이 굳어지고 양 주먹을 꽉 쥐고 있던데요. 혹시 제가 한 말이나 행동 때문에 화가 나신 건가요?" 앞서 예를 든 '노란 감정'처럼 내담자는 자신의 분노가 상담자와는 상관이 없다고 할 것이고, 이후의 대화는 문제를 해결하는 방향으로 진행될 것이다. 반면에 분노가 상담자를 향해 있다면 상담자는 이 문제를 정리할 기회를 갖게 된다. 상담자가

보통 사람들과는 다른 방식으로 내담자의 분노에 반응한다면 교정적 정
서를 경험하는 환경을 제공할 수 있다.

검은 감정은 우울, 절망, 수치심, 슬픔으로, 정신역동에서는 분노가
본인에게로 돌려진 것으로 설명한다. 이 설명에 완전히 동의하지는 않지
만, 실망스러운 사건이 미해결될 때 내담자들은 혼란과 우울, 자기비하
를 한꺼번에 느끼는 경향이 있다. 이러한 경험이 주요한 심리적 외상은
아니더라도 마치 성가신 골칫거리가 나날이 쌓여 가는 것과 같다. 뇌의
편도는 상처 입은 감정기억을 암호화하는데, 이런 감정들을 이성적으로
통제할 수 있으려면 이후에 인지적인 과정을 거쳐야만 한다. 만일 감정
을 제대로 처리하지 못하면 끊임없는 고통으로 남게 되어 결국 사소한
상처 따위에는 영향을 받지 않는다고 믿는 용감하고 침착한 사람들조차
그 대가를 치르게 된다.

Selye(1976)는 인간이 반복되는 스트레스 사건에 적응하여 스스로 스
트레스를 받고 있다는 것을 좀처럼 깨닫지 못하는 마비효과를 겪는다고
하였다. 그렇지만 이렇게 긴장이 쌓이도록 내버려 두면 결국 신체적으로
도 정신적으로도 탈진해서 무너져 버리게 된다. 어떤 내담자에게는 '존
웨인 신드롬'이 나타나기도 하는데, 이것은 어떤 육체적 · 정신적 고통도
인정하지 않는 증상이다. 하지만 허세를 부리는 행동은 감정의 영향을
덜 받게 만들 뿐이다.

감정 조절의 참된 의미는 감정의 억압이 아니라 감정을 경험하고 다루
는 것이다(Gross, 1998). 어떤 내담자는 마치 물속에 있는 것처럼 나른하
게 천천히 반응하는데, 이것은 우울이 동반된 무쾌감증[1]일 수 있다.

상담자는 존웨인 신드롬 또는 무쾌감증 내담자에게 편도의 대리자 역
할을 함으로써, 그들의 잠복된 감정들이 다시 연결될 수 있게 도와주어

---

1) 무쾌감증(anhedonia): 삶의 즐거움이나 활기가 결여된 상태-역주.

야 한다. 상담자는 내담자가 스트레스 상황을 무미건조하고 무감각하게 진술할 때, 만일 자신이 그 상황에 있었다면 어떻게 느꼈을지 상상해 볼 수 있다. 즉, 다음과 같이 자기개방 형태의 즉시성과 가설적인 해석을 하는 것이 효과적이다. "당신 이야기를 들으니 정말로 많이 슬퍼집니다. 그리고 그 일이 제가 아니라 당신에게 일어난 일이기 때문에 당신의 슬픔은 훨씬 더 컸을 것 같아요." 또는 "저는 당신 이야기를 들으면서 좀 혼란스러웠어요. 당신의 목소리나 모습에서는 제가 느낀 슬픔을 찾을 수가 없었는데, 제가 완전히 틀린 건가요?"

🐑 요 약

시(詩)가 심장에서 나온다면 감정은 뇌의 편도에서 나온다. 그리고 일반적인 생각과는 다르게, 감정은 사고와 판단을 개선시킨다. 최근의 연구들은 상담이 분열된 신경조직의 재통합을 도움으로써 내담자의 뇌를 재건시킬 수 있음을 보여 주었다. 내담자의 정서에 긍정적인 영향을 주기 위해, 상담자는 Yerkes-Dodson 법칙에 근거하여 최적의 각성을 유지하도록 도와야 한다.

▶▶ 10장으로의 연결

최근에 본 영화의 줄거리에 극적인 위기가 있었던 것을 떠올려 보면 어떤 코미디 장르일지라도 전환점이 될 만한 위기는 등장한다. 그러한 위기 상황에서 등장인물은 어떤 느낌이었을까? 그들은 그 위기를 어떻게 극복하고, 어떻게 변화되었는가?

참 고

LeDoux Laboratory
Center for Neural Science
New York University
www.cns.nyu.edu/home/ledoux

이 사이트에서 편도체 그림을 클릭하면 유익하고 재미있는 정보가 가득한 웹 사이트에 들어갈 수 있다. 거기에는 연구과제나 콘퍼런스에 대한 정보가 탑재되어 있으며, 편도체에 관한 주제가인 'All in a Nut'까지 들을 수 있다.

제10장

위기상담:
탄력적인 해결 능력

🐐 이 장의 목표

| 이 장의 주요개념 |

- 위기란 위험과 기회의 결정적인 순간이다.
- 회복력을 높이기 위해서는 사회적 지지와 의미 부여, 감정 조절,
  가능성의 상상이 필요하다.
- 위기상담은 희생자를 생존자로 변화시켜 성공적인 삶을 살도록 만든다.

| 이 장의 주요기법 |

- 단기상담 기법을 위기 상황에 적용하기
- LUV를 이용하여 위기의 생존자들이 용기를 얻고 성장하도록 돕기

상담사례

Hoang의 부모의 유년기 경험은 놀랍게도 Hoang과 거의 비슷했다. 베트남에서 미군이 철수한 후 그들은 조국을 탈출한 '보트피플'이었고, 미국으로 건너와서도 망명자 캠프를 떠돌았다.

Hoang 부모의 가족들은 베트남처럼 무더운 미시시피강 하류에 정착했다. 대대로 고기잡이로 생계를 이어온 까닭에 그들은 자연스럽게 새우잡이를 시작했다. 처음에는 백인 어부들의 인종차별 때문에 힘들었지만, 차츰 돈을 벌면서 큰 어선을 사고 사업을 키워 나갔다.

Hoang의 어머니와 아버지는 가까운 곳에 살면서, 어릴 때부터 서로를 호기심 있게 바라보았고 불교사원에서 함께 놀기도 했다. 10대가 되어 데이트를 시작하다가, 결혼한 후 가족과 함께 새우공장이나 새우잡이 어선에서 일을 계속 했다.

아들 Hoang은 파도와 구름이 펼쳐진 바닷가에서 컸다. 수업이 없는 날이면 아버지와 함께 새우잡이 배를 탔고, 선원의 꿈을 갖고 열심히 일했다.

그는 날마다 꼼꼼히 날씨 변화를 살피는 아버지를 놀려댔다. "아빠는 일기예보 광(狂)이에요. 그거 아세요? 기상방송은 어른들의 MTV라니까요."

그러나 허리케인 카트리나가 미시시피 해변으로 다가오자, 많은 베트남인 가족들은 친척들과 함께 보트로 모여들었다. 어른들이 정신없이 대피 준비를 하는 동안, Hoang은 동생들과 이웃 아이들을 돌봤다.

대혼란 속에서도 Hoang은 식탁 주변에 장난감과 간식, 그림도구를 모아 임시탁아소를 차렸다. 몇 시간 동안, 그는 두려움에 떠는 아이들을 즐겁게 해 주려고 애썼다. 특히 겁먹은 네 살짜리 꼬마 Kim은 계속 그에게 매달리며 무릎에 앉아 그림을 그렸다.

Hoang이 "우아, 멋진 하트를 그렸구나!" 하자 꼬마는 그것이 하트처럼 보이지만 사실은 천사의 날개라며 또박또박 설명했다. "오빠가 이 날개를 달면 허리케인을 피해 멀리 날아갈 수 있을 거야."

꼬마는 곧 Hoang의 품에서 잠들었고, 아이의 어머니가 데리고 갈 때까지도 깊이 잠들어 있었다. Hoang은 조금 전까지 크레용을 쥐고 섬세하고 경쾌하게 움직이던 Kim의 작은 손가락을 떠올리자 유쾌해졌다. 아이들이 모두 돌아간 후, Hoang의 가족은 아버지의 배를 타고 허리케인이 닿지 않는 상류로 대피했다.

허리케인의 영향력은 대단해서 그들의 배는 마치 거인의 손에서 요동치는 장난감처럼 흔들렸다. 마침내 바람이 잦아들었을 때, 처참한 소식이 들렸다. 여러 대의 새우잡이 배들이 다리에 부딪혀 침몰했는데, 수십 명의 사망자 중에 꼬마 Kim과 그의 부모도 있었다.

Hoang의 가족은 충격에 휩싸였다. 그들은 폭풍에서 살아남은 데 안도하면서 여기저기 흩어진 다른 이들의 안부를 물었다. 그동안 알고 지냈던 사람들이 살아있기를 바랐지만, 그 희망은 산산이 부서져 버렸다.

항구 근처에 있던 그들의 집이 흔적만 남고 사라져 버렸기 때문에 그들은 3주 동안 배에서 자야 했다. 처참하게 부숴진 집들과 새우잡이 배 앞에서 Hoang의 아버지는 1972년 베트남의 전쟁 장면을 떠올렸다. 미국에서 또다시 이런 엄청난 재난을 겪을 줄은 상상도 못했었다.

Hoang과 가족들은 지금 천막에서 살고 있다. 그의 아버지는 베트남에서 피난할 때의 악몽을 꾼다. "허리케인 카트리나 때문에 망했어. 우리는 다시 보트피플이 됐어."라고 아내에게 말했다. Hoang은 움츠러든 채, 주머니에서 발견한 꼬마 Kim의 하트 그림을 만지작거렸다. 그의 마음속에는 여전히 크레용을 쥐고 있는 꼬마의 섬세한 손가락이 꼬물거리고 있었다.

> **질문** Question
>
> 1. Hoang의 이야기를 읽고 어떤 느낌이 들었는가?
> 2. 내담자에게서 어떤 회복력의 신호를 발견했는가?
> 3. Hoang을 돕기 위한 단기상담 기법에는 어떤 것이 있는가?

개 관

사람들은 몇 달씩 고민하다가 급해진 다음에야 상담실을 찾기 때문에 첫 상담은 대개 위기상담일 경우가 많다. 이 책의 사례에 등장하는 내담자들도 대부분 위기에 처해 있다.

위기상담은 위기에서 살아남아 문제를 해결하도록 돕는 신속하고 단기적인 조력 과정이다(Echterling, Presbury, & Mckee, 2005). 단기상담은 강점과 회복력을 강조하는 긍정심리학(Pedersen & Seligman, 2004; Snyder & Lopez, 2002)의 관점에서 위기에 처한 사람들이 문제를 해결할 수 있도록 돕는다. 이 장의 목표는 위기에 직면한 사람들의 성공적인 해결을 위해 상담자가 도움을 주기 위한 것이며, 여기에서 다루는 기술들은 다양한 상담 장면에서 활용 가능한 것들이다.

🕊 주요개념

위 기

트라우마와 위기는 개념상 중요한 차이점이 있다. 트라우마는 상처라는 뜻의 그리스어에서 유래된 것으로, 위협받거나 놀라거나 겁에 질리는 등의 경험에 따른 심각한 심리적 외상을 의미한다. 정신적 트라우마는 인지 능력, 정서 반응, 행동, 신경 기능 등에 심각한 손상을 가져오므로 외상후 스트레스장애(PTSD)를 막기 위한 상담이 필요하다(Le Doux, 1996).

한편 정신적 트라우마에 관한 여러 연구에는 회복력에 관한 내용이 많이 포함되어 있다(Ryff & Singer, 2003). 예를 들어, Kessler, Davis, Kendler(1997)는 성적 학대나 부모의 죽음 같은 심각한 트라우마를 경험한 어린이의 대부분이 정신질환으로 발전하지 않았다고 보고하였다. 실제로 많은 사람에게서 외상후 성장(post-traumatic growth: PTG)이 보고되었다(Calhoun & Tedeschi, 2006). 성격 발달에 관한 연구들은 트라우마 경험이 이후의 역기능적 행동에 많은 영향을 미친다고 보고 있지만, 극복 능력을 발휘하기도 한다(Saleebey, 2001, p. 13). 인간은 때로 트라우마 사건에서 벗어나 새로운 인생관을 갖게 되고 중요한 깨달음을 얻기도 한다. 만약 트라우마의 부정적 결과에만 관심을 갖는다면 회복력 같은 긍정적인 효과를 간과해 버리는 오류를 범하게 된다.

위기의 개념은 정신적 트라우마의 부정적 측면을 보완해 준다. 위기의 그리스어 'krisis'는 결정 또는 전환점을 의미한다. 위기(危機)라는 한자는 모순적인 두 단어인 '위험'과 '기회'를 합성한 것이다. 따라서 위기는 위험과 약속 모두를 포함하는 결정적인 전환점에 해당되며, 급격한 성장과 긍정적 변화, 그리고 폭력과 파괴의 위험이 공존하는 중요한 순간이다(Wethington, 2003). 위기 경험의 생존자들은 자신의 경험을 "한 장(章)의 끝을 맺고 다른 장을 시작하는" 것으로 묘사하곤 한다(McAdams, 1988, p. 144). 위기상담은 인생의 중요한 갈림길에 개입하는 것이므로 작은 개입조차도 몇 년 후에는 큰 차이를 만들어 낼 수 있다. 제5장에서 논의했던 나비효과 같은 개념은 특히 위기와 관련이 있다.

도식, 위기, 모래 더미

도식(schema)이란 인간이 환경을 이해하는 패턴으로(Piaget, 1954), 인간은 새로운 정보를 최근의 도식에 동화시킨다(Rice, 1995, p. 45). 모든 경험이 도식에 잘 맞는다면 쉽게 적응할 수 있지만, 그렇지 않을 경우에는 새로운 도식을 만들어 낯선 정보를 수용해야 한다. 따라서 동화는 조절보다 훨씬 쉽고 스트레스도 적다. 이전의 도식이 혼란에 빠지고 일시적으로 현재 상황을 이해할 수 없게 되면 우리는 위기를 경험한다.

인간은 끊임없는 정체성의 위기에 직면하며, 각각의 발달단계에서 자아상과 세계관을 통합하기 위해 도전한다(Erikson, 1964). 위기는 전진과 후퇴 사이에서 긴장을 유발하는 전환점이다. 우리는 갑작스러운 변화에 직면할 때 일단 이전의 상황으로 되돌리려고 노력한다. Piaget는 이를 상황에 동화하려는 노력으로 보았다. 위기를 뛰어넘어 전진할 때 자아는 새로운 세계를 만날 수 있지만, 후퇴는 되돌릴 수 없는 과거를 갈망하는 실패한 시도일 뿐이다.

위기로 인해 사고와 정서가 혼란스러워지기도 하지만, 위기 이후에는 과거의 재구성이 아닌 전혀 다른 경험을 하게 될 수 있다. "Erikson은 인간이 선천적으로 강한 자아정체감을 달성하기 위해 위기를 해결하려는 경향이 있다고 믿었다."(Ryckman, 2004, p. 176)

제5장에서 혼란 상태에 따른 분열 과정에서도 변화가 어떻게 일어나는지, 또한 새로운 통합과 조직이 어떻게 생겨나는지에 대해 살펴보았다. Piaget(1954)는 이 새로운 조직을 스키마와 조절 사이의 균형, 즉 '평형'으로 지칭했다. Erikson과 Piaget는 평형상태에 대한 욕구를 인간이 인지발달 단계를 통해 형성해 가는 동기의 원천으로 보았다(Rice, 1995).

갓 성인이 되었을 때, 우리는 전진과 후퇴 사이에서 갈등한다. 독립적이고 자립적이기를 바라는 한편, 지나간 어린 시절과 의존하며 양육 받던 때를 그리워한다. 이러한 발달적 위기 상황 앞에서 성인기의 불확실한 세계를 수용하면서 자신의 세계에 항상 변화가 일어날 수 있음을 인식해야 한다.

누구나 안정을 추구하지만, 만약 절대적인 확실성만을 추구한다면 그는 실패하기 쉽다. "성공이란 안정과 불안정의 경계에서 유지될 때 가능하다. 성공은 일종의 혼돈 상태이며, 유지하기 힘든 불확실한 구조다." (Stacey, 1996, p. 349) 이런 관점에서 볼 때, 인간의 삶은 그 자체가 위기이며, 결정의 모든 순간에 위험과 기회의 전환점에 직면한다.

모든 복합체계는 일련의 계층화된 안정을 통해 진화한다. 갑작스러운 혼란을 겪는 체계는 새로운 안정을 찾아가며, 최고조의 혼돈 상태인 이른바 자기조직의 임계 상태를 경험한다. 인간을 포함한 모든 생명체는 항상 혼돈의 경계에 있으면서, 때로 작은 변화에 동요하거나 의도적인 재조직화 과정으로 인해 크게 반응하기도 한다(Fichter & Baedke, 2002).

물리학자 Per Bak은 이것을 모래 더미가 만들어지는 과정에 비유하였다(Lewin, 1999). 가는 모래 줄기가 접시 위로 알알이 떨어지는 모습을 상상해 보라. 접시에 모래가 충분히 모이면 아래는 넓고, 위는 뾰족한 고깔모양으로 쌓이기 시작한다. 고깔의 바닥 부분인 접시 아래의 모래가 한계에 이르고, 중력과 모래 더미의 높이가 임계치에 다다르면 마지막 한 알의 모래알로 인해 산사태가 발생한다. 작은 산사태는 모래 더미의 경사를 따라 모래알들이 굴러 떨어지는 수준에 불과하지만, 가끔은 모래 한 알이 임계 상태에 도달한 모래 더미를 무너뜨리기도 한다. 즉, 큰 체계에서의 작은 동요가 때로 기념비적인 변화를 창출할 수도 있는 것이다. 일단 붕괴된 뒤에도 계속 모래알이 떨어지면 그 모래 더미는 이전의 모양을 다시 만들게 되며, 이때는 더 큰 피라미드 형태를 이룬다. 붕괴된 후의 모래 더미는 이전과 완전히 달라진다.

Per Bak은 모래 더미의 변화 양상이 인간과 유사하다고 이야기하였다. "한 개인이 임계치에 이르면 각각의 새로운 경험이 주는 영향은 미래의 변화를 위한 새로운 바탕을 마련함으로써 직간접적으로 그 사람 전체로 퍼지게 된다."(Fichter & Baedke, 2002, p. 38)

작은 규모의 산사태는 우리의 삶에서도 항상 일어난다. 새로운 정보가 등장하면 사고의 패턴을 바꿔야 하는데, 그때가 바로 Piaget가 말한 학습의 시기다. 일상에서 모래알들을 만날 때마다 우리는 작은 규모의 산사태를 겪으면서 창조적으로 적응해 간다. 그러나 혼돈으로 인해 삶의 모래 더미가 붕괴되어 버리면 그것을 다시 쌓고 위기를 넘길 수 있을지 불확실해진다.

인간은 신경증적 경로와 창조적 경로의 두 가지 방향으로 혼란에 맞선다(Chessick, 1999). 신경증은 변화 앞에 반복적이고 고착되며 지체하는 방법으로 저항하는 것이고, 창조성은 새롭고 대담하며 진취적인 방법으로 변화를 수용하는 태도다. 양쪽 모두 혼돈의 분열 상태를 해소하고 안정된 상태를 추구하는 방법이지만, 위기에 직면한 인간은 그 둘 사이에서 동요하게 된다. 신경증적 경로는 예전의 상태로 재조합하려는 시도인 반면에, 창조적 경로는 이전과 다른 새로운 상황을 만들어 내려는 것이다.

위기로 인해 안전과 재산, 가족 또는 세상에 대한 신뢰를 상실한 내담자는 위기 이전으로 돌아가려고 애쓴다. 이때 상담자는 그가 갖고 있는 정지와 회귀의 경향성을 존중하면서, 어떻게든 계속 앞으로 나아가 상황을 재구성하여 불확실한 미래에 직면할 용기를 갖게 도와야 한다. 긍정적 결과를 위해 필요한 것은 "혼돈 상태의 곁에서 춤추며 창조적인 삶을 개발하는 것이다."(Chessick, 1999, p. 267) 내재된 창조성은 일상의 사소한 문제들을 해결한다. 그러나 큰 위기 앞에서는 더 넓은 피라미드의 모래 더미를 만들어야 하고, 이를 위해 모든 창조적 자원을 활용해야 한다. 위기상담자의 가장 큰 임무는 내담자가 자신의 창조적 힘을 사용할 수 있도록 돕는 것이다.

회복력

회복력(resilience)은 심각한 역경이나 위험을 경험하고 나서 '다시 회복하는' 능력이다. 최근에는 위기의 위험성보다 긍정심리학(Aspinwall & Staudinger, 2003; Keyes & Haidt, 2003; Seligman & Csikszentmihalyi, 2000; Snyder & Lopez, 2002)처럼 위기에 따른 기회에 관심이 모아지고 있다. 수십 년간 심리학은 결핍과 장애에 대한 연구에 머물러 왔으나, 이제는 인간의 강점과 긍정적 경험, 회복력에 주목하고 있다.

피해에만 초점을 맞추어서는 생존자를 제대로 도울 수 없다. 위기를 겪은 사람은 해결을 위해 최선을 다한 적응적인 생존자이지, 구조가 시급한 불쌍한 피해자가 아니다. 잘못하면 상담자는 이 피해자를 극적으로 구출하는 구조자가 되어서 위기 해결 전략을 고안하기 위해 무의식적으로 과도한 책임을 갖게 된다. 그리하여 해결책을 제안하거나 불필요한 세부사항을 가르치려 들고, 혹은 과도하게 안심시키려 한다.

하지만 불행하게도 그런 시도는 의도만 좋을 뿐 효과가 별로 없다. 왜냐하면 창조적이고 고유한 방식으로 위기를 해결할 수 있는 내담자의 가능성을 간과하기 때문이다. 힘든 상황에 압도되어 혼란스럽고 괴로울지라도 그는 자신이 미처 알지 못했던 능력을 발휘할 수 있다. 이렇게 자신의 유능성을 발휘하기 시작할 때 위기는 극복된다. 상담자가 존중과 공감의 자세로 협력하면서 그의 회복력을 인식하도록 돕는다면 내담자도 자신을 삶의 성공을 향해 나아가는 생존자로 만들 수 있다.

생존에서 성장으로

인간은 위기 앞에서 어떤 식으로든 변화한다. 만약 위기를 극복하지 못하면 그는 절망이나 관계 단절, 심지어 죽음에까지 이를 수 있다. 그러나 성공적으로 해결할 때는 삶에 대한 진정한 감사, 강해진 해결 능력, 성숙된 자세, 충만한 자신감과 풍부한 관계를 발전시킬 수 있는 생존자가 된다. 더 나아가 생존을 넘어 성장할 수 있는 초월의 단계에까지 이르게 되어 위기 경험을 교훈 삼아 보다 충만한 삶을 살며 인생을 음미할 수 있게 된다.

사람들은 어떻게 위기를 뛰어넘어 성장할까? 대부분의 사람들은 위기 상황에서 개인적인 강점과 가치를 발휘하면서(Ryff & Singer, 2003) 더 긍정적으로 변화하고 성장한다(Tedeschi & Calhoun, 1995). 심지어 위기를 통해 삶의 초월과 긍정적 변화를 경험하기도 한다(Calhoun & Tedeschi, 2006). 위기를 극복하면서 외상후 스트레스장애(PTSD)와 상반되는 의미인 외상후 성장(PTG)을 얻게 되는 것이다.

🖥 실습

당신은 나름의 위기를 겪어 왔으며, 예기치 못한 사건일지라도 그것은 당신의 삶을 한 단계 높여 주었을 것이다. 과거에 당신이 성공적으로 해결했던 위기 경험을 회상해 보자.

질문 Question

1. 그 위기를 해결하기 위해 당신은 어떻게 대처하였는가?
2. 그 결과 당신은 어떤 측면에서 달라졌는가?
3. 그 경험에서 당신이 배우게 된 교훈은 무엇인가?

사회적 지지

제2장과 제3장에서 지지와 돌봄, 공감이 인간관계와 문제해결에 얼마나 중요한지 살펴보았다. 인간은 태어나서 죽을 때까지 서로 영향을 주고받는 관계 지향적인 존재이며, 특히 위기 상황에서는 타인의 지지와 도움이 무엇보다 중요하다(Berscheid, 2003). 인간은 자신의 이야기를 타인과 함께 나누고 싶어 하는 근본적인 욕구를 갖고 있다. Rimé(1995)은 사람들이 위기를 겪은 후 불과 몇 시간 내에 정서적 경험의 95% 이상을 표현한다는 사실을 확인하였다. 위기 경험을 타인에게 개방한 생존자는 혈압 강하와 근육 이완을 포함한 즉각적이고 긍정적인 심리적 변화를 경험한다(Niederhoffer & Pennebaker, 2002). 사회적 지지에 관한 연구들은 애정, 충고, 긍정, 정보, 도움, 보살핌과 같은 관계의 중요성을 뒷받침해 주고 있다(Reis, Collins, & Berscheid, 2000). 특히, 인간관계의 상호 의존성이 간과되기 쉬운 미국 같은 개인주의 사회에서는(Berscheid, 2003) 성공적인 위기 극복을 위해 타인과의 관심과 돌봄이 필수적으로 요구된다.

의미와 생존의 이야기

제8장에서 다루었듯이, 삶의 의미는 인생에서 대단히 중요하다. 위기에 처했다는 것은 바로 삶의 의미에 위기가 왔다는 것을 의미한다(Janoff-

Bulman, 1992, 2006). 위기는 생존자의 기본적인 세계관을 무너뜨리고 삶의 의미를 손상시키며 자존감을 파괴하므로, 상담자는 위기에서 의미를 찾을 수 있도록 도와야 한다.

삶의 이야기를 만들면 의미를 발견할 수 있다. 위기 경험을 말할 수 있을 때 상담자는 비로소 자신의 두려운 감정에 직면해 그것을 이해, 수용, 개방할 수 있다. 이러한 내러티브 과정이 사람들로 하여금 경험했던 일을 제대로 인식하도록 돕는다. 이야기를 하는 행위 자체가 위기의 실제적인 영향을 평가하게 하고, 보다 명료하게 현재 상황을 이해하도록 해 주며, 그 사건이 주는 삶의 의미를 찾아 준다.

경험을 이야기한다는 것은 이야기가 우리에게 말을 해 주는 것이기도 하다(Echterling, Presbury, & Mckee, 2005). 즉, 우리가 창조한 삶의 이야기는 우리의 경험을 조직하는 것 이상의 의미가 된다. 사건을 정리해서 이야기하면 그 이야기가 우리의 마음도 정돈해 준다. 이 이야기들은 우리로 하여금 특정 역할을 하게 만들고, 특정 가치에 따라 행동하게 하며, 몇 가지 대안에서 선택하도록 영향을 준다(Nunn, 2005). 위기 이야기를 생존 이야기로 전환할 수 있다면 문제를 해결하고 의미 있는 삶을 살 수 있게 된다.

위기에서의 감정 조절

대부분의 사람들은 위기 상황에서 두려움에 압도되어 소리치며 도움을 청하거나 도망치거나 분노를 표출한다. 이러한 경고 반응은 특별한 행동을 취하도록 자극함으로써 위기를 해소하려는 적응적인 목적으로 행해진다. 그러나 과도한 불안은 위기에 제대로 대처할 능력을 발휘하는 것을 저해하므로, 상담자는 내담자가 적당한 각성 상태를 유지하도록 도와야 한다. Yerkes-Dodson 곡선의 최적 영역에서는 뇌의 각 영역들이 조직적으로 잘 기능하게 된다.

위기 상황에서는 대개 노랑, 빨강, 검정의 부정적인 정서만 존재할 것 같지만, 최근의 연구 결과에 의하면 고통스러운 정서뿐만 아니라 긍정적인 정서도 경험하는 것으로 확인되었다(Larsen, Hemenover, Norris, & Cacioppo, 2003). 따라서 긍정적인 정서와 부정적인 정서를 모두 인식하고 말로 표현하는 것이 위기 해결을 촉진하는 방법이다. 일례로 어떤 연구에서 AIDS 환자를 돌보던 간병인에게 환자가 죽은 다음에 간략하게 그들의 이야기를 하게 하였다(Stein, Folkman, Trabasso, & Richards, 1997). 그 결과, 힘들고 안타까운 사연이었음에도 불구하고, 사용된 감정 단어들의 30% 이상이 긍정적인 의미를 나타내는 것이었다. 12개월간의 추적 조사에서는 자신의 이야기를 더 긍정적으로 표현했던 사람들이 더 행복하고 건강했으며 장기계획과 목표를 세우고 있었다.

사람들은 위기의 해소 과정에서도 용기, 희망, 연민 등 여러 감정을 경험한다. 예를 들어, 용기는 생존자가 불안을 조절하고 위협에 맞설 수 있게 해 주고, 희망은 좌절에도 불구하고 해결이 가능하다는 낙관적인 시각을 갖게 해 준다. 연민은 분노를 줄여 주고 공감의 연결고리 역할을 하며 공동체 의식을 형성하여 정서적으로 결속시켜 준다. 높은 수준의 희망은 적응과 사회적 지지, 그리고 보다 나은 삶의 의미를 갖도록 해 준다(Snyder, 2002). Magai와 Haviland-Jones(2002)는 "감정이란 인간 성격 발달의 기본적인 중재자 또는 활기찬 원동력으로서…… 역동적이고 자기 조직적인 체계를 포함한다."라고 하였다(p. 498). 즉, 감정이 혼란을 통해 새로운 자기 조직화로 나아간다는 것이다. 따라서 슬픔이나 분노의 표현은 위기 해결에 반드시 필요하다.

상담자가 공감적 수용의 자세로 대할 때 내담자의 감정이 최적 영역에 머무르게 되어, 그는 연민과 용기, 희망을 찾을 수 있게 된다. 내담자가 걱정하는 사람은 누구인가? 어떻게 위기에서 살아남을 용기를 낼 수 있었는가? 그가 원하는 것은 무엇이며, 어떤 가능성을 바라는가? 성공적인 조력을 위해서는 상담자가 먼저 연민과 용기, 희망을 경험할 수 있어야 하며, 내담자가 현재를 견딜 수 있을 뿐 아니라 생존을 넘어 성장할 수 있다는 확신을 가져야 한다. 그래야만 비로소 내담자에게 영향력 있는 동반자가 되어 줄 수 있을 것이다.

실습 ━━━━━━━━━━━━━━━━━━━━━━━━━━━

당신이 최적 영역에 있으면서 성공적으로 위기에 대처했던 경험을 떠올려 본다. 당신이 어디에 있었고 무슨 일이 일어났는지, 무엇을 하고 있었으며 어떤 느낌이었는지 자세히 묘사해 보자.

질문 Question

1. 그 상황에서 최선의 노력을 하기 위해 스스로 어떻게 마음을 가다듬었는가?
2. 불안 때문에 문제해결이 어려워졌을 때 어떻게 불안을 감소시켰는가?

미래를 상상하기

위기에 처한 내담자는 어떤 해결책도 소용이 없을 것이라는 틀에 갇혀 있다. 그에게 상담목표란, 위기가 사라지거나 아니면 아예 그런 일이 생기지 않았으면 좋았겠다는 희망 같은 것들이다.

그가 상담목표를 언급하더라도 그것은 안전해질 방법이나 오늘 밤에 잘 수 있을 장소, 입을 옷, 아는 사람과 연락할 수 있는 방법 정도일 가능

성이 높다. 위기 상황임을 감안했을 때, 이러한 목표들은 Maslow의 욕구
위계 중 기본적인 생존욕구의 수준이다. 게다가 그들의 욕구는 대개 위
기 이전과 최대한 가까운 자신의 삶으로 되돌아가는 것이다.

　　그러나 상담자와 함께 위기의 경험을 생존의 이야기로 재구성하기 시
작하면서 새로운 목표를 발견하게 된다. 여기서는 위기라는 과거로부터
해결 가능성이라는 미래로 초점이 바뀌고, 미래를 상상함으로써 방향감
과 희망을 갖게 되고 동기와 해결 의지를 높이게 된다. 연구에 의하면,
긍정적 목표를 얻기 위해 노력하는 사람은 부정적 목표를 피하려 하는
사람보다 더 높은 수준의 안녕을 누린다(Emmons, 1999).

⊟ 실습 ━ ─ ━ ─ ━ ─ ━ ─ ━ ─ ━ ─ ━ ─ ━ ─ ━ ─ ━ ─ ━

　　처음 [그림 10-1]을 보면, 의미 없는 서로 다른 크기의 블록들의 모음으로 보
이거나 시작과 끝이 없는 미로처럼 보이기도 한다. 블록이나 미로보다 더 의미
있는 무엇인가를 상상해 보자. 상상을 하기 위해 특별히 노력할 필요는 없으
며, 그저 편안하게 그림의 한 점에 초점을 맞추고 바라보면 된다. 당신이 어디
에 초점을 맞추는지, 얼마나 오랜 시간 동안 바라보는지는 상관이 없다. 처음
에는 3D 입체영상을 보면서 숨은 형상을 알아보지 못했을 때와 비슷한 의문이
나 좌절을 느낄 수 있다. 하지만 한 점에 20~30초가량 집중한다면 의미 있는
무언가가 혼돈 속에서 튀어나와 모든 것이 통합된 그림으로 보이게 된다. 그래
도 그림이 보이지 않는다면, 1~2미터 정도 떨어져서 바라본다. 어떤 단어가
보이는가?

함 의

- 상담자는 구조자가 아니라 위기로부터 긍정적인 해결책을 찾도록
  돕는 조력자다.

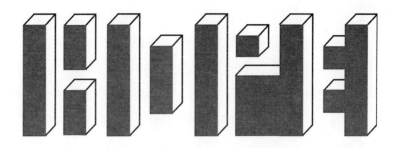

[그림 10-1] 희망에 대한 비전 찾기

• 위기상담은 문제해결 자체보다 사회적 지지, 의미 부여, 정서 조절,
  희망의 고취 등을 촉진함으로써 회복력을 높이는 데 관심을 두어야
  한다.
• 위기상담은 사건의 해결에 초점을 맞추어야 한다.

🔖 방 법

여기에서는 위기 개입에 필수적인 두 가지 기법을 소개한다. 첫 번째
는 제2장에서 소개했던 LUV 삼각형이며, 두 번째는 생존자의 회복력과
문제해결 능력을 높이는 질문기법이다. 또한 앞 장에서 조금씩 다루었던
이 기법들의 다양한 적용 방법을 논의한다.

이 두 기법은 위기의 강도나 심각성에 비하면 너무나 불충분하고 미약
해보일 수 있다. 단지 경청하는 것만으로 어떻게 심각한 심적 불균형으
로 고심하는 사람을 돕는단 말인가? 질문은 어떤 효과가 있는가? 오히려
상담자가 해답을 줘야 하지 않을까?

이 기법들은 위기에 처한 사람의 회복력을 인정하고 존중하기 때문에
매우 효과적이다. 상담자는 전지전능한 구조자나 모든 해답을 알고 있는

전문가가 아니다. 상담자가 '구조 불가' 또는 '모름'의 태도를 취할 때, 비로소 내담자는 자신의 이야기를 말하고 자신만의 해결책을 찾기 시작한다.

위기에 처한 개인은 타인에게 손을 뻗어 지원을 요청할 때, 위기 경험에서 의미를 찾을 때, 자신의 감정을 조절하는 용기를 낼 때, 시련에 적극적으로 대처할 때 보다 더 회복되는 경향이 있다(Echterling, Presbury, & Mckee, 2005). 여기서는 회복력과 문제해결을 촉진하는 네 가지 핵심 과정에 따른 기법들을 제안한다.

LUV 활용하기

위기상담의 목적은 위기의 생존자에게 심리적 지지와 안정감을 제공하는 것이다. 상담자는 생존자의 경험에 참여하면서 그가 겪은 극한 상황의 목격자가 되어 준다. 생존자의 경험이 이해되고 수용되지 못한다면, 상담은 기껏 교묘한 수작이나 무의미한 기술일 뿐이다.

상담자는 모든 해답을 알고 있는 전문가도 현자(賢者)도 아니다. 상담자는 실존적인 지지를 통해 안전한 심리적 피난처를 제공할 뿐이다. 근본적으로 위기 개입은 생존자가 자신을 보살펴 주는 누군가와 접촉할 때 시작되며, 경청과 수용의 자세로 생존자를 만나는 것이 가장 중요하다.

한 가지 중요한 점은 생존자는 대개 눈맞춤을 잘하지 않는다는 것이다. 위기 경험의 의미를 찾는 동안, 그들은 '지금-여기'가 아니라 위기 사건이 발생했던 '그때-거기'에 존재하기 때문에 현재 상황에 눈을 맞출 필요가 없는 것이다. 그럼에도 불구하고 상담자가 자신과 연결되어 있는지 계속 확인하고 있기 때문에 상담자는 그의 얼굴을 주의해서 관찰할 필요가 있다.

또한 위기 생존자는 말할 때마다 '나'보다 '당신'을 언급하곤 한다. 예를 들어, "그런 일이 당신에게 일어났을 때, 당신의 느낌은⋯⋯."처럼 말할 것이다. 그런 그들에게 자기 자신에 대해 이야기하라고 강요해서는 안 된다. 왜냐하면 그들은 아직 자신과 사건 사이에 거리를 두고 있기 때문이다. 시간이 충분히 흐른 뒤에야 점점 '나'에 대해 말하기 시작할 것이다.

생존자 찾기

상담자는 생존자의 강점, 재능과 자원을 발견해 가면서 동시에 생존자도 이러한 탐색 과정에 동참하도록 유도한다. 이때 질문기법은 정보 수집뿐만 아니라 중요한 메시지를 전달하는 효과가 있다. 생존자의 강점과 대처 방법에 관한 질문은 혼란 가운데 위기 해결의 실마리들을 찾아 맞출 수 있게 해 준다. 비상사태인 위기 상황에서는 무언가 새로운 것의 출현 가능성이 존재하므로, 질문을 통해 위기 생존자가 새로운 이해를 찾아낼 수 있게 도와야 한다.

위기 사건의 관련 정보나 상황 파악, 또는 사건의 원인을 규명하는 질문은 생존자의 회복력보다 희생의 원인에만 집중하기 때문에 비효과적이다. 이런 질문들은 상담자의 호기심을 충족시키는, 이른바 '관람형 질문'에 불과하다. 상담자는 오히려 생존자의 가능성과 강점, 자원을 탐색함으로써 생존과 성장의 이미지를 떠올릴 수 있게 격려해야 한다. 그가 어떻게 살아남았는가에 초점을 맞출 때, 위기를 인정하면서 '생존의 이야기'로 나아갈 수 있게 된다.

헤쳐 나가기 질문

위기의 발생 시점과 상관없이 내담자는 상담을 받는 순간부터 이미 생존을 향해 적극적으로 달리고 있는 셈이다. 그는 어떻게든 혼란과 위험을 뛰어넘어 상담자와 접촉하고자 한다. 어떻게 지금까지 견딜 수 있었는지 탐색함으로써 고장의 원인이 아닌 작동의 원인을 찾아낸다. 이 방법은 위기의 희생자가 스스로를 생존자로 보도록 돕는다. 즉, 살아 있다는 사실 자체가 그의 생존 능력에 대한 명백한 증거인 셈이다.

내담자의 노력 중 과소평가된 사실들을 찾아 질문함으로써, 강간의 생존자는 피난처를 찾을 수 있었던 방법을 떠올리게 되고, 홍수의 생존자는 익사의 위기에서 빠져나온 방법을 기억하며, 자살을 시도했던 사람도 상담에 올 때까지 살아 있었음을 생각하게 된다.

어느 누구도 위기 상황에서 제대로 대처할 수 있을지 확신하기 어려우므로, 상담자는 진실된 경외감을 갖고 헤쳐 나가기(getting through) 질문을 한다.

- "어떻게 당신은 그렇게 할 수 있었나요?"
- "어떻게 당신은 그 방법으로 위기를 처리해낼 수 있었죠?"
- "그 일을 극복하기 위해 당신 안에서 무엇을 이끌어 냈나요?"

의미 부여하기

혼란과 고통에서 의미를 찾을 때, 위기를 총체적으로 이해하고 인지적으로 조절해 해결책을 발견할 수 있다. 위기 생존자가 만든 이야기는 경험의 재구성 그 이상의 의미를 지니며, 개인과 가족의 정체성이라는 총체적 형태로 발전된다. 이렇게 될 때, 비로소 신뢰와 위로를 경험하고 비극적인 경험에서 벗어날 수 있다(Neimeyer, 2000; 2006).

위기의 은유를 바꾸기

생존자들은 은유적인 언어로 위기의 충격을 표현한다. 자신의 경험을 그저 구체적이고 객관적인 용어로 표현하기보다 시인처럼 보다 은유적

인 방법으로 표현하려고 애쓴다. 예를 들면, 자신을 '덫에 걸린', '길을
잃은 듯한', '무거운 짐을 진' 것으로 묘사한다.

　상담자는 생존자의 은유에 주의를 기울이면서 위기의 은유를 해결의
은유로 전환시켜야 한다. '조각조각 부서진' '산산이 허물어진'과 같은
표현은 나중에 '조각을 다시 끼워 맞추는' 것으로 연결지을 수 있다. 이
기법은 생존자의 언어를 사용함으로써 상담자가 주의 깊게 경청하고 있
다는 것과 역동적인 과정을 내담자와 함께하고 있다는 것을 전달시킨다.
또한 해결 방향으로 은유를 수정하도록 함으로써 생존자들이 적응 전략
을 마련할 수 있도록 돕는다. 상담자는 생존자들이 미래의 해결책을 찾
도록 격려하기 위해 다음의 방법으로 은유를 변화시킬 수 있다. 이 질문
들은 아직 발생하지 않은 것을 가정하는 것들이다.

- "당신이 이 덫에서 벗어나기 시작할 때, 첫 번째 할 일은 무엇일까요?"
- "당신의 길을 다시 찾게 되었을 때, 이 상황을 처리했다는 것을 알
  려 줄 첫 번째 증거는 무엇일까요?"
- "당신이 이 무거운 짐을 덜려고 했을 때, 누구에게 부탁할 건가요?"

상담과정

　상담자는 재난구호에 투입되어 Hoang의 가족을 상담하였다. Hoang도
위기에 처한 다른 사람들처럼 상담이 필요했다. 첫 회기에서 상담자는 공
감적 만남과 의미 부여를 촉진하는 질문을 사용하면서 LUV 삼각형을 활
용하였다.

　상담자: Hoang, 어떻게 처음 만난 내게 그런 힘든 일들을 이야기할 수
　　　　　있었니?
　Hoang: 글쎄요, 저도 잘 모르겠어요. 전 그저 누군가와 얼른 이야기해야

겠다고 생각했어요. 왜냐하면 더 이상 빠져나갈 데 없는 밑바닥까지 떨어진 것 같았거든요. (이야기를 잠시 멈췄다가 고통스러워하며) 저희 어머니가 이건 'ac mong' 때문이랬어요. 베트남어로 끔찍한 경험이란 말인데, 비극이라고 불러도 될 것 같네요.

상담자: (이해한 내용을 바로 확인하고 반영한다.) 우선 너와 가족이 겪은 힘든 일에 위로를 전하고 싶어. 그 경험이 얼마나 무섭고 겁났는지 네 눈빛을 보니 느껴지는구나. 그런 일을 겪는다는 게 어떤 건지 나는 상상도 못할 거야. (부드럽고 진지한 목소리로) 네 이야기를 들으니 아직 처리해야 할 문제가 많은 것 같구나.

Hoang: 네, 전 너무 혼란스러워요. 가족이 살아남았다는 게 기쁘기도 하지만, 다른 분들과 아이들이 죽은 건 너무 슬퍼요. 어떻게 그들은 죽고 우리는 죽지 않은 거죠? 그래서 제 마음이 좋지 않은 건가 봐요. (떨리는 목소리로) 저희 아버지는 미국에 오기 위해 정말 등이 휘도록 일했어요. 또 여기서는 멍청한 백인들에게 온갖 쓰레기 같은 짓도 당했고요. 그래도 아버진 끝까지 견디셨어요. 그리고 아버지가 집 대출금을 다 갚게 되었을 때, 저는 몇 년 뒤에는 대학도 갈 수 있겠다고 기대했다고요……. (그는 파리를 쫓듯 신경질적으로 손을 흔들며 뭐라 중얼거리다가 깊은 한숨을 내쉰다. 머리를 흔들면서 실망스럽다는 듯이 입을 비튼다.)

상담자: (잠시 침묵한 후) 내 생각에 허리케인은 지나갔지만 네 마음은 여전히 크게 혼란스러운 것 같아. 처음에는 네 가족이 무사하다는 사실에 안심했지만, 나중에는 친구와 집을 몽땅 잃어버렸다는 사실에 충격을 받아 슬퍼진 것 같구나. (앞쪽으로 몸을 기울이면서) 네가 이런 엄청난 일에도 불구하고 어떻게 매일 아침 일어날 수 있는지 궁금하다.

Hoang: (쓴웃음을 지으며 머리를 흔들더니 먼 곳의 수평선을 바라보듯 시선을 돌린다.) 글쎄요, 허리케인이 우리 배를 덮쳤을 때만큼 무서운 적은 없었던 것 같아요. 두 번씩이나 배가 뒤집힐 뻔했어요. 파도의 높이는 12피트가 넘었고, 바람도 160km가 넘게 불어 닥쳤어요. (수줍게 미소 지으며) 어쨌든 아버지는 그날 밤 제가 남자가 되었다고 하셨어요. 저는 그 말이 좌절할 일이 생겨도 절대 포기하지 않는 게 진짜 남자라는 뜻인 것 같아요.

질문 Question

1. Hoang의 생존 이야기에서 어떤 사실을 알 수 있는가?
2. 사건의 긍정적인 측면을 자세히 회상하게 하는 것은 Hoang에게 어떤 도움이 되는가?

적용

세 명이 한 팀을 이루어 그중 한 명이 위기를 성공적으로 해결했던 경험을 이야기한다. 두 번째 사람은 LUV로 접근하면서 헤쳐 나가기 질문을 통해 생존의 의미를 찾아본다. 세 번째 사람은 이 활동을 관찰하고 피드백한다. 이 과정이 끝나면 서로 역할을 바꾸어 다시 작업해 보자.

용기를 불러일으키기

위기상담자의 역할은 생존자의 감정을 정화하는 것이라기보다 그들을 안정시키고, 고통을 줄이며, 문제해결 의지를 높이고, 정서적으로 최적 영역에 머물도록 돕는 것이다. 운동선수는 감정이 최적 영역에 머물러 있을 때 최고의 기량을 발휘하는데, 이때는 에너지가 넘치면서도 집중되고, 정서적으로 충만하지만 침착하다. 개개인은 이런 이상적인 정서적 각성 상태에 있을 때 시련의 시기를 잘 헤쳐 나갈 수 있다. 다음의 기법들은 위기의 생존자들이 용기를 얻고 감정을 생산적으로 조절하는 데 효과적이다.

근심 줄이기

상담자는 내담자의 감정이 과도하게 각성되어 있는지 확인하고, 심각하게 두려움을 느끼고 있다면 높아진 정서적 각성 수준을 낮추기 위해 다음과 같은 기법을 사용할 수 있다.

- 기본적인 욕구 확인하기　내담자가 깊은 근심에 빠져 있을 경우, 상담자는 재빨리 기본적인 욕구를 다루어 준다. 현재의 위험으로부터 안전하다는 사실을 확인시켜 주고, 신체적 안정, 쉴 곳, 음식, 중요한 정보, 지인과 연락할 기회 등을 제공한다. "당신은 지금 안전한 곳에 있어요." "이 상황을 해결하기 위해 우리가 함께할 수 있는 일들을 한번 찾아봅시다."와 같은 확신을 전달한다.

- LUV에 의지하기　상담자는 고통을 겪는 내담자 앞에서 LUV 기법의 효과를 간과하기 쉽다. 감정 표현은 고통의 경보음을 타인에게 전달하는 수단이다. 자신의 도움 요청이 타인에게 전달되었음을 확인할 때 고통이 줄어들고 보다 희망적이 될 수 있다.

- 고통의 느낌을 알아차리기　고통을 호소하는 내담자에게 필요한 최고의 반응은 관심을 갖고 개방적으로 그 감정을 이해하면서 반영해 주는 것이다. 반영은 상대방에게 정서적인 거울이 되어 주는 핵심적인 조력 기술이다. 거울은 일반적으로 사람들의 겉모습만 비춰 주지만 상담자의 반영은 내담자의 깊은 내적 감정까지도 비춰 준다. 다음은 적절한 반영의 예다.

"당신은 여전히 충격과 공포에 휩싸여 있는 것 같네요."

　　"지금 흐르는 눈물이 잃어버린 것들에 대한 당신의 상실감과 슬픔을 말해 주는 것 같아요."

　　"누군가가 당신을 형편없이 대해서 화가 많이 나셨군요."

　반영기법은 고통 경험을 세밀하게 조사해서 위기를 재경험하게 하는 것이 아니다. 상담자는 내담자의 고통스러운 감정을 환기시키는 것이 아니라, 그의 이야기에 공감적으로 경험하며 위로를 전달해야 한다. 감정의 반영은 위기를 겪은 사람의 극심한 고통을 정상화시킬 수 있는 강력한 방법이다. 감정을 말로 표현하고 무비판적으로 수용되는 과정을 통해 생존자는 자신의 감정이 평범하고 자연스러운 것임을 알게 된다.

해결의 감정을 강화하기

　위기의 생존자들은 검정, 빨강, 노랑 감정에 압도되어 사기와 자신감을 잃기 때문에 상담자는 우선 그들의 긍정적 감정에 민감해져야 한다. 단순히 그들의 고통을 감소시키는 것만이 아니라, '무지개빛' 감정을 회복하도록 도와야 한다. 생존자가 용기, 위로, 희망의 감정을 발견하고 강화할 수 있을 때 비로소 해결 방안을 찾게 된다.

　해결의 감정은 생존자에게 긍정적인 힘을 발휘하게 한다. 어느 누구도 타인에게 권한을 부여할 수 없듯, 상담자도 내담자에게 해결의 감정을 만들어 줄 수는 없다. 삶의 의미와 마찬가지로 스스로가 해결의 감정을 찾아가야 한다. 환자에게 수혈을 하는 것과 달리, 상담과정은 대혼돈과 혼란에도 불구하고 그것에서 용기, 위안, 희망을 얻기 위해 고통을 자신의 일부로 받아들이는 것이다.

　다음은 해결의 감정을 촉진시키기 위한 기법들이다.

• 고통의 예외 상황을 발견하기　고통의 이야기가 오히려 회복력이나 불

굴의 노력을 드러내는 경우도 있다. 예를 들어, "생각할 겨를도 없이 제가 물속에 뛰어들어 그를 끌어올리고 있었어요."라든가 "그런 생각이 어떻게 떠올랐는지 모르겠지만 제 생각이 맞았어요."라고 할 때, 상담자는 그 진술의 의미를 확인하고 재조명해야 한다. "제가 잘 이해했는지 모르겠는데, 당신이 물에 뛰어들어 그가 익사하지 않게 구했다는 말이죠?", "그런 혼란 속에서도 그런 아이디어가 떠올랐단 말이지요?"

- 해결을 가정하기　앞서 살펴본 바와 같이, 위기에 처한 사람은 자신도 깨닫지 못한 상태에서 해결의 감정을 갖는다. 이때 상담자는 "상황이 나아진다면 당신은 그것을 어떻게 알아차릴 수 있을까요?"라는 가정적 질문을 할 수 있다.

- 해결의 감정을 반영하기　내담자가 자신의 경험에서 긍정적인 감정을 발견할 때마다 이를 반영해 준다. 반영기법은 부정적 감정만을 비춰 주는 것이 아니라, 오히려 생존자가 다양한 감정들을 자각하게 해 준다. 생존자는 충격, 분노, 고통 같은 부정적 감정은 잘 파악하지만, 결심, 인내, 직관 같은 감정은 제대로 알아차리지 못할 수 있다. 해결의 감정을 반영하는 방법은 다음과 같다.

> "당신은 딸을 진심으로 사랑하고 있고, 딸을 안전하게 지킬 수 있다면 뭐든지 하실 것처럼 들리네요."
> "당신은 혼란스런 와중에도 긍정적인 뭔가를 만들기 위해서 무슨 일이든 하겠다는 결심을 하신 것 같아요."
> "그때 더 나쁜 일이 일어나는 걸 막을 수 있을 거라는 실낱같은 희망을 가지셨군요."

- '용기 내기' 질문을 사용하기　'용기 내기'는 해결 감정의 본질을 표현

한 말이다. 용기를 낼 때, 그는 고통이나 괴로움에도 불구하고 희망, 결단, 영감 등을 느낀다. 고통이 얼마나 크든지 간에 힘든 시기의 자신을 격려하고, 어떻게 해야 할지 탐색하며, 슬픔 속에서도 편안함을 느낄 수 있는 긍정적인 감정으로 돌아선다.

유머, 사랑, 기쁨, 감사 등의 긍정적인 감정 신호를 알아차릴 때마다 상담자는 용기 내기 질문을 사용할 수 있다. 이 기법은 내담자가 위기 상황을 구체적으로 묘사하면서 미묘한 느낌이나 이미지를 떠올릴 수 있게 이끌어 준다.

"위험에 처하면서까지 어떻게 스스로 친구를 구할 용기를 내셨나요?"

"딸에게 얼마나 사랑하는지를 이야기할 때 기분이 어떠셨나요?"

"이 복잡한 상황에서 드디어 벗어날 수 있겠다고 믿었을 때 기분이 어떠셨어요?"

전진하기

위기는 일시적으로 미래에 대한 꿈을 빼앗는다. 위기상담자는 내담자가 긍정적 목표를 만들어 새로운 가능성을 그려 볼 수 있게 도울 수 있는데, 일단 목표가 명료하게 설정되면 해결이라는 여행에 빛을 비추는 등대가 되어 준다. 여기서는 생존자들이 자신의 삶을 재건하는 출발선에서 도움이 될 기법들을 다룬다.

위기를 극복하지는 못했더라도 생존자는 성공적으로 살아남은 셈이기 때문에 상담자는 그가 이미 성취한 업적을 재탐색해야 한다. 고난에 맞서고 피할 곳을 찾아 헤맨 노력에 초점을 맞추면, 생존자 자신도 모르고 있던 강점과 자원을 발견하고 희망을 갖게 되며 성공적인 해결의 토대를 찾게 된다.

'나아가기' 질문 활용하기

전통적인 위기 개입은 대부분 과거, 즉 촉발사건과 그에 대한 생존자의 반응에 초점을 맞춘다. 생존자의 위기 이야기를 다룰 때 상담자는 해결의 신호에 주의를 기울여야 하며, 이때 미래를 고려하는 질문들을 활용한다.

앞에서 다루었던 헤쳐 나가기 질문은 내담자의 회복력을 발견하기 위해 과거를 되돌아보는 것이지만, 해결의 실마리를 찾기 위해서는 미래를 탐험하는 질문 또한 필요하다. 나아가기(moving on) 질문은 개방적이고 미래지향적이며 해결의 필연성을 가정한다. 이 기법은 앞으로 일어날 일들이 긍정적이라는 것을 암묵적으로 예언하며, 생존자가 해결을 상상하도록 이끈다. 가끔 질문 대신 "지금 당신은 인생을 재건하기 시작했습니다. 당신이 취할 다음 단계에 대해 말해 주세요."와 같은 요청이나 "당신이 삶의 새로운 장에 실으려고 하는 것이 무엇일지 궁금하네요." 같은 변형된 질문도 가능하다.

이 기법에는 인간은 누구나 어떤 방법으로든 위기를 해결할 것이라는 가정과 확신이 내포되어 있다. 상담자는 그가 어떻게 해결에 도달할지에 대한 호기심만 표현하면 된다.

> "이런 고통스런 일들을 해결하면 당신 인생은 어떻게 달라질까요?"
> "당신이 상담실에서 나가자마자 할 일은 무엇인가요?"
> "이 위기 해결 여행을 떠나면서 당신의 다음 할 일은 무엇인가요?"
> "지금부터 일년 뒤 당신이 이 상황을 성공적으로 극복했을 때, 지금의 당신과 같은 경험을 할 누군가에게 어떤 조언을 해 줄 수 있을까요?"

만약 지금은 아무런 조언도 할 수 없다고 대답하더라도, 상담자는 언젠가 달라질 것이며 심지어 이와 비슷한 위기를 겪는 누군가에게 도움을 줄 수도 있음을 암시해 준다.

'만약에' 질문 사용하기

4장에서 다룬 '기적질문'은 초자연적이고 마법 같은 전제 때문에 극도의 위기 상황에 있는 사람에게는 적합하지 않다(de Shazer, 1985). 그러한 기법은 위기를 없애 줄 기적을 찾는 사람들의 절박한 마음을 건드릴 뿐이다. 따라서 그보다 좀 더 현실적이고 덜 극적인 '만약에' 질문이 효과적이다. 예를 들면, "만약 당신이 내일 아침에 일어났을 때 한 번쯤 살고 싶었던 그런 삶에 한 걸음 다가와 있다면 그 사실을 어떻게 알 것 같나요? 지금과 무엇이 다를까요?"라고 할 수 있다.

일단 내담자가 대답을 하면 상담자는 가능한 한 정확하고 구체적인 이미지를 떠올리도록 돕는다. 생존자가 차이에 대해 뭐라고 표현하든지 간에 그것은 잘 짜인 목표 진술로 향하고, 궁극적으로는 내담자의 현재 어려움을 해결하는 표지판 역할을 할 것이다.

상담과정

상담이 지속되면서 Hoang은 해결 국면에 들어간다. 상담자가 사용한 용기 내기, 나아가기 질문과 위로, 감정 반영, 회복력 가정하기 기법에 주목해 보자.

Hoang: 저도 여전히 아버지와 같은 악몽을 꿔요. 아버지와 똑같은 건 아니겠네요. 왜냐하면 제 꿈은 그때 죽은 Kim에 관한 것이거든요.

상담자: 너에게 날개 그림을 그려줬던 그 여자아이 말이니? Kim이 네 꿈에 나오는구나. 네가 그 아이를 무릎에 앉혀 놓고 있는 것처럼 말이

야. (상담자는 몸을 앞으로 숙여 마치 어린아이를 안고 있는 것 같은 몸짓을 하며 더 힘 있게 이야기한다.) 허리케인 때문에 많은 사람들이 엄청난 혼란과 공포에 빠졌는데, 너는 어떻게 그렇게 침착할 수 있었니?

Hoang: (씩 웃고는 어깨를 으쓱하며) 제가 허리케인은 막을 수 없지만, 최소한 Kim은 돌볼 수 있다고 생각했었나 봐요.

상담자: 혹시 네가 지금 당장 사람들에게 도움을 줄 수 있는 다른 방법이 있을까?

Hoang: (자신의 경험을 하나하나 열거하며 더 활기찬 목소리로 이야기한다.) 글쎄요, 아버지는 속상해서 텐트 안에 누워만 계시는데, 어머니와 저는 아버지가 집을 고치도록 할 수도 없고 배를 고치는 일은 엄두도 못 내죠. 아버지한테 뭔가 좀 하시라고 해도 아버지는 그저 베트남어로 뭐라고 중얼거리세요. '불가능한 일을 바라는 것 좀 그만해.' 라는 뜻이죠. 심지어 제가 인터넷에서 아버지 같은 영세사업자에게 무이자로 재난 대출을 해 주는 기관도 찾아냈지만, 아버지는 같은 말만 반복하세요.

상담자: 그 이야기를 들으니까 전에 네가 했던 말이 떠오르는구나. 너의 아버지께서 너에게 남자가 되었다고 했던 거 말이야. 지금 보니 아버지께서 낙담하고 계시지만, 너는 희망을 되찾기 위해 무슨 일이든 하는 것 같구나. 너는 집터를 정리하고, 가족이 다시 일어설 방법도 찾고 있어. 완전히 회복되려면 뭘 하면 될까?

Hoang: 제 말이 바보 같다는 건 알지만, 전 아직도 Kim의 그림을 가방 속에 넣고 다녀요. (상담자에게 그림을 보여 주며 눈물을 글썽인다.) 이게 하트처럼 생겼는지 좀 보세요. 하지만 이건 정말 천사의 날개예요.

질문 Question

1. Hoang의 마지막 말에 상담자는 어떻게 반응해야 할까?
2. 상담자는 어떻게 내담자로 하여금 해결의 감정을 강화하게 하였는가?
3. 이 대화에 나타난 해결의 은유는 무엇인가?

적용

세 명이 한 팀을 이루고, 그중 한 명이 위기를 성공적으로 해결했던 경험을 이야기한다. 두 번째 사람은 용기 내기와 나아가기의 방법으로 개입한다. 세 번째 사람은 이 활동을 관찰하고 피드백한다. 이 과정이 끝나면 서로 역할을 바꾸어 다시 작업해 보자.

확신의 중요성

위기상담을 효과적으로 수행하기 위해서 상담자는 먼저 자신을 잘 보살필 수 있어야 한다. 심각한 경험을 한 내담자의 고통에 상담자도 영향을 받을 수 있기 때문이다. 위기상담자는 "타인을 돌보는 역량이 반복적으로 소모되어 동정심의 감퇴를 겪기 쉽다."(Corey & Corey, 2007, p. 363)

운명적인 사건에 압도되면 미래를 비관하며 냉소적이 되어 버린다. 그러므로 성공적인 상담이 되기 위해서는 위기 경험에도 불구하고 오히려 그로 인해 성장할 것을 확신해야 한다.

스포츠와 마찬가지로, 위기상담도 체제의 종합적인 작용이다. "위기상담자는 견고한 전문적 지지체계를 개발해야 한다. 즉, 내담자의 이야기에 함께 분노하고 울어 주며 축하해 줄 사람이 필요하다."(Moursund & Kelly, 2002, p. 147) 앞서 언급한 바와 같이, 상담자라는 도구를 잘 보존하기 위해서는 자기 돌봄이 필수적이다. 상담자는 희망의 고취나 낙관성을 유지할 수 있어야 한다.

긍정적인 시각의 중요성을 보여 주는 예화가 있다. 어떤 부모에게 전혀 상반된 성격의 쌍둥이 아들이 있었다. 대부분의 상황에서 한 아이는 겁에 질려 쉽게 울고, 다른 아이는 미소 지으며 즐거워했다. 아기였을 때는 두 번째 아이가 좋은 특성이라고 생각했지만, 성장하면서 누구든지 가리지 않고 잘 따랐기 때문에 부모는 그 아이가 낯선 사람도 쉽게 따라가 납치당할까 봐 걱정하게 되었다. 반대로, 늘 울던 아이는 언제나 엄마에게 매달려 도움을 청했고, 낯선 사람만 봐도 울음을 터뜨렸다. 부모는 그런 쌍둥이 때문에 늘 걱정이었다.

주변에서 "자라면 괜찮아져요."라고 이야기했지만 쌍둥이는 나아지지 않았다. 아이들이 여덟 살이 되었을 때, 부모는 상담을 받기로 결심했다. '비관적인' 아이는 사람을 더 잘 신뢰하고 낙관적으로, '낙관적인' 아이는 덜 속고 더 조심성 있게 만들고 싶었다. 상담자는 부모의 목표에 따라 상담을 시작했다. 비관적인 아이는 멋진 장난감이 엄청나게 많은 방에서 원하는 대로 놀게 했고, 낙관적인 아이는 삽 하나를 주고 하루 종일 마구간에서 말똥을 치우게 했다. 이 상담은 이른 아침부터 오후 늦게까지 계속되었다.

그날 저녁, 부모는 비관적인 아이가 포장이 된 장난감들을 그대로 두고 울고 있는 것을 발견했다. 이유를 물었더니, 아이는 장난감이 너무 좋은 것들이어서 혹시나 가지고 놀다 망가뜨릴 수 있고, 그렇게 되면 다시는 갖고 놀 수 없기 때문이라고 대답했다. 반면에 마구간에 있는 아이는 얼굴 가득 웃음을 지으며 휘파람을 불고 있었다. 그 아이는 이미 많은 양의 똥을 치웠고, 바로 옆쪽 문을 열려고 애쓰던 참이었다. 그렇게 힘든 일을 하면서도 어떻게 그토록 즐거운지 물었더니, 아이는 "여기 이렇게 말똥이 많다는 건 근처 어딘가에 조랑말이 있다는 거잖아요!"라고 대답했다.

만일 상담자가 끔찍한 일들에도 불구하고 '조랑말을 찾도록' 도와주려 한다면, 우선 긍정적인 결과에 대한 믿음을 가져야 한다. 우리는 항상 모든 일 가운데 최선의 세계에 살고 있다. 너무 극심한 고통을 겪으면서 그 속에서 좋은 것을 찾기가 힘들 때도 있다. 그렇지만 만약 상담자가 긍정적이라면 어둠 속에서 해결의 길을 찾으려고 위기와 씨름하는 생존자에게 빛을 밝혀 줄 수도 있다. 인간은 회복력이 있기 때문에 자신의 삶을 새롭고 더 나은 방향으로 조직할 수 있다. 누구든 다시 행복해질 수 있다는 것을 믿어야 한다!

요 약

단기상담에서 활용하는 여러 개념과 기법은 위기 개입 상황에도 적용할 수 있다. 상담자는 생존자가 위기를 헤쳐 나갈 수 있게 조언하는 전문가가 되어서는 안 된다. 인간은 긍정을 향해 나아가는 선천적인 경향성이 있기 때문에 단지 그의 자원과 강점에 관심을 가져 줄 누군가와 연결되기만 하면 된다. 상담자는 내담자의 효능감을 강조하고 새로운 수준의 이해와 희망으로 나아가는 방법을 보여 주는 역할을 해야 한다.

▶▶ 11장으로의 연결

당신에게 걱정거리가 있어서 누군가와 이야기하고자 했던 때를 떠올려 본다. 당신은 누군가에게 들어 달라고 청했지만 그 사람은 잘 들어 주는 대신에 자기가 조언을 하기 위해 당신의 말이 끝나기만을 기다리는 것처럼 보인다. 그의 충고가 이해되기는 했지만 거부감이 들지 않았는가?

참 고

Creating Hope and Resolve in Troubled Times(CHARTT)

http://collegeprojects.cisat.jmu.edu/chartt/

　이 사이트는 재난 피해자와 정신건강 조력자들에게 강점 찾기와 조력 기술, 그리고 희망과 문제해결을 증진하는 연결망을 만드는 효과적인 기법들을 제공한다.

제11장

반영 팀, 자문휴식,
제안 활용하기

 이 장의 목표

| 이 장의 주요개념 |

- 반영 팀은 효과적인 피드백을 제공한다.
- 자문휴식은 여러 가지 유용한 기능을 제공해 준다.
- 제안은 충고보다 더 세밀한 방식으로 제공해야 한다.

| 이 장의 주요기법 |

- 효과적으로 반영 팀 운영하기
- 자문휴식을 활용하기
- 효과적으로 제안하기

🐦 상담사례

Dolores는 금요일 교통이 정체되는 퇴근길 내내 주말을 어떻게 보낼지 상상했다. 그녀는 아직도 지난번 회의 때의 뿌듯했던 경험을 느끼고 있었다. 동료들은 새 프로젝트에 대한 그녀의 아이디어에 감탄했고, 상사도 크게 칭찬했다.

집에서도 성공적이었다면 좋겠지만, 그녀는 완전히 다른 두 세계에 살고 있었다. 직장에서는 부지런하고 유능하고 창의적인 존재였지만, 딸 Dulcinea의 평가에 의하면 집에서는 잔소리 마녀에 불과했다. 그들 모녀는 용돈이나 옷차림, 남자 친구, 통금시간, 숙제, 성적, 식사와 취침시간 등 모든 문제에서 끝없이 싸워 댔다. Dolores도 25년 전에 비슷한 갈등을 어머니와 겪었지만, 지금처럼 고함치거나 욕을 하거나 가출한 적은 없었다.

2주 전 Dolores는 딸에게 또다시 최후통첩을 내렸다. "이 아가씨야, 이 집에 사는 동안에는 내 규칙을 따라야 해." 20분에 걸친 모녀간의 아귀다툼은 이웃들이 딸 Dulcinea를 찾기 위해 마을 전체를 2시간 동안 수색하는 해프닝으로 끝났고, 그 후 둘 사이는 더 냉랭해졌다.

고속도로를 달리면서, 그녀는 점점 더 체념에 휩싸였다. 상황은 더 나빠질 뿐이었다. 그녀는 모든 것을 시도해 보았고, 친구, 동료, 어머니, 형제들에게 하소연해 보았다. 딸이 아들 Dario만 같았으면 좋겠다고 넋두리했다. 아들은 완벽한 아이였다. 그는 가족에게 불만을 가진 적도 없었고, 항상 책을 읽는 우등생이었으며, 동생의 일상까지 챙겨줬다. 아들이 화를 낼 때라고는 여동생이 짜증 나게 할 때 뿐이었다.

만약 전남편 Alfonso와 헤어지지 않았다면 열세 살 딸과의 관계는 어땠

을까 상상하자 눈물이 솟았고, 순간 고속도로 나들목을 지나쳐 버렸다. 그
녀는 순식간의 사태에 욕을 해댔고, 과거의 '행복했던 시간'을 차로 쳐버
리고 싶은 분노가 치밀었다. 하지만 다시 허탈한 한숨을 쉬며 운전대를 부
여잡았고, 마침내 아무도 기다리지 않는 텅 빈 집에 도착했다.

　냉장고에는 친구 집에서 자고 온다는 딸의 메시지와 아들의 보이스카
웃 주말 캠프 계획서가 붙어 있었다. 그녀는 추워진 날씨에 아들을 캠프에
참가시킬지와 딸과 제3차 세계대전을 일으키지 않고 대화할 방법을 고민
하기 시작했다.

　TV에는 오프라쇼의 끝부분이 방송되고 있었다. 오늘은 십 대 딸과 어
머니 사이의 갈등이 주제였다. 프로그램 마지막에 오프라 윈프리는 관객
을 바라보면서, 치과에 가지 않고 집에서 자신의 충치를 스스로 치료해 본
사람이 얼마나 되는지 물었다. 두세 명이 손을 들자 다른 사람들은 웃으며
머리를 저었다. "자동차 변속기가 고장 났을 때 직접 정비하는 사람은 있
나요?" 역시 관객들로부터 비슷한 반응을 받았다. 그런 다음 그녀는 느리
고 신중한 목소리로 카메라를 바라보며, 자신의 가족에게 전문적인 도움
이 필요하다는 것을 알고 있으면서도 스스로 해결하려고 하는 사람이 얼
마나 많은지 묻고 "생각해 보십시오." 하고 끝냈다.

　TV 프로가 끝나고 자막이 올라가는 동안, Dolores는 도움이 필요한 사
람은 자신의 딸뿐 아니라 가족 모두임을 깨달았다. 며칠 후 그녀는 아들,
딸과 함께 가족상담사 앞에 앉았다. 그녀는 그간의 상황을 이야기하면서
울었다. 딸은 부루퉁한 표정으로 상담자의 질문에 마지못해 응했다. 아들
은 눈을 내리깐 채 그간 상황이 그렇게 나쁘지는 않았고, 어머니와 누이는
어차피 좋은 사이가 아니었으며, 아마 앞으로도 절대 그러지 못할 것이라
고 말했다. 상담이 끝날 때 상담자는 반영 팀이 이번 회기에 대해 관찰된
것들을 논의하는 과정을 잘 경청해 줄 것을 요청했다.

1. 이 세 명의 내담자에 대한 당신의 인상은 어떤가?
2. 이 상담에서 당신은 무엇을 제안할 것인가?
3. 이 회기에 대해 당신은 어떻게 설명할 수 있을까?

개 관

이 장에서는 상담 후반부에 관한 아이디어와 기법을 다룬다. 첫째, 효과적인 상담이 되기 위해 다른 상담전문가를 참여시키는 전략인 반영 팀(reflecting team)에 대해 논의할 것이다. 반영 팀은 상담 중에 발생하는 여러 가지 이점들을 찾아 충고해 준다. 자문휴식(consulting break)은 상담 중에 다른 동료와 상의하거나 스스로 고찰하기 위해 몇 분간 상담실을 떠나는 것이다. 이때 상담자는 내담자에게 제안할 치료적 의견을 결정할 수 있다.

제안(suggestion)은 충고(advice)와 구별된다. 충고는 상담자가 '내담자에게 그냥 말하는' 것이다. 제1장에서 언급하였듯이 이러한 접근은 비효과적이다. 의견은 더 치밀해야 하며 내담자의 스타일에 맞아야 한다. 여기서는 그 차이에 대해 논의하고 효과적인 제안에 관한 지침을 제공할 것이다.

🐦 주요개념

상담자의 이중 관점

상담사례에 대해 의논할 동료가 있다는 것은 행운이다. 만약 운이 더 좋다면, 일방경(one-way mirror) 뒤에서 동료들이 관찰하면서 매번 자문해 줄 것이다. 상담 내용을 동료들과 협의하는 것은 혼자서 고군분투하는 것보다 훨씬 효과적이다. 아무리 경험 많은 상담자라도 상담관계에서 일어나는 여러 가지 단서와 역동을 놓칠 수 있고, 반영적 자세를 유지하지 못할 수 있기 때문이다.

상담자는 비디오 기록을 분석함으로써 회기 중에 알아차리지 못한 것들을 찾아낼 수 있고, 당황하거나 막혔던 문제에 대처할 수 있으며, 심리적 거리를 유지하면서 더 좋은 전략을 세울 수 있다.

영화에 몰두하게 되면 우리 스스로가 주인공이 되어 감정적으로 압도당하기 쉽다. 즉, '몰입' 상태가 되는 것이다. 그러나 만약 친구가 "그 영화 어땠어?"라고 물으면 막상 적절한 단어를 찾기 어렵다. 어쩌면 당신은 그 영화의 강렬함을 재경험하고 싶어 극장을 한 번 더 찾을 수도 있다. 그러나 이것은 거의 효과가 없다. 왠지 두 번째 관람은 첫 관람 때 압도당했던 그 힘의 일부를 잃어버린 것처럼 보인다. 그 결과 첫 번째 경험을 상실한 데 대해 실망하게 된다. 불행하게도 모든 '첫 경험'은 다 그렇다.

하지만 다행히도 두 번째 영화 관람은 좀 더 거리를 두고 관찰자의 관점에서 볼 수 있다. 즉, 처음 영화를 봤을 때 깨닫지 못했던 것을 보게 만든다. 예를 들어, 대사가 얼마나 잘 쓰였는지, 대본에서 등장인물이 얼마나 잘 묘사되는지, 감독이 사용한 특수장비나 기술은 어떠한지, 혹은 처음에는 완벽하게 이해할 수 없었던 이야기의 숨은 의미나 상징을 잘 이해할 수 있게 된다.

경험에 관한 이러한 두 가지 관점은 상담에서도 매우 중요하다. 내담자에게 충분히 몰입하는 것은 내담자의 세계와 상담자를 연결하는 데 도움이 될 것이다. 상담자는 직관적으로 이해하고 적절하게 공감을 전달하며, 자의식에 방해받지 않으면서 적극적으로 경청하는 자신을 발견하게 된다. 하지만 이 관점에서는 관계의 역동이나 효과적인 역할을 제대로 분석하지 못할 수 있다. 완전한 몰입은 내담자의 성장을 위한 최적의 방향과 전략을 제대로 찾지 못하게 한다.

물론 유능한 상담자는 상담 회기를 능숙하게 다룰 수 있을 것이다. 하지만 이러한 관점은 제5장에서 다룬 Necker 큐브처럼 동시에 사건의 양면을 볼 수 없으므로 주의를 기울이지 않은 무엇인가는 항상 놓치는 것과 같다. 만약 분석을 시도한다면 그때는 제대로 공감하지 못할 수 있다. 완전히 몰입해 있을 때는 무슨 일이 벌어지는지 완전히 이해하지 못하게 된다.

이 책에서 소개하는 기법들을 연마하면 점차 숙달되어 마침내는 그 기법을 언제 어떻게 사용할 것인지 의도하지 않고도 유연하게 대처할 수 있게 될 것이다. 결국 편안한 상태에서 진정으로 내담자와 '함께' 할 수 있게 된다.

그러나 기법들을 잘 쓸 수 있다 하더라도 상담의 방향을 잃거나 확신하지 못하게 될 때가 있다. 그때 상담자는 동료 수퍼비전이나 공개사례 발표에서 도움을 받을 수 있고, 책으로 돌아가 원리를 탐구하거나 조용한 곳을 찾아 사색할 수도 있다. 이 중에서 가장 유용하고 비용-효과가 큰 것은 동료들에게 반영 팀의 일원으로 참여해 달라고 요청하는 것이다(Friedman, 1997).

반영 팀

반영 팀을 활용하는 것은 상담에 매우 효과적이다(Bertolino & O'Hanlon, 2002; Lipchik, 2002). White(1995)는 한 차례의 반영 팀 활동은 일반 상담의 5회기 정도의 가치가 있다고 주장하였다. 또한 많은 내담자들은 반영 팀의 피드백이 자신이 경험한 상담 회기 중에서 가장 설득력 있는 경험이었다고 보고하였다.

반영 팀의 목적은 내담자와 상담자 모두에게 다른 시각에서 새로운 정보를 제공하는 것이다. 반영 팀은 일방경을 통해 상담 과정을 관찰하면서 상담자가 놓친 것을 즉시 알려주거나, 상담 진행이 막힐 때 곧바로 자문해 준다. 후자의 경우, 상담자는 휴식을 갖고 상담실을 나와서 몇 분간 팀과 이야기한 후 상담 회기로 돌아간다.

이 방법은 특히 가족상담에 유용한데, 참가자들 간의 역동이 너무 커서 상담자가 그들 모두에게 동시에 주의를 기울이고 반응하기 어려울 때 더 효과적이다. 여기에는 휴식도 포함되어서, 팀이 일방경으로 관찰한 내용을 논의하는 동안 상담자와 내담자(들)는 상담실을 나와서 팀의 토의 과정을 경청한다.

Friedman(1997)은 수년간의 연구(Berlyne, 1960; Fiske & Maddi, 1960; Hebb, 1946; Hunt, 1965)를 인용하였는데, 그에 의하면 사람들은 새롭거나 기대하지 않은 정보들을 한꺼번에 많이 접하게 되면 거기에 압도되어 버린다. 그러나 자신의 경험과 기대만큼 익숙하거나 예측 가능한 정보 앞에서는 수용적으로 되어 자신의 관점을 수정할 수 있게 된다. 앞 장에서 다루었듯이, 이러한 '이질적 정보'(Bateson, 1972)는 사람들의 시야를 넓히고 경직된 카테고리를 유연하게 만든다. 상담에서 반영 팀의 활용을 처음으로 언급한 Tom Anderson(1991, 1997)은 '고착된 체계'로부터 분리되는 과정으로 반영 팀의 역할을 묘사하였다.

반영 팀은 상담에서는 비교적 새로운 기법이지만, 합창단에는 매우 효과적으로 사용되어 왔다(Wilson, 2000). 성가(聖歌) 합창단은 많은 역할을 수행하는데, 그중 하나는 오페라의 주연 배우에게 휴식을 제공하고 무대를 변화시킬 시간을 주는 것이다. 더 중요한 역할은 배우들이 표현하지 못한 남겨진 감정이나 주제를 관객들에게 전달하는 것이다. 결국 합창단은 오페라에 풍성한 구경거리를 제공하고, 무대에서 일어나는 장면에 대한 해설을 제공하며, 극적인 시각적 체험을 일으킨다. 율동적인 박자, 가사의 억양, 음정의 변화를 통해 연극의 감정적 충격을 강화하고 관객과 등장인물 간의 유대를 증진시킨다.

상담에서 반영 팀은 합창단의 그것과 비슷한 기능을 수행한다(Papp, 2005). 반영 팀의 구성원은 치료 과정에 휴식을 제공하고, 자신의 삶에 대한 이야기의 주인공인 내담자에 대한 회복력과 결단의 이야기를 엮어 준다. 반영 팀의 구성원은 강점을 강조하고, 간과한 자원을 찾아내며, 발견되지 않은 기회를 발굴한다. 결국 비극적 이야기로 인해 궁지에 빠진 것처럼 느끼던 내담자는 희망과 가능성의 새로운 이야기에 의해 둘러싸인 것을 깨닫게 된다.

자문휴식

전통적인 훈련을 받은 상담자에게 상담 회기의 끝부분에 갖는 강제적인 자문휴식(consulting break)은 다소 어색할 것이다. 그러나 휴식이 제공해 주는 이익은 매우 크다. 만약 반영 팀이 없다면 자문휴식은 큰 효과를 가져다 준다. 자문휴식의 장점은 다음과 같다.

첫째, 휴식은 상담자에게 생각을 통합하는 기회를 제공한다. 상담과정에 지나치게 몰입해 있을 경우에는 내담자의 말에서 많은 것을 놓치게된다. Rogers(1965)는 그의 상담 비디오 〈글로리아(Gloria)〉에서 자신이 상담 내용을 거의 기억하지 못하다가 나중에서야 조금씩 기억해낼 수 있었다고 보고하였다. 자문휴식이 동료들과 논의하기 위해 상담실을 떠나는 것이라면, 상담자가 상담과정에 대해 거리를 두고 다음 단계로 나아갈 계획에 대한 생각을 모으려고 방을 떠나는 것은 반영휴식(reflecting break)인 셈이다. 그 후 상담자는 보다 명료해진 상태에서 수행 과제에 대한 자신감을 갖고 돌아온다.

상담실을 떠나는 것은 수행(doing)의 과정에 몰입하기보다 더 높은 다시보기(reviewing)의 관점으로 이동하는 것이다. 상담자는 자신의 경험에 반영을 더함으로써 더 큰 시너지 효과를 얻을 수 있다(Lipchik, 2002). 게다가 자문휴식은 내담자에게도 긍정적인 효과를 가져온다. 내담자도 더 주의를 집중하게 되고, 상담자의 제안에 관심을 갖게 되며, 상담자의 공감과 인정의 메시지에 안도하게 된다. 또한 내담자가 여유를 갖고 상담에 임할 수 있게 도와주고 상담 분위기를 유지하게 한다. 상담이 끝나면 내담자는 대체로 일상생활로 급작스럽게 전환되는데, 회기 중에 내담자에게 휴식을 주는 것은 이러한 변화의 영향을 최소화할 수 있다.

기억에 관한 연구들에 의하면, 장기기억의 형성에는 다소 시간이 필요하다(Turkington, 1996). 인간은 어떤 것을 외워서 알 수 있기 전까지 여러 번 거듭 살펴야 하는 존재다. 따라서 휴식을 취하고 어떤 생각으로 조용히 앉아 있는 것은 내담자가 회기에 대한 기억을 강화할 수 있게 도와줄 수 있는 매우 유용한 학습 기회일 수 있다.

마지막으로 자문휴식에 의해 세워질 역동의 힘을 상상해 보라. 당신은 갑작스러운 통증에 두려워하면서 병원을 찾은 적이 있는가? 의사에게 증상을 말하고, 소변검사나 몇 가지 혈액검사 혹은 엑스레이검사도 할 수 있다. 그러다가 의사가 자리를 비우면, 당신은 침묵 속에서 끝없이 벽을 바라본다. 다리를 늘어뜨리고 땀을 닦으면서 의사에게 받았던 예리한 질문들을 거듭 살피면서, 의사가 여기서 무엇을 알게 되었고 어떻게 진단할지 궁금해진다. 만약 의사가 평소와 달리 돌아오는 데 긴 시간이 걸린다면 "나쁜 소식이 틀림없어!" "의사는 나를 진정시킬 방법을 궁리할지 몰라. 추측건대 나는 살 날이 얼마 남지 않았어!"라고 생각할 수도 있다. 하지만 그때 의사는 큰 웃음을 띠며 돌아와 차트를 보며 "좋아요, 모든 게 괜찮아 보이네요."라고 말한다.

그런 자문휴식에 의해 야기되는 기대는 감정의 각성과 주의 집중을 가져온다. 내담자는 상담자로부터 긍정적인 메시지를 원하며, 이때 상담자는 앞으로 내담자가 나아갈 방법까지 제안할 수 있다. 자문휴식에 의해 설정된 조건 때문에 내담자는 상담자의 제안을 더 잘 받아들일 수도 있다. 상담자가 돌아와서 내담자의 언어로 공감해 줄 때, 내담자는 "대개 고개를 끄덕이거나 알았다는 미소를 보임으로써 이 과정에 대해 대답한다."(Lipchik, 2002, p. 101) 이 단계에서 내담자는 더욱 주의 깊고 우호적이며 수용적이다.

제 안

상담자는 제안(suggestion)이라는 단어에 부정적으로 반응할지 모른다. 상담에서 충고나 설득은 다소 비관적으로 여겨지기 때문에, 내담자에게 제안한다는 것은 부담스럽거나 옳지 않다고 보일 수 있다. 그러나 내담자는 상담자에게 처음으로 자신의 문제에 대해 도움을 요청한다. 파티 초청장에 흔히 회답 요망(RSVP)이라고 써 있듯이, 상담자는 내담자에게 상담의 영향 과정에 참여하도록 제안을 제공할 필요가 있다.

상담자는 직접 도와주기도 하지만 비언어적 관점에서 지속적으로 뭔가를 제안하게 된다. 여기서 제안은 어떤 가능성을 암시하거나, 생각을 내비치거나, 강력한 이미지를 떠올리거나, 동기를 자극하거나, 변화를 요청하는 것이 아니다. 예를 들어, 상담자의 정확함은 내담자가 존경받을 가치가 있음을 제안하고, 상담자의 적극적 경청은 내담자에게 공감적 이해를 받을 만하다고 제안하며, 상담자의 낙관적 태도는 희망이 있음을 제안한다. 존중, 공감, 희망의 메시지를 직접 말하는 것은 다소 진부하고 억지스럽지만, 상담자의 행동은 더 많은 것을 제안한다.

여기서는 상담자가 언어적으로 표현할 수 있는 제안의 표현 방법과 시기에 대해 다룰 것이다. 그러나 이러한 제안은 내담자로부터 허용되고 받아들여질 때만 효과적이다. 만약 제안이 속임수나 꼼수처럼 들린다면 그것은 역효과를 낳고 상담관계를 손상시킬 것이다.

제안은 명료하게 밝히기보다 암시적이며, 설명하기보다 각성시키고, 명령하기보다 권하는 방식이다. 예를 들어, 시는 단어를 우아하게 사용하고 풍부한 이미지와 분위기를 자아내며, 매혹적인 리듬으로 황홀하게 만들고 은유적 세계로 초대한다. 상담자로서 자기 자신만의 목소리를 찾는 것은 성공적인 제안의 필수요소다. 만약 상담관계가 제안을 공유할 만큼 신뢰하고 자발적이며 여기-지금에 충실하다면, 내담자에게 변화 과정을 받아들이도록 요청할 수 있다.

제안은 내담자에게 초의식적 방법으로 영향을 줄 때 효과적이다(Lozanov, 1978). 즉, 영향은 상대방이 영향 받는다는 자각이 없을 때 더 크게 작용한다. 반면에 조언이나 지시는 더 분명하고 쉽게 저항 받는다. 만약 내담자가 지시에 따르길 원치 않는다면, 그는 실행 가능성에 대해 논쟁하거나 이해되지 않는 방법으로 그 지시에 반박한다. 반면, 믿을 만한 제안은 논쟁할 수도 없고 알아차릴 수도 없는 수준으로 사람들의 경험에 꽂힌다.

내담자는 자신의 고민을 논리적으로 설명하려고 시도한다. 어느 누구도 자신을 '미쳤다'는 식으로 표현하고 싶지 않다. 이때 내담자에게 합리적이고 논리적인 수준으로만 반응한다면, 상담자는 그에게 일어나는 대부분의 행동을 놓치게 된다. Freud(1915, 1959)는 이것을 1차 과정 사고라고 불렀다.

사고의 1차 과정에서 "안 돼."라는 것은 없다. 그러므로 상담자의 제안은 내담자의 행동을 멈추도록 암시하기보다는 긍정적인 방향으로 이끌어야 한다. 상담자의 제안은 구체적이기보다 다른 말들에 묻혀 있어야한다. 이렇게 하기 위해서는 가능성에 대해 크게 궁금해 하거나 제안을 충분히 열어 둔 채 놔둬서 내담자가 그 간격을 채울 수 있게 하는 것이다. 이것은 다음에서 논의할 자이가르닉 효과(Zeigarnik Effect)를 가져온다. 결국 제안은 로샤 잉크 반점처럼 되어서 내담자가 경험에 투사할 수있고, 변화를 예상할 수 있어야 한다.

🗗 **실습** ━━ ━ ‥ ━ ‥ ━ ‥ ━ ‥ ━ ‥ ━ ‥ ━ ‥ ━ ‥ ━ ‥ ━ ‥ ━

다음의 아들과 아버지 간의 편지를 읽어 보고, 두 편지에 내포된 메시지가 서로 다른 차원에서 어떻게 의사소통하는지 찾아보라.

Dear Dad,

$chool i$ really great. I am Making lot$ of friend$ and $tudying very hard. With all my $tuff, I $imply can't think of anything I need, $o if you would like, you can ju$t $end me a card, a$ I would love to hear from you.

Love, Your $on

(아빠에게, 학교는 정말이지 멋져요. 나는 친구도 많이 만들었고 공부도 열심히 하고 있어요. 더 이상 필요한 것이 없어요. 아빠 소식을 듣고 싶으니 카드 한 장 보내 주세요. 사랑하는 아들이.)

Dear Son,

I kNOw that astroNOmy, ecoNOmics, and oceaNOgraphy are eNOugh to keep even an hoNOr student busy. Do NOt forget that the pursuit of kNOwledge is a NOble task and that you can never study eNOugh.

Love, Dad

(아들에게, 천문학, 경제학, 해양학까지 공부하느라 무척 바쁘겠구나. 지식을 추구하는 것은 고귀한 일이며, 아무리 공부해도 부족하다는 것을 잊지 말아라. 사랑하는 아빠가.)

왜 그냥 말할 수 없는가

제1장에서 다루었듯이, 충고(advice)는 논리적이고 합리적이지만 중요한 변화를 이끌어 내기 어렵고 장기적으로 변화를 지속시키지도 못한다. Egan(2002, 2006), Moursund와 Kenny(2002)와 같은 학자들은 내담자에게 충고하는 것에 대해 경고하였다.

충고하고 싶은 욕구는 내담자를 위하는 것이라기보다 대개 상담자의 욕구다. Orlinsky와 Howard(1986)는 광범위한 검토 끝에 충고가 효과적이지 못한 기술이라고 결론지었다. "내담자는 지인이나 친구, 가족으로부터 자신이 원하는 충고를 받을 수 있다. 따라서 충고를 받기 위해 상담자에게 군이 돈을 낼 이유가 없다."(Kleinke, 1994, p. 9) 정신분석의 초기 공헌자인 Sullivan(1970)은 쓸데없는 충고를 "서투른 치료자는 옳고 그른 것이 무엇인지, 일을 어떻게 처리해야 하는지, 올바른 선택이 무엇인지 등에 대해서 끔찍할 정도로 많이 알고 있고, 또 전달하려고 애쓴다."(p. 214)라고 지적하였다.

때때로 꼭 필요한 충고는 도움이 될 수 있지만, 그러한 '꼭 필요한 때'는 매우 드물다는 것을 알아야 한다. 게다가 정확한 때에 어떤 충고를 주게 되더라도 여전히 표적을 빗나가는 일이 더 많을 수 있다. Yalom(2002)이 "충고의 구체적인 내용보다 도와주는 것 자체가 충고하는 과정이다."라고 언급한 것은 매우 흥미롭다(p. 153). 그러나 사실 그도 권고(recommendation)를 현명한 충고라기보다 상담과정을 방해하는 요소로 보았다.

　　Meichenbaum(1990)은 가장 성공적인 상담은 '상담자가 하려 했던 충고를 내담자가 한 발짝 앞서 가서 스스로 제안하는 것'이며, "높은 수준의 상담은 내담자가 제안할 수 있는 조건을 제공하는 것이다."(Kleinke, 1994, p. 8에서 발췌) 이와 같은 기교는 가장 효과적인 동시에 가장 이해하기 힘든 것이기도 하다. 이것은 그 장면을 '직접' 경험하는 순간과 같다. 다음 절에서는 충고 대신에 제안하는 방법을 사용하면서 이 기교를 설명할 것이다.

자이가르닉 효과

　　Bluma Zeigarnik은 게슈탈트 심리학자인 Kurt Lewin의 제자였다. Lewin은 카페에 앉아 커피를 마시면서 제자들과 토론을 즐기곤 했다(Hergenhahn, 1992). 어느 날, 그는 제자들과 함께 종업원에게 여러 가지를 주문했는데, 그 종업원은 주문사항을 하나도 메모하지 않았지만 실수 없이 각각의 주문을 배달했다. 계산서를 요청했을 때도 그는 손님들이 각자 지불해야 할 몫을 머릿속으로 계산했고, 정확한 금액을 계산했다. 나중에 Lewin은 그 종업원을 불러 영수증을 써 줄 수 있냐고 물어보았다. 환상적인 기억력을 보여 준 종업원은 "여러분이 주문한 것을 더 이상 모르겠습니다만…… 어쨌든 계산서대로 지불하셨습니다."라고 대답하였다(p. 418).

　　Lewin은 이 경험을 어떤 상황이 종료되기 이전까지는 사람의 기억을 유지시키는 긴장체계(tension system)가 작동하지만, 그 상황이 종료되고 나면 긴장은 풀어지고 그 항목들은 잊혀진다고 가정하였다. 그의 제자 Zeigarnik은 어떤 과제를 끝내도록 허용된 참가자와 그렇지 않은 참가자의 실험으로 이 가설을 실험하였는데, 그 결과 과제를 완성한 참가자보다 과제를 완성하지 못한 참가자들이 훗날 더 많은 것을 기억한다는 점을 발견하였다. 이 결과를 상담에 적용하자면, 내담자가 뭔가 진지하게 고찰하도록 하기 위해서라면 상담자는 그 생각을 완성시키거나 종료시키지 말아야 한다.

　정말 좋은 영화를 끝까지 보지 않고 극장을 나선 적이 있는가? 만약 긴장감 넘치는 미스터리 영화였다면 그 다음 내용이 궁금해서 괴로웠을 것이다. 대부분의 연속극은 주인공의 생명이 위협당하는 상황에서 끝난다. 주인공이 악어에게 먹히려고 할 때나, 무너지는 빌딩에 깔리거나, 자동차를 타고 절벽 너머를 달리는 순간에 갑자기 막을 내리면서 흥미진진한 에피소드를 기대하시라는 자막이 나온다. 시청자들은 주인공이 탈출했는지 궁금해하며 한 번 더 손에 땀을 쥐게 하는 다음 편 장면을 기다릴 수밖에 없다.

　상담자는 상담 회기 말미에 내담자의 기대를 고조시키면서 종결할 필요가 있다. 해결되지 않은 이슈를 띄워 둔 채 남기는 것은 내담자가 자신의 문제를 해결하는 방향으로 계속 유지시킨다. 만약 내담자가 적어도 하나의 긴장감 넘치는 내용을 갖고 상담실을 떠난다면, 그는 상담 장면에서 경험한 것들을 되뇌면서 앞으로 더 의미 있는 종결을 찾으려 노력할 것이다.

🖥 실습 ━━ ━ ━ ━ ━ ━ ━ ━ ━ ━ ━

　대부분의 TV 연속극을 포함한 시리즈물은 자이가르닉 효과의 좋은 사례다. 지난 며칠 동안 어떤 사건들이 당신 삶에 해결되지 않은 채로 남아 있었는가? 그때 당신의 반응은 어떠했는가?

함 의

- 상담사례에 대해 항상 자문을 구하라. 자문은 소진을 예방할 뿐 아니라 회기 중에 일어난 상황을 명확하게 해 줄 것이다.
- 반영 팀은 관찰과 의견을 제공함으로써 상담의 치유적 능력을 확대시키고 정교하게 한다.
- 매 회기마다 반영 팀을 활용할 수 없기 때문에 더 효과적인 반응을 계획하기 위해 계획적인 휴식을 갖는 것이 필요하다.
- 전략적인 휴식은 내담자로 하여금 자신이 한 말을 반영하고 상담자의 반응을 고찰하게 만든다. 또한 그는 상담자의 말에 경청할 준비를 할 수 있다.
- 제안은 충고보다 더욱 효과적으로 작용한다.
- 자이가르닉 효과를 통해 내담자가 손에 땀을 쥐게 될 때, 그는 더 열심히 상담 장면에 몰입할 수 있다.

🐑 방 법

성공적인 반영

반영 팀의 주된 역할은 고도로 집중된 단기상담기법을 제공하는 것이다. 불과 몇 분 동안에 반영 팀은 내담자의 고민을 파악하고 예외 상황을 확인한 후 강점과 자원을 찾고 내담자의 은유를 사용하여 그의 이야기를 해체하는 작업을 제시해야 한다. Lipchik(2002)은 제삼자가 상담 장면을 관찰하면서 논평하는 것은 내담자에게 무척 낯설고 이해하기 어려운 장면이라고 지적하였다. 따라서 반영 팀은 직관적으로 상담사례에 접근하여 다루어야 한다. "머리는 하나보다 둘(또는 셋 이상)이 낫다."

다음은 효과적인 반영 팀이 되기 위한 지침들이다(Friedman, 1997).

첫째, 내담자는 반영 팀의 의견에 관심이 크다는 점을 명심해야 한다. 반영 팀이 경청과 이해, 그리고 인정의 역할을 수행할 때 내담자는 또 다른 공감과 수용을 경험하게 된다.

둘째, 반영 팀은 관찰한 내용을 긍정적인 방법으로 전달해야 한다. 그러기 위해서는 반드시 내담자의 강점과 자원, 성공에 대해 논의하라. 겉치레로 인사하거나 회기 중에 관찰한 내담자의 특정 행동에 관한 의견을 진부하게 일반화해서는 안 된다.

셋째, 의견을 전달할 때는 권위적이기보다 잠정적인 방법으로 말해야 한다. 내담자의 성격 특성에 대해서 단언해서는 안 된다. 대신에, "만약 ~라면 어떨지 궁금하네요." "~일 수도 있겠네요." "어쩌면……."으로 시작하는 것이 좋다. 또한 전달하는 목소리 톤, 자세, 태도는 "제가 제대로 이해했는지 모르겠지만……."같은 잠정적인 태도를 유지한다.

넷째, 문제에서 발견해 낸 예외사항을 찾아낼 때 치료적 영향력을 증가시킬 수 있다. 내담자가 문제를 부분적 또는 완전히 극복한 때를 찾아 강조하면서 "그렇게 심한 근심과 걱정에도 불구하고 어떻게 이 시점까지 올 수 있었을까요?"라고 질문할 수 있다.

다섯째, '현실'을 주장하기보다 비유, 심상, 공상, 호기심의 자세로 말해야 한다. 가능한 한 내담자가 사용한 은유를 활용하는 것이 좋다. 문제에 대해 적절한 은유를 찾아낼 때 예상치 못한 전환이나 긍정적 결과를 얻을 수 있다.

효과적인 반영 팀이 되기 위해서는 객관적인 관찰자이기보다 한 인간으로 접근해야 한다. "평가나 논평은 자신의 인생 경험에 근거해서 솔직하게 해야 한다. 정신의학적 용어보다 일상언어를 사용하는 것이 좋다." (Friedman, 1997, p. 100)

반영 팀은 은유를 통해 호기심을 불러일으킬 수 있는 심상을 만들어 내고 상황에 대한 내담자의 이해를 변화시킨다. 내담자의 강점과 자원을 찾아냄으로써 그가 자신과 타인에 대해 효과적으로 새로 시작할 수 있게 돕는다. 대안적 이야기를 만들어 냄으로써 새로운 시각에 대한 공간을 열어 준다. 그리고 내담자가 이미 만들어 낸 변화를 강조함으로써 변화 과정이 신뢰할 만한 것임을 증명한다.

상담과정

이 장의 첫 부분에 소개한 상담사례를 다시 살펴보자. 가족상담 장면을 관찰한 반영 팀이 상담자와 가족들이 참가한 가운데 그들의 느낌을 논의 하려고 한다.

반영자 1: 저는 이번 회기의 첫 부분부터 시작하고 싶네요. 이 가족에는 특히 지난 몇 달 동안 스트레스가 많았던 것 같아요. 제가 보기에는 가족 구성원이 심각한 도전에 직면해 있고, 여러 가지 방법으로 극복하려고 했지만 많은 중압감에 시달린 것 같아요.

반영자 2: 맞아요, 특히 회기 시작부터 상당히 많이 긴장하고 불안한 것 같았어요. 처음엔 각자가 어디에 앉을지 결정하는 것조차 엄청 중요한 것처럼 보였답니다.

반영자 1: 각자의 영역을 지키려는 것처럼 보이지만, 땅따먹기 하는 것 같지는 않았어요. 차라리 자신감 없는 미뉴에트 같은 느낌이었어요. 방에 들어올 때 아들이 마치 신사처럼 여자들부터 들어오게 배려하는 것을 보셨나요? 그리고 딸이 소파 가운데에 앉고 Dolores가 그 옆에 앉았을 때 서로 어색해 했지요. 그리고 딸이 화난 듯 한숨을 내쉬고 자리를 넓히기 위해 옆으로 옮겼어요. 저는 Dolores가 딸의 반응을 알아챘지만 너그럽게 봐줬다고 추측했어요. 딸이 자기 자리를 차지하는 과정에서 엄마가 배려해 주는 것처럼 보여서 보기 좋았어요.

반영자 2: 이들은 모두 이 상담에서 무슨 일이 벌어질지 다소 불안했을 겁니다. 비록 누군가와 있다는 것에 짜증나고 해결책을 찾아야 한 다는 부담감도 느꼈겠지만, 중요한 문제를 처리하기 위해 여기 모 두 함께 참석했다는 것은 이들 가족이 더 나아지길 바란다는 증거 겠지요.

반영자 1: 저는 Dolores가 눈물을 흘릴 때 아들과 딸의 반응이 기억에 남 아요. 운다는 건 엄마가 무척 화가 났고, 자신들을 얼마나 아끼는지 를 보여 주는 것이지만 이들은 엄마를 별로 위로하지 않더군요. 딸 은 자기 자신을 되찾으려고 애쓰는 것 같았고, 아들은 촉각이 곤두 선 것처럼 보였어요. 그는 엄마와 누이의 문제에 거리를 유지하려 고 나름 노력하더군요.

반영자 2: 당신이 말한 것은 내 질문과도 관련이 있어요. Dolores가 두 명의 십 대 아이들을 어떻게 상담실에 데리고 왔을까요? 이들은 아 버지와 남편을 잃은 슬픔을 극복하고, 학교와 직장에서 견뎌내면 서 서로 다투고 있는데……. 이들이 각자의 삶을 이끌고 나가는 투 지는 어디서 온 건가요? 이런 면이 저에게 정말 흥미로웠어요.

반영자 1: 맞아요. 저는 이들이 당신의 질문에 어떤 답을 찾을지 궁금합 니다. Dolores는 자신이 완전히 다른 두 세계에 살고 있다고 말했 습니다. 직업세계에서는 성공적이고 재능 있고 자신감을 느꼈지 만, 가정에서 직면한 문제를 해결하기 위해 창의력과 관리 기술을 어떻게 적용할지 궁금하고 기대가 되네요.

질문 Question

1. 여기서 반영자가 사용한 비유는 무엇인가?
2. 반영자 1의 마지막 말에 당신은 어떻게 반응할 수 있겠는가?
3. 당신이 상담자라면 가족에 대한 이 자료를 어떻게 사용할 수 있겠는가?

> ### 🗒 적용 ━━ ● ━ ● ━ ● ━ ● ━ ● ━ ● ━ ● ━ ● ━
>
> 다른 세 명의 동료와 함께 다음과 같이 반영 팀의 역할을 실습해 보자. 한 명은 얻고 싶은 개인적 목표를 이야기하고, 다른 한 명은 상담자가 되며, 나머지 두 명은 반영 팀의 역할을 한다. 만약 일방경이 설치된 상담실이 없다면 반영 팀은 멀리 떨어져 앉아서 상담자와 내담자의 상호작용을 관찰할 수 있다. 15~20분가량 상담한 후 반영 팀과 자리를 바꿔 앉아, 반영 팀이 관찰한 상담 장면에 대해 논의하는 것을 주의 깊게 관찰한다. 반영 팀은 내담자의 문제를 인식하고, 긍정적 의견을 제공하며, 잠정적인 관찰 결과를 전달하고, 예외 상황과 은유를 제공한다. 역할이 끝난 후 이러한 과정에 대한 각자의 반응을 내담자, 상담자, 관찰자의 시각에서 논의한다.

휴식하기

대부분의 상담 환경은 자문을 구할 반영 팀이나 동료를 찾기 어려운 실정이다. 이럴 때 상담자는 '반영'을 위한 휴식을 가질 필요가 있다. 앞에서 언급한 것처럼 심각한 상담 회기에서 잠시 멀어지는 순간을 갖는 것은 상담자와 내담자 모두에게 도움이 된다. 상담자는 회기 시작 즈음에 휴식의 의도에 대해 내담자에게 알릴 필요가 있다. 상담자는 휴식을 자기 자신에게 가장 깊이 집중할 수 있는 기회로 활용할 수 있어야 한다(Lipchik, 2002).

휴식을 소개하기 위해 다음과 같이 말할 수 있다.

> "우리는 약 30~40분간 상담하다가, 우리가 다룬 것에 대해 서로의 생각을 정리하기 위해 몇 분 정도 휴식을 가질 수 있습니다. 그다음에 다시 우리가 어떻게 나아갈지 이야기할 겁니다."

"저는 이 회기 끝 무렵에 오늘 이야기한 것들을 곰곰이 생각하기 위해 이 방을 잠깐 나갈 겁니다. 몇 분 후에 제 생각과 당신이 정리한 생각을 함께 나눕시다."

휴식에서 복귀하면서 상담자는 종합적인 의견을 전달하고, 뭔가를 제안하며, 내담자가 휴식 동안 생각한 것을 말해보도록 요청할 수 있다 (Lipchik, 2002). 그러나 만약 내담자가 문제에 대해 더 언급한다면, 그것은 내담자가 아직 호소문제의 고통에 시달리고 있음을 의미한다. 내담자는 종종 상담의 종결 시점에서 새로운 문제를 제시하기도 한다. 이때 상담자는 다시 LUV 삼각형에 의거해서 문제를 다루어야 한다. 만약 그렇지 않으면, 내담자는 부정적인 미종결 사건의 자이가르닉 효과를 경험하게 된다. 상담자가 돌아왔을 때 내담자가 문제 자체에 대해서만 언급하는 상황을 피하고 싶다면 다음과 같이 질문하는 것이 효과적이다. "당신이 바라는 목표에 더 가까워지도록 당신 자신을 변화시킬 다른 방법이 무엇인지 궁금했습니다." "지난번에 문제를 다룬 방법들 중에 어떤 것이 효과적이라고 생각되던가요?"

내담자가 상담자의 생각을 경청할 준비가 되면, 상담자는 내담자의 문제 인식, 예외 상황, 강점과 자원, 목적론적 방향 등에 대한 의견을 제안한다.

제안 준비하기

때로 반영을 위해 휴식을 취할 때 상담자는 회기 동안에 내담자가 했던 중요한 말들을 간단히 메모할 필요가 있다. 예를 들어, 메모지의 가운데에 선을 긋고, 한쪽 면에는 내담자가 언급한 걱정과 고민의 단어들을 쓰고, 다른 쪽 면에는 모든 예외 상황, 회복력, 강점, 극복에 대한 단어들을 적는다. 이 방법을 이용하면 무척 많은 단어들을 기억하는 자신에게 놀라게 된다. 내담자가 표현한 단어와 은유를 가능한 한 정확하게 쓰고 확인해 보자.

그렇게 할 경우, 휴식에서 복귀한 후의 대화에서 내담자는 상담자가 자신에 대해 얼마나 많이 그리고 정확하게 생각하다가 돌아왔는지 발견하게 되고, 내담자의 표현을 존중한 데에 대해 감동할 것이며, 상담자에게 전적으로 동의하게 될 것이다. 내담자는 자신의 단어를 알아채고 나면 살짝 미소 짓거나, 정확한 요점이 제공될 때 긍정적으로 고개를 끄덕일 것이다. 메모를 활용할지에 대한 판단은 상담자의 스타일과 내담자의 반응방식에 대한 상담자의 추측에 달려 있다. 어떤 내담자는 상담자의 메모를 기뻐하겠지만, 또 다른 내담자는 메모 행위가 지나치게 임상적이라고 느낄 수 있다. 만약 내담자가 이 상황을 긍정적으로 받아들인다면 메모는 효과적일 것이므로, 이때 상담자는 추가적인 부분들을 정확하게 피드백한 후 중요한 사항들을 제안할 수 있다.

상담자는 휴식 후에 제공할 제안적 피드백(suggestive feedback)을 준비하기 위해 다음의 체크리스트를 활용할 수 있다. 자기 자신에게 다음의 질문들을 해 보자.

1. 나는 무엇인가를 제안하도록 내담자에게 초대받았는가?
2. 나의 내담자는 가능한 해결책을 찾았는가? 내담자의 대안이 예전에 해오던 해결책(1차원적 변화)에 머무르고 있다면, 나는 이것을 수정할 방법(2차원적 변화)이 있는가?
3. 내 내담자는 다른 제안에 대해 어떻게 반응하였는가?
4. 나는 내담자의 단어를 제안의 틀 안에 어떻게 포함시킬 수 있는가?
5. 상담목표와 연결시키기 위해서 어떻게 제안할 수 있는가?
6. 어떻게 하면 잠정적이고 효과적으로 제안할 수 있는가?

제안 맞추기

상담자는 내담자의 수준에 맞추어 제안해야 한다. 제4장에서 다루었듯이 내담자의 유형을 방문형, 불평형, 자발적 참여형, 비자발적 참여형으로 나눌 수 있다. (비자발적 관계는 뒷장에서 다룰 것이다. 상담자가 만약 임의로 판단해서 반영휴식을 가지면 상담의 맥락이 끊어질 수 있고, 심지어 돌아왔을 때 내담자가 사라질 수도 있다!) 다음은 미묘한 맥락적 측면에 대한 효과적인 아이디어들이다.

자발적 참여형의 내담자일 경우 상담자의 역할은 쉽고, 결과 또한 효과적이다. 긍정적인 방향으로 변화할 준비가 된 내담자는 전적으로 상담자의 의견에 수용적이다. 따라서 상담자는 "지금까지 당신은 ~한 해결책을 찾지 못했지만……."처럼 근심을 과거 시제로 두고 가능한 의견을 덧붙여 나간다.

내담자에 대해 명확한 그림이 그려지면, 상담자는 '마치 ~한 것처럼(as if)' 식으로 제안할 수 있다(DeJong & Berg, 2002). 예를 들어, 내담자에게 "당신이 만약 다음 주 어느 날에 이런 기적이 일어나서 당신이 내게 말해 준 그 해결책을 써 본다면 어떻게 될지 궁금하네요."라고 말할 수 있다.

상담에 대한 동기는 있지만 목표가 불분명하거나 어떤 예외적 상황도 발견하지 못한 내담자에게는 지금까지와 다른 행동을 제안할 수 있다. de Shazer(1985)에 따르면, 상담자는 "우아! 이 문제는 정말 힘들군요. 내게 방금 무모한 생각이 났어요. 만약 그 상황이 다시 일어나면, 그 상황이 아무리 이상해 보이더라도 완전히 다르게 반응해보는 것은 어떨까요?"라고 반응할 수 있다.

만약 목표가 명료하거나 스스로 예외 상황을 발견한 내담자라면, 그의 목표 탐색 행동을 강조할 수 있다. 이때 상담자는 "상황이 어떻게 되길 바라는지를 명확하게 알고 있군요! 힘든 상황에도 불구하고 계속 견디고 있고, 그 행동이 당신을 어떻게 목표를 향해 가도록 했는지를 설명할 수 있다는 것이 놀라워요. 게다가 이번 주에 이런 행동을 더 시도하겠다니 기대됩니다."라고 말할 수 있다.

방문자 유형의 내담자라면, 그가 변화를 위해 노력하고 투자하기를 꺼리고 있음을 존중해야 한다. 고기잡이에는 어부의 어망보다 물고기의 통로가 더 중요하듯이(Young, 1992), 너무 빠른 상담자의 개입은 방문자를 더 빨리 떠나가게 할 뿐이다. 편의점에 갈 때마다 점원이 따라다니며 무엇이 필요한지를 물어본다면 짜증 날 것이다. 방문자는 "그냥 둘러보는 중이에요."라고 말하고 싶고, 한두 가지에 열중하기보다 여기저기 '물건을 살피길' 원한다.

상담자는 무엇을 해 주려고 하기보다 먼저 내담자의 낮은 준비도를 수용해야 한다. 상담자는 "어찌 되었건 이곳에 오게 돼서 다행입니다. 당신의 문제가 빨리 해결되면 좋겠네요."라고 말하면서 LUV 삼각형을 활용하고, 적절한 시점에서 긍정적인 용어로 새로운 행동을 재구성해 가면 된다. 적절한 재구성의 방법 중 하나는 "당신은 이 어려운 문제 앞에서 상황이 더 나빠지기를 원하지 않고 있고, 스스로 그 상황을 헤쳐 나가려고 하는군요."라고 말하는 것이다. 많이 머뭇거리는 내담자는 다음 회기로 연결지어 초대해도 된다. "당신이 이 상황을 가능한 한 빨리 벗어나도록 같이 노력합시다. 다음 주에 다시 만났을 때, 당신은 목표를 향한 노력에 대해 뭐라고 말하게 될까요?"

불평형 내담자에게 상담은 아직 변화를 찾는 곳이 아니다. 내담자의 불평은 그의 문제에 대한 은유다. 상담자는 염려와 안타까움을 전달하고 그 상황을 해체하는 데 초점을 맞추어야 한다. 예를 들어, "최근 당신에게 잇따라 운 나쁜 일들이 있었던 것 같군요. 한꺼번에 여러 가지 문제가 쏟아졌기 때문에 침착하기 어렵고, 구덩이에서 빠져나올 방책을 못 찾아 힘들겠군요."라고 말한다.

제안 전달하기

내담자가 상담자의 제안에 너무 의존하거나 압력으로 느끼지 않도록 하기 위해서는 다음과 같이 권유형으로 전달하는 방법이 효과적이다.

- "이상하게 들릴 수도 있지만 저는 방금 당신에 대한 ~한 이미지가 떠올랐어요."라고 말한 후, 해결책이 될 만한 행동의 세부항목들을 제시하고 설명해 준다.
- "이게 맞을지 모르겠지만 당신이 이 해답을 바란다고 저에게 말하고 있었던 것 같아요."라고 제안한다.
- "당신이 이 문제에서 벗어난 1년 후의 모습을 상상해 보았어요. 그때쯤이면 당신은 ~한 행동을 하게 되겠지요?"라고 한 후, 내담자가 현 상태를 극복할 행동들을 제안한다.

교묘하게 전달된 제안은 내담자로 하여금 이것이 자신의 아이디어라고 생각하고 스스로 극복할 수 있는 힘으로 작용한다. 결국 모든 훌륭한 제안들은 내담자에 의해 구성되는 것으로 끝나야 한다. 상담자가 부드럽고 잠정적으로 교묘하게 제안할 때 내담자는 그 제안을 상담자의 것이라고 기억하지 못하게 된다. 이것은 마치 법정에서 목격자의 진술이 상대방 변호인이 바꾸어 사용한 몇 마디의 다른 단어에 의해 완전히 뒤집혀 버리는 '구성된 기억'과 같다(Cozolino, 2002). 제안에 사용된 단어의 특성에 따라 문제에 대한 기억도 바뀌게 된다.

기억은 가변적이므로, 기억한 내용에 관한 질문은 뇌의 신경망을 실제로 변화시킨다. 내담자의 자서전적 기억들은 뇌의 신경망에 이야기로 저장되어 있으므로, 상담자의 제안이 그의 뇌에 포착되면 신경망을 동요시켜 이야기의 혼란을 야기하고 마침내 긍정적인 재구성으로 이끌게 된다.

효과적인 제안에 관한 좋은 예로는 고집 센 황소를 헛간에 밀어 넣는 Milton Erickson의 이야기가 있다. 소를 앞에서 당기거나 뒤에서 미는 대신 꼬리를 잡자 소는 도망치려고 했고, 이때 헛간 방향으로 조종만 하면 된다. 여기서 소를 헛간으로 향하게 한 것은 소의 저항하려는 의지였다(Lankton & Lankton, 1985). 마찬가지로 상담자는 자신의 생각이나 행동으로 내담자에게 압력을 주어서는 안 된다. 그저 바라는 결과를 향한 내담자의 의지를 따라가야 한다.

상담자의 제안은 은유, 추측, 그리고 드물지만 직접적인 충고 등 다양하다(Lankton & Lankton, 1986). 상담자는 부드러운 목소리로 강조하고 싶은 부분을 역점적으로 제안할 수 있다. 제안은 잠정적이고 비권위적이며 내담자의 '사실'에 부합해야 한다. 그리고 제안할 때는 여운을 남김으로써 자이가르닉 효과를 활용한다.

제안 전달 방법

휴식이 끝난 후, 상담자는 내담자의 긍정적인 아이디어들을 탐색하는 것으로 시작한다. 상담자는 내담자가 찾아낸 여러 가지 해결방안들을 경청하면서 아이디어에 대한 열정[에너지(energy)], 내담자의 자발적 동기[주도성(agency)], 변화로 인해 달라지게 될 상황[형상화(imagery)]에 주목하여 긍정적으로 반응한다. 그러나 내담자가 문제에 대한 갈등만 더 늘어놓는다면, 상담자는 먼저 그의 상태를 이해하고 수용해야 한다. 다음은 휴식 후에 주로 해야 할 상담자의 역할이다.

1. 내담자의 호소문제를 명료화하면서 재명명하고 해체한다. 이때 내담

자가 사용한 은유를 사용하여 친절하고 부드러운 목소리 톤으로 말한다. 상담자는 연민이나 동정을 해서는 안 되며 공감해 주어야 한다.

2. 지금까지 문제를 극복해 온 내담자를 칭찬한다. 문제의 예외 상황을 언급하고 그의 강점과 자원에 주목한다. 상담자는 내담자의 감정을 각성시키기 위해 열정적인 자세로 말한다.

3. 내담자가 전적으로 상담자에게 동의하는지 살펴야 한다. 그가 상담자의 이해와 칭찬에 긍정적으로 반응하는 것은 상담자의 피드백을 정확하게 수용하고 있음을 의미한다.

만약 내담자가 상담자의 피드백에 대해 긍정하지 않는다면, 보다 직접적으로 언급하는 것이 좋다. 예를 들어, "당신이 머리를 갸웃거리면서 미간을 찌푸리고, 다른 곳으로 눈을 돌리는 것으로 보아 제가 한 말 중에서 그다지 동의하지 않는 부분이 있나 봅니다. 혹시 제가 틀린 부분이 있는지 말씀해 주세요."라고 할 수 있다. 이때 내담자가 자신에 대해 실제와 좀(또는 많이) 다르게 묘사되었다고 한다면, 이것은 내담자가 덜 준비된 상태에서 무엇을 완수하도록 압박을 느꼈다는 것을 나타내므로 상담자는 "제가 당신(예외, 극복, 강점 등)에 대해 잘못 해석한 것 같군요." "당신이 말한 모든 것들이 사실이라고 생각하지만, 어려움을 해결하기 위한 준비를 하는 중이군요."라고 말할 수 있다.

또한 상담자는 "당신은 지금보다 조금 더 낙관적이기를 원하는 것 같습니다. 1~10에서 1은 상황이 더 나아질 것이라고 마지못해 믿는다, 10은 절대적으로 확신한다, 지금 당신은 어디에 있나요?"라고 내담자의 희망을 측정할 수 있다. 또 다른 방법은 몰입의 정도를 측정하는 것이다. "1~10에서 무기력감을 느끼고 이 모든 것이 다 지나갈 때까지 그저 기다리는 것이 필요할 때는 1, 이러한 문제들을 해결하려고 어떤 것이든 기꺼이 할 때는 10, 당신은 지금 어디에 있나요?" 이러한 질문 후에 상담자는 "자신이 (지금보다) 높은 숫자로 옮겨지면 어떻게 달라질까요?" 라고 묻는다.

4. 상담자의 칭찬에 내담자가 전적으로 동의한다면, 상담자는 목표에 대한 제안으로 연결시킬 수 있다. "당신이 바라는 것이 ~(언급된 목표)이므로, 당신의 첫 번째 노력은 ~(목표를 향한 행동)이 되겠지요."

5. 제안할 때 긴장감이나 긍정적 불확실성을 다소 추가하는 것이 효과적이다. 자이가르닉 효과에 의하면, 내담자는 제안을 쉽게 잊어버리거나 거절하기 쉽다. "당신이 ~(내담자의 행동)을 한다면, 어쩌면 ~(긍정적 결과)를 얻거나 ~(또 다른 긍정적 결과)를 얻을 수도 있겠군요. 결과가 어떻게 될지 궁금하네요." "제 생각에 당신은 아직 효과적인 방법을 찾지 못한 것 같군요. 제가 생각하는 방법은 당신이 이 상황을 헤쳐 나가도록 도와줄 겁니다. 하지만 제 방법을 당신에게 말해 줘서 저 자신이 만족하는 것보다 그 방법을 스스로 발견하는 것이 당신에게 훨씬 더 좋을 것 같습니다."

정확하게 예측할 수 없는 상황도 있으므로 이 방법은 일종의 지침이다. 상담자가 창의적이고 효과적인 자신만의 제안을 하려면 먼저 내담자를 잘 이해해야 한다. 상담자는 내담자가 제안을 따르지만 의존하지는 않는지 유의한다.

상담과정

상담자는 다음 회기를 준비하면서 그날 오후의 업무를 알아보기 위해 일정을 훑어보았다. 그는 지난번 생일날 선물 받은 PDA에 아직 적응하지 못해 늘 일정표를 뒤적이곤 했다. IT기술을 혐오하는 것은 아니지만, 그저

한 달씩 그려진 큰 메모형 일정표가 더 편하게 느껴질 뿐이었다. 태블릿 기기를 펜 끝으로 이리저리 눌러대지 않고도 그 달의 일정을 한눈에 알아볼 수 있었고, 무엇보다도 비싼 IT기기를 잃어버릴까 노심초사하지 않아도 되기 때문이다. 그런 모습을 보고 그의 딸이 '혈거인'(troglodyte, 동굴에서 생활을 하는 사람-역주)이라고 불렀을 때 그는 묵묵히 고개를 끄덕일 뿐이었다.

그가 마음먹고 PDA의 화면을 훑어보려 하자 배터리 방전 표시가 깜박이기 시작했다. "젠장, 이 우스꽝스러운 기계를 충전하는 걸 잊어버렸네요. 내 옛날 캘린더가 그립군요!" 그는 PDA가 꺼질까 봐 초조해하며 서둘러 화면을 체크했다. 그의 일정에는 가족치료 책 저술에 필요한 아이디어를 얻어야 하는 과업이 있었다. 그러나 이 일을 제대로 수행하려면 내담자 가족들의 동의가 필요했다. 그의 머릿속에 상담실에서 기다리고 있는 Dolores와 그녀의 아들, 딸이 떠올랐다. 그들이 도와준다면……

PDA가 불쾌한 전자음을 끽끽 내며 "경고! 충전이 필요합니다! 데이터가 손실될 수 있습니다!"하자 그는 허둥지둥 충전기를 꽂았다. 그러나 PDA에 나타난 저녁 일정에는 이미 다른 일정이 잡혀 있었다. 옛날부터 외할머니가 "씹을 만큼보다 더 많이 베어 물지 마라. 하지만 만약 그렇게 했다면 뺨을 부풀려서 천천히 씹어라. 어떻게든 내려갈 거다."라고 하셨던 말씀이 떠올랐다.

휴식을 마치고 돌아온 상담자는 자리에 둘러앉아 남은 상담 회기를 진행했다. 종결 무렵에 상담자는 그날의 회기를 요약하면서 다음과 같이 말했다.

상담자: 오늘 회기를 끝내기 전에 하고 싶은 말이 있어요. (그는 자세를 엉거주춤 바꾸면서 어색하게 둘러본다.)

Dario: 그래요? 어째 좀 이상해 보이네요. 뭔데요?
Dolores: 선생님께 말 삼가라.
상담자: 아니, 괜찮아요, 제가 이유를 설명해 볼게요. (그는 조심스럽게 계획했던 아이디어 수집에 관한 난처한 입장을 설명했다.) 이 책에

는 가족을 위해 제안된 활동들이 많이 담겨 있기 때문에 가족들의 솔직한 의견을 받아서 반영해야 해요. 그런데 지금 내가 말했듯이, 마감을 열흘 정도 남겨 두고 있어요. 물론 미뤄 둔 내 잘못이지만, 어쩌면 몇몇 활동은 재미있고 도움될 수 있어요. (침묵이 흐르자 상담자는 더욱 열심히 설명했다.) 내 제안이 의심스러워 보일 수 있고, 교묘하게 여러분의 참여를 이끌어 내려는 계략처럼 보일 수도 있다는 걸 알아요. (가족은 그의 마지막 말에 약간 활기를 띠기 시작했다.) 이 일을 했을 때 저자들이 감사한다면 나는 행복하겠죠.

Dolores: (끼어들고 사과한다.) 우린 괜찮아요. 단지 저는 직장에서 정말 바쁘고, 우리가 당신에게 어떤 도움을 줄 수 있을지 모르겠네요. 아시다시피 우리는 전혀 단란한 가정이 아니에요. (몇 초간의 멈춤) 우리가 뭘 써야 하나요?

Dario: (낑낑대며 얼굴을 찌푸린다.) 이런, 우리가 뭘 해야 되지요? 나는 숙제가 많아요.

Dulcinea: (끼어들며) 들어 보지도 않고 부정적으로 볼 건 아니잖아요? 우리가 도울 일이 뭔가요? 당신이 필요한 도움이 뭔가요? (상담자로부터 원고를 받아 내용을 살펴보며) 이 책의 활동을 해보긴 할 텐데, 더 이상 많이 하게 하려 들진 마세요.

잠시 침묵이 흐른 후, 참가자들은 이 회기에서 뭔가 다른 일이 일어났음을 깨닫고 만족했다.

질문 Question

1. 이 제안은 충고와 어떤 면에서 다른가?
2. 제안하는 활동에서 상담자는 즉시성을 어떻게 활용하였는가?
3. 이번 회기에서 이전과 '상당히 다른' 경험이 일어난 것에 대해 어떻게 생각하는가?

과제의 부과

휴식을 마친 후 상담자는 잠정적인 제안만 할 것인지, 아니면 다음 회기까지 내담자가 해 올 과제도 부과할 것인지 결정해야 한다. 과제는 제안보다 훨씬 더 지시적이다. 과제는 충고와 제안 사이쯤에 놓여 있지만, 문제의 해결책보다 상담과정의 일환이라는 점에서 충고와는 다르다. 상담자는 과제를 제시할 때 지시하는 듯한 인상을 주지 않도록 노력해야한다(Bertolino & O' Hanlon, 2002; Lipchik, 2002). 또한 과제는 상담에 영향을 미치므로 "내담자의 실생활에 적용할 수 있는 내용이어야 한다." (Butler & Powers, 1996, p. 238)

과제를 제공할 최적의 시기는 대개 자문휴식 이후부터 회기의 끝까지다. 자문휴식을 실시할 때 상담자는 과제와 관련된 토의가 있을 것이라고 내담자에게 설명해 주는 것이 좋다. "오늘 상담 끝 부분에 저는 우리가 이야기한 것에 대해 동료들과 자문하기 위해 잠깐 방을 나갈 것입니다. 문제를 해결해 나갈 방법에 관한 아이디어가 생기면 좋겠네요."

자문을 마친 후 과제를 제안할 때는 마치 '이곳이 낯선 것처럼' 정보를 구하는 비전문가의 자세로 하는 것이 좋다. "제 동료들이 이런 아이디어를 줬는데 여기에 대해 어떻게 생각하는지 말해 주세요." (그리고 과제를 제시한다.) 물론 일방경 뒤에 반영 팀이 존재하는 운 좋은 환경이라면 팀 구성원들이 이런 과제를 제공할 것이다. 초기의 해결중심 상담가들은 "다음 회기에 만날 때까지 계속 일어났으면 하는 일을 잘 찾아보기 바랍니다." 같은 방식으로 제안하기도 하였다(de Shazer in O' Hanlon & Weiner-Davis, 1989). 그러나 다음 회기에 내담자가 왔을 때, "뭐 새로운 것을 깨닫게 된 것이 있나요?"라고 물어보지 않는 것이 중요하다. 상담자는 "이번 주에 당신의 삶에서 더 일어나기를 바라는 것에 대해 깨달은 것이 무엇인가요?"처럼 완곡히 접근해야 한다.

Adams, Piercy, Jurich(1991)는 첫 회기의 끝에 과제를 받은 내담자 중 60%가 상황이 개선되었다고 보고하였다. 또 다른 연구에서 Jordan과 Quinn(1994)는 내담자들이 일반적으로 그들의 상황이 개선될 것이고, 문제가 해결될 것이라는 낙관성이 증가하였으며, 회기를 긍정적으로 경험하였다고 보고하였다.

과제 구성 패러다임

Friedman(1997)은 과제의 직간접적 제공 여부에 따라 네 가지 다른 종류의 과제를 부과하는 '과제 구성 패러다임(Task Construction Paradigm)'을 제안하였다.

1. 직접행동적(direct-behavioral) 과제는 내담자가 할 수 있는 과업을 직접적으로 제안하는 것이다. 예를 들어, "매일 자신을 위해 좋은 일을 한 가지 한다면 어떻게 될까요?" "아내가 원하는 것을 해서 놀라게 해 준다면 아내의 반응은 어떨 것 같아요?"라고 말할 수 있다.

2. 직접비행동적(direct-nonbehavioral) 과제는 내담자의 생각에 초점을 맞추어 제안하는 과제다. "남편이 술을 마시고 들어왔을 때 당신이 사용하던 방법과 완전히 다른 방법을 시도해보는 것에 대해 어떻게 생각하나요?" "당신 아내가 당신이 바라는 행동을 할 때 그것을 알아차릴 수 있나요?"

3. 간접행동적(indirect-behavioral) 과제는 내담자가 할 수 있는 가능한 행동에 관한 제안이다. "당신이 아버지의 묘소 앞에서 이 문제에 대한 충고를 듣는다면, 그 분은 어떤 말을 할까요?"

4. 간접비행동적(indirect-nonbehavioral) 과제는 자신의 집을 잃어버린 여자에 대한 다음의 비유로 설명될 수 있다. "당신이 집을 잃은

것은 작은 거북이가 등딱지를 잃은 것과 같습니다. 당신은 약한 채로 노출되었습니다. 나는 거북이의 새로운 딱지를 만드는 일을 어떻게 시작할지 궁금하네요."

이런 방법들은 상담자가 독창적인 과제를 부과할 때 유용하다. 이것은 특히 직접적 과제와 간접적 과제의 차이를 깨닫게 해 준다. 직접적 과제는 충고와 비슷하게 여겨지지만, 일반적으로 반드시 '고쳐야' 하는 것이 아닌 잠정적인 제안이다. 상담관계의 질은 제안과 과제 중에서 어느 것을 제공할지를 결정하는 핵심요소다. 어느 쪽을 제공하든 이러한 중재 방법들은 상담관계의 질과 밀접한 관련이 있다.

상담과정

다음 회기는 이전 회기와 달리, 두 아이들이 엄마와 매우 가깝게 앉은 상태로 시작되었다. 상담자가 방으로 들어왔을 때 그들은 마치 오랜 친구처럼 떠들고 있었다.

상담자: 안녕하세요? 다시 봐서 반가워요. 오늘은 뭘 하고 싶으신가요?
Dolores: 음, 한 주 동안 잘 지냈지만, 죄송하게도 우리는 그 책에 있는 활동을 하나도 못했어요.
상담자: (가족의 웃는 모습을 천천히 돌아보며) 웃는 모습을 보니 정말 괜찮은 한 주를 보낸 것 같네요. 지난주에 상담을 마칠 때는 전혀 예상하지 못했어요. 그 짧은 시간에 어떻게 가족이 이렇게 되었는지 오히려 제가 배우고 싶네요.
Dolores: (아이들과 눈빛을 교환하면서 겸연쩍게 미소 짓다가, 아이들이 "시작하세요."라고 말하자 입을 떼기 시작한다.) 제가 먼저 이야기 할게요. 지난주에 집으로 돌아가는 차에서 우린 아무 말도 없었어요. 선생님이 주신 책은 며칠 뒤에 업무 약속이 몇 개 취소된 다음

에야 찾아보게 되었지요. 책을 대충 훑어보는 동안, 가족이 서로에 대해 긍정적으로 보게 되는 사례연구에 흥미가 생기기 시작했어요. 거기에는 내가 확신하지 못하고 불안해했던 어떤 '곤란한' 부분이 있었어요. 나는 두 아이들에게 이것에 대해 말하기로 결정했어요. 자, 누가 잠깐 이야기해 봐요. 나 혼자만 시간을 독차지하고 싶지 않아.

Dulcinea: (약간 짜증 난 듯한 표정으로) 엄마가 마법의 약을 마셨는지 모르겠지만, 갑자기 엄마가 전혀 날 괴롭히지 않았어요. 정말 괜찮았죠.

Dario: 그래요, 엄마는 우리를 위해 멋진 아침을 준비해 줬고, 그리고…….

Dulcinea: (끼어들며) 매일 그런 아침밥은 기대하지 않는 게 좋아, 바보야! (잠시 침묵 후) …… 아니, 오빠.

Dario: (약간 허리를 굽힌 채) 어쨌든 엄마는 그랬어요. '거기 둘, 나는 지난주에 상담선생님이 읽으라고 준 책을 읽었어. 거기엔 우리랑 비슷한 가족이 있더구나. 이혼, 싸움, 심지어 모든 것을 비난하는 십 대 소녀까지.

상담자: (얼굴을 약간 찡그리며) 아! 그리고 무슨 일이 일어났나요?

Dario: 동생이 충격을 받았죠. 뭘 더 기대하세요? (그는 엄마에 대한 여동생의 반응을 설명했다. Dulcinea가 손으로 귀를 막으면서 엄마에게 더 이상 강의하지 말라고 했었다고 자세히 묘사했다.)

상담자: 음, 가족이 함께 오게 된 계기를 좀 더 이야기해 주겠어요?

Dolores: 저에게도 무슨 일이 있어났는지 모르겠지만, 그 가족 사례를 읽으면서 갑자기 남편과 그의 술버릇에 대해 너무 화가 났었는데, 그걸 아이들에게 대신 화풀이했다는 것을 깨달았어요. 물론, 모두 바보 같은 짓들이었지만 그 책을 읽기 전까지는 무슨 일이 일어나는지 몰랐어요. (아이들을 돌아보며) 나는 어리석은 방법으로 가족을 지키려고 했다는 것을 알게 되었어. 피뢰침처럼 어떻게든 모든 주의를 너희에게만 돌리면 아빠가 술을 끊고, 그로 인해 우리가 더 이상 이리저리 떠돌아다니지 않아도 될 것이고, 아빠와 나도 싸우지 않고 함께 지낼 수 있을 거라고 생각했었지. (상담자를 향하며) 얘들은 저의 영웅이죠, 자랑스러운 아이들이지요. (Dolores가 울기 시작하자 아이들이 가까이 다가와 어깨에 손을 올린다.)

Dario: 이제 됐어요, 엄마.

질문 Question

1. 상담자가 내담자들에게 영향을 준 방법을 찾아보자.
2. 이 사례에서 나타난 내담자의 강점은 무엇인가?
3. 당신이 상담자라면 마지막 부분에서 내담자에게 어떻게 반응할 것인가?

적용

반영 팀 역할을 수행한 동료들과 함께 앞에서 경험한 모의 상담을 계속 진행한다. 상담자는 반영 팀과 함께 적절한 과제를 고안해서 제안해 보자. 그리고 함께 관찰한 내용과 반영 반응에 대해 토의해 보자.

요 약

가능한 한 상담자는 동료들을 활용하여 상담의 성과를 높인다. 반영 팀은 내담자에게 흥미롭고 변화 가능한 경험을 제공할 수 있다. 자문휴식은 상담자와 내담자 모두에게 효과적일 수 있다. 상담자는 내담자의 준비도에 적합한 제안을 해야 한다.

▶▶ **12장으로의 연결** ━ ･━ ･ ━ ･ ━ ･ ━ ･ ━ ･ ━ ･ ━

　당신이 다음 장에 등장하는 개념과 기법을 종합하는 것을 돕기 위해 당신이 궁극적으로 숙달해야 할 복잡한 기술의 구성요소인 구체적이고도 개별적인 수행 능력을 연습해 왔던 때를 떠올려 보기 바란다. 이 과정은 외국어의 문법을 학습하고, 체조에서 침착성을 유지하기 위한 훈련, 운전이나 악기를 배우는 것과 유사하다. 기술과는 별개로 당신이 이러한 부분들을 어떻게 통일된 전체로 통합할 수 있을지 생각해 보라. 그러한 개별적인 요소들을 어떻게 적절하고 자연스럽게 조직할 수 있을지도 고민해 보라.

참 고

European Brief Therapy Association(EBTA)

www.ebta.nu

　단기상담과 치료는 전 세계적으로 확산되어 있으며, 유럽단기치료협회가 단적인 예다. 이 사이트는 콘퍼런스에 대한 정보와 자료, 단기상담과 치료에 관한 선구적인 정보를 보유한 곳들의 링크를 제공한다.

제12장

단기적 태도와
변화 유지하기

🦋 **이 장의 목표**

| 이 장의 주요개념 |
• 단기상담은 일련의 기법이 아니라 존재의 의미, 회복력, 변화의 원
  리, 상담과정에 대한 태도다.

| 이 장의 주요기법 |
• 변화를 격려하고 지속시키기
• 태도를 변경하고 자원을 발견하는 기회로써 종결작업 활용하기
• 서신으로 추수상담 진행하기

🐤 상담사례

2장에서 소개했던 Bhavana의 사례로 돌아가 보자. 그녀는 자신의 '인생 전체를 망쳐버렸다'고 믿게 한 일련의 사건들을 경험한 후 상담을 받기 시작했다. 첫 회기 후반부에 상담자는 다음 주 Bhavana의 삶을 변화시키고 좋아지게 할 어떤 과제를 제안하였다.

질문 Question

1. Bhavana의 사례에서 당신은 어떤 변화를 발견하였는가?
2. 당신은 그러한 변화를 어떻게 사용할 수 있겠는가?
3. Bhavana와의 다음 회기를 어떻게 시작할 수 있겠는가?

🐤 개 관

이 장에서는 '단기적 태도'를 형성하는 기초개념들에 대해 살펴볼 것이다. 단기상담은 단지 '문제'에 적용되는 일련의 기법들이 아니다. 단기상담은 상담에 대한 태도이며, 난관에 봉착한 내담자가 창조적 가능성으로 나아가는 데 필요한 시각이다.

이 장에서는 변화를 지속시키는 방법과 변화를 실생활에 적용하도록 돕는 상담 종결의 방법에도 초점을 맞출 것이다. 내담자와 종결 시점을 결정하는 기법과 내담자의 변화를 향한 의식(ritual)에 대해서도 다룰 것이다. 내담자가 종결을 두려워하는 경우도 있기 때문에 상담자는 이러한 감정을 잘 다루어야 한다.

🕊 주요개념

단기상담의 관점과 '단기적 태도'

제1장에서 설명하였듯이, 이 책은 단기상담의 과정을 병렬적으로 구성하였다. 각 장마다 도달해야 할 목표들을 제시하였고, 단기상담의 개념과 기법을 알기 쉽게 설명하기 위해서 상담사례를 소개하였다. 상담사례에는 다문화적 관점에서 다양한 배경을 가진 내담자들이 등장한다. 또한 이론과 실습은 불가분의 관계이므로 모든 장에 개념과 기법을 포함시켰다. 이제 상담과정이 종결단계에 이르렀기 때문에 그동안 학습한 내용을 공고화하는 종결 작업에 관하여 다룰 것이다.

단기상담은 상담과정에 필요한 일련의 전략일 뿐 아니라 상담자의 태도이기도 하다. '단기적 태도'는 학습한 내용의 적용과 함께 그 바탕에 깔린 신념이나 관점까지도 포함한다. '개념 없는 직관은 속임수'라는 칸트의 말처럼 개념, 태도, 신념은 길을 잃은 상담자에게 방향을 제시해 주는 실제적인 방법이다.

상담에서 단기적 접근이 왜 필요한가

상담자의 첫 번째 책무는 내담자에 관한 것이다. 단기상담이 주목받는 이유를 아직도 단지 상담 건수가 증가했다거나 보험회사가 더 인색해졌기 때문이라고 여겨서는 안 된다. 이미 많은 사람들이 상담을 심리적 문제에 대한 가장 효과적인 대안으로 평가하고 있다. 특히 학교, 회사, 병원 등 자원이 제한된 곳에서도 수요가 증가하고 있으며 한정된 시간 내에 최대의 효과가 요구된다. 보험회사와 같은 제삼자의 입장에서도 더적은 회기에 더 큰 성과가 나타나기를 기대한다. 따라서 상담자는 상담목표를 완수하는 데 필요한 횟수의 제한을 강요받게 된다. 현대사회에서건강보험 대상자의 80% 이상이 관리의료제도의 혜택을 받고 있으며 그비중 또한 증가하는 추세다(Prochaska & Norcross, 2007).

하지만 이러한 수요–공급의 관점이나 관리의료제도의 현실 역시 상담의 단기적 접근이 왜 필요한지를 전적으로 설명하기는 어렵다. 이러한것들은 상담자가 일차적으로 책임을 지고 있는 내담자의 요구와는 무관하다. 상담자가 금전적 이득 때문에 단기적 접근을 선호한다면 그는 용병(傭兵)에 불과하다. 상담자가 자신의 전문성을 시장에 내다 파는 데만급급하다면 그는 매춘부와 다를 바가 없다. 상담자는 내담자에게 가장도움이 될 것이라는 신념에 근거하여 상담을 수행해야 한다.

만약 모든 상담자가 수입에 연연하지 않아도 되고 상담에 투입할 시간도 충분하다면 과연 누가 단기적 접근을 고려하겠는가? 또 만약 내담자가 그들이 원하는 만큼의 상담 비용을 지불할 수 있고 완벽한 변신을 위해 모든 시간과 에너지를 기꺼이 바친다고 해도 단기적 접근이 여전히필요하겠는가?

O'Hanlon(1995)이 인용한 한 연구(Garfield, 1978)에 의하면, 사설상담소와 공공 정신건강센터에서 이루어지는 상담 기간은 평균 5~8회기였다. 또 다른 연구(Lambert, Shapiro, & Bergin, 1986)는 내담자의 75%가처음 6개월 내에 상담 성과를 경험했으며, 특히 중요한 성과는 6~8회기만에 일어났다고 보고하였다. 그 외의 여러 연구에서 가장 흔한 상담을'단회상담'이라고 하였다. 한 연구에서는 내담자의 78%가 첫 회기 이후

에 문제가 '나아졌다'에서 '훨씬 더 나아졌다'로 변화되었고, 심지어 원하던 것을 얻었다고 보고하였다(Talmon, 1990). 학교상담자들은 종종 1회기가 유일한 상담의 기회이며, 심지어 빈 교실이나 복도, 혹은 카페로 쫓겨 다니며 상담해야 한다고 호소한다. 어쨌든 그런 짧은 기간 동안에 내담자를 만나야 한다면 상담자는 단기적 방법을 선택할 수밖에 없다.

만약 상담자가 내담자가 원하는 만큼 오랫동안 상담해 준다면, 그 내담자는 더 많은 도움을 받을까 아니면 나아지는 데 단지 더 오랜 기간이 걸릴까? 이 질문의 정답은 없겠지만, 상담자는 윤리적 관점에서 '단기적 태도'를 선택할 수 있고, 그러한 선택은 보험회사나 시장(市場)의 요구, 혹은 다른 어떤 외적인 이유들보다 내담자의 이익을 위하는 것임이 분명하다.

효율성과 단기상담

Richard Fisch는 1966년 상담과 심리치료 연구에 착수하면서 처음에는 마땅한 용어가 없어 '단기치료'라고 명명하였다(Watzlawick, Weakland, & Fisch, 1974). Palo Alto에 설립한 정신문제연구소(Mental Research Institute: MRI)는 단기치료센터로도 잘 알려졌는데, 그들이 선택한 '단기'라는 용어는 차츰 인기를 얻게 되었고, 많은 사람들에게 각광을 받게 되었다. 그러나 MRI 연구자들은 단기라는 용어가 주는 오해를 우려하였다. "단기치료가 종종 임시방편이나 피상적인 의미로 오해되거나 '진정한' 장기상담이 가능해질 때까지 일시적으로 제공되는 응급치료 같은 종류로 다루어지기 때문에 그 명칭이 만족스럽지 않다."(p. xiv)라는 것이었다. 그럼에도 불구하고 '단기'라는 용어는 핵심적인 개념으로 자리 잡았다. 한편 전통적인 관점의 상담자들은 이것을 '진짜' 상담의 뒷부분이 생략된 것으로 보고, 단기적인 접근에 반대한다.

단기상담은 내담자의 '진짜 문제'나 원인의 배경을 탐색하느라 시간을 낭비하기보다 즉각적으로 접근하는 데 초점을 둔다. 이러한 접근 방법이 더 짧은 회기를 의미하는 단기로 나타난다는 사실은 부수적인 결과다. '효율적'이라는 단어는 단기상담에서 시간 활용과 관련되어 있다.

'단기'라는 개념이 내포하는 금전적 의미는 축복이자 저주다. 단기상담은 상담센터의 운영이나 의료보험의 문제에서 자유로울 수 있지만, 반대로 그 개념 자체에 대한 상담전문가들의 반발이나 오해, 심지어 혐오의 대상이 될 수도 있다. 이 책의 내용은 실제 임상 장면에서 나타난 쟁점들을 효과적으로 다룰 수 있는 방안들이다.

결국 본질적으로 '단기'는 태도를 의미한다. 신중하게 시간의 효율성을 다루면서도 더 적은 회기에 관심을 갖는다. 과업은 할당된 시간을 채우기 위해 늘어난다는 Parkinson의 법칙처럼, 만약 상담자가 내담자의 회복과 성장에 오랜 시간이 걸릴 것으로 예상한다면 그 상담은 그렇게 될 것이다.

⊡ 실습

한 판매원이 A, B, C, D, E 다섯 도시에서 물건을 팔아야 한다고 가정하자. A시에서부터 출발하여 차를 타고 다른 도시로 이동한다. 그림에서 보듯이, 각 도시 간의 거리가 도시들을 연결하는 10개의 도로 위에 숫자로 표시되어 있다. 판매원은 이동 계획을 짜는 데 당신의 도움을 받고 싶어 한다. 판매원이 다른 도시로 이동하는 데 가장 적합한 길은 어떤 것일까?

추측건대, 당신은 판매원의 이동을 위해 가장 짧은 경로를 고안할 것이다. 시간과 돈 때문이라면 가장 짧은 길이 최선의 경로다. 그러나 관광이 목적이라면 시간은 덜 중요하다. 대부분의 내담자들은 무한한 시간이나 돈, 또는 감정적 체력을 갖고 상담실에 오지 않는다. 그들은 대개 최소한의 경비로 목적지에 도착하기를 원한다. 목표가 분명해야 내담자의 자원이 관광으로 허비되지 않는다.

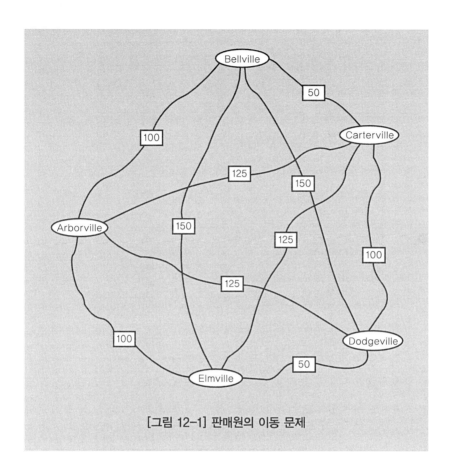

[그림 12-1] 판매원의 이동 문제

단기적 태도

이어서 소개하는 '단기적 태도'에 관한 구성 개념들은 각 장의 개념과 이론들에서 다룬 것들이다.

• 변화는 필연적이다. 상담자는 변화를 위한 내담자의 동기를 높이려고 노력하지 않아도 된다. 내담자는 이미 변화의 과정에 있다. 상담자의 역할은 내담자가 목적지를 향해 변화의 과정을 따르도록 돕는 것

이다.

- 작은 변화가 큰 변화를 이끈다. 문제 해결에 필요한 시간의 양은 문제 발생에 소요된 시간의 양보다 많지 않아도 된다. 상담자는 힘으로 문제를 압도하지 않아도 된다. 나비효과의 원리처럼 부드럽게 반영해 주는 것만으로도 충분하다.

- 저항은 상대적이다. 전통적으로 '저항'이라고 부르는 것은 사실 상담자와 내담자 간의 관계의 질을 의미한다. 내담자의 저항은 상담자의 역할에 현재 협조할 준비가 되어 있지 않다는 것일 뿐, 다른 방법으로 협조할 것이다.

- 내담자는 문제 해결에 필요한 자원을 갖고 있다. 내담자는 자신의 삶의 전문가다. 그의 호소문제는 무지나 어리석음, 혹은 질병 때문에 발생한 것이 아니다. 기회만 주어진다면 그는 스스로 문제를 해결할 수 있다. 상담자의 역할은 내담자가 스스로를 신뢰하고, 간과했던 자원들을 발견하도록 돕는 것이다.

- 의미는 함께 만드는 것이다. 삶은 전 생애에 걸쳐 만들어 온 이야기의 총화이며, 그로 인해 의미가 형성된다. 상담자의 역할은 내담자의 낡고 진부한 삶의 이야기를 해체하고 새로운 이야기를 만드는 것이다.

- 행동과 설명은 되풀이된다. 인간은 이 세상의 모든 현상과 사물에 이름을 붙이고 문제를 정의한다. 내담자는 자신의 문제를 규정짓고 증명하려는 악순환에 빠진 존재이므로 상담자가 문제를 재정의해 줄 때 비로소 해결책을 찾을 수 있다.

- 효과가 있다면 그대로 둔다. 만약 내담자에게 문제가 되지 않는다면 그것은 문제가 아닌 셈이다. 내담자가 보지 못하는 근본적인 혹은 뿌리 깊은 이슈들을 찾기보다 그의 관점을 인정해야 한다. 상담자는 자신의 관점을 내담자에게 강요할 수 없다.

- 막혔다면 다른 방법을 찾는다. "처음에 성공하지 못했다면 시도하고

또 시도하라."라는 충고는 한계가 있다. 처음에 성공하지 못했다면 다른 방법을 찾아보고, 그것이 처음 시도와 어떤 차이가 있는지 확인하라.

- 단순화시킨다. 작은 동요가 시스템의 큰 변화를 가져올 수 있으므로 변화를 위한 거창한 전략은 필요하지 않다. 대부분의 경우, 간단한 것이 변화를 일으킨다. 게다가 내담자는 엄청나게 큰 노력보다 쉬워 보이는 간단한 시도를 선호한다.

- 매 회기가 마지막인 것처럼 접근한다. 대부분의 상담이 단회로 끝나기 쉽기 때문에 내담자와의 첫 만남이 마지막이 될 수 있다. 매 회기를 변화의 기회로 활용해야 한다.

- 실패는 없고 피드백만 있다. 실패라고 불리는 것은 단지 상담자가 시도 했던 것이 효과가 없다는 메시지일 뿐이다. 피드백은 미사일처럼 목표지점과 현재 위치와의 차이를 알려 준다. 목적률적 관점에서 볼 때, 실패는 미래의 성공을 향한 방향 수정을 의미한다.

- 호기심과 탐색은 다르다. 상담자는 내담자가 상담목표를 향해 적극적으로 나아가도록 도와야 한다. 쓸데없이 호기심으로 던지는 질문은 양파 껍질을 까는 것에 불과하다. 정말 필요한 정보는 내담자가 자발적으로 가져올 것이다.

- 목표는 내담자가 정한다. 내담자가 해야 할 일을 상담자가 일방적으로 결정해서는 안 된다. 내담자가 목표를 향해 갈 힘이 없을 때, 상담자는 비로소 새로운 목표를 제안할 수 있다.

- 사람이 아닌 문제를 다룬다. 진단명은 내담자의 경험을 마치 진리인 것처럼 받아들이게 해서 그의 부정적 이야기를 강화시켜 버린다. 상담자는 그의 이야기를 해체함으로써 정체감과 문제 해결 능력을 갖게 한다.

- 내담자의 호기심에 주의를 기울인다. 내담자가 갖는 관심사안이나 그의

열변에 특히 주의해야 한다. 상담자는 내담자의 미세한 차이를 찾아 활용할 수 있는 민감성이 필요하다.

• 해결책은 맞춤식으로 제공한다. 내담자는 고유한 존재이므로 일반적인 전략들을 적용해서는 안 된다. 모든 해결책은 내담자 개인에 맞게 제공해야 한다.

• 원인보다 해결 방법을 찾는다. 문제의 원인을 찾는 것 이상으로 해결방안에 치중해야 한다. 고고학이 미래를 드러내는 데 한계가 있는 것처럼 상담자는 해결책을 찾는 데 보다 노력해야 한다.

• 이미 이룬 것들을 이용한다. 사람들은 항상 문제를 해결한다. 따라서 상담자는 내담자가 어떻게 문제를 해결해 왔는지 이해하면 된다. 내담자는 낯선 것보다 익숙한 것을 더 잘 받아들인다. 강을 막는 것보다 물길을 내는 것이 쉽다.

• 내담자의 세계관으로 접근한다. 외부 세계의 관점이 아닌 내담자의 관점으로 접근한다. 상담자의 역할은 내담자의 생각을 '현실적'으로 바꾸거나 그의 잘못된 시각을 고치는 것이 아니다. 내담자의 이야기를 논박하기보다 해체하는 데 힘써야 한다.

• 말투에 주의한다. 상담자의 화법은 상황을 '진리'로 만든다. 만약 병적 · 절대적 · 절망적인 단어들을 주로 사용한다면 그것이 바로 그 상담의 미래다. 반면, 문제해결을 위한 개방적인 설명과 변화에의 희망을 언급한다면 그것은 내담자의 문제해결을 돕는다.

• 목표를 추구한다. 자신이 어디로 가고 있는지 모른다면 그곳에 도착했는지 알 수 없다. 좋은 목표는 내담자의 관점과 행동을 변화시키며, 문제행동의 제거보다는 새로운 행동의 습득에 초점을 맞춘다. 상담자는 항상 내담자와 함께 목표를 찾아가야 하며, 만족스러운 결과를 위해 목표를 계속 염두에 두어야 한다.

• 해답보다 성장에 집중한다. 파티에 어떤 와인을 내놓을 것인지 결정하

는 것은 사소한 문제이며 그런 종류의 문제에는 해답이 늘 존재한다. 그러나 삶의 문제는 풀거나 없애는 것이 아니다. 대신 자신을 바꿈으로써, 사안을 초월함으로써, 고통을 의미로 바꿈으로써 해결할 수 있다. 즉, 상담자는 내담자의 삶의 문제들을 해체하고 재건시키는 존재다.

- 내담자의 맥락을 이해한다. 행동은 특정 상황에서만 의미를 갖는다. 예를 들어, 수영복을 해변에서 입는 것과 예배당에서 입는 것은 전혀 다른 의미를 갖는다. 내담자의 문제에 대한 심리적·사회적 맥락을 이해한다면 보다 쉽게 해결책을 찾을 수 있다.

- 체계는 규칙을 가진다. 모든 교류에는 규칙이 존재한다. 교류는 '상호 간에 행동하는 방법'이므로 상담자는 교류에서 드러난 내담자의 규칙을 해체시켜서 그가 규칙에 얽매이지 않고 유연하게 문제를 해결하도록 도와야 한다.

- 사람들은 현실을 강조한다. 아내가 "당신이 술을 마시니까 내가 잔소리를 하는 거예요."라고 하자, 남편은 "당신이 잔소리를 하니까 내가 술을 마시는 거야."라고 받아친다. 이는 두 사람 모두 자신이 현실을 더 잘 파악하고 있다고 믿는 것이다. 인간은 제멋대로 경험을 강조하거나 중요시한다. 모든 일에는 다양한 해결방안이 있으므로 상담자는 다른 관점으로 문제를 볼 수 있도록 돕는다.

- 해결책이 문제가 된다. 사람들은 직관적으로 쉬워 보이는 해결책을 사용한다. 이러한 일차원적 변화는 단지 더 높은 수준의 문제를 가져올 뿐이다. 무기력하게 문제 상황을 유지하는 악순환을 끊을 때 비로소 변화가 가능하다. 제5장에서 소개한 9개의 점 문제처럼, 이차원적 변화를 위해 현재의 지각체계를 깨뜨려야 한다.

- 단기상담은 세밀한 작업이 필요하다. 내담자가 현재 상황과 미래 목표를 정교하고 세밀하게 묘사하도록 격려함으로써 변화의 단계를 수

립하도록 돕는다. 내담자가 행동 용어로 문제를 재정의하고 구체적으로 자신의 상황을 묘사한다면, 그 의미를 변화시키는 재명명이나 재구조화가 가능하도록 도울 수 있다.

- 내담자의 은유를 활용한다. 내담자는 문제를 은유적으로 묘사한다. 예를 들어, 내담자가 '기분이 가라앉는' '버려진 듯한' '막다른 곳에 다다른' '날아갈 듯한' 등으로 묘사한다면, 상담자도 그런 단어들을 사용할 필요가 있다. 그렇게 할 때, 내담자는 더 많은 이해와 수용을 경험하게 된다.

- 모든 내담자의 행동은 타당하다. 내담자의 문제를 해결하기 전에, 먼저 그가 최선을 다해 왔고 합리적인 결정을 했으며 스스로 특정한 방법을 찾아왔음을 이해해야 한다. 만약 문제를 다른 관점에서 볼 수만 있다면, 그는 뭔가 다른 것을 할 수 있을 것이다. 사람들은 자신이 아는 것을 한다. 그들이 그 문제를 더 잘 알수록 더 잘할 것이다.

- 모든 상담은 협력적이다. 효과적인 상담이 되기 위한 첫 번째 조건은 내담자와 심리적 관계를 형성하는 것이다. 상담자가 경청, 이해, 타당화의 의사소통을 한다면, 진정으로 공감할 수 있다면, '내담자 편'이 되기보다 내담자 '옆에' 선다면, 내담자는 상담자를 신뢰하고 협력할 것이다.

- 내담자는 복합적인 적응 시스템이다. 상담을 통해 사고체계가 혼란에 빠지더라도 내담자는 결국 자신을 재조직화한다. 혼란은 새로운 대안을 발견하도록 자극하고, 절망을 가져오는 고착과 악순환에서 벗어나게 만든다.

- 긍정적이 되고, 해결에 집중하며 미래를 지향한다. 상담자는 내담자의 상처에 초점을 두기보다 변화에 도움이 될 과거 성공 경험을 찾아서 목표를 향하도록 도와야 한다.

- 예외가 해결의 단서다. 내담자는 예외 상황을 잘 알아차리지 못하기

때문에 상담자가 찾아주어야 한다. 예외 상황은 문제 해결의 단서다. 내담자로 하여금 이미 효과가 있었던 것을 발견해서 시도하게하라.

통합적 접근으로서의 변화 단계

최근 여러 상담이론들 간에 외현적으로 분리된 개념들을 통합하려는시도가 있어 왔다. Prochaska와 Norcross(2007)에 따르면, 주된 통합적 접근에는 공통요인 접근, 기술적 절충주의, 이론적 통합 등이 있다. 제2장에서 소개한 공통요인 접근법은 "긍정적인 관계, 희망적이고 열심인 내담자, 공감적인 상담자가 다른 어떤 기법들보다 상담을 성공으로 이끈다."라고 가정한다(p. 478). 기술에 초점을 맞추는 기술적 절충주의는 보다실제적이다. 이 접근법은 특정 유형의 내담자에게 가장 효과적인 중재방안이 무엇인지에 집중한다. 이론적 통합은 완전히 다른 신념체계의 측면들을 통일된 지식으로 혼합하려는 시도다. 기술적 절충주의와 마찬가지로 통합론자들 역시 이론들 간의 융합을 시도한다.

통합을 위한 여러 시도 가운데 하나는 변화에 초점을 둔 Prochaska와 Norcross(2007)의 범이론적(transtheoretical) 모형이다. 그들은 여러 상담이론들 간에 "변화의 대상은 다르지만 변화의 방법은 상호 유사하다."라고 보았다(p. 512). 이 모형에서는 변화단계(stages-of-change)를 7단계로 구분하여 제안한다.

고려 전(precontemplation) 단계의 내담자는 상담의 필요성을 깨닫지못한다. 만약 누군가 상담을 받도록 강요하면 그는 거절할 뿐 아니라 저항하게 된다. 앞서 Bertolino와 O' Hanlon(2002)이 내담자를 방문형, 불평형, 고객형으로 구분한 것에 주목하자. 그들은 이런 용어들이 내담자에게 부정적인 낙인을 찍을 수 있음을 우려하였다. 그렇지만 이러한 명명화는 상담자와 내담자의 현재 관계를 설명한다는 측면에서는 유용하다.

고려(contemplation) 단계에 있는 내담자는 도움의 필요성을 알지만 적극적으로 도움을 요청하지는 않는다. 그는 여러 가능성을 고려하면서 자신의 선택 여부를 평가한다. 이 단계는 여전히 정체되고 변하지 않을 수 있다는 맹점이 존재한다. 마치 영화 〈바람과 함께 사라지다〉에 나오는 스칼렛 오하라처럼 "그건 내일 생각할 거야."라고 반복해서 말하곤 한다. 이 단계에서는 상담목표를 상상하는 것도 어렵고, 변화를 위한 노력도 확신할 수 없다(Bertolino & O'Hanlon, 2002). 이러한 양가감정을 가진 내담자에게 효과적인 접근법은 그의 망설임을 수용하면서 극적인 변화를 위해 너무 서두르지 않아도 된다는 자세를 유지하는 것이다.

준비(preparation) 단계의 내담자는 변화에 관심을 갖고 변화를 향한 작은 시도를 시작한다. 어쩌면 그는 분노를 억누르거나 음주량을 줄이려고 노력할 수도 있다. 그는 출발선에 서 있지만 여전히 망설이며, 자신이 알고 있는 악과 알지 못하는 악 사이에 사로잡혀 있다.

행동(action) 단계에서는 내담자의 변화가 쉽게 관찰된다. 이 단계의 내담자는 자신의 문제를 해결하기 위해 노력하지만 진전이 그리 크지는 않다. 그는 고객형으로, 자신이 다시 나쁜 습관으로 되돌아갈 수 있음을 깨닫고 그 가능성에 대비하려고 한다.

유지(maintenance) 단계는 '인식하여' '행동하는' 낡고 편안한 방식과의 싸움이다. 습관은 마치 오디세우스의 배를 난파시키려 하는 사이렌의 노래처럼 내담자를 유혹한다. 변화는 불확실성을 수반하므로, 이 단계에서는 재발 방지를 위한 사회적 · 환경적 지지가 필요하며 추수 회기 역시 도움이 된다.

잘 알려진 바와 같이 행동의 변화는 꾸준한 노력이 필요하다. 특히 흡연이나 음주 같은 습관성 행동은 여러 번의 시행착오 없이는 고쳐지지 않는다. 따라서 많은 내담자들은 고려 전, 고려, 준비, 행동, 유지의 반복적인 순환을 경험하게 된다(Prochaska & DiClemente, 1984). 이 과정에서 내담자가 변화에의 기대를 유지하는 것이 무엇보다 중요하다. Lambert(2004)에 따르면, 기대 자체가 성공의 10~40% 영향을 미친다. 상담자의 역할은 내담자가 반복적인 순환을 일상화할 수 있도록 촉진하는 것이다.

종료(termination) 단계는 내담자 스스로 목표에 충분히 도달할 만큼 성취를 이뤄낸 시점이다. 물론 척도질문의 10점에 도달한 내담자는 극히 드물기 때문에 그가 삶의 굴곡을 잘 견딜 수 있도록 가끔 추수상담을 할 필요는 있다. 상담이 잘 마무리되면, 내담자는 삶의 문제를 해결할 좋은 도구를 갖게 된다. 상담자와 내담자가 바라는 것은 효과적인 행동이 장기간 유지되는 것이다. 그런 관점에서 종료라는 단어는 문제의 끝을 의미하기 때문에 다소 부적절할 수 있다.

결론적으로, 상담자는 내담자의 동기 수준에 맞추어 기대와 개입방법을 제공해야 한다. Bertolino와 O'Hanlon(2002)에 따르면, 내담자의 변화 단계를 이해하는 것은 "연령, 사회경제적 수준, 문제의 심각도, 상담기간, 상담목표, 기대, 자기효능감, 사회적 지지"보다 결과에 대한 유의미한 예측 변인이다(p. 99).

함 의

단기적 태도의 관점은 상담의 진행 과정에서 중요한 의미를 갖는다.

- 첫 회기에 이러한 태도들을 보여 줄 때 변화가 지속된다.
- 내담자의 보고 중 소소한 예외들을 계속해서 찾는다.
- 보다 세부적인 것들을 모아서 성공의 보고서를 작성한다.
- 내담자가 무엇을 '충분히' 성공한 것으로 여기는지 찾아낸다. 이 정보는 상담자에게 종결 시점에 대한 단서를 제공할 것이다.

- 변화 단계를 이해하며, 가장 효과적인 상담에서도 문제가 재발할 수 있음을 기억한다.

🕊 방법

다음 회기의 역할

내담자가 다음 회기에도 왔다면 상담자는 이제부터 무엇을 해야 할까? 그동안의 노력으로 내담자는 처음보다 더 깊은 신뢰를 경험하게 되었다. 이제 상담자는 첫 면접을 시작하듯이 시간을 낭비할 필요가 없어졌다. 내담자는 이미 상담의 방향과 절차를 배웠고, 상담이 어떻게 진행될 것인지 잘 알고 있다. 따라서 상담자는 이미 완료된 것들을 활용할 수 있다. "지난 회기 이후로 더 나아진 것은 무엇인가요?"라는 질문이 효과적이다. 이처럼 긍정적인 바람을 질문함으로써 자연스럽게 회기를 시작한다.

상담실을 다시 방문한 동기가 무엇이건 상담자는 어떤 식으로든 내담자에게 영향력을 발휘했을 것이다. 그것은 내담자가 상담자를 신뢰한다는 것일 수도 있고, 상담이 도움이 된다는 믿음일 수도 있고, 혹은 단순히 부모나 교사 같은 의뢰인의 권위에 복종한 것일 수도 있다. 어찌 되었건 상담자는 이번 회기를 상담목표에 다가갈 수 있는 기회로 여겨야 한다. 상담자는 지난 회기가 끝날 때 뭔가를 제안했을 것이며, 그때의 내담자의 반응은 향후 상담 진행에 중요한 단서를 제공한다. 그렇지만 상담자는 이번 회기에 다음과 같이 간접적으로 질문할 필요가 있다. "혹시 한 주 동안 평소와 다르게 행동한 것이 있었나요?"

간혹 상담자의 제안이 도움이 되었는지 확인하고 싶겠지만, 내담자가 자발적으로 말하기 전까지 기다리는 것이 좋다. 만약 내담자가 보고하지 않는다면, 또 다른 제안을 할지 결정해야 한다. "지난 회기 마지막에 제가 했던 제안이 얼마나 도움이 되었나요?"

지난 회기의 제안을 피드백 받는 또 다른 방법은 제4장에서 다룬 척도질문 기법을 활용하는 것이다. 예를 들어, "1에서 10까지 점수 중에서 1은 제안이 전혀 효과적이지 않았다는 것이고, 10은 상황이 완전히 나아진 것이라면, 당신은 몇 점을 주겠습니까?"라고 묻는다. 만약 내담자가 "3"이라고 응답한다면, "그렇다면, 이것을 4로 만들려면 제 제안에 무엇을 더하면 될까요?"라고 질문한다. 이 과정에서 내담자는 제안의 실패보다 개선에 초점을 두고 자신의 욕구에 가장 알맞은 제안을 얻게 된다. 어떤 내담자는 숙제 형태의 명쾌한 제안을 원하기도 한다. '교과서적인' 내담자는 존재하지 않기 때문에 상담자는 내담자의 독특성에 맞추어 개입을 설계해야 한다.

내담자마다 첫 회기에 반응하는 방법은 매우 다양하다. 어떤 이들은 갑작스럽고 극적인 변화를 경험하지만, 다른 이들은 느리게 진행될 것이고, 심지어 전혀 움직이지 않는 경우도 있다. 상담자는 내담자의 변화에 일희일비하거나 초조해하지 않도록 주의해야 한다. 만약 내담자가 더 나아졌다고 보고하면 함께 기뻐하며 변화를 강화하도록 한다. 만약 내담자가 문제가 가득한 상태로 돌아온다면 그것은 상담자가 상황의 심각성과 고통을 완전히 이해하지 못했다는 신호이기 때문에 LUV 삼각형으로 돌아가야 한다.

변화를 유지시키기

대부분의 내담자는 극적인 변화보다 점진적으로 개선되며 성장한다. 점진적인 변화는 '2보 전진과 1보 후퇴'의 과정이므로 상담자는 내담자가 낙담하지 않도록 끊임없이 격려한다. 일시적인 퇴보는 변화 모형에서 나타내는 자연스런 '재순환'의 과정이므로, 이러한 현상을 받아들이도록 돕는다.

만약 내담자가 다음 회기에 와서 상담자가 준 과제를 수행하지 못했다거나 효과적이지 않았다고 보고한다면 그것 또한 받아들여야 한다. 내담자가 상담과제의 의미나 가치를 발견하지 못했거나 성과가 없었을 수도 있고, 혹은 전혀 시도하지 않았을 수도 있다. 이때 실망해 버리면 내담자의 비관적인 시각을 상담자가 그대로 받아들이는 셈이 된다. 오히려 상담자는 내담자의 보고에서 예외 상황을 찾아 그의 부정적인 이야기를 해체해야 한다.

> "그러니까 상황이 거의 똑같다는 얘기군요. 음, 그런데 상황이 그보다 더 나빠지지 않도록 한 일이 있었다면 그건 무엇일까요?"
> "무척 힘들었겠네요. 그런데 당신은 상황이 더 나아질 수 있다는 믿음을 어떻게 유지하셨나요?"
> "그럼에도 불구하고 다시 돌아왔군요. 저는 그것이 당신의 강한 투지 덕분인 것 같습니다."

내담자가 상담자의 가정을 전혀 수용하려 하지 않는다면 그 상담은 불만으로 가득한 말의 향연이 될 뿐이다. 상담자는 출발점으로 돌아가 긍정적 변화를 만들어 가기 위한 LUV 삼각형 작업을 반복하는 것이 좋다.

한편 내담자는 성공뿐 아니라 실패를 보고할 때도 편안함을 느낄 수 있어야 한다. 그가 만약 긍정적인 결과만 보고함으로써 상담자를 기쁘게 하려 한다면 성공 경험만을 강조하는 역효과를 가져올 수 있다. 상담자의 무조건적 긍정적 관심에 대한 경험과 과제를 성공적으로 수행할 것이라는 상담자의 기대 사이에서 내담자는 미묘한 역동적인 긴장감을 겪는다. 즉, 상담자가 내담자에게 변화를 계속 요구하면서 어떻게 그를 수용할 것인지가 관건이다. 변화를 격려하는 동시에 그의 현재 처지를 수용하는 팽팽한 긴장이 형성되므로, 내담자로 하여금 상담자가 자기 편임을 믿게 해서 (그가) 치료적 관계에 협조하게 만들어야 한다.

작은 변화를 알아차리기

내담자의 보고를 자세히 경청하다 보면 그의 관점과 행동, 혹은 감정에서 나타나는 작은 변화를 발견하게 된다. 결과가 어떨지는 알 수 없지만 나비 효과는 이미 시작되었다. 만약 내담자가 변화를 제대로 인식하지 못할 때 상담자로서 답답함을 느낀다면, 그 상담자는 앞서 가고 있는 셈이다. 변화에 관한 한 내담자의 통찰력은 필수조건이 아니다. 그가 알아차리지 못했다 하더라도, 내담자에게 일어난 변화의 유무를 논쟁하는 것은 무의미하다.

변화란 때로 감지할 수 없을 만큼 작다는 것을 상담자도 믿으면서 내담자를 이해시켜야 한다. 내담자에게 일어나길 바라는 변화가 덜 일어날 때, 상담자는 실망하는 자신을 발견하게 되고, 결국 내담자에게 그 실망을 전달하게 된다. 이것은 마치 사춘기 아들에게 쓰레기를 버리도록 하는 데는 성공했지만, 아들이 쓰레기를 버리면서 미소 짓지 않았기 때문에 자신은 여전히 행복하지 않다고 말하는 엄마의 예와 비슷하다. 상담의 목표는 내담자가 삶의 변화를 통찰하거나 갑자기 돌변하도록 만드는 것이 아니라 단지 내담자를 좌절시킨 것에 작은 파장을 불러일으킬 어떤 것을 찾아주는 것이다. 즉, 내담자의 관점과 행동에 새로운 패턴이 등장하도록 안전한 긴급 상황(safe emergency)을 만드는 것이다.

상당수의 내담자가 첫 회기 이후 진전되었음을 보고하는데, 이 같은 내담자의 진전에는 원인이 다양하다. 사실상 도움을 요청하는 것만으로도 감정이 회복되는 경우도 있다. 제2장에서 설명한 바와 같이, 단지 지지적인 관계를 경험하는 것만으로도 변화가 촉진될 수 있다. 자신의 고민을 부정적으로 판단하지 않고 경청해 주는 사람을 만나면 부담을 덜고 안도할 수 있기 때문이다. 어찌 되었건 내담자가 진전이나 성공을 보고할 때 그것을 칭찬하며 격려해 주어야 한다. 상담자는 열성을 보이며 내담자가 사건의 그림을 완성하도록 요구한다. "우아, 그렇게 하기 쉽지 않으셨을 텐데요!" "그걸 말하게 될 줄 몰랐습니다."와 같은 반응을 할 수도 있다.

내담자가 다음 회기에 왔을 때 "이번 주에 더 나아진 게 있었나요?"라는 질문을 해볼 수도 있다. 내담자가 좀 나아졌다고 말한다면, 상담자는 바로 그 점과 지난 회기 자신이 했던 제안 사이의 아주 작은 연관이라도 찾아야 한다. 내담자는 어쩌면 해결을 향해 나아가는 새로운 길을 발견했을 수도 있고, 상담자의 제안을 완전히 수정했을 수도 있으며, 상황에 대한 색다른 관점을 갖게 되었는지도 모른다.

어떤 경우든 상담자는 "당신은 어떻게 그렇게 할 수 있었죠?"라고 질문할 수 있다. 만약 그가 상황이 비슷하거나 나빠졌다고 보고한 경우라면, 상담자는 자신의 제안이 그다지 유용하지 않았다는 것을 수용해야 한다. "제가 제안한 과제가 그리 효과적이지 않았던 것 같군요!"라는 식으로 실망이나 짜증을 전달하게 되면, 내담자는 자신이 상담자를 실망시켰다고 느끼게 된다. Glasser(1965)가 말했듯이, 내담자는 결코 실패하지 않으며 단지 계획이 실패할 뿐이다.

게다가 상담자는 이제 더는 하지 말아야 할 것들을 보다 확실히 알게 되어서 이후의 계획은 실패하지 않을 확률이 높아진다. 인공두뇌에 관한 내용에서 다루었듯이, 목표를 향해 날아가는 미사일은 위치에서 벗어났다는 피드백을 통해 경로를 바로잡게 된다. 단기상담자에게 '실패는 없고 오직 피드백이 있을 뿐이다.' de Shazer(1982)의 표현에 의하면, 내담자의 피드백은 자동차 계기판의 경고등과 같다. 이것은 자동차가 최적으로 달리기 위해 운전자가 어떤 행동을 취해야 할지 알려 준다.

상담과정

2장에 소개했던 Bhavana의 사례를 이 장에서 계속 다루어 보자.

상담자: (웃으며 활기차게) 첫 회기를 마치고 스스로 달라진 게 있는지 말해 주세요.

Bhavana: (머리를 저으며 한숨을 내쉬더니 눈을 찌푸리고 어깨를 으쓱한다.) 음, 제 인생은 여전히 엉망이에요.

상담자: 당신이 계속 상담을 받아야 할 뭔가가 여전히 있다는 것 같군요. 그래서 다시 오셨겠지요. 계속 엉망인 일이 많은데도 어떻게 견딜 수 있었나요?

Bhavana: 저도 모르겠어요. 이번 주에는 문제가 그리 크지 않았던 게 도움이 됐나 봐요. (빠르게 덧붙이며) 아마 제가 하루 동안 아파서였나 봅니다.

상담자: 아팠다니 안타깝네요. 어쨌든 좀 회복된 것 같군요. 그리고 왠지 이번 주에는 당신이 좀 달라 보여요. 좀 느긋해진 건지 확실하진 않지만, 어떤 것 같아요?

Bhavana: (생각에 잠겼다가 좀 더 흥미를 보이며) 저도 모르겠어요. 많이 달라진 것 같지는 않아요. 아무도 저에게 그렇게 말해 주지 않거든요.

상담자: 저기 있는 거울을 보면서 한 주 동안 달라진 것들을 찾을 수 있을까요?

Bhavana: (거울을 보고는 머리와 옷차림에 대해 불평한다.) 이런, 형편 없어 보이네요. 저 여드름 좀 봐. (키득대고 웃으며 재빨리 돌아앉아) 지난주에는 좀 나았을까?

상담자: (잠시 후 살짝 미소 지으며) 저의 제안이 그리 효과적이지는 않

> 았나 봅니다. 이런, 제가 잘못한 것 같네요. 좀 더 효과적이 되려면 무엇을 바꿔야 할까요?
>
> Bhavana: 전 당신 잘못이라고 생각하지 않아요. 단지 제가 할 일이 너무 많아서 좋은지 나쁜지 어떤지를 생각할 겨를이 없었던 거죠. 저도 모르겠어요. 어쩌면 지난 회기 후에 좀 더 느긋해졌고, 더 이상 세상의 종말처럼 보이지 않았을 수도 있어요.
>
> 상담자: (몸을 앞으로 약간 더 기울이며 천천히 말한다.) 상황이 어려워졌는데 당신은 오히려 느긋해졌군요. 그것이 좋은 전략이 되면 좋겠네요. 상황이 나아졌을 때 당신이 자신에게 어떻게 말하게 될지 정말 궁금해지네요.

질문 Question

1. 당신이 상담자라면 Bhavana에게 어떻게 반응하겠는가?
2. Bhavana는 상담자에게 무엇을 바라는가?
3. 이 회기에서 내담자는 자신을 어떻게 묘사하고 있는가?

종결의 시점

많은 연구들에 의하면, 여러 유형의 상담에서 최빈값, 즉 가장 흔한 회기는 첫 회기이며, '다음 회기'는 확신하기 어렵다. 특히 위기상담을 주로 하는 학교상담자에게는 단회상담이 가장 흔하다. 따라서 상담자는 항상 매 회기를 마지막 회기인 것처럼 다루어야 한다.

특히 초기단계의 몇 회기 동안은 상담자의 영향력이 매우 크다. Koss, Kutcher, Strupp(1986)은 상담의 효과가 처음 6~8회기 사이에 가장 크다고 보았다. 상담을 언제 종결해야 할지를 판단하는 가장 큰 기준은 내담자가 충분히 진전을 보일 때다. 만약 종결의 시기를 판단하기 어렵다면, 척도기법으로 진전의 정도를 알아볼 수 있다. "처음 만났을 때 문제가 3에 있다고 했는데, 지금은 어디쯤에 있나요? 또 상담을 더 받지 않고 당신 스스로 해 나갈 수 있다는 것을 알려 주는 숫자는 무엇인가요?"

또 다른 방법은 "1부터 10까지 점수 중에서 10은 당신 스스로 계속 변화해 나갈 수 있다는 완벽한 자신감이고, 1은 전혀 자신이 없는 상태라고 할 때, 당신은 지금 어디쯤 있나요?"라고 질문하여 현재에 집중하는 것이다. "이 상담이 성공하려면 당신은 어디에 있어야 할까요?"라고 물을 수도 있다.

내담자가 진전하거나 바라던 변화의 수준에 가까이 왔다고 보고한다면 상담자는 "그 숫자를 얻기 위해서 우리가 몇 번쯤 더 만나야 한다고 생각하세요?"라고 물을 수 있다. 이 질문을 통해 내담자는 미래 어느 시점에서의 성공을 자기충족적으로 예측할 수 있다.

종결과 성장

전통적 관점에서 볼 때, 종결이란 상담자가 내담자를 치료한 이후에 존재하는 상황이다. Budman(1990)에 의하면, 이 같은 종결의 개념은 심리치료를 내담자의 의식 수준으로부터 해로운 문제들을 도려내는 Freud의 병인론적 접근에서 출발한다. 이 접근에 따르면, 문제가 제거될 때 환자가 치료되며 그 후에 환자가 한 번이라도 더 도움을 요청한다면 그 치료는 실패한 것이다. 즉, 환자가 새로운 병을 얻었거나 너무 이른 종결로 인한 오류의 결과다.

전통적 관점에서는 내담자가 문제해결보다 성장을 지향하는 것은 일종의 거짓 경험이 될 수 있기 때문에 상담자는 아직 종결이 이르다고 설득해야 한다. 이러한 관점에서 어떤 상담자는 향후 발생할 문제들과 그로 인한 부정적 결과를 미리 보여 주기도 한다. 이와는 반대로 단기상담에서는 내담자와 가능한 한 빨리 종결하는 것을 목표로 한다. 즉, 내담자가 성장을 지향하는 자세를 보일 때 그러한 자세를 계속 유지하도록 허용한다(Weiner-Davis, 1993).

정신적으로 건강한 내담자들 중 70% 정도는 6회기 이하의 회기를 경험한다는 연구도 있다(Taube, Goldman, Burns, & Kessler, 1988). 그리고 앞서 말한 바와 같이 모든 상담에서 가장 흔한 회기는 1회기다. Budman (1990)은 전통적 관점에서 치료된 이후 종결을 계획하는 것은 현실적이지 않다고 보았다. 상담이 성공적이라고 여긴 내담자조차 60% 정도는 추가로 상담을 받으려 하였다. 따라서 내담자가 상담을 더 받으려 하는 것은 상담이 실패했기 때문이 아니라 그가 현재 직면한 추가적인 문제에 도움을 받고자 하기 때문이다. 결국 종결은 상담자와 내담자가 더 이상 정기적인 상담이 불필요하다고 여길 때 자동적으로 발생하므로 상담자는 가능한 한 빨리 상담 과업에서 물러날 수 있게 노력해야 한다.

이별 감정 다루기

상담자는 변화가 지속된 것을 확신시키면서 상담관계를 끝내야 하며 종결 자체를 축하해야 한다. 내담자가 상담목표에 성공적으로 도달한 경우에도 관계의 문제가 등장할 수 있다. 예를 들어, 내담자가 상담자의 도움 없이 문제를 해결할 수 있을지 확신하지 못하거나 문제의 바다에 표류하는 것처럼 버림받은 느낌을 가질 수도 있다.

따라서 상담자는 종결 시에 겪는 내담자의 혼란을 예상하여 명료화해야 한다(Teyber, 2006). 지금까지 내담자는 상담자로부터 공감과 돌봄을 받았지만, '바깥세상'에서는 이러한 것들을 기대할 수 없을지도 모른다. 또한 내담자는 아직 상담이 끝나지 않았다고 느끼거나 모든 문제들이 종결 전에 전부 해결되기를 기대하기도 한다.

상담의 종료 시점을 명료화하기 위해서는 상담 초기부터 두 사람이 목표에 도달할 때 상담이 종결된다는 사실을 공유해야 한다. 예를 들어 상담 초기에 "상담이 종결되려면 당신의 문제를 어느 정도까지 해결해야 할까요?"라고 질문할 수 있다. 삶의 어떤 문제도 완전한 해결은 불가능하기 때문에 상담자는 내담자가 스스로 문제를 처리할 수 있다는 자신감을 갖게 될 때가 종결의 시점임을 알게 해야 한다.

때때로 내담자는 상담 종결에 대한 불안을 경험하거나, 종결과 관련한 대화에 예민하게 반응하고 실망하기도 한다. 한편 자신이 '좋은 내담자'가 되기 위해, 혹은 상담자를 실망시키지 않으려고 침묵하기도 한다. 상담자가 내담자인 자신을 실제보다 더 유능하게 본다고 오해할 수도 있다. 따라서 상담자는 그의 복잡한 심정들을 우선적으로 반영해 주어야 한다. "내담자들은 종결 시점에서 자신감을 느끼는 동시에 약간의 부정적 감정도 가질 수 있습니다." 이러한 언급은 내담자의 불안을 인정하면서 그를 지금-여기의 장면으로 초대한다. 물론 상담의 기간은 이러한 부정적 감정의 강도와 관련이 깊다. 짧은 기간 내에 상담목표에 도달한다면 종결의 시점은 보다 명료하게 합의될 수 있다.

변화를 공고화하기

내담자는 대개 긍정적인 변화 앞에서 성공 요인을 평가하기를 주저한다(Weiner-Davis, 1993). 따라서 상담자는 내담자로 하여금 자신의 긍정적 변화를 세밀하게 분석하도록 도와주어야 한다. 내담자 자신의 변화가 삶의 다른 부분에 어떤 영향을 미쳤는지 보고할 수 있게 되고 그러한 변화를 감지하고 수용하는 방법이 어떻게 달라졌는지 깨닫게 될 때, 그가 자신의 변화를 어떻게 다르게 지각하는지에 대해 다룰 필요가 있다. 또한 현재까지의 변화를 위협하는 요인들은 무엇이며, 그런 위협에 대항할 수 있는 내담자의 전략은 무엇인지도 파악해야 한다. 상담자는 내담자에게 비록 후퇴하더라도 결코 실패하지 않는 작은 변화를 찾아 주어야 한다. 그러면서도 내담자가 너무 많은 것을 성급히 기대하지 않도록 해야 하고, '10점 만점'보다 '충분한' 변화를 이해하도록 도와야 한다.

때때로 내담자는 상담의 효과를 신뢰하지 못한 채, 모든 것이 처음 상황으로 되돌아갈 것이라고 의심하기도 한다. 그럴 경우 그런 불안감이 당연하다고 안심시켜 주는 예방주사가 필요할 수 있다(Weiner-Davis, 1993). 문제의 재발을 예상하고 대비할 때 문제에 보다 효과적으로 대처할 수 있다. 인간의 삶은 늘 좋은 때와 나쁜 때가 있고, 행복과 비극이 교차하며, 퇴보와 진전이 반복된다. "삶에는 늘 뭔가 다양한 일들이 일어나는데, 그것은 또 다른 잘못된 시작이 아닌 진정한 변화의 시작이다." (p. 215)

변화가 발생한 이유는 내담자가 새로운 방법을 터득했기 때문이므로, 내담자로 하여금 이러한 변화를 당연한 것으로 받아들일 수 있게 도와야 한다. 일단 한 번 일어난 변화는 계속 유지될 수 있도록, 터득한 새로운 관점과 방법들을 계속 연습하고 유지시켜야 한다.

만약 대화 중에 내담자의 불안감이 포착되면 즉각적으로 다루어 준다. "당신은 변화를 8 정도로 유지할 수 있다고 했는데, 그것은 당신이 여전히 염려하고 있다는 의미입니다. 만약 불안감이 올라오면 어떻게 처리할 수 있을지 이야기해 봅시다." 내담자의 '희망에 찬물을 끼얹길' 원하는 상담자는 없다. 상담자는 내담자에게 용기를 잃지 않도록 하면서 그의 불안을 조심스럽게 다룰 수 있어야 한다.

또 다른 방법은 6개월 혹은 적당한 기간 안에 추수상담을 하는 것이다. 추수상담에서 내담자는 지지를 받거나 위태로운 변화의 과정을 재점검할 수 있다. 이러한 확인(check-up) 혹은 촉진회기(booster session)는 변

화의 지속을 추가적으로 보고하도록 하며, 사소한 노력들을 보완하는 기
회도 제공한다. 이 같은 방법은 6개월 뒤의 가시적인 효과를 확인하는
것으로 작용하기도 해서 내담자가 가까운 미래에 성공을 보고하고자 하
는 동기를 불러일으키기도 하며, 그 결과 실제로 성공하기도 한다.

종결의 기법

상담 초기에 상담자와 내담자가 함께 세웠던 목표가 명료할수록 종결
의 시점은 더 확실해진다. 적절한 종결 시점에 이르면 상담자와 내담자
는 작별에 동의하고 그에 대한 준비를 하게 된다.

어떤 내담자는 종결을 상실로 경험한다(Epston & White, 1995). 상담
을 종결하면 내담자는 상담관계에서 손을 놓고 혼자 세상을 마주해야 한
다. 가장 생산적인 종결은 내담자가 더욱 자신감을 갖고 자신의 능력을
온전히 알아차리는 것이다. 상담자는 종결을 준비된 의식(儀式)으로 여
길 수 있도록 노력해야 한다.

준비된 종결은 상담의 성과를 확실하게 한다(Epston & White, 1995).
예를 들어, 구체적인 종결 인터뷰는 자신이나 타인, 관계에 대해 더 많이
깨닫고 목표 달성에 필요한 전략들을 더욱 발전시킬 수 있게 한다. 만약
내담자가 자신이 얼마나 성장했는지 온전히 인식하지 못한다면, "당신
스스로 어떻게 그것을 하셨나요?"라고 물어볼 필요가 있다.

태양계의 행성들이 그저 운 좋게 배치된 게 아닌 것처럼, 성공 경험 역
시 절대로 우연한 결과 혹은 환경 변화나 타인에 의해 일어난 것이 아니
다. 종결 인터뷰의 목적은 문제 해결로 나아가는 성공 단계를 명료화하
고, 내담자가 가진 자원에 주목하며, 문제에 매몰되거나 고립되지 않고
객관적으로 바라볼 수 있는 시각을 제공하는 것이다. 이 과정을 통해 내
담자는 타인과 함께 자신의 문제를 공유할 수 있게 된다.

글로 전달하기

Freud가 'Anna O'를 상담한 이래로 100여 년 동안 상담은 여전히 언어적 치료방법을 주로 사용하고 있다(Schultz & Schultz, 2000). 내담자는 이야기를 하고, 상담자는 그 이야기로 들어간다. 자신의 이야기를 누군가 진지하게 경청해 준다는 것은 참으로 드물고 멋진 사건이다. 사람들은 이런 기회를 얼마나 자주 가질까? 그렇지만 이런 구어적인 의사소통을 넘어 보다 강력한 것이 있는데, 그것은 바로 문자언어(the written word)다. 많은 상담자들은 아직도 문자언어가 구어보다 영향력이 더 클 수 있다는 것을 이해하지 못하고 있다. 언어적 표현은 허공으로 사라진다. 전통적으로 언어는 분명히 기록될 때만 공식화되는 것이며, 문자 문화에서 구어적인 약속은 신뢰도가 떨어진다.

문서는 듣는 것보다 더 오래 읽혀질 수 있고 또 다시 읽을 수 있는, 오랜 기간 보존되는 능력이 있다. 현대의 기술 시대에도 기록 보관소의 언어적 증거보다 더 오래 가는 것이 시각적 사건이다. White와 Epston(1990)은 이것을 시각중심주의(ocularcentrism) 때문으로 설명하였다. 방대한 양의 지식을 드러내는 사람들은 '통찰력이 있다' '지각력이 있다' '선견지명이 있다'고 불리는 반면, 그보다 질이 떨어지는 경우에는 '맹목적'이고 '근시안적'으로 여겨진다. 시각중심주의 문화에서 상담자는 말하는 것만큼 '글로 쓰는 것'을 고려해야 한다. 예를 들어, 청소년 내담자에게는 상담 초기에 계약서를 쓰는 것이 효과적이다.

업적을 기리고 증명하는 것은 오래된 전통(White & Epston, 1990)으로, 벽에 붙은 자격증, 학위, 기타 업적을 기록한 문서 등이 그 예다. 특히 학교상담자는 수상 경력이 어떤 영향력을 갖는지 잘 알 것이다. 내담자에게 상담자 역시 낯선 청중일 수 있으며, 상담자가 미스터리한 어떤 존재로 남아 있는 한, 두 사람 간에 서로 다른 욕구가 발생하고 유지될 수 있다. 그러나 글로 쓰여진 메시지는, 편지든 이메일이든 내담자의 의미를 이해하고 지지하는데 효과적인 도구가 되어 준다.

사람들은 대개 편지나 이메일 받기를 좋아한다. 컴퓨터의 '새 메일이 왔습니다.' 라는 메시지는 우리의 호기심을 자극한다. 문서화된 글은 컴퓨터 화면을 통해 표현될 때에도 누군가의 생각과 관점, 의견을 확실하게 전달한다. 내담자는 필요하면 언제든지 이메일이나 편지로 답장을 할 수 있다. Friedman(1997)에 의하면, "편지 쓰기는 내담자와 논의한 아이디어를 견고하게 하고, 예외를 증폭시키며, 행동 가능성을 개방한다." (pp. 86-87)

Nyland와 Thomas(1994)는 내담자에게 편지를 쓰는 것은 3회기의 면담과 비슷한 효과를 가져온다고 하였다. 이 연구의 몇몇 참가자들은 편지 한 통이 10회기의 가치가 있다고 주장하였으며, 설문에 참여했던 50명은 편지만으로도 치료적 효과가 있다고 응답하였다. 또한 Epston은 편지 한 통이 4회기 반의 상담 효과와 동일하다고 하였다(White, 1995). 특히 이메일이 소통의 보편적인 방법으로 자리 잡은 요즈음 내담자에게 글을 쓰는 것은 상담 전략이 될 수 있다.

내담자는 상담자로부터의 편지를 기다리고 또 그것을 여러 번 다시 읽는 경향이 있다. 한편 일단 글로 쓰인 다음에는 상담실의 안전한 환경에서 진행된 대화보다 비밀 유지가 어렵다는 점에 유의해야 한다. 따라서 내담자에게 추수상담 편지나 이메일을 보내기에 앞서 안전 여부를 확인할 필요가 있다.

만약 상담자가 "상담이 진행되는 동안 제 생각을 정리했던 노트를 보여 주고 싶은데 비밀 유지가 될까요?"라고 묻는다면, 그것은 내담자와의 비밀 유지를 거듭 강조하는 효과를 가져온다. 그렇지만 만약에라도 다른 누군가가 그 노트를 읽을 확률이 존재한다면 우편 발송보다는 직접 전달의 방법을 택하는 것이 낫다.

> **✍ 적용** ━━━━━━━━━━━━━━━━━━━━━━━━━━━━━━━
>
> 　이 활동에 참가할 동료들은 각자가 익명으로 다른 구성원에게 편지를 쓴다.
> "당신에 대해 내가 제일 좋아하는 것은……."으로 시작하는 문장을 완성한 후,
> 당사자가 그 특성을 드러낼 때 직접 말해 준다. 그리고 구성원들끼리 편지를
> 교환해서 각자 자신이 가진 편지를 큰 소리로 읽고 반응을 공유한다.

추수상담 편지 쓰는 방법

　다음의 내용은 상담이 끝난 다음 내담자에게 편지를 쓸 때 포함시켜야
할 것들이다. 이 내용은 내담자의 필요에 따라 다를 수 있기 때문에 예시
로만 활용할 필요가 있다.

1. 내담자가 와 준 것에 감사하고, 함께 작업한 것에 대한 즐거움을 표
   현한다.
2. 내담자에게 비밀 보장에 대한 약속을 다시 말해 준다.
3. 내담자의 주요 문제를 다시 언급하면서 내담자가 어떻게 대처할 수
   있을지 제안한다.
4. 내담자에게 영향을 미칠 수 있는 외적 환경으로 문제를 귀인하고,
   내담자가 영향받지 않았던 예외 상황을 지적한다.
5. 가능한 한 내담자의 표현방식과 은유를 사용하면서 상담자가 발견
   한 내담자의 강점과 자원, 통찰력을 전달한다.
6. 상담목표를 내담자의 욕구와 연결하여 제안한다.
7. 제안하기 전에 내담자가 방문형, 불평형, 고객형, 비자발형 중 어떤
   유형인지 판단한다.

8. 내담자의 유형에 따라, 염려하는 문제를 내담자가 다른 측면에서 생각해 보도록 격려하는 상담자의 관점을 제안한다.

9. 내담자가 개선을 향해 열심히 나아가고 있고, 지금껏 노력해 왔으며, 때로 후퇴하기도 하지만 계속 나아지고 있음을 상담자가 알고 있다고 말한다. 칭찬이 아닌 격려를 한다.

10. 경직된 전문가의 입장이 아닌 친근하고 협력적인 분위기의 메시지로 마무리한다.

추수상담: Bhavana에게 쓴 편지

제2장에 나온 Bhavana의 이야기와 이 장의 앞부분에서 다룬 상담회기를 다시 살펴보자. 다음의 내용은 상담자가 Bhavana에게 보내는 추수상담 편지다.

Bhavana에게

먼저 자발적으로 찾아와 열심히 참여하고, 함께해 준 것에 감사합니다. 대부분의 학생들이 당신처럼 위험을 감수하려 하지는 않기 때문에 저는 당신이 개방적이면서 솔직한 것이 기쁘기도 하고 놀랍기도 했어요. 그런 생산적인 만남을 통해 당신과 상담하는 건 정말 즐거웠습니다.

제 생각을 전하기 전에 이 상담에서 나누었던 모든 것들이 비밀이라는 것을 다시 한 번 강조합니다. 혹시 비밀 보장의 예외가 있다면, 당신이 다른 사람과의 정보 공유를 허락해 주었거나 누군가에게 위험할 때뿐입니다. 비밀 보장은 신중하게 약속드려요.

처음 상담실에 왔을 때, 당신은 남자 친구와 같은 반 친구들, 당신 자신에게까지 화가 많이 나 있었어요. 당신이 크게 상심했기 때문에 상담목표는 당신이 삶에서 승리자처럼 느낄 수 있는 방법을 찾아내는 것이었습니다.

사실 당신이 했던 표현 한 가지가 계속 마음에 걸렸는데, 당신은 정말 많이 고민하며 힘들어 했었고, 당신의 말에는 깊은 상심이 담겨 있었습니다. 당신이 마치 바다 한가운데에 떠 있는 것만 같다는 거였어요.

나는 그 순간에 당신을 바다 안으로 자꾸 끌어당기는 역파도(이안류)가 무엇인지 궁금했습니다. 그것 때문에 당신은 계속 정신을 잃을 정도로 끌려다녔지요. 하지만 그런 역파도에도 불구하고, 당신은 머리를 물 위로 내놓고 있었기 때문에 해변으로 헤엄쳐 갈 수 있었습니다. 저의 추측으로는 당신의 유머 감각, 자신에 대한 정직함, 삶에 대한 열의가 역파도에 맞서며 헤엄칠 수 있게 해 주었다고 생각합니다.

처음에 당신은 인생의 승리자처럼 느끼는 게 바람이라고 했지요. 당신은 이제 자신을 잘 돌보게 되었고, 스스로를 가치 있고 존중받을 만하다고 느끼며, 난관에 부딪쳐도 더 여유를 갖게 되었으니, 퍼즐을 거의 맞춘 게 아닐까 생각합니다. 앞으로 당신이 이 퍼즐 조각들을 더 잘 맞춰가며 발견하게 될 새로운 즐거움들이 과연 무엇일지 무척 궁금합니다.

멋진 시작으로 함께할 수 있었던 것을 Bhavana에게 다시 한 번 감사드려요. 당신이 긍정의 힘을 어떻게 유지하는지 계속 들을 수 있기를 바랍니다.

학교상담자 Fiona McCoy 올림

요 약

단기상담자는 정비공과 같은 기술자가 아니다. 단기상담자는 실존적 본성, 회복력, 변화의 불가항력, 상담 회기의 중요성 등에 관한 일련의 관점을 유지하는 존재다. 이 장에서는 상담자가 격려하고 강화시키는 변화 과정을 살펴보았다. 또한 상담의 종결이 갖는 의미와 역동을 알아보았고, 내담자가 알게 된 것과 자원을 돌아보는 기회로 종결을 활용하는 방법을 확인하였다. 마지막으로, 내담자에게 의미 있고 유용한 추수상담 편지 쓰는 법을 다루었다.

▶▶ 13장으로의 연결 ━ ∙━ ∙━ ∙━ ∙━ ∙━ ∙━ ∙━ ∙━ ∙━

당신의 의지에 반하는 누군가와 만날 수밖에 없었던 때를 떠올려 본다. 그 만남은 아마도 당신이 부당하다고 느끼는 상황이었을 수도 있고, 당신이 한 일에 대한 처벌이었거나 다른 사람들에게는 '당신 자신의 이익을 위하는' 것으로 보였을 수도 있다. 그런 만남이 시작될 때 당신의 기분은 어땠고, 당신은 어떻게 행동하였는가?

참 고

The Institute for the Study of Therapeutic Change

PO Box 578264

Chicago, IL 60657-8264

773-404-5130

www.talkingcure.com

이 연구소에는 Scott Miller와 Barry Duncan이 공동 소장으로 있으며, 웹 사이트의 주제 창에는 '상담의 효과를 가져오는 것은 무엇인가?' '효율성 향상을 위해 당신이 할 수 있는 일은 무엇인가?' '가장 최근의 거짓말은 무엇인가?' 와 같은 흥미로운 제목들이 포함되어 있다.

제13장

인본주의적 단기상담:
비자발적 내담자 다루기

 이 장의 목표

- 단기상담과 인본주의적 상담은 기본 가정이 유사하므로 통합적 적용이 가능하다.
- 인간의 세계는 사회적이면서 동시에 개인 내적으로 구성된다.
- 단기상담은 내담자가 자아와 만나는 심오한 결과를 가져온다.
- 비자발적인 내담자는 물론 의뢰인과도 협력적인 관계를 형성해야 한다.

상담사례

1막

Zeshaun은 팔짱을 끼고 다리를 꼰 채 무덤덤하게 상담실 의자에 앉아 있다. 조금 전 교감선생님은 그의 팔을 붙잡아 상담실로 끌고 오면서 큰 소리로 화를 내며 말했다. "문제아가 왔어요. 얘가 뭘 잘못했는지 좀 알려 주세요. 안 그러면 이 녀석은 평생 여기에 있어야 할 거예요."

수업 방해, 비품 파괴, 교사에게 반항 등의 문제로 이미 여러 번 상담실에 불려 왔지만, 이번에는 거의 끝장인 것 같았다. 퇴학을 당하지 않으려면 제대로 반성하는 태도를 보여야만 했다.

상담자는 그가 본성은 착하지만 자기방어를 위해 반항적이 되었을 것으로 짐작했다. "곤란해졌구나. 문제에서 벗어날 방법을 같이 찾아야겠는데, 하고 싶은 말 있니?" 하고 물었다. 그는 "상관없어요!"라며 무관심한 척 말하면서 눈가의 눈물을 숨기려 애썼다. "다들 멋대로 생각하라고 해요!"

질문 Question

1. 당신이 상담자였다면 이 상황에서 어떤 느낌이었겠는가?
2. 내담자의 행동 이면에서 어떤 자원을 찾을 수 있을까?
3. 당신은 내담자와 교감선생님을 어떻게 중재할 수 있을까?

🐦 개 관

이 장에서는 인본주의적 접근과 단기적 접근의 유사점에 대해서 논의할 것이다. Rogers는 인간관계의 중요성을 강조했고, de Shazer는 단기적인 전략을 제안하였는데, 그들의 기본개념은 단기상담으로 통합될 수 있다. 단기상담은 내담자에게 심층적으로 접근하면서 행동과 생각, 혹은 그 이상의 것을 변화시킨다. 여기에서는 비자발적 내담자의 상담 동기를 높이는 방법과 의뢰인과 관계를 맺는 방법을 다룰 것이다.

🐦 주요개념

근본으로의 회귀

이 책의 저자들은 단기상담뿐 아니라 인간의 잠재력에 대한 긍정적 존중과 변화에 대한 낙관적 견해에 매력을 느껴 저술을 결심하였고, 저술 과정에서 인본주의를 재발견하게 되었다.

어떤 이들은 단기상담이 의료보험 체제에 굴복했다고 비판하지만, Wong(2006)은 보험회사와 정신건강 분야의 종사자들 간에 역설적으로 상호보완성이 있음을 지적했다. 즉, 단기상담은 인간의 긍정적 자원에 초점을 맞추면서 더 나은 상담 효과를 원하는 사회적 요구의 결과다.

반세기 전 Maslow(1968)는 인간의 자아실현 욕구에 대해 저술했다. 그는 행동주의에서 출발했지만 점차 심리학의 기계론적 접근에 실망하면서 충분히 기능하는 인간이 되게 하는 요인을 탐색하기에 이르렀다 (Rowan, 2001). 이를 시작으로 Carl Rogers의 제3세력 심리치료가 등장했다. Rogers는 고유의 잠재력을 발휘할 기회가 주어지기만 한다면 인간은 누구나 성장하고 꽃피우려는 욕구가 있다고 믿었다. "Rogers의 이론에 표현된 인간 본성에 대한 신뢰가 인본주의적 상담을 가져왔다." (Welfel & Patterson, 2005, p. 209).

제3세력 심리치료는 Freud가 인간을 이기적이고 탐욕스러운 '악한 동물'로 보았던 부정적인 관점과 행동주의자들이 동물실험에 의해 인간을 쥐와 단순히 동일시했던 관점과는 전혀 다른, 인간 본성에 대한 새로운 관점을 제시했다. Rowan(2001)은 인본주의적 접근을 제외한 대부분의 상담 접근이 환경에의 적응과 고통의 완화를 주된 목표로 한다고 보았다. 이러한 접근들은 "단순히 이전 수준에서 동일한 방법으로 계속 기능하도록 한다. 그러한 치료의 목적은 변화의 수용보다는 변화를 회피하게 하는 것이다."(p. 29)

일부 심리학자들은 인본주의 운동을 1960년대의 유행으로 치부하기도 한다. 한 연구자는 인본주의가 심리학에 끼친 영향을 분석한 후 이를 실패한 운동으로 규정했다. "인본주의 심리학은 대단한 실험이었지만, 심리학에 인본주의 학파가 없다는 점으로 미루어 볼 때 근본적으로 실패한 실험이었다."(Cunningham, 1985, p. 18) Schultz와 Schultz는 "인본주의 심리학은 주류 심리학에 그다지 큰 영향을 미치지 못했으며, 상대적으로 덜 중요한 것으로 인식되었다."라고 했던 Rogers의 말을 인용하면서 제2차 세계대전 말에 등장했던 인본주의 심리학이 1980년대에 사라졌다고 주장하였다(Schultz & Schultz, 2000, p. 466).

그러나 이러한 소멸은 작가 마크 트웨인의 상황과 비슷해 보인다. 그는 신문에 난 자신의 부고(訃告)를 보고 죽음에 대한 루머가 엄청나게 과장되었다고 이야기했었다(Presbury, McKee, & Echterling, 2007). 새로 등장한 포스트모더니즘은 인본주의적 접근의 일부 개념들을 부활시켰고, 심리치료에서는 Carl Rogers의 개념들이 다시 각광받기 시작했다.

　Wickman(2000)은 Rogers의 내담자 중심 접근을 영화화한 〈글로리아(Gloria)〉(Rogers, 1965)를 분석한 후, 그가 진정한 포스트모던적인 '구성주의자'였다고 결론지었다. Lynch(1997)는 Rogers를 포스트모던 이야기 치료자에 포함시켰다. Becvar와 Becvar(2003)에 의하면, 소위 포스트모던적 접근은 인본주의적 관점에 의해 고안된 것이다. 포스트모던주의자들에게 "목표란 '사실'의 근간이 되는 전제, 가치, 사상을 정확하게 기술함으로써 그 '사실'을 해체하는 것이다."(p. 93) 하지만 그러한 작업을 하려면 먼저 돌봄 관계를 형성해야만 한다. 돌봄 관계가 형성되어야 내담자가 원하는 변화를 가져오는 새로운 도식을 발전시킬 수 있다.

　이러한 접근은 제1장에서 다룬 Wittgenstein의 '병에 갇힌 파리'의 비유로 설명할 수 있다. (파리에 해당되는) 내담자는 덫으로부터 자신을 자유롭게 할 책임이 있지만, 문제 해결 과정에서 상담자에게 도움을 받는다. 포스트모던 가족상담가 Hoffman(1985)은 미래에는 상담자-내담자의 관계가 Rogers가 제시한 관계, 즉 위계가 없는 협동적 관계가 될 것이라고 예측했다. 그러한 관계는 변화를 규정하거나 지시하지 않고, '판단하거나 비난하지도 않으며' 변화의 맥락을 창조한다(p. 395). 바로 지금이 Hoffman이 말한 미래일 수 있다.

　많은 상담 관련 워크숍이나 컨퍼런스에서 새로운 개념 혹은 기술로 발표되는 내용들도 알고 보면 모두 Rogers의 책에 수록된 것들이라는 사실을 발견하곤 한다. 어떤 경우에는 Rogers의 개념이라는 사실을 밝히지 않은 채 새로운 이름을 붙여 발표하기도 한다. 이는 마치 아메리카 대륙에 사람들이 살고 있었음에도 불구하고, 콜럼버스가 그 대륙을 '발견했다.'고 한 것과도 같다(Presbury, McKee, & Echterling, 2007). "Rogers 접근은 심리치료의 주류로서 인지치료, 자기심리학, 여성주의적 치료, 경험주의적 치료, 구성주의적 치료에 동화되었다."(Prochaska & Norcross, 2003, p. 167) 이제 Rogers의 개념들은 모든 상담 접근에서 필수적이다

(Moursund & Kenny, 2002).

상담자들은 처음에는 Rogers의 접근을 배우지만, 상담을 통해 장기적인 '관계 결핍'을 거쳐 마침내 폐쇄적인 인본주의자가 되곤 한다. 심리치료 분야의 발전상과 마찬가지로 우리의 여정 역시 원점으로 돌아왔다. T. S. 엘리엇의 말처럼, 우리는 원점으로 다시 온 것을 알지만 마치 처음인 것처럼 행동한다.

사회구성주의와 강점중심치료

이 책의 수정판이 마무리되어 갈 즈음에 여러 가지 면에서 우리의 치료모형과 비슷한 '강점중심치료'를 알게 되었다(Wong, 2006). 이 모형은 긍정심리학(Seligman & Csikszentmihalyi, 2000; Synder & Lopez, 2002)과 사회구성주의적 개념(Burr, 2003; Gergen, 1999)을 종합한 것으로, 용기, 겸손, 성실 같은 내담자의 성격적 강점과 장점의 강화를 강조한다. 성격적 강점은 개인의 스타일에 일관되게 내재되어 있다는 점에서 특질과 유사하다. 만일 내담자가 특정한 성격적 강점을 갖고 있지 않을 경우, 그들은 일반적으로 강점을 개발하기를 희망하곤 한다. 대부분의 바람직한 특질은 의지와 노력으로 얻을 수 있다(Peterson & Seligman, 2004; Worthington & Berry, 2005). Wong(2006)은 성실, 친절, 용기, 겸손, 희망, 사랑 등의 24가지 '보편적인' 성격적 강점 요소들을 선정했는데, 이것들은 Maslow(1968)의 자아실현한 인간의 특성과 유사하다. 대부분의 사람들은 자신이 갖지 못한 특질들을 원하면서 그러한 일부 특질들이 부족하다는 것을 인정하게 된다. 당신이 강화하고 싶은 성격적 특질들은 무엇인가? 제6장에서 다루었듯이, 사회구성주의는 문화적 힘과 제도화된 관습이 우리가 경험에 부여하는 의미를 형성한다고 본다. 사회구성주의에 의하면, 우리가 삶에서 원하는 것이나 스스로를 존중하는 방법들은 자라 온 환경의 결과다. 이러한 전제는 언어가 개인의 생각과 느낌을 설명할 뿐 아니라 만들어 내기까지 한다는 점에서도 확인된다. 그러므로 상담자는 내담자로 하여금 성공에 대해서, 그리고 문제 외적 사태에 대해서 이야기하도록 도와야 한다.

개인의 성격적 강점과 사회구성주의를 통합하는 것은 다소 모순적으로 보일 수 있다. 성격은 개인에게 내재되어 있으면서 행동으로 드러나는데, Wong(2006)에 의하면 이는 개인이 자기계발을 위해 노력한 결과다. 반면 사회구성주의에서는 환경이 개인의 성격을 만들어 낸다고 주장한다. 전자는 '내부에서 밖으로 향하는' 자유의지적 관점인 반면, 후자는 '외부에서 안으로 향하는' 결정론적 관점이다.

그렇지만 변증법적으로 이해한다면 이 두 가지 관점 모두가 진실일 수 있다. 사회적 상호작용에 대한 자의식, 가치관, 세계관 등은—마치 팬케이크의 끈적끈적한 시럽처럼—문화에 의해 우리에게 '뿌려졌다'. 그럼에도 불구하고 우리는 문화의 영향력 아래에서 인간만의 독특한 세계를 구성한다. 게다가 그 세계는 우리가 다시 수정할 수 있다. 선천적인지 후천적인지, 선한지 악한지 등과 같은 이분법적 접근으로 사회구성주의 대 개인구성주의의 쟁점에 접근할 때조차도 양쪽의 주장이 함께 공존할 수 있음을 알 수 있다. Carl Jung이 말했듯이, 진실의 반대쪽 또한 진실이다.

Wong(2006)의 강점중심치료와 단기상담은 몇 가지 기본 가정이 동일하다. 첫째, "단순히 병리를 완화하는 것이 아니라, 가능한 한 내담자의 긍정적인 자원을 찾는 것"에 주력한다(p. 137). 둘째, 성격적 강점을 내담자에게 부여하거나 가르치기보다는 내담자로부터 이끌어 낸다. 셋째, 상담자는 내담자가 새로운 의미를 구축하는 일에 함께 참여한다. 넷째, 의미란 문화마다 다를 수 있다는 사실을 항상 기억하고, 내담자가 어떻게 부정적이고 자기패배적 의미를 내면화하였는지 면밀히 관찰한다. 다섯째, 상담자는 절대 내담자의 주관적 경험의 전문가가 될 수 없으므로 잠정적으로 제안하고, 내담자가 동의하지 않으면 철회한다. Wong은 이 같은 기본 가정에 덧붙여 공감적 경청, 평가기법, 재구조화와 재명명, 정서적 각성의 관리 등도 제안하였다.

단기상담의 깊이

'심층' 심리치료자들은 단기상담이 표면적인 미봉책이라고 비판한다. 그들에 의하면 단기상담은 '문제'에 초점을 맞추지만 내담자의 자아에까지는 이르지 못하는 '가벼운' 수준의 개입이다. 삶을 이야기로 보는 내러티브적 접근에도 반대한다. 해체될 수 있는 시적 은유로 내담자의 삶을 보는 것은 그의 경험을 비인간화하는 것이라고 주장한다. "시는 고통을 받지 않지만 사람들은 고통을 받는다."(Prochaska & Norcross, 2007, p. 468) 또한 그들은 단기상담의 내러티브 형식이 내담자의 불안과 취약한 면을 거부하는 것으로 보면서 상담자와 내담자 간의 상호주관성에 대한 인식이 부족하다고 주장한다(Shaddock, 2000). 따라서 내담자로 하여금 상담자에게 "당신이 진실된 한 인간으로서 나를 알지 못한다면, 나 또한 상담자로서의 당신을 알고 싶지 않아요."라고 말하게 한다고 비판한다.

단기상담은 내담자의 행동과 문제 상황에 대한 관점의 변화에 관심을 갖는다. 그러면서도 내담자의 자아 경험의 변화를 위해 노력한다. 깊은 수준에서 내담자의 주관적인 자아 경험과 세계 경험을 변화시키려는 것이다. 단기상담은 내담자의 부정적 자아개념이나 공포를 직접적으로 다루기보다는 상담을 통해 내담자의 자아에 영향을 줌으로써 세계 안의 그의 존재를 강화하는 간접적 효과를 기대한다.

우리는 영화관에 가서 앉자마자 의식적으로 스크린을 향하면서 자신이 영화의 관객임을 인식한다(Zahavi, 2005). "경험의 대상(영화)이 있고,

경험(관람)이 있고, 경험의 주체, 즉 내가 있다."(p. 99) 내담자는 경험 속 대상에 대해 마치 그 상황과 사람들이 영화인 것처럼 이야기하지만, 사실 그 역시 주인공이다. 제삼자인 관찰자에게는 영화 관람의 세 가지 수준, 즉 영화, 관객, 자기 중에서 앞의 두 가지만 명료하게 이해된다. 객관적인 제삼자의 관점을 강조하는 여러 상담이론들에서는 가장 깊은 수준인 자기의 주관적 경험이 간과되곤 한다. 예를 들어, 문제 해결적 접근에서는 주인공의 주관적 경험을 이해하려고 시도하기보다 주인공의 행동을 상황에 따라 변화시킴으로써 이야기의 줄거리를 바꾼다. 이것은 영화의 실제 관람자가 아니라 내담자의 영화를 보는 것에 불과하다.

이에 대한 설명을 덧붙이자면, 극장에서 영화를 관람한다고 가정할 때 옆 사람도 영화에 관한 한 나와 거의 비슷한 경험을 하게 된다. 옆 사람 역시 영화를 보는 사람으로서의 경험을 하지만, 그렇다고 나의 주관적인 경험까지 공유할 수는 없다. 나는 영화 관람으로 인해 독특한 영향을 받는다. 심층적인 수준에서 볼 때, 영화는 옆 사람보다 나 자신에게 매우 독특한 경험이다. 나는 영화를 감동적이라고 느끼지만 옆 사람은 그것을 감상적이라고 느낄 수도 있으며, 내가 등장인물의 전개에 흥미를 느끼는 반면 그는 구성이 지겹다고 느낄 수도 있다. 즉, 동일한 사건과 그 사건을 바라보는 유사한 경험일지라도 현저하게 다른 자기 경험을 가져온다.

사람들은 각자 다른 것을 필요로 하거나 좋아한다. 하지만 경험의 수준을 분석해 보면, 객관적으로 그 영화가 좋은지 나쁜지, 인생의 결정적 순간인지, 시간낭비인지는 아무도 알 수 없다. 관객의 평가나 전문가의 분석도 개인의 자기 경험을 바꿔놓을 수는 없다. 누구든지 자신만의 가장 깊은 내면이 존재하기 때문이다.

자신의 가장 깊은 내면에 관한 영화를 보는 사람이 내담자라면, 상담자는 그의 옆자리에 앉아 있는 '타인'에 불과하다. 만일 상담자가 자신의 경험으로 영화를 해석해 나간다면, 그 영화가 내담자의 내적 경험 자체라는 사실을 간과하는 셈이다. 그러면 상담자는 자신의 경험이 내담자의 경험과 같다고 믿게 되어 그 상황에서 어떻게 할지 가르치려 들게 된다.

자기로의 접근

초심상담자들은 호소문제의 해답을 내담자에게 찾아 줘야 한다고 여긴다. "그때 왜 이렇게 말하지 못했나요?"라고 묻는 것은 '외부로부터'의 개입이기 때문에 그다지 효과적이지 않다. 이러한 방법은 내담자의 자기(self)에까지 도달하기 어렵다. 상담자는 삶의 이야기를 말하는 내담자가 '그 영화를 진지하게 본' 유일한 사람임을 기억해야 한다. 상담자는 그 영화의 주인공이나 줄거리를 잘 알지 못한다. 그렇기 때문에 내담자로부터 그 영화가 '정말' 어땠는지 들어야 한다. 내담자를 가르치기보다 그에게서 뭔가를 끌어낼 때 더 깊은 수준에서 그들의 자기에 다가갈 수 있다. 상담자가 들은 이야기로부터 유추하고 상상한 것들은 내담자의 정확한 내적 경험이 아니므로, 상담자는 공감적으로 이해하기 위해서 최선을 다해야 한다.

자기는 고정된 상태가 아닌 진행 중의 과정이며, 끊임없이 변화하고 형성되어 가는 것이다(Zahavi, 2005). 반면에 자아개념은 고정될 수 있고 자기를 규정짓기도 한다. 내담자는 대개 낡은 구성개념을 가지고 자신을 부정적으로 본다. 자기비난적인 내담자는 스스로를 '낙오자' '실패자' '게으름뱅이' 등으로 묘사하기도 한다. 하지만 "삶이 계속되는 한 완전한 자기이해란 없다."(Zahavi, 2005, pp. 104-105)

자아개념이 일종의 구성체인 반면에 자기는 일련의 과정이다. "삶은 자신을 찾는 것이 아니라 자신을 창조하는 것이다."(Sherry, 2007, p. 240) 과정 중인 자기에 대해 질문함으로써 부정적인 자아개념을 해체할 수 있다. '게으름뱅이'가 무엇을 하고 있으며, 어떤 사건이 본인을 '낙오자'나 '실패자'로 규정짓게 하는지 찾아야 한다. Ivey와 Ivey(2007)는 상담에서 '구체성'을 강조하였다. "애매한 일반성보다 명확성을 찾는 것이 더 중요하다."(p. 224) 따라서 "구체적인 예로는 무엇이 있을까요?" 같은 질문이 매우 효과적이다.

　자기를 구성하는 기초사항들을 알고 나면 특정 해석을 하게 만든 행동의 대안적 특성을 찾을 수 있다. 내담자의 자기 구성을 재명명하는 것은 그에게 진단명을 부여하는 것이 아니라, 자기에 대한 고정관념을 깰 수 있도록 촉진하는 것이다. 내담자가 자신의 경험을 구체적으로 이야기할 때, 대화가 활기 넘치고 사건 기술에 주력할 수 있다. 명확한 묘사를 통해 수용하지 못했던 부정적 구성의 측면들을 탐색할 수 있다.

　주의할 점은 묘사하는 상황의 '실제'에 대해 논쟁하지 않고 내담자가 구성한 자기에 대한 명칭을 평가하지 않는 것이다. 대화는 내담자를 현실에서 꺼내는 것이 아니다. 잘못하면 사건에 대해 내담자보다 상담자가 더 잘 해석한다는 것을 의미하는, 이른바 '밖에서 안으로 향하는 개입'이 될 수 있다. 상담자의 역할은 묘사되고 있는 경험의 새로운 구성에 피드백을 하면서 자세히 설명된 '실제'들을 수용하는 것이다.

　'게으름뱅이'는 헌신할 만한 활동을 아직 찾지 못한 사람이고, '낙오자'는 계속되는 불운을 겪어야 했던 사람이며, '실패자'는 여전히 성공의 기회를 찾고 있는 사람일 수 있다. White와 Epston(1990)은 내담자의 이야기나 자기 평가에 새로운 의미를 부여하는 과정을 '창조적 오해'라고 불렀고, de Shazer(1988)는 '쌍안경의 관점'이라고 하였다. 내담자의 자기구성을 창의적으로 오해할 때 상담자는 내담자의 이야기 속에서 사건과 진단 간의 연결고리를 느슨하게 하도록 도울 수 있다. 쌍안경의 관점에서 내담자가 한쪽 렌즈로 사건을 바라보는 동안 상담자는 다른 쪽 렌즈로 보는 것처럼 두 사람 모두 같은 사건을 보지만 다른 해석을 할 수

있다. 만일 내담자 이야기의 낡은 버전이 논박되지 않고 해체된다면, 내
담자는 상담자의 언급을 통해 새로운 이야기와 자기를 구성할 수 있다.

내담자 문제를 진단하지 않고 기술하는 수준에서 머물 때, 내담자는
자신의 경험을 세세하게 묘사할 수 있고 자기 구성을 유연하게 유지할
수 있다. 이때 '내면에서 밖으로' 향하는 변화가 가능해져서 자신만의
재구성을 시도할 수 있으며, 지금까지 자신을 가둬 두었던 제한에서 빠
져 나올 수 있다. 우리는 종종 스스로 열쇠를 갖고 있다는 것을 깨닫지
못한 채 자기 신념의 자물쇠와 사슬에 묶여 살아간다. "우리가 누구인지
는 우리 혹은 다른 사람이 자신에 대해 하는 이야기에 달려 있다. 결국
자기를 이야기할 때 열린 구성이 가능해진다."(Zahavi, 2005, p. 105)

함 의

- 단기상담과 인본주의 심리학은 상호 배타적이지 않다.
- 우리의 신념들은 사회적으로 구성되었지만 우리 스스로가 그것들
  을 해체하고 재구성할 수 있다.
- 의지를 갖고 노력할 때 자신이 원하는 성격으로 변화할 수 있다.
- '단기'라는 용어는 '피상적'이라는 의미가 아니다. 단기적 접근을
  통해 심층적인 자기 수준이 변화한다.

방 법

상담은 모두를 위한 것이 아니다

하나의 전구를 바꿔 끼우는 데 상담자가 몇 명이나 필요할까? (정답: 단

한 명. 하지만 전구가 교체되기를 원해야 한다.) 상담이 모든 사람들의 문제를 해결해 줄 것으로 기대하지만, 사실 모든 사람에게 상담이 필요한 것은 아니다. 극적인 위기 상황이나 심리적 외상을 겪은 사람들에게조차 상담이 큰 효과를 가져오지 못할 때가 있다(Echterling, Presbury, & McKee, 2005; McNally, Bryant, & Ehlers, 2003). 내담자는 놀라울 정도로 탄력적이고 유능하다!

　이러한 선천적 유능성을 근거로 해서 내담자로부터 긍정적인 이야기를 끌어내지만 무기력과 절망감을 가져오는 트라우마는 자원과 대처 능력의 발휘를 일시적으로 방해한다. 내담자가 심리적 상처를 뛰어넘는 방법을 찾도록 도와주려면 먼저 그의 고통스런 이야기를 이해해 주어야 한다. 그런 다음에야 비로소 문제의 다른 면을 보도록 도울 수 있다.

　아무리 유능하고 공감적이며 잘 훈련된 상담자일지라도 모든 내담자와 즉각적으로 작업동맹을 맺기는 어렵다. 상담을 주저하는 사람들을 Welfel과 Patterson(2005)은 '양가감정을 지니고 있고 무관심하며 적대적인 내담자'라고 불렀다(p. 185). 극소수의 사람들만이 '고객'으로서 상담을 찾는다. 모든 내담자들은 양가감정을 갖고 시작하기 때문에 상담자는 그들이 변화의 과정에 적극 참여하기에 앞서 우선 신뢰를 얻어야 한다. '무관심한' 내담자는 물리적으로만 함께 있을 뿐, 상담의 의미를 받아들이지 못하는 '방문객'일 뿐이다. 이것이 바로 변화에 대한 '고려 전' 단계다.

　'적대적' 내담자들은 상담을 강요당했다거나 상담자로부터 자신을 보호해야만 한다고 느끼는 '비자발적 내담자'다. 이들은 대개 본인은 변화가 필요 없다고 주장하지만 제삼자의 강요로 온 경우다. 그렇다면 갖은 인상을 쓰고 앉아 있는 비자발적인 내담자 앞에서 친절하고 배려 있게 보이려 애쓰는 상담자는 어떤 역할을 해야 하는가?

누가 내담자인가

해결중심상담은 '고객은 항상 옳다.'고 여기는 고객 지향적 모델이다. 하지만 비자발적인 내담자는 사실상 '고객'이 아니다. 왜냐하면 의뢰인은 그가 상담받기를 바라지만, 정작 본인은 원치 않기 때문이다.

Welfel과 Patterson(2005)은 도움을 원하지 않는 이들에게 상담을 강요하는 것에 대한 윤리적 고려사항을 제시하였다. 비자발적인 내담자를 상담하는 것이 어떻게 정당화될 수 있을까? 첫째, 비록 그들이 도움은 구하지 않았지만 상담자에게는 그들이 더 잘 살도록 도와야 하는 도덕적·윤리적 의무가 있다. 둘째, 상담자는 훈련된 전문가로서, 소위 '저항적인' 행동이 환경의 압력에 대처하는 합리적인 반응이면서도 상담자의 조력에 대한 순응일 수 있다는 점을 알고 있다. 셋째, 개입이 신속할수록 보다 효과적인 해결책을 찾을 수 있다. "이러한 이유들 때문에 내담자가 도움의 필요성을 느끼기 전에 상담자가 상담을 시작할 필요가 있다."(Welfel & Patterson, 2005, p. 194)

의뢰인이 상담을 요구하는 경우, '누가 내담자인가'라는 문제에 직면하게 된다. 내담자는 첫 회 상담부터 짜증이 나 있거나 무관심하거나 겁에 질린 모습으로 앉아 있지만, 부모나 교사 같은 의뢰인도 내담자가 될 수 있다. 이런 경우, 서로의 요구사항이 다르면 상담자는 의뢰인과 내담자 사이에 끼이게 된다. 예를 들어, 교사는 '형편없는 자아개념'을 가진 학생의 '나쁜 태도'를 상담자가 고쳐 줄 것으로 기대한다. 학생은 그 상황을 '교사가 나를 싫어해.'라고 해석할 수 있고, 상담자가 간섭하지 말아주기를 기대할 수 있다. 이 같은 상반된 관점을 절충하려면 어떻게 해야 할까?

어떻게 하면 의뢰인과 내담자 모두를 만족시킬 수 있을까? 이 상황에서의 상담은 고공에서 줄타기를 하는 것처럼 느껴질 수 있다. 그 어느 쪽도 스스로를 고객이 아니라고 여기기 때문에 상담자는 두 명 중 한 편을 지지할 수 없다. 그들은 상대방이 바뀌어야 문제가 해결될 것으로 믿는 불평자들이다. 비자발적인 상황에 대처하는 가장 효과적인 기술은 양쪽 모두가 어떻게 하면 고객이 될 수 있을지를 찾아내는 것이다. 모든 사람은 어떤 측면에서는 고객이다. 만일 상담자가 쌍방의 요구가 반영된 목표를 찾도록 돕는다면 서로에게 이익이 되는 상황을 만들 수 있다. 그렇게 되려면 양쪽 모두와 '협력'할 방법을 찾아야 한다(Lipchik, 2002).

Walter와 Peller(1992)는 비자발적인 내담자를 만날 때 상담자가 조사자, 보고자, 관리자의 역할을 수행해야 한다고 보았다. 여기에 덧붙여 상담자는 조력자의 역할까지 수행해야 한다.

조사자는 비자발적인 내담자의 세계 속에서 벌어지고 있는 위험한 일들을 알아낸다. 예를 들어, 의뢰인은 아이가 성적 학대를 받았다고 추측하면서 상담자가 이를 확인해 주기를 바란다. 또한 내담자가 아내를 폭행하거나 음주운전을 한다고 의심되는 경우에도 문제를 악화시킬 수 있는 가족이나 친인척을 면담하거나 내담자에게 심리검사를 실시한다.

보고자는 조사자에 뒤이어 문제행동에 대한 권한을 가진 사람과 소통하는 역할을 수행한다. 쉬운 예로, 아동 내담자가 학대받은 사실을 알게 됐을 때 법적으로 보고하는 경우다. 하지만 이 역할은 비자발적인 내담자의 진술한 자기개방을 방해할 수 있다. 아동은 학대 사실을 보고하면서도 나쁜 사람(때로 부모)이 감옥에 갈지 모른다는 사실을 두려워하게 되고, 상담자를 법률 제도의 일원에 불과한 사람으로 여길 수 있다.

관리자는 의뢰인의 목표 달성을 위한 요구사항을 충족시키려고 노력한다. 법원에서 의뢰된 내담자의 경우, 관리자는 문제행동의 재발 방지를 위해 노력한다. 이때 의뢰인은 상담자가 비자발적인 내담자를 규칙을 준수하는 사람으로 변화시켜 주기를 기대하고, 내담자는 상담자가 법을 집행하는 사법부 직원과 비슷하게 행동할 것을 예상할 것이다. 학교상담에서는 내담자가 상담자를 또 다른 교사나 행정직원으로 바라볼 것이다. 관리자로서 상담자는 방어기술을 발휘하는 데 익숙한 내담자의 훈육을 담당한다.

조력자는 내담자와 의뢰인이 함께 바라는 변화를 촉진한다. 조력자는 상담 절차를 따르면서 내담자의 이익을 위해 노력하지만 의뢰인의 요구도 존중해야 한다. 만약 의뢰인이 변화에 만족하지 않는다면, 내담자를 계속 문젯거리로 여기면서 상담의 효과를 의심할 것이다.

보고자, 조사자, 관리자의 역할은 조력자의 역할과 절충될 수 있다. 서로 다른 사람이 각각의 역할을 수행한다면 가장 이상적일 것이다. 서로의 역할을 분리시키고 명료화하면 비자발적인 내담자를 고객으로 전환하는 데 집중할 수 있기 때문이다. "당신이 상담자이면서 관리자라면, 비자발적인 내담자는 당신을 통제자와 상담자의 역할로 분리하는 데 곤란을 느낄 것이다."(Walter & Peller, 1992, p. 245) 상담자는 의뢰인에게도 보고자, 관리자 혹은 조사자 역할을 수행해야 하는데, 만일 내담자와 신뢰관계를 형성했다면 충분히 가능한 일이다.

내담자와 의뢰인과의 협력

Tohn과 Oshlag(1995)은 비자발적인 내담자와 상담할 때의 유의사항들을 제안하였다. 그 내용은 내담자의 세계관을 존중하고, 구체적인 상담목표를 설정하며, 목표 설정을 위해 의뢰인의 이야기를 참조하고, 내담자의 목표 달성을 돕는 것 등이다. 때로 상담자는 자기도 모르게 비자발적인 내담자와 의뢰인이 동일한 세계관과 목표를 가져야 한다거나 가질 수 있다고 여긴다. 그렇지만 이런 개념을 당연시한다면 혼란스러운 결과가 초래될 것이 분명하다.

대부분의 의뢰인은 비자발적인 내담자의 문제행동에 대한 자신의 견해가 전적으로 옳다고 여긴다. 그러나 이러한 가정은 상담자에게 내담자는 문제가 있고, 의뢰인과 일치된 시각을 가져야 한다는 확신을 갖게 만들 수 있다. 상담자가 이 상황에서 내담자가 부인하는 것으로 생각한다면 내담자 역시 상담자의 진심이나 이해, 수용 능력을 의심할 수 있다. 만약 상담자가 내담자를 설득한다면 상담자와 의뢰인의 관계는 더 돈독해지겠지만, 가장 중요한 사람인 내담자와의 관계 형성에는 실패할 것이다. 의뢰인을 먼저 만날 경우, 그가 생각하는 문제행동과 기대하는 상담 목표를 구체적으로 탐색해야 한다. 모호한 이야기나 부정적인 행동만을 강조하는 이야기는 수용하지 않도록 한다. 내담자와 목표를 세울 때는 그 목표와 의뢰인의 목표가 얼마나 관련되어 있는지를 알아야 한다.

처음부터 비자발적인 내담자는 의뢰인과 상담자가 자신의 의지와는 반대로 변화시키려는 음모를 꾸몄다고 믿고 상담을 시작한다. 따라서 상담자는 내담자의 그런 의심을 확신시키지 않도록 조심해야 한다. 참고할 정보가 많은 경우에도 상담자는 항상 '백지' 상태에서 상담을 시작해야 한다. 그렇다고 내담자가 상담에 의뢰된 이유를 전혀 모르는 듯 행동했다가는 신뢰를 얻지 못할지도 모른다.

첫 회기 상담

비자발적인 내담자와의 첫 회기는 다음과 같이 진행한다. 상담자 자신을 소개한 다음, "[의뢰인]은 상담이 끝난 다음 당신이 어떻게 달라지기를 원한다고 생각해요?"라고 간단히 물어봄으로써, 문제의 원인보다는 기대에 초점을 맞춘다(Lipchik, 2002). 이때 내담자는 어리둥절해하면서 모른다고 할 수도 있다. 만일 상담자가 의뢰인과 목표를 합의한 상태라면, "의뢰인이 당신에 대해서 어떤 변화를 원하는지 알려 줄게요."라고 말할 수 있다. 다음 단계는 의뢰인의 목표와 내담자의 목표에서 일치하는 부분이 있는지를 점검하는 것이다. "당신은 의뢰인이 제시한 목표가 얼마나 이루어지면 좋겠어요?" 이때 내담자가 의뢰인의 목표를 어느 정도 납득한다면, 상담자는 자발적인 내담자와의 상담처럼 진행하면 된다. 하지만 의뢰인의 목표에 동의하지 않을 경우에는 "일단 상담에 오셨으니 상황이 당신에게 보다 나아지기 위해 우리가 함께 뭘 할 수 있을지 찾아봅시다. 우리는 의뢰인이 무엇을 원하는지 알고 있어요. 당신이 원하는 건 뭔가요?"라고 물어본다.

한 가지 확실한 것은 목표 설정은 모든 사람들이 함께 참여해 각자의 욕구를 개방하고 명료화할 때 가장 효과적이라는 사실이다. 이 자리에 참석하는 사람은 의뢰인, 비자발적인 내담자, 상담자다. 이때 내담자는 상담자를 포함한 모든 이들에게 동의하지 않을 수도 있다. 상담자는 의뢰인에게 그가 원하는 행동과 내담자의 현재 행동을 체크 리스트로 확인하게 한 다음, 내담자에게 이 체크 리스트를 보여 주며 그 가운데 어떤 행동이 현실적으로 강화될 수 있을지 질문하면 된다.

비자발적 내담자의 욕구

비자발적인 내담자에게 원하는 것을 물으면, 그들은 상담에 참여하고 싶지 않다고 말하곤 한다. 그들은 이곳에 오는 것만 아니라면 어디든 가고 싶을 것이다. 이것은 잘 정의된 목표라는 기준에 부합하지 않는다. 부정적 목표를 긍정적 목표로 바꾸려면 "무엇을 할 수 있다면 대신에~"처럼 질문한다. "만일 이곳에 더 이상 안 와도 된다면, 대신에 무엇을 하고 있을까요?" 내담자가 차라리 집, 직장 또는 야구장에 있겠다고 말한다면, 이 목표를 더 자세히 진술하도록 돕는다. 이 시점부터는 내담자가 고객이 될 수 있다. "상담실 대신 집에 있을 수 있도록, 더 이상 상담에 올 필요가 없다는 걸 그(의뢰인)에게 설득하려면 어떻게 해야 할까요?"

상담자의 역할

앞서 언급한 것처럼 비자발적인 내담자와의 상담은 때로 형식적인 관계보다도 더 부정적인 관계에서 시작된다(Lipchik, 2002; Welfel & Patterson, 2005). 내담자의 입장에서 상담자란 그저 자신을 끌고 가 처벌하는 존재일 수 있으며, 상담은 마치 수술이나 세뇌 작업처럼 오해되기도 한다. 상담자가 '정신과 의사'로 비유되는 이유는 내담자가 상담을 받은 후 어떤 식으로든 사라질 수 있기 때문이다. 내담자를 위해서라도 일방적인 관계에서 벗어나야만 하고, 그러려면 진정으로 친밀한 관계를 형성해야 한다. 상담자는 '외과적 성격절제술(character-ectomy)'을 시행하는 사람이 아니다.

비자발적인 내담자와 상담을 지속하기 위해서는 의뢰인을 활용할 수 있어야 한다. 내담자에게는 상담의 시작단계부터 의뢰인에게 계속 정보를 전달할 의무가 있다는 사실을 알려 준다. 하지만 상담자가 의뢰인에게 전달하는 내용이 제한적이라는 것도 확인시켜 준다. 상담자는 의뢰인이나 관련된 다른 사람들과 정기적으로 만나면서 확인된 변화와 발전을 '자세히 논의'해야 한다. 의뢰인과 자주 만나 협력함으로써 긍정적인 변화를 기대하도록 만들 수 있다. 가끔은 의뢰인이 화를 내거나 좌절해서 어떤 변화도 알아차리지 못하거나 내담자의 노력을 인정하지 않으려 할 때도 있다.

의뢰인도 내담자다. 만일 상담자가 그러한 상황을 수용하지 않으면, 의뢰인은 상담자가 문제의 심각성을 이해하는지 의심하게 되고, 상담자가 수용해 줄 때까지 끊임없이 더 많은 문제를 가져올 것이다. 더 나아가 비자발적인 내담자의 발전을 의뢰인이 발견하지 못한다면 내담자도 더 이상 노력하지 않게 된다. 그렇게 되면 상담자에게는 낙담하고 희망을 잃은 두 명의 내담자만 남게 된다.

의뢰인과 계속해서 만나야만 두 내담자에게 동시에 영향을 줄 수 있다. 예를 들어, Tohn과 Oshlag(1995)은 상담자가 어떻게 쌍방의 이익을 동시에 충족시키는지 보여 주었다. 비자발적인 내담자가 변화를 시도하려고 할 때, 의뢰인에게 다음과 같이 제안을 할 수 있다. "다음 주까지 제 내담자는 몇 가지 문제를 다룰 겁니다. 당신이 원하는 것 중에서 뭔가 변화된 것을 발견할 수 있으면 좋겠군요."

내담자는 변화가 없는데 의뢰인이 변화를 감지했다면 상담자는 문제의 해결책을 계속 찾아야 한다. 이때 내담자의 변화는 대개 위약효과이기 때문이다.

비자발적인 내담자는 상담자와 '자발적인' 관계가 아니기 때문에 상담에 참여하기 싫어하고, 강제로 참여하는 데 화를 내고 있음을 이해해야 한다. 따라서 그의 입장을 듣는 데 관심을 보여야 한다. "만약 내가 당신 입장이라도 상담 받기 싫을 것 같고, 설령 어떤 이익이 있더라도 상담 자체가 힘들 것 같아요. 판사로부터 당신이 상담에 의뢰된 이유를 들었지만, 저는 당신의 의견을 듣고 싶어요."

가능하다면 내담자가 자발적으로 오는 것에 초점을 다시 맞추는 것이 좋다. 내담자는 상담에 참여하는 것이 더 나쁜 결과를 피하는 방법이라고 여길 수 있다. "상담하는 것이 너의 최선의 선택은 아니겠지만, 여기에 있다는 것 자체가 네가 다른 것이 아닌 상담을 선택했다는 걸 의미하기도 해. 네가 여기 오면 어떤 목적을 달성할 수 있을까?"

만일 내담자가 목적을 이야기하지 않는다면, 내담자가 생각하기에 의뢰인은 내담자에게 어떤 변화를 원하고 있는지 묻는다. 만일 내담자가 의뢰인이 원하는 변화를 이야기하면 그때부터 비로소 내담자에게 초점을 맞출 수 있다. "그래서 그 선생님은 네가 숙제를 해야 하고, 학교에서 문제를 일으키면 안 된다고 생각하는구나. 너는 그분이 말한 것 중에서 어떤 부분을 바라니?"

만일 내담자가 "그분이 더 이상 제 일에 상관하지 않았으면 좋겠어요!"라고 한다면, "그가 신경을 끄면 무엇이 달라질까? [내담자가 변화를 이야기하면] 그렇다면 우리는 [그 변화]가 일어날 수 있게 함께 노력하면 되겠구나."라고 말할 수 있다.

내담자가 의뢰인의 바람을 말하지 못한다면, 내담자로 하여금 의뢰인에게 직접 질문하도록 해 본다. 그리고 나서 내담자에게도 그러한 변화를 원하는지 묻는다. 둘의 희망사항이 일치하지 않는다면, 상담에 참여하지 않을 경우 예측 가능한 미래의 결과를 탐색한다. 내담자가 그 결과를 감수하기를 원하면 작별인사를 하고 종결하면서, 내담자의 마음이 변하면 언제든 다시 만날 수 있다고 알려 준다. 마지막으로, 만일 상담 효과를 높이기 위해 시간이 더 필요한 경우라면 다음과 같은 조건을 제시한다. "우리가 총 여덟 번(50분짜리 8회기) 만나기로 했지요. 저는 상담 결과를 보고할 의무가 있기 때문에 당신이 변화하려고 노력하는 만큼 그 시간을 약속한 기간에 포함시키겠습니다."

분명 상담자는 고객형 내담자를 원한다. 그렇지만 앞서 언급했듯이 내담자가 완벽하게 준비된 고객으로 상담에 오는 경우는 매우 드물다. 상담자의 역할은 내담자가 고객이 되어야 할 이유를 찾아 주는 동시에 그의 주저하는 태도를 존중하는 것이다. 상담자가 내담자 자신의 관점을 듣고 이해하고 인정해 준다고 느낄 때 고객으로서의 관계에 한층 가까워질 수 있다. 그러나 반대로 상담자가 내담자의 저항을 이겨 내려 한다면, 그는 접촉을 끊고 상담자에게 받은 모욕으로부터 스스로를 보호하려 할 것이다. 그런 식으로 정신적인 포위공격을 하면 상담은 더 어려워질 뿐이다.

주의할 점은 무엇보다도 공감적인 소통이 우선해야 한다는 것으로, 상담자는 지금까지 내담자가 맞서 싸워 온 사람들과는 달리 공감적이어야 한다(Lipchik, 2002). 비자발적인 내담자에게 질문할 때는 항상 주의해야 한다. 왜냐하면 그는 예전에 이런 질문들을 일종의 덫으로 경험한 적이 있어서 질문에 부정적인 반응을 보일 수 있기 때문이다.

비자발적 내담자의 저항 다루기

앞서 소개했던 비자발적인 내담자와 의뢰인을 만나는 방법들이 다소 회의적으로 느껴질 수 있다. 비자발적 내담자를 만나 본 상담자라면 아마 절망감을 느껴 보았을 것이다.

때로는 상담자가 비자발적인 내담자를 끌어들이려고 아무리 노력해도 소용이 없을 때가 있다. 그런 상담회기를 되돌아보면, 상담자가 내담자보다 훨씬 더 열심히 노력한 것을 알 수 있다. 그렇지만 상담자가 소진되더라도 내담자와 함께 했던 시간은 의미가 있다. 만약 서로의 시간을 낭비하고 있는 것이 분명하다면 "지난 몇 회 동안 상담을 해 왔지만 지금 우리는 교착상태인 것 같아요. 언젠가 저와 다시 상담하길 원하게 될 수도 있고, 아니면 다른 상담자와 상담하기를 원하게 될 수도 있어요."라고 말해 준다.

내담자가 상담을 지속하는 것이 의미 없다고 말한다면 먼저 상담자로서의 안타까움을 전달한 다음, 상담이 필요할 때 다시 시작할 수 있게 권유한다. 또한 내담자와 협의를 거쳐 종결을 결정했다는 사실을 의뢰인에게 보고해야 할 의무에 대해서도 말해 준다. 마지막으로, 상담 중에 알게 된 예외적 상황, 가능성, 자원, 강점, 긍정적 목표 등을 내담자와 의뢰인 모두에게 확인시켜 준다.

상담과정

　이 장의 첫 부분에 제시된 상담사례를 다시 살펴보자. 상담자는 Zeshaun에게 잠시 기다려 달라고 부탁하고 급히 교감선생님을 만난다. 교감선생님은 나이 많은 교사들에게 때로 불편감을 유발하는 젊고 열정적인 사람이다.

2막

상담자: 교감선생님, Zeshaun과 상담하기 전에 드릴 말씀이 있는데, 지금 잠깐 시간 좀 내주시겠어요?

교감: (조금 전보다 침착해진 덕에 미안해하며) 물론이죠, 들어오세요. 아까 쓸데없이 참견해서 죄송해요. 그런데 그 아이 때문에 정말 미치겠어요.

상담자: (업무수첩을 꺼내 적으며) 바쁘실 테니까 몇 가지만 좀 적을게요. 괜찮으시죠?

교감: 물론이죠. 뭘 알고 싶으세요?

상담자: 파일에는 없지만 제게 알려 주시고 싶은 게 있다면 뭐든 말해 주세요. Zeshaun이 바뀌었으면 하는 것도 괜찮고요.

교감: (Zeshaun의 정학파일과 방과 후 처벌파일을 가져와 잠깐 훑어본다.) 작년에 O' Connor 선생님이 아이의 담임이었네요. 정학과 처벌은 그분의 요청으로 시작되었어요. 아마 그 둘은 잘 안 맞았나 봅니다. 어쨌든 아이는 O' connor 선생님을 포함한 모든 사람들과 잘 지내는 법을 배워야겠어요. 물론 교회 선생님들은 그 아이가 큰 문제는 없다고 했지만, 그것만으로는 부족하죠. (좀 더 크고 강하게 이야기한다.) 그 아이는 성질이 너무 급해서 누가 조금만 강하게 말하면 곧바로 대들 겁니다.

상담자: 예, 잘 알겠습니다. 의뢰한 선생님에게도 확인을 해봤으면 하는데, 괜찮으시면 내일 O' Connor 선생님과 이야기를 나눠 보고 싶습니다.

3막

상담자는 내담자가 침울하게 창밖을 응시하고 있는 상담실로 돌아온다.

상담자: 정말 미안한데, 오늘은 길게 이야기할 수 없어서 만날 시간을 다시 정해야 할 것 같아. (내담자는 계속 침묵하며 눈을 마주치지 않는다.) 너 상담에 억지로 온 거지?

Zeshaun: (피식 웃으며) 뭐 하실 거예요? 저를 분석할 건가요? 분석 받아야 할 사람은 저희 담임이었던 O' Connor 선생님이에요.

상담자: 분석은 안 할 거야. 내가 지나치다고 생각하면 얘기해도 돼, 알겠지?

4막

상담자: O' Connor 선생님, 급히 연락 드렸는데도 만나 주셔서 감사합니다. 선생님이 의뢰하신 학생을 만나기 전에 먼저 선생님을 뵙고 아이에게 어떤 변화가 있길 원하시는지 알아보려고 왔어요.

O' Connor 선생: (의도적으로 공손한 자세를 취하며) 우선 저는 학생들을 상담에 의뢰해본 적이 없었습니다. 이전 고등학교에 재직할 때도 '학교상담자들'이 있긴 있었죠.

상담자: (관심을 보이며) 해야 할 일이 많으셨죠?

O' Connor 선생: 아무도 상상 못할걸요? 제가 얼마나 많은 문제아들을 가르쳤는지 셀 수조차 없어요. 1975년에만 해도……. (1975년 이야기를 5분 정도 하면서 점점 흥분한다.)

상담자: 할 일이 많은데도 불구하고 어린 아이들을 도울 시간을 내셨네요. 모든 사람들이 포기한 아이들을 지도하셨다니 대단하세요. 제 추측으로 그때 그 아이들도 요즘 아이들과 비슷했을 것 같아요. (상담자가 목소리를 점점 줄인다.)

O' Connor 선생: 꼭 그렇지는 않아요. 그 아이들은 저를 존경했어요. Zeshaun처럼 말을 안 듣거나 건방지게 굴지도, 저를 놀리지도 않았어요.

상담자: (업무 수첩을 꺼내며) 선생님 말씀을 들으니 도움이 되네요. 아이와 제가 몇 가지 목표를 세우고 실천할 수 있게 좀 적어 볼까 하는데 괜찮으시죠?

O' Connor 선생: 예, 그런데 제가 뭘 하면 되죠? 요즘 아이들은 10년 전 아이들과 너무 달라요. 어떤 때는 무슨 말을 하는지도 모르겠는데, 아이들이 그런 저를 비웃기도 합니다. 저는 사실 MP3나 스마트폰 같은 것도 잘 몰라요.

상담자: O' Connor 선생님, 제가 Zeshaun과 상담하는 것을 도와주셨으면 합니다. 상담하는 동안 아주 작은 긍정적인 변화라도 나타나는지 봐 주세요.

O' Connor 선생: (웃으며) 제게 맡고 있는 학생이 32명이나 되니 한 명에게만 할애할 시간이 없어요. (잠시 머뭇거리다가) 만약에 뭔가 확인되면 알려 드리겠습니다. 대신 너무 기대하진 마세요.

5막

상담자: 다시 와 줘서 고맙구나, Zeshaun.

Zeshaun: (의자에 털썩 앉으며) 그냥 와야 할 것 같았어요.

상담자: 좀 걱정했어. 여기 대신에 방과 후 처벌교실에 가면 어쩌나 싶었다.

Zeshaun: (웃으며) 그냥 농담한 거예요. 여기 있을게요.

상담자: 오늘 우리가 상담시간을 어떻게 쓰면 좋겠니?

Zeshaun: 선생님들이 제 일에 신경을 좀 끄고, 저를 비난하지만 않으면 좋겠어요.

상담자: 넌 네가 진짜 어떤 사람인지 보여 줄 방법을 찾고 싶은 것 같구나.

질문 Question

1. 이 사례에서 상담자는 내담자와 의뢰인을 어떻게 대했는가?
2. 상담자는 이러한 협력적 관계를 어떻게 형성할 수 있었는가?
3. 내담자의 마지막 말에 어떻게 반응할 수 있겠는가?

상담계의 두 거인

Steve de Shazer와 Carl Rogers에게 깊은 감사를 드린다. 그들은 독창적인 사색가였으며, 살아 있다면 참으로 많은 것을 함께 나누고 싶은 인물들이다.

Steve de Shazer(1940~2005)

Steve de Shazer가 정신분석의 근원지인 비엔나에서 생을 마감한 것은 매우 아이러니하다. 그는 전통적 심리치료가 문제의 원인을 과거에서 찾는 것과는 반대로 미래에서 해결책을 찾고자 하였다.

Carl Ransom Rogers(1902~1987)

de Shazer와 마찬가지로 Carl Rogers 역시 상담의 근본적인 역동에 큰 변화를 가져왔다. 그는 공감, 진솔성, 무조건적 긍정적 관심을 통해 내담자와 상담자를 동등한 관계로 만들었다.

요약

오랫동안 단기상담은 인본주의적 상담의 가치와 공존하기 어려운 것처럼 여겨져 왔다. 그러나 단기상담도 내담자의 자기 탐색을 통해 심오한 결과를 가져올 수 있다. 비자발적인 내담자는 상담자에게 커다란 도전이 될 수 있으므로 이 장에서는 비자발적인 내담자를 상담과정에 참여시키는 전략과 의뢰인을 효과적으로 대하는 방법을 살펴보았다.

▶▶ **14장으로의 연결** ━ ‧ ━ ‧ ━ ‧ ━ ‧ ━ ‧ ━ ‧ ━

당신이 상담자로 성장하는 데 극적인 영향을 미쳤던 수퍼바이저와의 의미 있는 경험을 회상해 본다. 당신은 새롭고 강력한 방식으로 자기 자신을 확인했을 수도 있고, 당신이 만나고 있는 내담자에게 근본적인 변화를 가져올 핵심적인 기술을 얻었을지도 모른다. 어떤 경험이었든 간에 당신이 수퍼바이저에게 특별히 도움받았던 부분은 무엇인가?

참 고

Association for Humanistic Psycholgy(AHP)

1516 Oak St. #320A

Alameda, CA 94501-2947

510-769-6495

http://ahpweb.org/index.html

이 협회의 사이트에서는 인본주의 심리학의 역사 개관, 훈련 기회와 콘퍼런스 일정표, 출판 목록과 웹 자료를 제공한다. 이 협회는 인간의 존엄성을 드높이고 개인의 실현 경향성을 촉진하는 국제적 비영리단체다.

제14장

단기상담의
미래와 전망

이 장의 목표

- 동기강화상담, 단기게슈탈트치료, 단기실존치료, 단기정신역동치료, 단기행동치료, 단기인지행동치료 등은 단기상담의 주요한 몇몇 이론모형에 불과하다.
- 상담실무자들은 서로 다른 이론적 접근을 통합하여 적용하고 있다.
- 이론은 상담 현장에 필요한 실제적인 도구다.
- 상담자는 전문성을 높이기 위해 자신의 상담이론을 개발해야 한다.

🐐 상담사례

오늘 수퍼바이저는 2년차 수련생 Pem과 두 번째 상담 수퍼비전을 진행 중이다. Pem은 현재까지 한 중년 여성을 2회 상담한 상태다.

수퍼바이저: Pem이라고 불러 달라고 했었죠?

Pem: 예, 그렇게 불러 주시는 게 더 편해요.

수퍼바이저: 그래요. 우리가 한 50분 정도 함께 할 텐데, 어떤 부분을 다루면 좋을까요?

Pem: 음……. 급히 오느라 제대로 생각해보지 못했어요.

수퍼바이저: 그럼 이번 주 상담에서 가장 잘된 부분부터 말해 볼래요?

Pem: (고민하다가 걱정스럽게) 그렇게 잘한 건 없었던 것 같아요.

수퍼바이저: 어째서?

Pem: 아시다시피 전 내담자가 한 명뿐인데, 지난주 첫 회기에 주로 이야기를 듣기만 했거든요. 저의 상급 수퍼바이저는 내담자가 중언부언하니까 제가 뭔가 좀 개입하면 좋겠다고 했어요. 두 번째 회기에서 그녀는 Beck, Michenbaum, Burns 같은 인지행동치료 학자들의 저서를 서슴없이 읊어대더군요. 저는 제대로 따라가지 못했어요. Ellis의 비합리적 신념 같은 것은 좀 이상하게 여겨졌지만……. 어쨌든 제 내담자는 직장 동료들이 자신에 대해 말하는 것을 어떻게 알았는지 이야기했어요. 지난주에 휴게실을 지나가는데 아무도 말을 걸지 않았다는군요. 그녀는 자녀들에게 어떤 일이 일어날지 모른다는 생각이 들어서 며칠 학교에 보내지 않고 집에 있게 할까 한답니다. (Pem은 잠시 숨을 멈추었다가 의자에 어정쩡하게 기댄다. 그는 수퍼바이저가 이해와 격려의 표시로 고개를 끄덕이는 것을 바라보다가) 저도 내담자의 이런 생각을 인지적 오류로만 해석해서는 안 된다는 걸 알아요. 하지만 이제는 내담자가 잘 보이기 시작해서 기분이 좋았어요. 뭔가 확실하게 도와줄 수 있을 것 같아요.

수퍼바이저: 자유로움 같은 건가요? 스스로 원하는 걸 해내고 명료해진 느낌 같은?

Pem: (한숨을 쉬며) 꼭 그렇지는 않고요. 확실한 것 같으면서도 힘들기도 해요. 제가 인지적 오류에 대해 설명해 주면 내담자가 이해는 하지만 별로 좋아하지는 않았어요. 사실 그녀는 다른 사람들도 자기와 같은 방식으로 생각한다는 걸 깨달았지요. 저는 그녀의 방어에 대해 더 깊이 탐색했는데, 그랬더니 그녀는 입을 꼭 다물고 철수해 버렸어요. 지금 무엇을 느끼고 있는지 물었는데 2, 3분 정도 침묵했고, 상담이 끝나 버렸어요.

수퍼바이저: 당신이 그렇게 해야 한다는 걸 어떻게 알았지요?

Pem: 일치성(진실성) 말씀이신가요? 잘 모르겠어요. 저는 그다음에 뭘 해야 할지 혼란스러워서, 심지어 게슈탈트치료의 빈의자 기법을 쓸까도 생각했었어요. 그러다가 여러 이론을 쫓아다닐 것이 아니라 예전에 효과적이었던 방법을 하나라도 제대로 알아야겠다고 마음먹었어요.

수퍼바이저: 그래서 과거에 썼던 방법을 적용하려고 결심했군요. 효과적이었던 방법에 대해 좀 더 자세히 말해 보세요.

Pem: 이번 내담자만큼은 아니지만, 지난 학기 집단상담에서 참가자 한 명에게 제가 뭔가를 시도했는데 잘 안 되어서 중단했던 적이 있어요. 저는 제가 상황을 꽤 잘 파악했다고 보았는데 말이죠.

수퍼바이저: 이해가 잘 안 되는 점이 있는데, 당신이 그때 제대로 했다는 게 뭔가요?

Pem: 음, 저는 정보를 얻기 위해 목표지향적인 질문들을 너무 많이 하는 것 같아요. 내담자를 제대로 준비시키거나 초청하지도 않고 '예, 그런데' 식의 대화만 했지요. 사실 내담자는 목표 따윈 안중에도 없는 상태였거든요.

수퍼바이저: 그래서 그런 자신의 방식을 바꾸어 보려 했군요. 그래서 뭐라고 말했나요?

Pem: 아마 2개월쯤 전의 일이라 정확히 기억하고 있을지 모르겠어요. (수퍼바이저는 기대를 갖고 계속 고개를 끄덕이며 몸을 앞으로 기울인다.) 저는 뭔가 오해하고 있었다고 생각해서 이렇게 말했지요. '전 목표 설정에 관해 말하고 싶지 않은 당신을 비난하지 않아요. 당신은 제가 말에 올라타서 칼을 빼 들고 나팔을 불고 있다고 생각하면서도 정작 싸울지 말지를 결정조차 하지 못하고 있는 것 같군요.'

수퍼바이저: 그 장면이 생생하게 떠오르네요. 내담자가 좋아했을 것 같아요.

Pem: 그녀는 크게 웃었고, 가끔 제 열정에 감탄했다고 하더군요. 나중에 그렇게 느낄 때 얘기해 주겠다고 했어요. 저는 그녀가 무엇 때문에 저항하는지 이해하려고 애썼어요.

수퍼바이저: 그 상담이 어떻게 그런 성과가 있었는지 알겠어요. 좋은 사례가 되겠네요. (짧게 한숨을 쉬며) 궁금한 게 있어요. 같은 방법을 썼는데도 이번 상담에서는 결과가 왜 다를까요?

Pem: 저도 잘 모르겠어요. 좀 더 생각해 보면 뭔가 알게 될지도 모르겠어요.

수퍼바이저: 당신은 뭔가를 감지하면 자신의 본능부터 믿는 것 같아요. 만약 뭔가 다른 게 있다면…….

Pem: (끼어들며) 전 이제 서른 살인데, 이번 상담에서 바보 같은 실수를 저지른 게 너무 싫어요. 당신은 제가 석사과정 2년차인 만큼 더 잘해야 된다고 생각하시겠죠? 전 어젯밤에 잠도 잘 안 오더군요.

질문 Question

1. 당신이 수퍼바이저라면 상담자에게 어떻게 말해 주겠는가?

2. 가면증후군은 어떤 의미인가?

3. 수퍼바이저는 이번 수퍼비전에서 상담자의 성공 자원을 어떻게 이끌어 냈는가?

개 관

마지막 장에서 우리는 상담의 통합적 접근을 흥미롭게 탐색할 것이다. 또한 동기강화상담, 단기게슈탈트치료, 단기실존치료, 단기정신역동치료, 단기행동치료, 단기인지행동치료 등 특정 영역별 단기상담 이론을 살펴볼 것이다. 각 접근법의 강조점은 다르지만, 최소한의 시간 내에 큰 효과를 얻을 수 있는 기본적인 방식의 변형으로 활용할 수 있다.

궁극적으로 이론은 상담의 핵심 도구다. 여기서는 개인적인 상담 이론을 효과적으로 발달시키는 데 도움이 될 다섯 가지 주요 접근법을 제안한다.

주요개념

진화 패러다임으로서의 '단기상담'

Nugent와 Jones(2005)에 의하면, 단기상담과 치료는 Freud의 정신분석에서 시작되는 긴 역사를 가지고 있다. "초기에 Freud는 분석 회기를

6회에서 12회 정도로 제한했다…… 그리고 분석 회기가 점차 장기화되자 Alfred Adler, Otto Rank, Sandor Ferenczi 등은 이에 반대했다."(p. 157) 이 같은 반대에도 불구하고 내담자의 무의식적 자료를 의식화하고, 이를 훈습하기 위해서는 장기간의 분석이 필요하게 되었다.

이후에 자아심리학이나 신프로이드 학파에서는 내담자의 무의식을 회복하는 것보다 호소문제를 다루는 데 초점을 두기 시작했고, 그 결과 상담과 치료의 단기적 접근이 등장하게 되었다. 당시 미국에서는 치료에 과학적 방법을 적용하려는 시도가 나타나면서 분석기간이 단축되었고, 상담자에게도 행동치료의 영향이 점차 커지기 시작하였다. 또한 내담자와 그의 가족을 체계(system)로 여기면서 어떻게 하면 더 단기간에 변화시킬 것인지에 대한 새로운 관점이 급증하였다 .

최근에는 실용성과 유연성을 강조하는 단기상담적 접근이 통합적 접근을 더욱 촉진시켰다. 제9장에서 살펴보았듯이, 효과적인 상담은 새로운 시냅스 연결을 형성하고 신경전달물질을 방출시킴으로써 뇌에 큰 영향을 끼친다고 보고되고 있다. 이처럼 이론과 실제를 통합시키고 신경과학과 마음 간의 간극을 좁혀 주는 신경과학의 획기적인 발견은 긍정심리학의 효과를 지지하고, 단점보다는 장점의 강조에 힘을 실어 주고 있다.

변화를 지향하는 통합적 치료나, 미래로의 진보를 강조하는 해결중심치료나, 이야기의 재건을 강조하는 이야기치료 등은 모두 단기적 모형의 발전에 큰 영향을 미쳤다. 치료적 접근들 간에 차이는 다소 있지만 이제 거의 모든 상담이론에서 단기적 접근이 유효해지고 있으므로 최근 등장한 단기적 접근을 몇 가지 소개하고자 한다.

동기강화상담(MI)

Prochaska와 Norcross(2007)는 동기강화상담(Motivational Interviewing:

MI)을 현대판 인간중심상담으로 보았다. 동기강화상담은 내담자가 변화에 대해 양가감정을 보일 때 그것을 칭찬해 줌으로써 그의 고유한 동기를 강화해 주는 직접적인 접근법이다(Rollnick & Miller, 1995).

Miller와 Rollnick(2002)은 동기강화상담의 네 가지 핵심원리를 설명하였다. 먼저, 가장 중요한 것은 상담자가 공감을 표현하고, 애정 어린 염려를 전달하는 것이다. 제3장에서 살펴보았듯이, 공감적 관계는 성공적인 상담의 필수조건이다. 둘째, 상담자는 내담자가 진술하는 가치관과 실제 행동 간의 차이를 찾아 주어야 한다. 제4장에서 목표 설정의 중요성에 관한 유사한 개념을 다루었다. 셋째, 저항은 상담자와 내담자의 상호작용에서 비롯되므로 상담자는 저항에 맞서기보다 칭찬해 주는 것이 중요하다. 넷째, 변화를 일으키고 낙관성을 강화함으로써 내담자의 자기효능감을 높여야 한다. Bandura(1977)에 의하면, 자기효능감이 높은 사람은 실제로 어떤 기술이 있든 없든 도전적인 과제 해결에 필요한 행동을 할 수 있다고 믿는다(Ryckman, 2004).

원래 동기강화상담은 약물남용 문제를 지닌 내담자를 다루기 위해 개발되었지만, 현재는 변화를 거부하는 내담자에게도 좋은 성과를 얻고 있다(Ivey & Ivey, 2007). 이 이론의 초창기에는 특정 치료기법보다 상담자의 강화가 가장 중요한 요소라고 보았다(Prochaska & Norcross, 2007). 공감은 돌봄의 관계를 가능하게 하고, 권태감을 경험하는 내담자에게 효과적으로 대처하게 한다(Bohart & Greenberg, 1997). Prochaska와 Norcross(2007)에 의하면, 내담자는 "두 인격이 진솔하게 만나는 참된 인간관계에 목말라 있다."

동기강화상담자는 면담을 시작하는 데 망설이지 않는다. 그들은 내담자의 희망사항을 구체적으로 질문함으로써 '변화 대화'를 곧바로 시작한다. 게다가 상담자는 제4장에서 언급했던 척도기법을 사용함으로써 내담자의 변화에의 욕구를 척도화할 수 있다.

예를 들어, 내담자가 음주 문제를 개선하고자 할 때 상담자는 곧바로 변화에 중점을 두는 대신에, 먼저 음주가 내담자에게 주는 즐겁거나 유용한 측면을 파악하고 음주 습관이 내담자의 삶에 야기하는 문제를 그 '이득'과 대비시킨다. 이러한 전략은 내담자가 변화에 덜 저항하게 만든다. 내담자의 세계를 판단하는 대신 공감적으로 이해함으로써 상담자가 적이 아닌 연합군이 된다.

약물 남용을 다루는 일반적인 접근은 회유나 강압 또는 직면의 방법으로 "술을 끊으세요!"라고 말하는 것이다. 이렇게 직접적으로 내담자를 통제하려는 시도는 그저 내담자의 저항을 증가시킬 뿐이다. 동기강화상담자는 내담자가 변화하도록 설득하는 대신, 변화에 대한 고유한 이유를 내담자 안에서 끌어낸다. 이 과정에서 상담자는 동기 불일치(motivational discrepancy) 기법을 쓰는데, 이것은 내담자의 실제 행동을 욕망과 대치시키는 것이다. 이 기법은 Glasser(1965)의 현실치료를 연상하게 한다. 현실치료에서는 내담자가 실제로 하는 행동과 원하는 행동을 비교하는 목록표를 만든 다음, 지향하는 방향으로 나아가는 작은 변화들을 적극 인정해 준다(Corey, 2005).

결론적으로, 변화과정이 진행되면서 동기강화상담자는 '긍정적 자산 찾기'를 통해 내담자의 강점을 조명한다(Ivey & Ivey, 2007). 내담자의 강점에 관심을 집중하고 목표를 향한 걸음에 갈채를 보내는 것이 내담자의 문제 해결을 위한 상담자의 태도다.

최근 갑자기 동기강화상담이 각광을 받게 된 이유 중 하나는 전통적인 약물중독상담과 근본적으로 다른 접근이기 때문이다. 게다가 이 접근법의 유효성을 경험적으로 뒷받침해 줄 수 있는 증거도 있다. 이러한 유형의 상담이 명료해 보이는 이유는 관계, 공감, 내담자의 양가감정 존중, 긍정적 자원에 초점 맞추기 등의 전제들이 이 책에서 말하고자 하는 접근법과 같은 선상에 있기 때문일 것이다.

🗗 **실습** — ⋅ — ⋅ — ⋅ — ⋅ — ⋅ — ⋅ — ⋅ — ⋅ — ⋅ —

운동, 식사, 흡연 등 특정 행동 중에서 당신이 바꾸고 싶은 행동을 떠올려 본다. 당신이 택한 그 행동이 자신에게 어떤 이익과 즐거움을 주는지 신중하게 생각해 보자. 그 '이득'을 곰곰이 생각해 보고, 그 행동이 삶에 어떤 문제를 초래하고 있는지 고민해 보자.

질문 Question

1. 이 연습이 변화에 저항하는 당신의 태도에 어떤 영향을 미쳤는가?
2. 어떻게 하면 현재 문제를 상쇄할 만한 만족감을 가져오는 변화 전략을 세울 수 있을까?

단기게슈탈트치료

Houston(2003)은 저서 『단기게슈탈트치료(Brief Gestalt Therapy)』에서 "게슈탈트치료는 본질적으로 통합적인 접근이며, 단기상담의 총체적 (holism) 관점에 대단히 적절하다."라고 하였다(p. 2). 게슈탈트치료의 창시자인 Perls(1951)는 단기상담과 관련 있는 전제 요소를 한 가지 정립하였다. 그는 성공적인 상담은 상담자가 시동을 걸면 내담자가 스스로의 힘으로 이어 나간다고 보았다. 상담의 목적은 치료나 해결보다는 내담자의 삶에 계속 등장하는 과제들에 대처할 자신만의 방법을 발달시키도록 돕는 것이다.

나비효과와 같이 상담자와 내담자의 첫 만남은 향후 상담에 결정적인 영향을 미친다. 특히 내담자는 역설적으로 상담자의 존재 가치를 부정하는 증거를 찾는 데 에너지를 쏟는다. 이에 관한 끔찍한 예가 영화 〈행복

(Happiness)〉에 나타나 있다. 이 영화에서 내담자가 자신의 고통과 혼란 을 털어놓는 동안 상담자는 상담이 끝난 후에 할 일들을 생각한다. 상담 자가 다른 문제에 압도되어 있을 경우, 그는 은연중에 어떤 방식으로든 그 상담 관계에 몰입하지 않고 있다는 단서를 보내게 된다. 철수된 자세, 눈 마주침의 부족, 내담자의 감정과 부조화한 얼굴 표정 등이 그 예다. 성공적인 상담 관계에서는 상담자가 내담자와 온전히 함께 있다는 느낌 을 주는 것이 대단히 중요하다.

대부분의 상담은 첫 면접에서 상담신청서를 작성한다. Houston(2003) 은 내담자와 거리를 좁히고 상담 동기를 높일 수 있는 상담 인식 질문지 를 사용할 것을 제안하였다. 그 내용에는 상담을 하게 된 이유, 과거의 성공 경험, 원하는 변화의 내용 등이 포함된다. 이러한 방식의 질문은 내 담자로 하여금 향후 기대와 현재의 예외 상황들을 인식하게 하며, 상담 목표에 집중하려는 동기를 높인다. 제4장에서 논의했듯이, 목표는 증상 완화에 무게를 두기보다 합리적이고 달성 가능하며 긍정적인 것이어야 한다.

Houston(2003)의 단기게슈탈트치료 모형은 최대 8회기 상담을 가정 한다. 구체적인 목표는 내담자마다 다르겠지만, 상담자의 궁극적인 소 망은 내담자가 인지할 수 있는 지평을 넓히도록 돕는 것이다. Perls는 그 의 접근법을 집중치료(Concentration Therapy)라고 불렀다. 여기서 '집 중'은 내담자로 하여금 집중력과 주의력, 그리고 에너지를 높여서 그의 강점을 활성화시키는 것을 의미한다. 이것은 제9장에서 내담자를 특정 영역으로 끌어내는 작업과 같다.

단기게슈탈트치료에서는 치료동맹 관계를 형성하는 데 힘쓰지만, 내 담자와 함께 협의하여 목표도 설정한다. 단기상담자는 상담목표에 유념 해야 하지만 '엄격한 선생님이 훈계하듯' 해서는 안 된다(Houston, 2003, p. 57).

상담관계에는 두 가지 측면이 있다. 하나는 상담자와 내담자가 해결해
야 할 문제이고, 또 하나는 두 사람 간의 정서적 기류, 즉 유대관계다
(Bertolino & O'Hanlon, 2002). 목표 달성을 위해서는 상호 관심과 노력
이 필요하지만, 그와 함께 관계에서의 보살핌과 지지 역시 놓쳐서는 안
된다. "그러나 보살핌은 문제 해결을 대신할 수 없다. 제 기능을 다하지
못하는 신뢰관계는 치료라고 할 수 없다."(p. 59) 초심상담자들은 관심의
표현을 상담의 성공과 동일시하는 경향이 있다. Houston에 의하면, 관
심도 분명 필요하지만 그것이 전부는 아니다. 단기게슈탈트치료자는 내
담자의 이슈를 일종의 '어쩔 줄 몰라 갇힌 상태'로 본다. 습관적으로 혹
은 시도에 대한 두려움 때문에 내담자는 비생산적인 행동을 반복하고 그
들만의 경험에 대해 무감각해진다. 자연스럽게 반응하는 능력(response-
ability)이 부족할 때, 상담자는 내담자를 감정적으로 각성시켜 그의 민감
성(responsiveness)를 높여야 한다.

Perls의 유명한 권고—우리는 생각하기보다 감각을 믿어야 한다—는
단기게슈탈트치료의 근본을 표현하고 있다. 통찰력만으로는 내담자의
문제를 효과적으로 해결하기 어렵다. 원인을 이해하는 것은 문제가 해결
되지 않는 데 대한 변명이 될 수도 있다. 이것은 의족(wooden leg) 게임
과 비슷해서 내담자는 "나는 할 수 없어요! 내게 장애가 있는 게 안 보여
요? 난 의족을 끼고 있잖아요."라고 말한다. 여기서 의족은 불우한 어린
시절 등의 변명거리에 해당한다.

단기게슈탈트치료자는 내담자의 호소문제와 관련된 실험이나 역할놀
이를 함으로써 이러한 '심리적 게임'에 이의를 제기하기도 한다. 대표적
인 예가 빈의자 기법이다. 내담자는 의자를 옮겨 다니면서 스스로와 대
화하고, 그렇게 자신의 양 측면을 보여 주도록 요구받는다. Perls는 이
두 의자를 '상전과 하인'으로 불렀다. 상전은 하인에게 변화하라고 훈계
하지만, 다른 의자로 옮겨 앉으면 하인이 되어 무기력감을 호소하며 변

화하기 힘든 처지를 늘어놓는다. 그러면 상전은 하인에게 더 크게 말하거나, 손가락질을 하거나, 하인의 위신을 떨어뜨림으로써 변화를 촉구한다. 이때 하인은 변화를 향해 한 걸음도 뗄 수 없을 정도로 힘들다고 하소연한다.

내적 대화에서 내담자는 자신의 '저항에 대해' 이야기하는 것이 아니라 실제로 어리석음이 드러나도록 행동하게 된다. 내담자의 감각 경험으로 파고들기 위해 상담자는 빈의자 기법과 같은 상황극을 활용한다. 일차원적 변화인 상전과 하인의 대화를 하다가 새로운 국면을 맞게 되어 이차원적 변화를 경험하기도 한다. 이러한 상담 방법에 관심 있는 독자들은 게슈탈트치료 문헌을 참고하길 바란다. 당신의 하인이 일이 너무 많다고 말하지 않는다면…….

단기실존치료

단기적 접근은 심도 있는 실존적 문제를 다루기에는 다소 부족해 보일 수 있다. 그러나 실존치료자인 Strasser와 Strasser(1997)가 주장했듯이, "단기적 접근이 상담자의 유일한 선택이 되는 상황도 있다." (p. 45) 상담 기간이 제한되면 상담이 압축되고 더 긴밀하게 진행되며 효율성이 올라가는 경향이 있다. 게다가 상담에 장기적으로 헌신하지 않아도 된다는 사실이 안도감을 주기도 한다.

실존주의에서는 인간을 네 가지 세계, 즉 자연적 세계, 인간적 세계, 사적 세계, 정신적 세계에 공존하는 존재로 본다. 내담자가 이 각각의 세계에 반응하는 방식이 실존적 조건을 만들게 된다.

자연적 세계(umwelt)는 삶에서 이미 결정된 물리적·생물적 영역이다. 이 세계의 특징들은 불변하는 것처럼 보일 수도 있지만 개인이 그 특징들과 관계를 맺는 방식은 유연하다. 지리학이나 생물학은 운명이 아니다. 분명히 어떤 물리적·생물적 제한점도 있을 것이다. 당연히 주요 이슈는 죽음이다. 우리 모두는 죽으며, 우리가 죽음을 바라보는 방식은 우리 삶을 다르게 채색한다. 우리가 그것을 두려워하면 인생은 암울할 것이고, 지금-여기에서의 활력을 잃게 된다.

인간적 세계(mitwelt)는 타인과의 관계다. 이 차원에서의 주된 이슈는 개인이 타인과 서로를 대하는 방식, 그리고 가까운 사람들에게 갖는 동료의식이나 친밀감의 정도다. 종종 사람들은 관계에서 지배, 굴복 혹은 철수의 방식으로 문제가 되는 실존적 입장을 취하게 된다. 인간관계 문제는 상담 호소문제의 대부분을 차지한다.

사적 세계(eigenwelt)는 인간이 자기 자신과 맺는 관계다. 삶에서 존재론적으로 주어진 것들에는 불안, 고립감, 외로움, 잠재적 무의미성 등이 있다. 실존주의자들은 이것들을 치료되어야 할 장애보다는 대응해야 할 상태로 여긴다. 자신의 실존적 조건을 바라보는 방식이나 근본적인 '불안'에 대처하는 전략은 삶의 방식과 자존감을 지배한다. 스스로를 알거나 사랑할 줄 아는 능력은 이 세계에 해당하는 문제다.

정신적 세계(überwelt)는 의미를 찾는 세계다. 우리 모두는 스스로의 존재에 대해 다음과 같은 질문을 던진다. 삶은 무엇을 위한 것인가? 나는 무슨 가치를 갖고 살아가나? 나는 어떻게 사랑을 찾으며, 사랑을 주는가? 나는 어디에 속하는가? 많은 사람이 종교를 갖는 이유는 종교가 이러한 질문들에 답을 주기 때문일 것이다. 종교가 없는 사람들은 의미를 스스로 찾지만, 종교가 있는 사람들은 신앙을 통해 예측할 수 없는 인생의 위로를 경험한다. 내담자는 신뢰의 위기나 절망을 자주 이야기하는데, 이것은 그들이 삶에서 의미를 찾지 못했기 때문이다.

그렇게 거대한 존재론적 고민을 어떻게 단기간에 다룰 것인가? 그 해답은 상담목표가 불안의 제거나 치료에 있지 않다는 데 있다. 상담목표는 앞의 세계들 중 한 세계에서의 고민에 초점을 맞춘 나-너 관계를 제공하는 것이다. 보통 주 1회로 열두 회기를 만나며, 두 번의 추수상담을 한다. 단기실존치료자들은 면접을 구조화하여 현존하는 이슈에 초점이 머무르도록 한다. 대부분의 실존치료자들은 상담 기간을 정하지 않지만, 기간의 구조화는 거친 파도를 항해하는 배의 '닻'과 '노'의 역할을 모두 제공한다. 또한 구조화는 제한된 시간 안에 작업할 수 있도록 한다. 비록 삶의 문제가 모두 해결되지는 않더라도 더 많은 기쁨을 줄 수 있는 좋은 철학을 갖게 해 준다.

실습

근래에 자신을 힘들게 하는 문제를 하나 선택해서 그 문제가 당신의 네 가지 공존 세계, 즉 자연적 세계(umwelt), 공적 또는 사회적 세계(mitwelt), 사적 세계(eigenwelt), 정신적 세계(überwelt)에 미치는 영향을 이야기해 보자.

질문 Question

1. 네 가지 공존 세계는 삶의 의미를 발견하는 데 어떤 도움을 주는가?
2. 당신은 문제 해결을 위해 이 네 가지 공존 세계를 어떻게 적용하겠는가?

단기정신역동치료

정신분석을 계승한 단기정신역동치료는 내담자의 저항과 해석의 활용을 가정한다(Prochaska & Norcross, 2007). 이 분야의 선구자로는 Lester Luborsky(1984; Luborsky & Crits-Cristoph, 1990), James Mann(1973; Mann & Goldman, 1982), Peter Sifneos(1992), Hans Strupp(Strupp &

Binder, 1984) 등이 있다. "정신역동에 기반을 두는 상담자들은 깊이와 내적 삶을 향한 본래의 초점을 유지하는 동시에 모던(혹은 포스트모던)의 도전에 창의적으로 대응하려고 한다(Corey, 2005, p. 95). 정신역동적 접근에서 '단기' 치료는 12~40회기로 진행된다. 상담과정은 다음과 같다.

- 강력한 작업동맹 관계를 형성한다.
- 대인관계 문제를 대상으로 한다.
- 감정 표현을 끌어낸다.
- 특정 내용에 대해 말하기를 피할 때 저항을 탐색한다.
- 내담자의 삶에서 주제나 반복적 패턴을 찾는다.
- 과거의 경험은 현재 관계의 '견본'임을 강조한다.
- 내담자가 타인을 대하는 스타일에 대해 이야기한다.
- 내담자의 소망, 꿈, 환상을 해석한다.
- 치료관계에 집중한다.
- 치료관계에서 일어나는 저항이나 전이를 해석한다.

치료 과정이 자연스럽게 흐르도록 두는 정통 정신분석과 달리, 단기정신역동은 구체적인 목표에 집중한다. Messer와 Warren(2001)은 10~25회기로 제한하여 치료를 진행하였는데, 이 방법은 초기 생애발달에서 비롯된 현재의 대인관계 이슈에 집중한다. 단기정신역동치료자는 강력한 치료관계를 형성함으로써 내담자와의 관계를 포함한 현재 대인관계에서의 전이를 집중적으로 해석한다.

Teyber(2006)는 Sullivan과 Bowlby의 이론에 근거한 대인관계적 상담을 강조하였다. Bowlby는 애착이론에서 내담자가 초기 양육에 문제가 있을 경우 방어 전략이 발달하며, 성인기에도 여전히 그 전략을 사용한다고 하였다. 이 전략들은 적대적이었거나 무관심했던 유아기의 양육 환경에서 살아남는 데는 도움이 되었겠지만, 성인이 된 후에는 생산적이지 못하다. Gelso와 Fretz가 설명했듯이 "분리개별화 단계와 관련된 상실감이나 불안감은 전 생애에 걸쳐 계속해서 부활한다."(p. 317) 그러한 상실은 예전에 발달시켜 놓았던 자기방어 전략을 자극하고, 내담자는 그것을 상담관계에 끌어오는 경향을 보인다. 상담실에서 내담자는 상담자에게 전이를 경험하고 이전의 방어 전략을 사용하기 시작한다. 만약 상담자가 다른 사람들과는 다르게 반응해 주면, 내담자는 변화된 감정을 경험하면서 자신만의 방식에 통찰을 갖게 된다.

Teyber(2006)는 상담자가 10~16회기 내에 이러한 작업을 수행하면서 "'관계에 갈등을 만들어야 하며', 상담과정에서 내담자의 대인관계 갈등이 어떻게 재연되는지 명료화해야 한다."라고 주장하였다(p. 36). 내담자가 상담자와 관계를 맺는 더 좋은 방법을 터득하면 보다 생산적인 대인관계를 경험하게 되고, 그렇게 될 때 실제 생활에 적용할 수 있게 된다.

단기행동치료

역사적으로 볼 때 행동수정은 시간적 효율성과 증거중심 개입을 중요시한다. "그들은 단기상담이 유행하기 전부터 단기상담의 지지자였다." (Porchaska & Norcross, 2007, p. 292) 일반적으로 행동치료자에게 1년 이상의 장기상담은 약 7%에 불과하다.

행동치료자는 변화시킬 구체적인 표적행동을 선정하여 빠른 변화를 시도한다. 그들은 연구가 뒷받침하는 방법들을 선정하여 행동을 변화시키고자 한다. 그들은 행동의 원인에 대하여 어떤 추측도 하지 않으며, 특정 행동이 언제 어디서 일어나는지를 알고자 할 때를 제외하고는 내담자의 과거를 탐색하지도 않는다. 제1장에서 다루었듯이, 행동심리학자들에게 문제란 단지 과도하거나 과소한 행동이다. 만약 행동이 과도하면 그 행동을 줄이거나 없애는 것이 치료의 목적이 되고, 행동이 과소할 경우에는 행동의 빈도수를 높이기 위한 방법이 동원된다. 단기행동치료자들은 과식이나 주장행동의 결핍 같은 표적행동을 짧은 시간 내에 정리할 수 있다고 믿는다.

단기인지치료 및 인지행동치료

인지치료와 인지행동치료의 대표적인 학자인 Albert Ellis, Aaron Beck, Donald Melichenbaum은 특정 사건에 대한 신념이 그 사건에 대한 정서와 행동을 만든다고 보았다. 잘못된 생각이 감정의 혼란과 비효과적인 행동의 근원이므로 이를 바로잡거나 재구성하는 것이 이들 치료법의 목적이다(Welfel & Patterson, 2005).

단기인지치료적 접근에서는 구조적이고 지시적인 개입을 효과적이라고 가정한다. 예를 들어, Aaron Beck의 구조화된 치료법은 16회기를 넘지 않도록 규정하고 있다(Prochaska & Norcorss, 2007). Albert Ellis의 인지정서행동치료(REBT)에서는 1~20회기에 발생되는 변화가 "더 좋고, 더 깊고, 더 오래 간다."고 본다(Prochaska & Norcross, 2007, p. 336).

문제의 원인이 왜 발생하는지, 그리고 어떻게 새로운 관계를 형성해야 할지에 대한 관점은 다소 다르지만, 인지적 스키마가 그 사람의 세계를 창조한다는 '구성주의자'로서의 개념은 공통적이다. Ellis의 REBT와 ABCDEF는 이론과 상담과정을 분명히 설명해 준다. 내담자의 경험인 선행사건(activating: A)은 잘못된 신념(beliefs: B)을 유발하고, 부정적인 정서로 귀결(consequence: C)시킨다. 상담자는 내담자의 신념을 논박(dispute: D)하고, 가르치고, 보다 효과적인(effective: E) 인생철학과 편안한 느낌(feeling: F)을 갖도록 돕는다(Corey, 2005). Ellis는 내담자와의 강력한 논박이 '잘못된' 사고를 신속하게 수정한다고 믿었지만, 많은 임상

가들은 그의 비꼬는 태도와 빈정대는 방식에 우려를 표하기도 한다.

인지치료의 아버지로 알려진 Beck(2005)은 인간의 사고가 '우울증의 근원'이 될 수 있다고 보았다. 그의 접근법은 '협력적 경험 치료법'(collaborative empiricism)이라고 불렸는데, 이러한 명칭에서 알 수 있듯이 Ellis보다 다소 덜 논쟁적이다. 인지치료자는 문제가 될 만한 내담자의 사고 유형을 알아보고, 그 타당성을 과학적인 방식으로 살펴본다. Burns(1989)의 연구를 바탕으로, 인지치료에서 다루는 인지적 오류 몇 가지를 살펴보면 다음과 같다. 이 가운데 몇 가지는 매우 친숙할 것이다.

- 이분법적 사고: 흑백논리로 세상을 보는 것으로, 만약 성과가 완벽하지 못하면 자신을 완전한 패배자로 보는 경향이 있다.
- 과잉 일반화: 단 한 가지의 부정적인 사건을 끝없는 패배의 패턴으로 본다.
- 정신적 필터: 하나의 부정적인 사항을 선택해 독점적으로 되씹는다. Necker 큐브와는 달리 다른 가능성을 볼 수 없다.
- 긍정을 거부하기: '중요하지 않다'며 긍정적인 경험을 부인한다. 만약 주위 사람들이 성격을 칭찬하면 '실제의 나'를 몰라서 그렇다며 칭찬을 받아들이지 못한다.
- 속단하기: 납득이 갈 만큼 뒷받침해 주는 확실한 증거가 없는데도 부정적으로 해석한다. 두 가지 종류의 속단하기는 다음과 같다.
  - 독심술: 제대로 알아보지도 않은 채 누군가 나에게 부정적으로 반응한다고 마음대로 결론을 내린다.
  - 점쟁이 오류: 어떤 일들이 부정적일 것이라고 믿는 자신만의 방법이 있다. (예: "세 개씩일 때는 항상 안 좋은 일이 일어난다.")
- 극대화하기(재앙화) 혹은 극소화하기: 중요성을 과장하거나(예: 중요한 자료에 보이는 오탈자) 하찮은 일로 보일 때까지 축소시킨다(예: 10kg

과체중이면 뭐 어때? 병적인 비만도 아닌데!).

- 정서적 추론: 실제 상황을 이해하는 데 감정이 효과적인 척도라고 추정한다. (예: "내가 만약 두려움을 느끼면 그건 안 좋은 일이 일어날 것이라는 뜻이야.")

대부분의 사람에게도 이러한 인지적 왜곡이 존재하기는 하지만, 항상 이런 방식으로 사건을 이해한다면 그것은 건강하지 않다는 의미다. Beck은 내담자에게 이러한 신념을 뒷받침할 증거를 제시하도록 촉구하고, 증거가 없을 때는 그 신념을 버릴 것을 제안하였다.

Meichenbaum은 인지-구성주의자의 관점으로 접근하였다. 그는 문제가 발생할 때 대처할 수 있는 전략을 내담자가 스스로 개발할 수 있도록 '스트레스 면역훈련(stress inoculation)'을 고안했다(Sharf, 2004). 이 접근법은 내담자의 대인관계 방식에 초점을 두면서 상담관계를 다룬다. 또한 그는 사실이 명료해질 때까지 아무것도 모르는 척하는 TV 수사극 '콜롬보'의 방식을 사용하였다. 그는 한때 유능한 단기상담자가 되는 비법은 바로 전문가가 되는 것이라고 농담 삼아 말했었다. 그는 전문가가 성공 확률이 높은 내담자를 고를 수 있다는 점이 바로 초보자와의 차이점이라고 하였다. 이것은 그의 훌륭한 유머감각의 일례지만, 그 안에는 중요한 진실이 담겨 있다.

형사 콜롬보처럼 상담자가 내담자를 만나기 전까지는 그의 세상에 대해 아무것도 모른다. 하지만 인간에 관한 보편적 지식과 상담에서 성공하는 상황을 만들 줄 아는 능숙함이 있다면 유능한 상담자가 될 수 있다.

함 의

상담자의 이론적 관점은 심층적인 정신역동, 인간실존의 이해, 행동

수정 등 특정 영역에 초점을 둘 수 있지만, 근본적으로 단기상담의 방식
으로 접근할 수 있다.

여러 단기상담적 접근법 간에 강조점과 의미는 다르지만, 기본적인 공
통점이 내포되어 있다. 좋은 이론보다 더 실제적인 것은 없다.

방 법

이론을 도구로 사용하기

상담에서 도구는 대개 기술을 의미하지만, Lambert(1992)는 상담에서
기술이 차지하는 비율은 전체 성과의 15%에 불과하다고 하였다. 그렇다
면 도대체 무엇이 상담에 영향을 미치는가? 내담자들은 무엇이 가장 도
움이 되었느냐는 질문에 "치료적 개입이나 기법은 거의 언급하지 않는
대신 '상담자가 제 말을 잘 들어 주었어요.' 혹은 '상담자가 저를 이해한
다고 느껴졌어요.' 라고 대답한다."(Bertolino & O'Hanlon, 2002, p. 17)

이 책에 소개된 여러 가지 단기상담 기법들은 적절한 시기에, 적합한
내담자에게 사용될 때 대단히 효과적이다. 그러나 그 무엇보다도 상담을
효과적으로 만드는 것은 상담자의 주요한 이론이다. 성공적인 상담의 본
질은 요리책이나 공정매뉴얼에서 얻을 수 없다. 상담자는 내담자와 함께
상담 전략이나 절차를 의논할 수도 없다. 상담이론을 바탕으로 상담 관
계를 형성하고 이끌어야 한다.

상담자는 나-너의 만남 관계에 덧붙여 내담자와 함께 지나갈 지도를
만들어야 한다. 이미 말했듯이, 지도는 상담의 정확한 경로를 알려 주지
는 않지만 다양한 갈림길에서 어느 쪽을 선택해야 할지는 안내한다.
Teyber(2006)는 개인적인 경험이나 상식, 현명한 판단, 그리고 직관이

중요한 자산이긴 하지만, "상담자가 다양한 사람들의 문제에 유능하게 대처하려면 이러한 소중한 인간적 자질이 개념적 구조와 결합되어야 한다."라고 하였다(p. 4).

과학자들은 흔히 가설 검증이 가능한 이론을 좋은 이론이라고 생각한다. 상담자는 내담자, 자기 자신, 그리고 치료적 관계에 대한 가설을 계속해서 발전시키고, 상담목표를 달성하기 위한 가설을 세워나간다. 이러한 가설들이 효과적이라고 증명될 만한 행동을 시험해보고, 만약 아무것도 맞아 떨어지지 않는다면 빨리 다른 가설로 대체해야 한다. 소설 『이상한 나라의 앨리스』에서 앨리스가 만난 체셔 고양이가 한 말처럼 당신이 결국 어디로 갈지 모른다면 어느 길로 가든 상관없고, 충분히 오래 간다면 어딘가에 도착할 것이다. 체셔 고양이의 충고에는 두 가지 문제점이 있다. 첫째, 내담자는 단기간의 작업을 바라기 때문에 필요 이상의 긴 여정은 원치 않을 것이다. 둘째, 아무 곳에나 도달하는 것은 내담자에게 도움이 되지 않는다. 상담자는 최소한의 보편적인 방향을 고려해야 하며, 특히 불확실한 영역에서는 유연한 목적론적 지도가 요구된다.

결국 지도 만들기는 상담자와 내담자 간의 상호 협력적인 과정이다. 상담자가 자신의 이론과 전문성을 활용하고 내담자가 목표를 향해 나아갈 때, 두 사람이 함께 어디에 도달할지 근사한 아이디어를 갖고 나아가게 된다. 좋은 지도를 가지려면 다음 두 가지 질문에 답해야 한다. 효과적인 치료적 관계란 무엇인가? 변화는 어떻게 일어나는가? 저자들은 이 질문에 대한 답변을 다음과 같이 요약하였다.

관계 이론

모든 내담자는 그들 자신만의 문화를 소유한 서로 다른 존재다. "어떤 점에서 모든 사람은 그 누구와도 같지 않다."(Sue & Sue, 2003, p. 12) 모든 인간은 사회구성주의적으로 서로 다른 맥락에서 성장했기 때문에 모두 다를 수밖에 없다. 상담자 또한 현실을 구성하는 데 기여하는 독특한 개인적 경험으로 이루어진 삶을 살고 있다. 상담자는 문화와 의미 체계가 자신과 비슷한 내담자를 더 쉽게 이해할 수 있다. 그러나 아무리 쉽게 동일시할 수 있는 내담자라 하더라도 상담자와 충분히 다를 수 있으므로 마치 이방인인 듯한 입장을 취해야 한다.

Yalom(2002)은 정확한 공감이 상담의 핵심이라고 주장하였다. 그는 이것을 '내담자의 창문 밖 내다보기'(p. 17)라고 불렀다. 내담자를 진심으로 좋아하고 그의 입장에서 이해하려고 최대한 노력할 때 비로소 상담이 성공할 수 있다. 이런 의미에서 관계란 내담자의 인간성에 대한 존중과 배려를 의미한다. 그의 모든 것을 수용할 필요는 없지만, 최소한 더 나은 존재로 변하기 위해 계발되고 사용될 수 있는 내적 자원을 소유한 사람이라는 긍정적 태도를 유지해야 한다.

그러나 내담자가 상담자의 공감을 알아채지 못한다면 아무런 소용도 없다. 상담자가 내담자에게 이해했음을 전달하고, 정확하게 피드백을 해 주며, 은유를 사용할 때 비로소 내담자의 세계와 융합하게 되면서 문화적 차이가 좁혀지게 된다. 두 사람 간에 정서적 연결이 되지 않으면 상담관계는 무미건조하고 의미를 잃게 된다. 편견이나 판단 없이 내담자를 이해해 줄 때 상담자가 비로소 안전한 사람으로 인식되기 시작한다. 그때부터 내담자는 이전까지 너무 수치스러워서 개방할 수 없었던 내용까지 말할 수 있게 되고, 결국 심리적 거리가 줄어들면서 치료적 동맹이 강화된다.

아무도 타인을 '움직일 수 없다.' 동기강화상담(MI)에서 다룬 것처럼 내담자의 동기 수준은 상담목표의 핵심이다. 마찬가지로 어느 누구도 타인에게 '권능을 부여하지 않는다'. 최상의 아이디어나 해결책, 충고는 내담자로부터 나온다. 상담자는 내담자가 자신의 잠재력을 발견하도록 촉진하는 존재다. 단기상담은 안에서 밖으로 나아가는 작업이다. 즉, 상담자는 내담자가 스스로에게 직접 동기와 권능을 부여하여, 이미 갖고 있는 회복력과 자원을 끌어내도록 잡아당겨 주면 된다.

마지막으로, 상담자가 역할 뒤에 숨기보다 진실한 사람으로 나아갈 때 내담자 또한 방어나 저항으로부터 자신을 드러내기 시작할 것이다. 그 후의 관계는 내담자가 지금껏 경험했던 것과는 다를 것이며, 변화를 향하게 될 것이다.

도구로서의 변화 이론

변화 이론의 초기 학자인 Briggs와 Peat(1989)는 뜨거운 여름날 잔잔하게 흐르는 강물을 떠올려 보도록 했다. 여기서 강물은 삶의 변화와 멈출 수 없는 흐름을 나타내는 비유다. 이 강물은 큰 바위도 장애물이나 혼란으로 여기지 않고 유유히 흘러간다. 만약 바위 위에 서서 색소를 붓더라도, 강물의 흐름은 전혀 달라지지 않고 흘러가는 것을 볼 수 있다. 이 상황은 최상의 정신적 평안에 대한 비유로 보인다.

하지만 비가 오기 시작하면 강물이 증가하면서 물살이 빨라져 바위 뒤에 작은 소용돌이가 생기기 시작한다. 점차 바위는 물이 흐르는 데 약간의 문제가 된다. 이 상황은 일상의 문제들로 인한 스트레스 때문에 허송세월하는 시기를 의미한다.

비가 더 많이 오고 수량이 더욱 증가하면 흐름의 속도가 증가하고 소용돌이도 빨라져 바위 근처에서 심각하고 불안정한 변동이 주기적으로 일어난다. 이것은 큰 문제들을 직면하면서 악화되는 대응기제와 혼란을 뜻한다.

더 많은 비로 인해 강물의 순환 패턴이 흐트러지기 시작하면 격류가 바위를 치면서 대혼란이 생긴다. 이것은 새로운 체제를 긴급하게 찾게 되는 혼동 상태로서, 이전의 평온한 흐름으로 되돌아가고 싶겠지만 그것은 불가능하다.

이처럼 잔잔한 흐름이 순환의 소용돌이를 거쳐서 대혼란 상태가 되는 것은 에너지의 증가 때문이다. 이 현상은 강물이 역동적이고 복잡한 시스템의 물 분자이기 때문에 일어난 변화의 유형이다. 주전자의 물이 끓을때 처음에는 주전자 밑에서 거품만 올라오지만 온도가 높아지면서 끓는 패턴이 무질서해지다가 불을 끄면 점차 거품이 사라진다. 마찬가지로 가뭄은 우리의 강물을 마르게 한다. 강이 메말라가는 것은 막다른 길로 향하는 자기 인생을 바라보는 내담자에게 적절한 비유다.

휘몰아치는 강물 비유의 요점은 무엇일까? 대부분의 변화 이론은 시계처럼 모든 것을 메커니즘으로 보는 '고전적인' 과학에 근거해 왔다. 게다가 변화의 과정을 지도화하려 했던 사람들은 부드럽고 지속적인 선으로 좌표에 그려 넣을 수 있게끔 변화가 진행된다고 여겼다. 이러한 변화의 흐름은 시간과 공간을 나타내는 x축과 y축 사이의 선으로 나타낼 수 있다. 물체가 어떤 근원적인 힘에 의해 작동한다고 보면, 시스템(복잡한 시계장치)에 문제가 발생할 때마다 실력 있는 기술자가 문제의 원인을 찾아 수리하면 된다. 이것이 바로 많은 사람들이 상담을 바라보는 비유가 아닐까? 하지만 휘몰아치는 강물에 바위가 맞서는 것은 이런 유의 메커니즘이 아니면 변화의 과정 또한 x/y축 선상에 표현할 수 없다. 격동하는 물 분자가 어디로 향할 것인지는 누구도 예측할 수 없고, 변화 과정역시 어떤 방식으로도 통제할 수가 없다.

시계는 복잡하지만 복합적인 체계는 아니다. 어떠한 시스템이 복합적이려면 각 부분이 서로 상호작용하면서 다른 것들에 의해 영향을 받아야만 한다.

가족 체계를 예로 들어 보자. 가족은 각 구성원의 행동이 서로에게 영향을 미치는 복합체다. 만약 아버지가 실직하거나, 어머니가 암에 걸리거나, 아들이 학업에 부진하거나, 혹은 딸이 임신을 하게 된다면 가족 모두가 영향을 받고 전체 체계의 질서가 혼란에 빠질 것이다. 하지만 이러한 무질서 속에서도 체계는 재조직되고 질서가 점차 회복될 것이다. 강물은 잔잔한 흐름의 패턴을 되찾겠지만, 이 모든 변화는 구성분자의 관계 안에서의 변화다. 강물의 흐름과 끓는 물은 복합적인 체계지만 생명이 없다. 가족과 같은 살아 있는 체계는 더욱 복합적이고 예측하기 어려운 방식으로 존재한다. 게다가 살아 있는 체계가 변화를 겪으면 변화는 더 큰 변화를 가져온다. 이것을 정신적 성장 또는 학습이라고 부른다.

상담자가 내담자에게 촉진하고자 희망하는 것이 바로 성장과 학습이다. 상담자는 정서적 에너지를 불어넣고, 이야기를 해체함으로써 내담자의 사고체계를 교란시켜 새로운 사고와 행동패턴을 창조해 낸다. 강물의 흐름처럼 변화는 늘 일어나는 것이지만 간단한 방법으로 변화를 가속화할 수 있다.

고전적 변화 패러다임의 상담자는 댐을 쌓거나 제방을 만들어 강물이 흐르는 방향을 바꿀 것이다. 고전적인 과학의 기계론적이고 환원론적인 관점에서 볼 때 상담자는 문제점을 찾아 고치는 사람이다. 그러나 인간은 살아 있는 복잡한 체계이기 때문에 이러한 방법에 한계가 있다. 혼란에 맞서 싸우는 것은 실패하는 전략이다. 혼란과 질서는 동전의 양면이며, 인간 체계는 혼란의 끝에서 계속되는 불균형 속에 존재한다. "고대 사람들은 혼란과 질서의 힘이 불안한 긴장과 정리되지 않은 조화의 부분이라고 믿었다. 그들은 혼란을 창조적인 것으로 여겼다."(Briggs & Peat, 1989, p. 19)

고전적 과학의 교의는 체계의 변화를 설명하기에 역부족이다. 마찬가지로, "문제를 찾아 고친다."와 같은 전략은 결국 실패하게 된다. 살아 있는 정신적 체계에서는 잘못된 부분을 교체할 수가 없다.

마지막 비유는 Casti(1995)의 사례다. 대학 미식축구 경기를 관람하러 가면 좌석마다 큰 색상 카드들이 들어 있는 봉투가 놓여 있기도 하다. 거기에는 신호에 따라 빨간색 카드를 들고, 다른 신호에는 하얀색 카드를 들라는 등의 지시가 적혀 있어서 관중들이 지시대로 카드를 움직이면, 반대쪽에서는 거대한 만화나 이미지를 보게 된다. 관중석 전체는 일종의 체계인 셈이다. 그러나 개개인은 그 체계가 어떤 이미지를 보여 주고 있는지 전혀 알 수 없다. 그림을 이해하려면 체계 밖으로 뛰쳐나가야 한다.

체계 내에서는 전체 패턴을 알 수 없으며 활동만 있을 뿐이다. 그러나 변화 이론에 근거한 상담자는 관중석의 반대편에 앉은 것처럼 다양한 패턴들을 명확하게 볼 수 있다. 내담자는 자신을 볼 수 없지만 상담자는 체계 밖에 있기 때문에 파악이 가능하고 다른 패턴도 찾아낼 수 있다. 한편 관중석과 달리 내담자라는 체계는 자기 스스로를 조직화할 수 있다. 처음에 내담자는 '그림'을 이해하지 못하겠지만, 결국에는 더 나은 성공의 이미지를 제공하는 새로운 패턴을 만들 것이다.

✎ 적용

두 명씩 조를 이루어 한 사람은 최근에 자신이 경험한 당황스럽거나 힘들었던 경험을 이야기한다. 다른 사람은 객관적인 입장에서 그 이야기에서 나타난 일련의 패턴을 묘사한다. 역할을 바꾸어 다시 해 본다.

어떤 상담을 할 것인가

이 책에서 제시하는 단기상담은 상담의 시간적 제약 요소뿐 아니라 다양한 측면까지 포함한 통합적인 방법이다. 뇌의 활동, 감정과 각성의 중요성, 공감적 경청과 인정, 의미의 발견, 격려의 방법, 사고의 교란 등의 아이디어들을 하나로 통합하고자 하였다.

만약 누군가가 이러한 단기적 접근이 모든 내담자와 모든 문제에 효과적인지 묻는다면, 그에 대한 대답은 단연코 "아니요!"다. 모든 내담자에게 단기상담은 기본적으로 적용될 수 있지만, 앞에서 언급했듯이 '효과가 없으면 다른 방법을 시도한다.' 효과적인 상담은 앞서 언급한 관계의 요소들이 항상 포함되어야 하지만, 내담자의 문제에 따라 적용하는 기법들은 조정해야 한다. 즉, 특정 내담자에게 계속 단기적 접근을 적용해야 할지에 대한 판단은 상담자의 몫이다.

상담자가 좋은 이론을 갖고 내담자와 작업동맹을 수립할 수 있다면 그 상담은 효과적일 것이다. 상담자가 개인적인 이론을 잘 개발할 수 있도록 다음과 같이 다섯 가지 접근 방법을 제안한다. 다음의 '다섯 가지 P'는 상담자 대부분이 한 번쯤은 사용해 보았을 것들이다. 관계와 변화에 관한 상담자의 이론은 상담의 효과를 높인다.

단기상담의 5요인

완화

완화(palliation)는 '실제적인 치료 없이 고통이 줄어듦, 심각함이나 공격성이 줄어들어 보임' 등으로 정의될 수 있다(Webster's New World Dictionary, 1972). 상담자는 '도움을 주는 경청자'다. 완화는 내담자가 자신의 이야기를 털어놓음으로써 마음을 짓누르는 것으로부터 카타르시스를 경험하여 기분이 나아지고, 명료화를 도움으로써 더 깊은 자기이해를 가능하게 해 준다. 따라서 상담자는 내담자의 변화를 촉진하기 위해 별도의 개입을 하지 않아도 된다.

계획

계획(programming)이란 '질문과 답변을 준비하는 것, (과업이나 문제

해결에 필요한) 정보 제공을 준비하는 것'이다. 여기서 상담자는 '지식공
학자'의 역할을 수행한다. 즉, 상담자는 문제 해결의 길을 알고 있는 전
문가로서, 그의 지시와 충고는 내담자의 상태를 호전시킬 수 있다. 그는
구체적인 목표를 설정해서 내담자를 안내하며, 목적률적 접근으로 사고
나 행동의 변화를 유도한다. 이때 상담기법은 효과적일 수도 있고, 파괴
적일 수도 있다.

생 산

생산(parturition)은 '출산, 발견으로 인해 나타남' 등의 의미를 내포
한다. 상담자는 '고고학자 혹은 산파(産婆)'로서, 내담자의 무의식을 의
식화하여 과거의 억압된 심리적 외상 경험을 해소하도록 돕는다. 이때
내담자는 잠재된 심리적 사건의 단서인 저항이나 전이를 통찰하고 각성
함으로써 변화하게 되고, 과거 휴면 상태였던 자신의 일부를 세상에 드
러내게 된다.

동 요

동요(perturbation)는 '무질서나 혼란을 야기함, 인력(引力)에 의해 야
기된 천체 궤도의 불규칙성' 등으로 정의될 수 있다. 상담자는 내담자가
자기패배적인 행동이나 사고를 반복하지 않도록 돕는 '전략적 도전자'
다. 일상의 궤도에서 벗어날 수 있을 때 내담자는 보다 생산적이고 나은
궤도를 창출하게 된다. 재구조화는 내담자가 과거의 사고나 행동패턴에
서 맴돌지 않고 벗어남으로써 새로운 가능성들을 찾게 해 준다.

참 여

참여(participation)의 사전적 정의는 '타인과 함께 소유하거나 나눔'
이다. 상담자는 내담자의 문제와 분리되지 않는 '동반자'로서의 존재다.

이는 상담자와 내담자가 암흑 같은 영혼 속을 함께 여행하는 나와 너의 관계다. 타인의 시련을 함께 견뎌 줄 때 인간성이 회복된다는 점에서 이 여행은 목적지만큼이나 중요하다.

요 약

마지막 장에서는 동기강화상담, 단기게슈탈트치료, 단기실존치료, 단기정신역동치료, 단기행동치료, 단기인지행동치료 등 구체적인 단기상담적 접근들을 다루었다. 앞으로 이 접근들이 통합되어 가는 경이로운 과정을 기대해도 좋을 것이다. 또한 자신의 상담이론이 만들어지면 그것은 상담의 개념적 지도와 같은 실제적인 도구가 될 것이다. 현존하는 상담이론들이 공통적으로 강조하는 다섯 가지 요소들은 자신의 상담이론을 건설하는 데 큰 도움이 될 수 있다.

◄◄ 당신의 다음 장으로의 연결 ━━━━━━━━━

제11장에서 논의했듯이 단기상담은 근본적으로 태도라고 할 수 있다. 당신은 아마도 영화 〈죽은 시인의 사회(Dead poets society)〉를 통해 유명해진 '카르페 디엠(Carpe Diem)'이라는 말을 떠올릴 것이다. 이 책의 중요한 주제 중한 가지는 당신이 내담자와 작업할 수 있는 시간이 제한적이더라도 그것을 최대한 이용할 수 있어야 한다는 것이다. 당신은 개인적인 상담기술을 발전시키기보다 이러한 관점을 더 많이 적용할 수 있어야 하며, 그렇게 함으로써 상담훈련, 커리어는 물론 당신의 삶 전체를 조망할 수 있는 혜안을 가질 수 있다. 우리는 당신의 굳건한 헌신이 '하루를 놓치지 않는' 것에 머무르지 않고 개인적 혹은 전문적 여정까지 붙잡을 수 있게 되기를 바란다.

참 고

Association for Counselor Education and Supervision(ACES)

866-815-ACES(2237)

www.acesonline.net

이 협회의 사이트에서는 간행, 콘퍼런스, 훈련 기회, 관련 연구, 혁신
적 실습, 전문가 준비와 상담자 수퍼비전에 관한 윤리 규정 등에 대한 정
보를 제공한다.

참고문헌

Adams, J. F., Piercy, F. P., & Jurich, J. A. (1991). Effects of solution-focused therapy's "Formula First Session Task" on compliance and outcome in family therapy. *Journal of Marital and Family Therapy, 17*, 277-290.

American Psychiatric Association (2000). *Diagnostic and Statistical Manual* (Fourth Edition-Text Revision) Arlington, VA: American Psychiatric Association.

Andersen, T. (1991). *The reflecting team.* New York: W. W. Norton.

Andersen, T. (1997). Researching client-therapist relationships: A collaborative study for informing therapy. *Journal of Systemic Therapies, 16*(2), 125-134.

Anderson, W. T. (1990). *Reality isn't what it used to be: Theatrical politics, ready-to-wear religion, global myths, primitive chic, and other wonders of the postmodern world.* San Francisco: Harper Collins.

Aspinwall, L. G., & Staudinger, U. M. (2003). *A psychology of human strengths: Fundamental questions and future directions for a positive psychology.* Washington, DC: American Psychological Association.

Bak, P. (1996). *How nature works: The science of self-organized criticality.* New York: Springer-Verlag.

Bandura, A. (1977). Self-efficacy: Toward a unifying theory of behavioral change. *Psychological Review, 84*, 191-215.

Bateson, G. (1972). *Steps to an ecology of mind.* New York: Ballantine Books.

Bateson, G. (1979). *Mind and nature: A necessary unity.* Toronto: Bantam Books.

Beck, A. T. (2005). The current state of cognitive therapy: A 40 year perspective. *Archives of General Psychiatry, 62,* 953–959.

Becvar, D. S., & Becvar, R. J. (2003). *Family therapy: A systemic integration* (5th ed.). Boston: Allyn & Bacon.

Becvar, D. S., & Becvar, R. J. (2005). *Family therapy: A systemic integration* (6th ed.). Boston: Pearson.

Becvar, R. J., Canfield, B. S., & Becvar, D. S. (1997). *Group work: Cybernetic, constructivist, and social constructionist perspectives.* Denver: Love Publishing.

Benjamin, A. (1987). *The helping interview: With case illustrations.* Boston: Houghton Mifflin.

Berg, I. K. (1991). *Solution-focused approach to family based services.* Milwaukee: Brief Family Therapy Center.

Berg, I. K. (1994). *Family-based services: A solution-focused approach.* New York: W. W. Norton.

Berg, I. K., & de Shazer, S. (1993). Making numbers talk: Language in therapy. In S. Friedman (Ed.), *The new language of change: Constructive collaboration in psychotherapy* (pp. 5–24). New York: Guilford.

Bergin, A. E., & Garfield, S. L. (1994). *Handbook of psychotherapy and behavior change* (4th ed.). New York: John Wiley & Sons.

Berlyne, D. E. (1960). *Conflict, arousal and curiosity.* New York: McGraw-Hill.

Berne, E. (1964). *Games people play: The psychology of human relationships.* New York: Grove Press.

Berscheid, E. (2003). The human's greatest strength: Other humans. In L. G. Aspinwall & U. M. Staudinger (Eds.), *A psychology of human strengths: Fundamental questions and future directions for a positive psychology* (pp. 37–47). Washington, DC: American Psychological Association.

Bertolino, B., & O'Hanlon, B. (2002). *Collaborative, competency-based counseling and therapy.* Boston: Allyn & Bacon.

Blackmore, S. (2003). Consciousness in meme machines. In O. Holland (Ed.),

Machine consciousness (pp. 19–30). Charlottesville, VA: Imprint Academic.

Blakeslee, S. (2006). *Cells that read minds*. New York Times online, retrieved January 31, 2006 from http://www.nytimes.com/2006/01/10/science/10mirr.html

Bloom, B. L. (1997). *Planned short-term psychotherapy: A clinical handbook* (2nd ed.). Boston: Allyn & Bacon.

Blume, T. W. (2006). *Becoming a family counselor: A bridge to family therapy and practice*. New York: Wiley.

Bohart, A. C., & Greenberg, L. S. (1997). Empathy reconsidered: New Directions in Psychotherapy. Washington, DC: American Psychological Association.

Bornstein, P. H., Krueger, H. K., & Cogswell, K. (1989). Principles and techniques of couples paradoxical therapy. In L. M. Ascher (Ed.), *Therapeutic paradox* (pp. 289–309). New York: Guilford.

Bowlby, J. (1969/1982). *Attachment and loss: Vol. 1. Attachment*. New York: Basic Books.

Briggs, J., & Peat, F. D. (1989). *Turbulent mirror: An illustrated guide to chaos theory and the science of wholeness*. New York: Harper & Row.

Budman, S. H. (1990). The myth of termination in brief therapy: Or, it ain't over till it's over. In J. K. Zeig & S. G. Gilligan (Eds.), *Brief therapy: Myths, methods and metaphors* (pp. 206–218). New York: Brunner/Mazel.

Bulkeley, K., & Bulkeley, P. (2005). *Dreaming beyond death: A guide to pre-death dreams and visions*. Boston: Beacon Press.

Burns, D. D. (1989). *The feeling good handbook*. New York: William Morrow & Company.

Burr, V. (2003). *Social constructionism*. London: Routledge.

Butler, W. R., & Powers, K. V. (1996). Solution-focused grief therapy. In S. D. Miller, M. A. Hubble, & B. L. Duncan (Eds.), *Handbook of solution-focused brief therapy* (pp. 228–247). San Francisco: Jossey-Bass.

Cade, B., & O'Hanlon, W. H. (1993). *A brief guide to brief therapy*. New York: W. W. Norton.

Calhoun, L. G., & Tedeschi, R. G. (Eds.) (2006). *Handbook of posttraumatic growth: Research and practice.* Mahwah, NJ: Erlbaum.

Capra, F. (1996). *The web of life: A new scientific understanding of living systems.* New York: Anchor Books.

Caruth, E., & Ekstein, R. (1966). Interpretation within the metaphor. *Journal of the American Academy of Psychiatry, 5,* 35–45.

Casti, J. L. (1995). *Complexification: Explaining a paradoxical world through the science of surprise.* New York: Harper Perennial.

Chessick, R. D. (1999). *Emotional illness and creativity: A psychoanalytic and phenomenologic study.* Madison, CT: International Universities Press.

Clark, D. J. (2005). A solution-focused brief therapist's perspective on Ruth. In G. Corey (Ed.), *Case approach to counseling and psychotherapy* (6th ed., pp. 251–259). Belmont, CA: Thomson-Brooks/Cole.

Combs, A. W., & Avila, D. L. (1985). *Helping relationships: Basic concept for the helping professions* (3rd ed.). Boston: Allyn & Bacon.

Cooper, T. C. (1998). Teaching idioms. *Foreign Language Annals, 31,* 255–266.

Cooperrider, D. L., Sorensen, P. F. J., Whitney, D., & Yaeger, T. F. (Eds.). (2000). *Appreciative inquiry: Rethinking human organization toward a positive theory of change.* Champaign, IL: Stipes.

Cooperrider, D. L., & Whitney, D. (1999). *Appreciative inquiry.* San Francisco: Berrett-Koehler Communications.

Corey, G. (1991). Invited commentary on macrostrategies for delivery of mental health counseling services. *Journal of Mental Health Counseling, 13,* 51–57.

Corey, G. (2005). *Theory and practice of counseling and psychotherapy* (7th ed.). Belmont, CA: Brooks/Cole—Thompson Learning.

Corey, M. S., & Corey, G. (2007). *Becoming a helper* (5th ed.). Belmont, CA: Thomson-Brooks/Cole.

Cowan, E. W. (2005). *Ariadne's thread: Case studies in the therapeutic relationship.* Boston: Lahaska Press.

Cowan, E. W., & Presbury, J. H. (2000). Meeting client resistance and reactance with reverence. *Journal of Counseling and Development, 78,* 411–419.

Cozolino, L. J. (2002). *The neuroscience of psychotherapy: Building and rebuilding the human brain.* New York: W. W. Norton.

Csikszentmihalyi, M. (1993). *The evolving self: A psychology for the third millennium*. New York: Harper Collins.

Cunningham, S. (1985, May). Humanists celebrate gains, goals. *APA Monitor*, pp. 16, 18.

Curry, M. R. (2000). Wittgenstein and the fabric of everyday life. In M. Crang & N. Thrift (Eds.), *In thinking space* (pp. 89–113). London: Routledge.

Damasio, A. (1994). *Descartes' error: Emotion, reason, and the human brain*. New York: G. P. Putnam's Sons.

Damasio, A. (2003). *Looking for Spinoza: Joy, sorrow, and the feeling brain*. London: Heinemann.

Davidson, R. J. (1993). Parsing affective space: Perspectives from neuropsychology and psychophysiology. *Neuropsychology, 7*, 464–475.

Davies, L. (2004). *Education and conflict: Complexity and chaos*. New York: Routledge Falmer.

Davis, M. H. (1994). *Empathy: A social psychological approach*. Madison, WI: Brown & Benchmark.

Dawkins, R. (1976). *The selfish gene*. New York: Oxford University Press.

Day, S. X. (2004). *Theory and design in counseling and psychotherapy*. Boston: Lahaska Press.

Deikman, A. J. (1982). *The observing self: Mysticism and psychotherapy*. Boston: Beacon Press.

DeJong, M. (2004). Metaphor and the mentoring process. *Child & Youth Care Forum, 33*, 3–17.

DeJong, P., & Berg, I. K. (1998). *Interviewing for solutions*. Pacific Grove, CA: Brooks/Cole.

DeJong, P., & Berg, I. K. (2002). *Interviewing for solutions* (2nd ed.). Pacific Grove, CA: Brooks/Cole.

Dembski, W. A., & Ruse, M. (2006). *Debating design: From Darwin to DNA*. New York: Cambridge University Press.

Dennett, D. C. (1991). *Consciousness explained*. Boston: Little, Brown.

de Shazer, S. (1982). *Patterns of brief family therapy: An ecosystemic approach*. New York: Guilford.

de Shazer, S. (1984). The death of resistance. *Family Process, 23*, 11–17.

de Shazer, S. (1985). *Keys to solution in brief therapy.* New York: W. W. Norton.

de Shazer, S. (1988). *Clues: Investigating solutions in brief therapy.* New York: W. W. Norton.

de Shazer, S. (1991). *Putting difference to work.* New York: W. W. Norton.

de Shazer, S. (1998). Personal communication.

Dickinson, E. (1960). *Complete poems.* T. H. Johnson (Ed.). Boston: Little, Brown, PSI 541. A1 1960.

Dobbs, D. (2006, April/May). A revealing reflection: Mirror neurons are providing stunning insights into everything from how we learn to walk how we empathize with others. *Scientific American Mind,* 22–27.

Dobbs, D. (2006, February/March). Mastery of emotions. *Scientific American Mind,* 44–49.

Dolan, Y. M. (1985). *A path with a heart: Ericksonian utilization with resistant and chronic clients.* New York: Brunner/Mazel.

Draganski, B., Gaser, C., Busch, V., Schuierer, G., Bogdahn, U., & May, A. (2004). Neuroplasticity: Changes in grey matter induced by training. *Nature, 427,* 311–312.

Duncan, B. L., Hubble, M. A., & Miller, S. D. (1997, July/August). Stepping off the throne. *The Family Therapy Networker,* 22–33.

Dunlap, K. (1928). A revision of the fundamental law of habit formation. *Science, 67,* 360–362.

Echterling, L. G., Cowan, E. W., Evans, W. F., Staton, A. R., McKee, J. E., Presbury, J. H., & Stewart, A. L. (2008). *Thriving! A manual for students in the helping professions.* Boston: Lahaska/Houghton Mifflin.

Echterling, L. G., Presbury, J. H., & McKee, J. E. (2005). *Crisis intervention: Promoting resilience and resolution in troubled times.* Upper Saddle River, NJ: Merrill/Prentice Hall.

Egan, G. (2006). *Essentials of skilled helping: Managing problems, developing opportunities.* Belmont, CA: Thomson Higher Education.

Egan, G. (2002). *The skilled helper: A problem-management and opportunity-development approach to effective helping* (7th ed.). Belmont, CA:

Brooks/Cole.

Egan, G. (2007). *The skilled helper: A problem-management and opportunity-development approach to effective helping* (8th ed.). Belmont, CA: Brooks/Cole.

Ehrenwald, J. (1986). *Anatomy of genius: Split brains and global minds.* New York: Human Sciences Press.

Ellenberger, H. F. (1958). A clinical introduction to psychiatric phenomenology and existential analysis. In R. May, E. Angel, & H. F. Ellenberger (Eds.), *Existence: A new dimension in psychiatry and psychology* (pp. 92-124). New York: Clarion Books.

Ellis, A. (1982). Psychoneurosis and anxiety problems. In R. Grieger & I. Z. Grieger (Eds.), *Cognition and emotional disturbance* (pp. 17-45). New York: Human Sciences Press.

Ellis, A. (2001). *Feeling better, getting better, and staying better.* Atascadero, CA: Impact.

Emmons, R. A. (1999). *The psychology of ultimate concerns: Motivation and spirituality in personality.* New York: Guilford.

Epston, D., & White, M. (1995). Termination as a rite of passage: Questioning strategies for a therapy of inclusion. In R. A. Neimeyer & M. J. Mahoney (Eds.), *Constructivism in psychotherapy* (pp. 339-354). Washington, DC: American Psychological Association.

Erickson, M. (1954). Pseudo-orientation in time as a hypnotic procedure. *Journal of Clinical and Experimental Hypnosis, 2,* 261-283.

Erickson, M. H. (1967). The confusion technique. In J. Haley (Ed.), *Advanced techniques of hypnosis and therapy.* New York: Grune & Stratton.

Erickson, M. H. (1975). The varieties of double bind. *American Journal of Clinical Hypnosis, 8,* 57-65.

Erickson, M. H., & Rossi, E. L. (1973/1980). A taped dialogue. In E. L. Rossi (Ed.), *The collected papers of Milton H. Erickson* (Vol. 4). New York: Irvington.

Erickson, M. H., Rossi, E. L., & Rossi, S. I. (1976). *Hypnotic realities* New York: Irvington.

Erickson, M. H., Rossi, E. L., & Rossi, S. I. (1976). Hypnotic realities. New York:

John Wiley & Sons.

Erikson, E. H. (1964). *Insight and responsibility*. New York: W. W. Norton.

Fang-Ru, Y., Shuang-Luo, Z., & Wen-Feng, L. (2005). Comparative study of solution-focused brief therapy (SFBT) combines with paroxetine in the treatment of obsessive-compulsive disorder. *Chinese Mental Health Journal, 19*, 288-290.

Fernandez-Ballesteros, R. (2003). Light and dark in the psychology of human strengths: In L. G. Aspinwall & U. M. Staudinger (Eds.), *A psychology of human strengths: Fundamental questions and future directions for a positive psychology* (pp. 131-147). Washington, DC: American Psychological Association.

Feshbach, N. D. (1978). Studies of empathic behavior in children. In B. A. Maher (Ed.) *Progress in experimental personality research* (Vol. 8, pp. 1-47). New York: Academic Press.

Fichter, L. S., & Baedke, S. J. (2006). *Evolutionary systems*. Harrisonburg, VA: James Madison University.

Fisch, R. (1982). Erickson's impact on brief psychotherapy. In J. K. Zeig (Ed.), *Ericksonian approaches to hypnosis and psychotherapy* (pp. 155-162). New York: Brunner/Mazel.

Fisch, R., & Schlanger, K. (1999). *Brief therapy with intimidating cases: Changing the unchangeable*. San Francisco: Jossey-Bass.

Fiske, D. W., & Maddi, S. R. (1961). *Functions of varied experience*. Homewood, IL: Dorsey Press.

Frank, J. D. (1985). Therapeutic components shared by all psychotherapies. In M. J. Mahoney & A. Freeman (Eds.), *Cognition and psychotherapy* (pp. 49-79). New York: Plenum Press.

Frederickson, B. L. (2002). Positive emotions. In C. R. Snyder & S. J. Lopez (Eds.), *Handbook of positive psychology* (pp. 120-134). New York: Oxford University Press.

Freire, E. S., Koller, S. H., & Piason, A. (2005). Person-centered therapy with impoverished, maltreated, and neglected children and adolescents in Brazil. *Journal of Mental Health Counseling, 27*, 225-237.

Freud, S. (1895/1911). *Project for scientific psychology: New introductory lectures in psychoanalysis:* Standard edition, *22*, 3–182.

Freud, S. (1911). Formulations regarding the two principles in mental functioning. In *Collected papers* (Vol. 4). New York: Basic Books.

Freud, S. (1958). The unconscious. In J. Strachey (Ed. and Trans.), *The standard edition of the complete psychological works of Sigmund Freud* (Vol. 14, pp. 159–215). London: Hogarth Press. (Original work published 1915)

Freud, S. (1961). *Beyond the pleasure principle.* J. Strachey, Trans. New York: W. W. Norton. (Original work published 1922)

Friedman, S. (1997). *Time-effective psychotherapy: Maximizing outcomes in an era of minimized resources.* Boston: Allyn & Bacon.

Garfield, S. L. (1978). Research on client variables in psychotherapy. In S. L. Garfield & A. E. Bergin (Eds.), *Handbook of psychotherapy and behavior change.* New York: Wiley.

Gelso, C. J., & Fretz, B. R. (1992). *Counseling psychology.* Fort Worth: Harcourt Brace Javanovich.

Gendlin, E. T. (1996). *Focusing-oriented psychotherapy: A manual for the experiential method.* New York: Guilford.

Gergen, K. J. (1999). *An invitation to social construction.* Thousand Oaks, CA: Sage.

Gharajedaghi, J. (2006). *Systems thinking: Managing chaos and complexity: A platform for designing business architecture* (2nd ed.). Amsterdam: Elsevier.

Gilligan, S. (1997). Living in a post-Ericksonian world. In W. J. Matthews & J. H. Edgett (Eds.), *Current thinking and research in brief therapy: Solutions, strategies, narratives* (Vol. 1, pp. 1–23). New York: Brunner/Mazel.

Gladding, S. T. (2007). *Counseling: A comprehensive profession* (5th ed.). Upper Saddle River, NJ: Pearson/Merrill Prentice Hall.

Glasser, W. (1965). *Reality therapy: A new approach to psychiatry.* New York: Harper & Row.

Goldfried, M. R. (1980). Toward delineation of therapeutic change principles. American Psychologist, *35*, 991–999.

Goleman, D. (1995). *Emotional intelligence.* New York: Bantam Books.

Goleman, D. (2005). *Emotional intelligence: Why it can matter more than I. Q.* (10th Anniversary ed.) New York: Bantam Books.

Gribbin, J. (2004). *Deep simplicity: Chaos, complexity and the emergence of life.* New York: Penguin Books.

Grinder, J., DeLozier, J., & Bandler, R. (1977). *Patterns of the hypnotic techniques of Milton H. Erickson, M. D.* (Vol. 2). Cupertino, CA: Meta Publications.

Gross, D. R., & Capuzzi, D. (2007). Developing relationships: From core dimensions to brief approaches. In D. Capuzzi & D. R. Gross (Eds.), *Counseling and psychotherapy: Theories and interventions* (4th ed., pp. 3-25). Upper Saddle River, NJ: Merrill/Prentice Hall.

Gross, J. J. (1998). The emerging field of emotion regulation: An integrative review. *Review of General Psychology, 2,* 271-299.

Haidt, J. (2003). Elevation and the positive psychology of morality. In C. L. M. Keyes & J. Haidt (Eds.), *Flourishing: Positive psychology and the life well-lived* (pp. 275-289). Washington, DC: American Psychological Association.

Haley, J. (1973). *Uncommon therapy: The psychiatric techniques of Milton H. Erickson, M. D.* New York: W. W. Norton.

Hanna, S. M. (2007). *The practice of family therapy: Key elements across models.* Belmont, CA: Thomson-Brooks/Cole.

Hanson, B. G. (1995). *General systems theory beginning with wholes.* New York: Taylor & Francis.

Harvey, J. C., & Katz, C. (1985). *If I'm so successful why do I feel life a fake: The imposter phenomenon.* New York: St. Martin's Press.

Hawkins, J. (with Blakeslee, S.) (2004). *On intelligence.* New York: Times Books/Henry Holt.

Hebb, D. O. (1946). On the nature of fear. *Psychological Review, 53,* 259-276.

Hergenhahn, B. R. (1992). *Introduction to the history of psychology.* Belmont, CA: Wadsworth.

Hoffman, L. (1985). Beyond power and control. *Family Systems Medicine, 4,* 381-396.

Hofstadter, D. (2006, February). Analogy as the core of cognition. Lecture conducted at the Stanford University Presidential Lecture in the Humanities and Arts, Stanford University. Retrieved Feb. 7, 2007 from http://prelectur. stanford. edu/lecturers/hofstadter.

Holland, J. H. (1998). *Emergence: From chaos to order.* Reading, MA: Perseus Books.

Houston, G. (2003). *Brief gestalt therapy.* London: Sage.

Hoyt, M. F. (1994). Characteristics of psychotherapy under managed care. *Behavioral Healthcare Tomorrow, 3,* 59–62.

Hunt, J. M. (1965). Intrinsic motivation and its role in psychological development. In D. Levine (Ed.), *Nebraska symposium on motivation* (Vol. 13) Lincoln: University of Nebraska Press.

Ickes, W. (1997). *Empathic accuracy.* New York: Guilford.

Ivey, A., Ivey, M., Meyers, J., & Sweeney, T. (2005). *Developmental counseling and therapy: Promoting wellness over the lifespan.* Boston: Lahaska/Houghton Mifflin.

Ivey, A. E., & Ivey, M. B. (2007). *Intentional interviewing and counseling: Facilitating client development in a multicultural society* (6th ed.). Pacific Grove, CA: Brooks/Cole.

James, R. K., & Gilliland, B. E. (2005). *Crisis intervention strategies* (5th ed.). Belmont, CA: Thomson–Brooks/Cole.

Janoff–Bulman, R. (1992). *Shattered assumptions: Towards a new psychology of trauma.* New York: The Free Press.

Janoff–Bulman, R. (2006). Schema–change perspective on posttraumatic growth. In L. G. Calhoun & R. G. Tedeschi (Eds.), *Handbook of posttraumatic growth: Research and practice* (pp. 81–99). Mahwah, NJ: Lawrence Erlbaum.

Jones, E. E., & Nisbett, R. E. (1971). *The actor and the observer: Divergent perceptions of the causes of behavior.* Morristown, NJ: General Learning Press.

Jordan, K., & Quinn, W. H. (1994). Session two outcome of the Formula First Session Task in problem– and solution–focused approaches. *The American Journal of Family Therapy, 22,* 3–16.

Jourard, S. M. (1971). *The transparent self.* New York: D. Van Nostrand.

Kahn, M. (1991). *Between therapist and client.* New York: W. H. Freeman.

Kauffman, S. (1995). *At home in the universe: The search for laws of self-organization and complexity.* New York: Oxford University Press.

Kemper, T. D. (2000). Social models in the explanation of emotions. In M. Lewis & J. M. Haviland-Jones (Eds.), *Handbook of emotions* (2nd ed., pp. 45-58). New York: Guilford.

Kessler, R. C., Davis, C. G., & Kendler, K. S. (1997). Childhood adversity and adult psychiatric disorder in the U. S. National Comorbidity Survey. *Psychological Medicine, 27,* 1101-1119.

Keyes, C. L. M. & Haidt, J. (2003). *Flourishing: Positive psychology and the life well-lived.* Washington, DC: American Psychological Association.

Kirsch, I. (1990). *Changing expectations: A key to effective psychotherapy.* Pacific Grove, CA: Brooks/Cole.

Kleinke, C. L. (1994). *Common principles of psychotherapy.* Pacific Grove, CA: Brooks/Cole.

Kline, W. B. (2003). *Interactive group counseling and therapy.* Upper Saddle River, NJ: Merrill/Prentice Hall.

Kolb, B., & Wishaw, I. (2003). *Fundamentals of neuropsychology* (5th ed.). New York: Worth.

Kolb, D. A. (1984). *Experiential learning: Experience as the source of learning and development.* Englewood Cliffs, NJ: Prentice Hall.

Kopp, S. (1985). *Even a stone can be a teacher: Learning and growing from the experiences of everyday life.* Los Angeles: Jeremy P. Tarcher.

Koss, M. P., Butcher, J. N., & Strupp, H. H. (1986). Psychotherapy methods in clinical research. *Journal of Consulting and Clinical Psychology, 54,* 60-67.

Kosslyn, S. M., & Koeing, O. (1995). *Wet mind: The new cognitive neuroscience.* New York: The Free Press.

Kral, R. (1986). Indirect therapy in the schools. In S. de Shazer & R. Karal (Eds.), *Indirect approaches in therapy: The family therapy collections* (Vol. 19). Rockville, MD: Aspen Press.

Kuang, M. (2001). *On metaphoring: A cultural hermeneutic.* Boston: Brill

Academic Press.

Kurzweil, R. (1999). *The age of the spiritual machine.* New York: Penguin Books.

Lakoff, G. (1987). *Women, fire, and dangerous things: What categories reveal about the mind.* Chicago: The University of Chicago Press.

Lambert, M. J. (1992). Implications of outcome research for psychotherapy integration. In J. C. Norcross & M. R. Goldfried (Eds.), *Handbook of psychotherapy integration* (pp. 449). New York: Basic Books.

Lambert, M. J. (2004). *Handbook of psychotherapy and behavior change* (5th ed.). New York: Wiley.

Lambert, M. J., Shapiro, D. A., & Bergin, A. E. (1986). The effectiveness of psychotherapy. In S. L. Garfield & A. E. Bergin (Eds.), *Handbook of psychotherapy and behavior change* (3rd ed.). New York: Wiley.

Lankton, S. R., & Lankton, C. H. (1986). *Enchantment and intervention in family therapy: Training in Ericksonian approaches.* New York: Brunner/Mazel.

Larsen, J. T., Hemenover, S. H., Norris, C. J., & Cacioppo, J. T. (2003). Turning adversity to advantage: On the virtues of the coactivation of positive and negative emotions. In L. G. Aspinwall & U. M. Staudinger (Eds.), *A psychology of human strengths: Fundamental questions and future directions for a positive psychology* (pp. 211–225). Washington, DC: American Psychological Association.

Lazarus, A., & Fay, A. (2000). *I can if I want to.* New York: FMC Books.

Lazarus, R. S. (1991). *Emotion and adaptation.* New York: Oxford University Press.

Le Doux, J. (1996/1998). *The emotional brain: The mysterious underpinnings of emotional life.* New York: Simon & Schuster.

Le Doux, J. (2002). *The synaptic self: How our brains become who we are.* New York: Viking.

Lee, M. Y., & Mjelde-Mossey, L. A. (2004). Cultural dissonance among generations: A solution-focused approach with East Asian elders and their families. *Journal of Marital and Family Therapy, 30,* 497–513.

Lemley, B. (2006, August). Shiny happy people: Can you reach nirvana with the aid of science? *Discover*, 62-77.

Lemoire, S. J., & Chen, C. P. (2005). Applying person-centered counseling to sexual minority adolescents. *Journal of Counseling and Development, 83*, 146-154.

Levenson, R. & Ruef, A. (1992). Empathy: A physiological substitute. *Journal of Personality and Social Psychology, 63*(2), 234-246.

Levenson, R. W., Ekman, P., Heider, K., & Friesen, W. V. (1992). Emotion and autonomic nervous system activity in the Minangkabau of West Sumatra. *Journal of Personality and Social Psychology, 62*, 972-988.

Lewin, R. (1999). *Complexity: Life at the edge of chaos* (2nd ed.). Chicago: The University of Chicago Press.

Lewis, R. (2005). Individual counseling: Brief approaches. In D. Capuzzi & D. R. Gross (Eds.), *Introduction to the counseling profession* (4th ed., pp. 173-193). Boston: Allyn & Bacon.

Lipchik, E. (2002). *Beyond technique in solution-focused therapy: Working with emotions and the therapeutic relationship*. New York: Guilford.

Lipset, D. (1980). *Gregory Bateson: The legacy of a scientist*. Englewood Cliffs, NJ: Prentice Hall.

Loftus, E. (1997, September). Creating false memories. *Scientific American*, 51-55.

Lozanov, G. (1978). *Suggestology and outlines of suggestopedy*. New York: Gordon & Breach.

Luborsky, L. (1984). *Principles of psychoanalytic psychotherapy*. New York: Basic Books.

Luborsky, L., & Crits-Cristoph, P. (1990). *Understanding transference*. New York: Basic Books.

Luborsky, L., Rosenthal, R., Deguer, L., Andrusyna, T. P., Berman, J. S., Levitt, J. T., Seligman, D. A., & Krause, E. D. (2002). The Dodo Bird verdict is alive and well—mostly. *Clinical Psychology: Science and Practice, 9*, 2-12.

Luborsky, L., Singer, B., & Luborsky, L. (1975). Comparative studies of psychotherapies: Is it true that "everyone has won and all must have prizes"? *Archives of General Psychiatry, 32*, 995-1008.

Lyddon, W. J., Clay, A. L., & Sparks, C. L. (2001). Metaphor and change in counseling. *Journal of Counseling and Development, 79*, 269-273.

Lynch, A. (1996). *Thought contagion: How belief spreads through society.* New York: Basic Books.

Lynch, G. (1997). The role of community and narrative in the work of the therapist: A post-modern theory of the therapist's engagement in the therapeutic process. *Counseling Psychology Quarterly, 10*, 353-363.

MacCormac, E. R. (1985). *A cognitive theory of metaphor.* Cambridge, MA: The MIT Press.

Magai, C., & Haviland-Jones, J. (2002). *The hidden genius of emotion: Lifespan transformations of personality.* New York: Cambridge University Press.

Mahoney, M. J. (1988). Rationalism and constructivism in clinical judgment. In D. C. Turk & P. Salovey (Eds.), *Reasoning, inference, and judgment in clinical psychology* (pp. 155-181). New York: The Free Press.

Mahoney, M. J. (1995). The modern psychotherapist and the future of psychotherapy. In B. Bonger & L. E. Beutler (Eds.), *Comprehensive textbook of psychotherapy: Theory and practice* (pp. 474-488). New York: Oxford University Press.

Mahoney, M. J., & Moes, A. J. (1997). Complexity and psychotherapy: Promising dialogues and practical issues. In F. Masterpasqua & P. A. Perna (Eds.), *The psychological meaning of chaos: Translating theory into practice* (pp. 177-198). Washington, DC: American Psychological Association.

Mann, J. (1973). *Time-limited psychotherapy.* Cambridge, MA: Harvard University Press.

Mann, J., & Goldman, R. (1982). *A casebook in time-limited psychotherapy.* New York: McGraw-Hill.

Martindale, C. (1981). *Cognition and consciousness.* Homewood, IL: Dorsey Press.

Maruyama, M. (1963). The second cybernetics: Deviation-amplifying mutual causal processes. *American Scientist, 5*, 164-179.

Maslow, A. H. (1968). *Toward a psychology of being.* New York: Van Nostrand.

Masterpasqua, F. (1997). Toward a dynamical developmental understanding of disorder. In F. Masterpasqua & P. A. Perna (Eds.), *The psychological meaning of chaos: Translating theory into practice* (pp. 23–39). Washington, DC: American Psychological Association.

Mayr, E. (1982). *The growth of biological thought: Diversity, evolution and inheritance.* Boston: Harvard University Press.

McAdams, D. P. (1988). *Power, intimacy, and the life story.* New York: Guilford.

McLeod, J. (2003). *An introduction to counselling* (3rd ed.). Buckingham, GB: Open University Press.

McNally, R. J., Bryant, R. A., & Ehlers, A. (2003). Does early psychological intervention promote recovery from posttraumatic stress? *Psychological Science in the Public Interest, 4,* 45–79.

Mearns, D., & Thorne, B. (2000). *Person-centered therapy today: New frontiers in theory and practice.* London: Sage.

Meichenbaum, D. (May 19, 2006). *Treatment of depression and suicide: A life-span perspective.* A workshop presented at James Madison University.

Meichenbaum, D. (Speaker). (1990). *Cognitive-behavior modification* (Cassette Recording C289–9). Phoenix, AZ: The Milton Erickson Foundation.

Merriam Webster's Collegiate Dictionary. (2007). http://www.m-w.com/dictionary/dis. Retrieved Feb, 2.

Messer, S. B., & Warren, C. S. (2001). Brief psychodynamic therapy. In R. J. Corsini (Ed.), *Handbook of innovative therapies.* (2nd ed., pp. 67–85). New York: Wiley.

Miller, G. (1997). *Becoming miracle workers: Language and meaning in brief therapy.* New York: Aldine de Gruyter.

Miller, S. (1996). *Solution-focused brief therapy.* Workshop given for the Virginia Counselors Association Convention, Williamsburg, VA.

Miller, S. D. (1995). *Solution-focused brief therapy: Focusing on "what works" in clinical practice.* Chicago: Miller.

Miller, W. R., & Rollnick, S. (2002). *Motivational interviewing: Preparing people for change* (2nd ed.). New York: Guilford.

Minsky, M. (2003). What comes after minds? In J. Brockman (Ed.), *The new humanists: Science at the edge* (pp. 197–214). New York: Barnes & Noble.

Modell, A. H. (2003). *Imagination and the meaningful brain.* Cambridge, MA: The MIT Press.

Moore, R., & Gillette, D. (1990). *King Warrior Magician Lover: Rediscovering the archetypes of the mature masculine.* San Francisco: Harper Collins.

Moursund, J., & Kenny, M. C. (2002). *The process of counseling and therapy* (4th ed.). Upper Saddle River, NJ: Prentice Hall.

Mozdzierz, F., Macchitelli, F., & Lisiecki, J. (1976). The paradox in psychotherapy: An Adlerian perspective. *Journal of Individual Psychology, 32,* 169–184.

Murphy, B. C., & Dillon, C. (2003). *Interviewing in action: Relationship, process, and change* (2nd ed.). Pacific Grove, CA: Brooks/Cole.

Neimeyer, R. A. (1993). Constructivist approaches to the measurement of meaning. In G. J. Neimeyer (Ed.), *Constructivist assessment: A casebook* (pp. 58–103). Newbury Park, CA: Sage.

Neimeyer, R. A. (2000). Narrative disruptions in the construction of the self. In R. A. Neimeyer & J. Raskin (Eds.), *Constructions of disorder* (pp. 207–242). Washington, DC: American Psychological Association.

Neimeyer, R. A. (2000). Searching for the meaning of meaning: Grief therapy and the process of reconstruction. *Death Studies, 24,* 541–558.

Neimeyer, R. A. (2006). Re-storying loss: Fostering growth in the posttraumatic narrative. In L. G. Calhoun & R. G. Tedeschi (Eds.), *Handbook of posttraumatic growth: Research and practice* (pp. 68–80). Mahwah, NJ: Erlbaum.

Neimeyer, R. A., & Stewart, A. E. (2000). Constructivist and narrative therapies. In C. R. Snyder & R. E. Ingram (Eds.), *Handbook of psychological change* (pp. 337–357). New York: Wiley.

Nichols, M. P., & Schwartz, R. C. (2006). *Essentials of family therapy* (3rd ed.). Boston: Allyn & Bacon.

Niederhoffer, K. G., & Pennebaker, J. W. (2002). Sharing one's story: On the benefits of writing or talking about emotional experience. In C. R. Snyder & S. J. Lopez (Eds.), *Handbook of positive psychology* (pp. 573–583). New York: Oxford University Press.

Nietzche, F. (1888/1968). Twilight of the idols. Harmondsworth, UK: Penguin.

Norcross, J. C., Beutler, L. E., & Levant, R. F. (2005). *Evidence-based practice in mental health: Debate and dialogue on the fundamental questions.* Washington, DC: American Psychological Association.

Norcross, J. C., & Goldfried, M. R. (2005). *Handbook of psychotherapy integration* (2nd ed.). New York: Oxford University Press.

Novaco, R. W., & Chemtob, C. M. (1998). Anger and trauma: Conceptualization, assessment and treatment. In V. M. Follette, J. I. Ruzek, & F. R. Abueg (Eds.), *Cognitive-behavioral therapies for trauma* (pp. 162–190). New York: Guilford.

Nugent, F. A., & Jones, K. D. (2005). *Introduction to the profession of counseling* (4th ed.). Upper Saddle River, NJ: Merrill/Prentice Hall.

Nunn, C. (2005). *De la Mettrie's ghost: The story of decisions.* New York: Macmillan.

Nyland, D., & Thomas, J. (1994, November/December). The economics of narrative. *The Family Therapy Networker,* 38–39.

O'Connell, B. (2003). Introduction to the solution-focused approach. In B. O' Connell & S. Palmer (Eds.), *Handbook of solution-focused therapy* (pp. 1–11). London: Sage.

O'Connell, B., & Palmer, S. (2003). *Handbook of solution-focused therapy.* London: Sage.

O'Grady, R., & Brooks, D. (1988). Teleology and biology. In B. Weber, D. Depew, & J. Smith (Eds.), *Entropy, information, and evolution: New perspectives on physical and biological evolution* (pp. 247–269). Bradford, MA: MIT Press.

O'Hanlon, W., & Beadle, S. (1994). *A field guide to possibility land: Possibility therapy methods.* Omaha, NE: Possibility Press.

O'Hanlon, W. H. (1995, May). *Brief solution-oriented therapy.* Printed material presented at workshop. Front Royal, VA: Garrison House Seminars.

O'Hanlon, W. H., & Weiner-Davis, M. (1989). *In search of solutions: A new direction in psychotherapy.* New York: W. W. Norton.

Oltmanns, T. F., & Emery, R. E. (1998). *Abnormal psychology* (2nd ed.). Upper Saddle River, NJ: Prentice Hall.

Orlinsky, D. E., & Howard, K. I. (1986). Process and outcome in psychotherapy. In S. L. Garfield and A. E. Bergin (Eds.), *Handbook of psychotherapy and behavior change* (3rd ed., pp. 311–381). New York: Wiley.

Palmer, D. (1994). *Looking at philosophy: The unbearable heaviness of philosophy made lighter* (2nd ed.). Mountain View, CA: Mayfield.

Papp, P. (2005). The daughter who said no. In D. Wedding & R. J. Corsini (Eds.), *Case studies in psychotherapy* (4th ed., pp. 188–217). Belmont, CA: Thomson-Brooks/Cole.

Patterson, C. H., & Hidore, S. (1997). *Successful psychotherapy: A caring, loving relationship.* Northvale, NJ: Aronson.

Pedersen, C., & Seligman, M. (2004). *Character, strengths, and virtues: A handbook and classification.* Oxford: Oxford University Press.

Penn, P. (1982). Circular questioning. *Family Process, 21,* 267–279.

Perls, F. S. (1977). *The Gestalt approach: An eye witness to therapy.* Palo Alto: Science & Behavior Books.

Perls, F. S., Hefferline, R., & Goodman, P. (1951). *Gestalt therapy: Excitement and growth in human personality.* New York: Julian Press.

Peterson, C., & Seligman, M. E. P. (2004). *Character strengths and virtues: A classification and handbook.* Washington, DC: American Psychological Association.

Piaget, J. (1954). *The construction of reality in the child.* New York: Basic Books.

Piaget, J. (1970). Piaget's theory. In P. H. Mussen (Ed.), *Carmichael's manual of child psychology* (Vol. 1, pp. 702–732). New York: Wiley.

Pinker, S. (2002). *The blank slate: The modern denial of human nature.* New York: Viking.

Pollio, H. R., Barlow, J. M., Fine, H. J., & Pollio, M. R. (1977). *Psychology and the poetics of growth.* Hillsdale, NJ: Lawrence Erlbaum.

Polster, E., & Polster, M. (1973). *Gestalt therapy integrated: Contours of theory and practice.* New York: Vantage Books.

Posner, M. (2004). *Cognitive neuropsychology of attention.* New York: Guilford.

Presbury, J. H., McKee, J. E., & Echterling, L. G. (2007). Person-centered approaches. In H. T. Prout & D. H. Brown (Eds.), *Counseling and psychotherapy with children and adolescents* (4th ed., pp. 180–240). New York: John Wiley & Sons.

Prochaska, J. O., & DiClements, C. C. (1984). *The transtheoretical approach: Crossing the traditional boundaries of therapy.* Homewood, IL: Dow Jones–Irwin.

Prochaska, J. O., & Norcross, J. C. (2003). *Systems of psychotherapy: A transtheoretical analysis* (5th ed.). Pacific Grove, CA: Thomson–Brooks/Cole.

Prochaska, J. O., & Norcross, J. C. (2007). *Systems of psychotherapy: A transtheoretical analysis* (6th ed.). Belmont, CA: Thomson–Brooks/Cole.

Pudmenzky, A. (2004). Teleonomic creativity: An etiological analysis. Submitted for publication.

Ramachandran, V. S. (2004). *A brief tour of human consciousness: From imposter poodles to purple numbers.* New York: P. I. Press.

Ramachandran, V. S. (2005). Mirror neurons and imitation learning as the driving force behind "the great leap forward" in human evolution. Retrieved February 1, 2007 from http://www.edge.org/3rd_culture

Ramachandran, V. S., & Blakeslee, S. (1998). *Phantoms in the brain: Probing the mysteries of the human mind.* New York: William Morrow.

Reis, H. T., Collins, W. A., & Berscheid, E. (2000). The relationship context of human behavior and development. *Psychological Bulletin, 126,* 844–872.

Restak, R. (2003). *The new brain.* New York: Rodale.

Rice, F. P. (1995). *Human development: A life-span approach* (2nd ed.). Englewood Cliffs, NJ: Prentice Hall.

Rimé, B. (1995). Mental rumination, social sharing, and the recovery from emotional exposure. In J. W. Pennebaker (Ed.), *Emotion, disclosure, and health* (pp. 271–291). Washington, DC: American Psychological Association.

Rogers, C. R. (1951). *Client-centered therapy: Its current practice, implications, and theory.* Boston: Houghton Mifflin.

Rogers, C. R. (1961). *On becoming a person.* Boston: Houghton Mifflin.

Rogers, C. R. (1965). *Three approaches to psychotherapy.* [Pt 1, videorecording]/ produced and directed by E. L. Shostrom. Corona Del Mar, CA: Psychological Films.

Rogers, C. R. (1969). *Freedom to learn.* Columbus, OH: Charles E. Merrill.

Rogers, C. R. (1980). *A way of being.* Boston: Houghton Mifflin.

Rogers, C. R. (1987). Comments on the issue of equality in psychotherapy. *Person-Centered Review, 1,* 257-259.

Rogers, C. R. (Commentator and Therapist), & Shostrom, E. L. (Producer/Director). (1965). *Three approaches to psychotherapy* [Pt 1, videorecording]. Corona Del Mar, CA: Psychological Films.

Rollnick, S., & Miller, W. R. (1995). What is motivational interviewing? *Behavioral and Cognitive Psychotherapy, 23,* 325-334.

Rowan, J. (2001). *Ordinary ecstasy: The dialectics of humanistic psychology* (3rd ed.). East Sussex, UK: Brunner-Routledge.

Rychlak, J. F. (1980). Concepts of free will in modern psychological science. *The Journal of Mind and Behavior, 1,* 9-32.

Ryckman, R. M. (2004). *Theories of personality.* Belmont, CA: Wadsworth/Thomson.

Ryff, C. D., & Singer, B. (2003). Flourishing under fire: Resilience as a prototype of challenged thriving. In C. L. M. Keyes & J. Haidt (Eds.), *Flourishing: Positive psychology and the life well-lived* (pp. 15-36). Washington, DC: American Psychological Association.

Saleebey, D. (2001). *Human behavior and social environments: A biopsychological approach.* New York: Columbia University Press.

Salovey, P., Bedell, B. T., Detweiler, J. B., & Mayer, J. D. (2000). Current directions in emotional intelligence research. In M. Lewis & J. M. Haviland-Jones (Eds.), *Handbook of emotions* (2nd ed., pp. 504-520). New York: Guilford.

Schank, R. C. (1995). *Tell me a story: Narrative and intelligence.* Evanston, IL: Northwestern University Press.

Schmidt, J. J. (2002). *Intentional helping: A philosophy for proficient caring relationships.* Upper Saddle River, NJ: Merrill/Prentice Hall.

Schultz, D. P., & Schultz, S. E. (2000). *A history of modern psychology* (7th ed.). Fort Worth, TX: Harcourt Brace College.

Segal, L. (1986). *The dream of reality: Heinz von Foerster's constructivism.* New York: W. W. Norton.

Seligman, L. (2004). *Technical and conceptual skills for mental health professionals*. Upper Saddle River, NJ: Merrill/Prentice Hall.

Seligman, M. E. P. (1974). *Helplessness: On depression, development and death*. San Francisco: W. H. Freeman.

Seligman, M. E. P. (1991). *Learned optimism*. New York: A. A. Knopf.

Seligman, M. E. P. (2000). Positive psychology: An introduction. *American Psychologist, 55,* 5–14.

Seligman, M. E. P. (2002). *Authentic happiness*. New York: The Free Press.

Seligman, M. E. P., & Csikszentmihalyi, M. (2000). Positive psychology: An introduction. *American Psychologist,* 55, 5–14.

Selye, H. (1976). *The stress of life*. New York: McGraw–Hill.

Shaddock, D. (2000). *Contexts and connections: An intersubjective systems approach to couples therapy*. New York: Basic Books.

Sharf, R. S. (2004). *Theories of psychotherapy and counseling: Concepts and cases* (3rd ed.). Pacific Grove, CA: Brooks/Cole–Thomson Learning.

Sherry, A. (2007). Constructivist counseling. In A. B. Welfel, E. R., & Patterson, L. E. (Eds.), *The counseling process: A multitheoretical integrative approach*. Belmont, CA: Thomson–Brooks/Cole.

Siegelman, E. Y. (1990). *Metaphor and meaning in psychotherapy*. New York: Guilford.

Sifneos, P. E. (1992). *Short-term anxiety-provoking psychotherapy: A treatment manual*. New York: Basic Books.

Sklare, G. B. (1997). *Brief counseling that works: A solution-focused approach for school counselors*. Thousand Oaks, CA: Corwin Press.

Snyder, C. R. (2002). Hope theory: Rainbows of the mind, *Psychological Inquiry, 13,* 249–275.

Snyder, C. R., & Lopez, S. (2002). *Handbook of positive psychology*. Oxford: Oxford University Press.

Snyder, M. (2003). The many me's of the self-monitor. In W. A. Lesko (Ed.), *Readings in social psychology* (5th ed., pp. 130–137). Boston: Allyn & Bacon.

Sommers-Flanagan, J., & Sommers-Flanagan, R. (1993). *Foundations of therapeutic interviewing*. Boston: Allyn & Bacon.

Spangenberg, J. J. (2003). The cross-cultural relevance of person-centered counseling in postapartheid South Africa. *Journal of Counseling and Development, 81,* 48-54.

Stacey, R. (1996). *Complexity and creativity in organizations.* San Francisco: Berrett-Koehler.

Stanovich, K. E. (2004). *The robot's rebellion: Finding meaning in the age of Darwin.* Chicago: University of Chicago Press.

Starkey, C. (2006). Meaning and affect. *The Pluralist, 1,* 288-103.

Staton, A. R., Benson, A. J., Briggs, M. K., Cowan, W. E., Echterling, L. E., Evans, W. F., McKee, J. E., Presbury, J. H., & Stewart, A. L. (2007). *Becoming a community counselor: Personal and professional explorations.* Boston: Lahaska/Houghton Mifflin.

Stein, N., Folkman, S., Trabasso, T., & Richards, T. A. (1997). Appraisal and goal processes as predictors of psychological well-being in bereaved caregivers. *Journal of Personality and Social Psychology, 72,* 872-884.

Strasser, F., & Strasser, A. (1997). *Existential time-limited therapy: The wheel of existence.* Chichester: John Wiley & Sons.

Strogatz, S. H. (2003). *Sync: The emerging science of spontaneous order.* New York: Hyperion.

Strupp, H. H., & Binder, J. L. (1984). *Psychotherapy in a new key: A guide to time-limited dynamic psychotherapy.* New York: Basic Books.

Sue, D. W., & Sue, D. (2003). *Counseling the culturally diverse: Theory and practice* (4th ed.). New York: John Wiley & Sons.

Sullivan, H. S. (1970). *The psychiatric interview.* New York: W. W. Norton.

Talmon, M. (1990). *Single session therapy.* San Francisco: Jossey-Bass.

Taube, C. A., Goldman, H. H., Burns, B. J., & Kessler, L. G. (1988). High users of outpatient health service. I: Definition and characteristics. *American Journal of Psychiatry, 145,* 19-24.

Tedeschi, R. G., & Calhoun, L. G. (1995). *Trauma & transformation: Growing the aftermath of suffering.* Thousand Oaks, CA: Sage.

Tedeschi, R. G., Park, C. L., & Calhoun, L. G. (Eds.) (1998). *Posttraumatic growth: Positive changes in the aftermath of crisis.* Mahwah, NJ: Erlbaum.

Teyber, E. (2006). *Interpersonal process in therapy: An integrative model* (5th ed.). Pacific Grove, CA: Brooks/Cole.

Tohn, S. L., & Oshlag, J. A. (1995). *Crossing the bridge: Integrating solution-focused therapy into clinical practice.* Natick, MA: Solutions Press.

Tohn, S. L., & Oshlag, J. A. (1996). Solution-focused therapy with mandated clients. In S. D. Miller, M. A. Hubble, & B. L. Duncan (Eds.), *Handbook of solution-focused brief therapy* (pp. 152–183). San Francisco: Jossey-Bass.

Toulmin, S. (1982). *The return to cosmology: Postmodern science and the theology of nature.* Chicago: University of Chicago Press.

Turkington, C. (1996). *The brain encyclopedia.* New York: Facts on File.

Vaughan, S. C. (1997). *The talking cure.* New York: Henry Holt & Company.

Walter, J. L., & Peller, J. E. (1992). *Becoming solution-focused in brief therapy.* New York: Brunner/Mazel.

Ward, M. (2001). *Beyond chaos: The underlying theory behind life, the universe, and everything.* New York: Thomas Dunne Books.

Watson, D. (2002). Positive affectivity: The disposition to experience pleasurable emotional states. In C. R. Snyder & S. J. Lopez (Eds.), *Handbook of positive psychology* (pp. 106–119). New York: Oxford University Press.

Watt, D. F. (2005). Social bonds and the nature of empathy. *Journal of Consciousness Studies, 12,* 185–209.

Watzlawick, P., Weakland, J, H., & Fisch, R. (1974). *Change: Principles of problem formation and problem resolution.* New York: W. W. Norton.

Weakland, J. H., & Fisch, R. (1992). Brief therapy—MRI style. In S. H. Budman, M. F. Hoyt, & S. Friedman (Eds.), *The first session in brief therapy* (pp. 306–323). New York: Guilford.

Webster's New World Dictionary of the American Language (1972). (Second college edition). New York, World Pub., D. R. Guralnik, Editor in Chief.

Weiner-Davis, M. (1993). *Divorce busting: A revolutionary and rapid program for staying together.* New York: Summit.

Weingarten, K. (2001). Making sense of illness narratives. Braiding theory, practice and the embodied life. Retrieved from http://www.dulwichcentre.com.au.kaethearticle.html.

Welfel, E. R., & Patterson, L. E. (2005). *The counseling process: A multitheoretical integrative approach.* Belmont, CA: Thomson Brokks/Cole.

Wethington, E. (2003). Turning points as opportunities for psychological growth. In C. L. M. Keyes & J. Haidt (Eds.), *Flourishing: Positive psychology and the life well-lived* (pp. 37-53). Washington, DC: American Psychological Association.

White, M. (1988, Summer). The externalizing of the problem and the reauthoring of lives and relationships. *Dulwich Centre Newsletter*, 3-21.

White, M. (1995). *Re-authoring lives: Interviews and essays.* Adelaide, Australia: Dulwich Centre Publications.

White, M., & Epston, D. (1990). *Narrative means to therapeutic ends.* New York: W. W. Norton.

White, S. P. (2002). *New ideas about new ideas: Insights on creativity from the world's leading Innovators.* New York: Perseus.

Wickman, S. A. (2000, March). Making something of it: An analysis of the conversation and language of Carl Rogers and Gloria. *Dissertation Abstracts International, 60*(8-13, Sect. B), 4260.

Wickman, S. A., & Campbell, C. (2003). The coconstruction of congruency: Investigating the conceptual metaphors of Carl Rogers and Gloria. *Counselor Education and Supervision, 43*, 15-26.

Williams, R., & Williams, V. (1998). *Anger kills: Seventeen strategies for controlling the hostility that can harm your health.* New York: Harper.

Wilson, J. P. (1989). *Trauma, transformation, and healing: An integrative approach to theory, research, and post-traumatic therapy.* New York: Brunner/Mazel.

Wilson, P. (2000). *The Athenian institution of the khoregia: The chorus, the city and the stage.* Cambridge: Cambridge University Press.

Witmer, J. M. (1985). *Pathways to personal growth.* Muncie, IN: Accelerated Development.

Wolfe, T. (1998). *You can't go home again.* New York: Harper Collins. (Original published in 1934)

Wong, Y. J. (2006). Strength-centered therapy: A social constructionist, virtuesbased psychotherapy. *Psychotherapy: Theory, Research, Practice, Training, 43*, 133–146.

Worthington, E. L., & Berry, J. W. (2005). Virtues, vices, and character education. In W. R. Miller & H. D. Delaney (Eds.), *Judeo-Christian perspectives on psychology: Human nature, motivation, and change* (pp. 145–164). Washington, DC: American Psychological Association.

Wright, K. J. T. (1976). Metaphor and symptom: A study of integration and its failure. *International Review of Psychoanalysis, 3*, 97–109.

Yalom, I. D. (1980). *Existential psychotherapy.* New York: Basic Books.

Yalom, I. D. (2002). *The gift of therapy: An open letter to a new generation of therapists and their patients.* New York: HarperCollins.

Yerkes, R. M., & Dodson, J. D. (1908). The relation of strength of stimulus to rapidity of habit formation. *Journal of Comparative and Neurological Psychology, 18*, 459–482.

Young, M. E. (1992). *Counseling methods and techniques: An eclectic method.* New York: Merrill/Macmillan.

Young, M. E. (1998). *Learning the art of helping: Building blocks and techniques* (2nd ed.). Upper Saddle River, NJ: Merrill/Prentice Hall.

Young, M. E. (2005). *Learning the art of helping: Building blocks and techniques* (3rd ed.). Upper Saddle River, NJ: Merrill/Prentice Hall.

Zahavi, D. (2005). *Subjectivity and selfhood: Investigating the first-person perspective.* Cambridge, MA: MIT Press.

찾아보기

《내 용》

▧ 저자 소개 ▧

Jack H. Presbury
피츠버그 대학교(University of Pittsburgh) 박사(Ph.D.)
제임스매디슨 대학교(James Madison University) 심리학과 교수

Lennis G. Echterling
퍼듀 대학교(Purdue University) 박사(Ph.D.)
제임스매디슨 대학교(James Madison University) 상담학과 교수

J. Edson McKee
인디애나 대학교(Indiana University) 박사(Ed.D.)
제임스매디슨 대학교(James Madison University) 심리학과 명예교수

▨ 역자 소개 ▨

강진구
연세대학교 대학원 교육학 박사(상담교육 전공)
현 백석대학교 교육대학원 상담심리전공 교수
　　한국단기상담연구소(www.wiselor.org) 소장
　　한국상담심리학회 상담심리사 1급
　　한국상담학회 1급 전문상담사(집단상담)

전정운
서울대학교 교육학과 학사, 석사
백석대학교 기독교전문대학원 기독교상담학 박사(기독교상담 전공)
현 분당 마음모아심리상담센터 원장
　　백석대학교 대학원 외래교수
　　한국상담심리학회 상담심리사 1급

박선진
한국외국어대학교 서양어대 불어학과 학사
백석대학교 기독교전문대학원 기독교상담학 박사 수료(기독교상담 전공)
현 여의도가족상담센터 부소장
　　이누리평생교육원 운영강사
　　한국독서치료연구소 강사

양승민
연세대학교 대학원 교육학 박사(상담교육 전공)
전 연세대학교 상담센터 상담원
　　연세대학교 교육연구소 연구원
현 연세대학교 교육대학원 외래교수

단기상담의 통합적 접근
Beyond Brief Counseling and Therapy -An Integrative Approach-

2014년 3월 20일 1판 1쇄 발행
2021년 2월 25일 1판 5쇄 발행

지은이 • Jack H. Presbury · Lennis G. Echterling · J. Edson McKee
옮긴이 • 강진구 · 전정운 · 박선진 · 양승민
펴낸이 • 김 진 환
펴낸곳 • (주)**학 지 사**
　　　　04031 서울특별시 마포구 양화로 15길 20 마인드월드빌딩 5층
대표전화 • 02) 330-5114　　팩스 • 02) 324-2345
등록번호 • 제313-2006-000265호
홈페이지 • http://www.hakjisa.co.kr
페이스북 • https://www.facebook.com/hakjisabook

ISBN 978-89-997-0322-5 93180

정가 20,000원

이 도서의 국립중앙도서관 출판시도서목록(CIP)은 서지정보유통지원시스템 홈페이지
(http://seoji.nl.go.kr)와 국가자료공동목록시스템(http://www.nl.kr/kolisnet)에서 이용하실
수 있습니다.
(CIP제어번호: CIP2014004155)

출판 · 교육 · 미디어기업 **학 지 사**

간호보건의학출판 **학지사메디컬** www.hakjisamd.co.kr
심리검사연구소 **인싸이트** www.inpsyt.co.kr
학술논문서비스 **뉴논문** www.newnonmun.com
원격교육연수원 **카운피아** www.counpia.com